“十三五”國家重點檔案保護與開發項目

南京近代教育檔案

國立中央大學師範學院附屬中學

南京市檔案館　編

南京出版傳媒集團 南京出版社

圖書在版編目（CIP）數據

南京近代教育檔案. 國立中央大學師範學院附屬中學/南京市檔案館編. -- 南京：南京出版社, 2021.12

（金陵全書）

ISBN 978-7-5533-3543-8

Ⅰ. ①南… Ⅱ. ①南… Ⅲ. ①地方教育－教育史－史料－南京－近代②中學－校史－史料－南京－近代 Ⅳ. ①G527.531②G649.285.31

中國版本圖書館CIP數據核字（2021）第252910號

書　　名　**【金陵全書】**

南京近代教育檔案·國立中央大學師範學院附屬中學

編　　者　南京市檔案館

出版發行　南京出版傳媒集團

南　京　出　版　社

社址：南京市太平門街53號　　郵編：210016

網址：http://www.njcbs.cn　　電子信箱：njcbs1988@163.com

聯系電話：025-83283893、83283864（營銷）　025-83112257（編務）

出 版 人　項曉寧

出 品 人　盧海鳴

策　　劃　盧海鳴　朱天樂

責任編輯　崔龍龍

裝幀設計　王　俊

責任印製　楊福彬

製　　版　上海雅昌藝術印刷有限公司

印　　刷　上海雅昌藝術印刷有限公司

開　　本　889毫米×1194毫米　1/16

印　　張　31

版　　次　2021年12月第1版

印　　次　2021年12月第1次印刷

書　　號　ISBN 978-7-5533-3543-8

定　　價　1000.00元

用淘寶APP
掃 碼 購 書

用微信或京東
APP掃碼購書

目録

壹　三江師範學堂及兩江師範學堂時期（南京大石橋　一九〇二年至一九一四年）

張之洞江南省創建三江師範學堂摺（摘自《首都志》卷八）（一九〇三年二月）……〇〇三

魏光燾江南創建三江師範學堂建堂經費摺及南洋官報調查三江師範學堂條議（摘自《首都志》卷八）（一九〇五年六月）……〇〇六

三江師範學堂更名爲兩江師範學堂的報摘（摘自《首都志》卷八）（一九〇五年十一月）……〇〇七

兩江優級師範附設學校畢業文憑存根（一九一二年十二月）……〇〇八

兩江師範學堂全圖（一九〇九年）……〇一〇

貳　南京高等師範學校附屬中學時期（南京大石橋　一九一七年至一九二二年）

關于舉行附屬中學校開校禮的一組文件

南京高等師範學校舉行附屬中學校開校禮送請帖單（一九一七年九月二十四日）……〇一三

南京高等師範學校附屬中學校開校禮節單（一九一七年九月二十四日）……〇一五

關于呈送附屬中學職教員學生名册的一組文件

南京高等師範學校呈送附屬中學職教員學生名册懇請鑒核并轉咨教育部備案給江蘇省長齊耀琳的呈文及附件（一九一七年十月三十日）……○一六

附（一）南京高等師範學校附屬中學職員表……○一七

附（二）南京高等師範學校附屬中學職教員表……○一八

附（三）南京高等師範學校附屬中學學生一覽表……○二○

江蘇省長齊耀琳給南京高等師範學校校長江謙的指令（一九一七年十一月八日）……○二七

江蘇省長齊耀琳爲教育部案準該校開設附屬中學給南京高等師範學校代理校長郭秉文的訓令（一九一八年五月十九日）……○二九

南京高等師範學校附屬中學編制、設備、經費及職員表（一九一八年九月二十三日）……○三四

南京高等師範學校校舍圖（一九一八年）……○三六

南京高等師範學校附屬中學一九一九年概况（一九一九年）……○三七

關于學生利用暑假實習的一組文件

南京高等師範學校爲附屬中學工科學生利用暑假實習給商務印書館及江南造船廠的公函（一九二○年六月二十四日）……○四二

江南造船所給南京高等師範學校的復函（一九二○年六月二十八日）……○四四

南京高等師範學校附屬中學聘請成純一先生爲本校工業專任教員的聘書及應聘書（一九二○年七月）……○四五

叁　國立東南大學附屬中學時期（南京大石橋　一九二一年至一九二七年）

國立東南大學南京高師附屬中學校一九二二年度臨時經常費預算册（一九二二年）……〇四九

教育部據呈爲附屬中學修業期滿繕具名册請考畢業試準予舉行給國立東南大學的指令（一九二二年七月五日）……〇五五

附：學生成績名册……〇五五

國立東南大學附屬中學校職教員學生一覽表（一九二三年九月）……〇五九

國立東南大學附屬中學校一九二五年六月畢業學生分數表（一九二五年六月）……〇七三

國立東南大學請準予本校附屬中學商業班畢業生張玖免試入學給上海商科大學的函（一九二五年八月五日）……〇七四

國立東南大學附屬中學校招考學生簡章（一九二六年）……〇七六

肆　國立中央大學實驗學校時期（一九二八年至一九四一年）

（一）南京大石橋（一九二八年至一九二七年）

國立中央大學校長張乃燕爲已函聘該校教務主任吴增芥暫行兼代主任職務給本大學實驗學校校長的訓令及給本大學教育學院院長的公函和實驗學校教務主任吴增芥的聘函（一九二九年七月二日）……〇八一

關于規定校名并發校鈐的一組文件

實驗學校代理主任吴增芥爲呈請正定校名頒發鈐記給國立中央大學校長張乃燕的呈文（一九二九年十月七日）……〇八五

國立中央大學爲規定校名并發校鈐給實驗學校的函（一九二九年十月二十四日）……〇八九
國立中央大學校長張乃燕爲實驗學校主任請教育學院院長韋慤兼任給實驗學校代理主任吳增芥的公函（一九二九年十月二十九日）……〇九三
關于聘任實驗學校副主任及教師的一組文件
國立中央大學校長張乃燕給金學儼先生的聘令（一九三〇年六月二十三日）……〇九六
國立中央大學校長張乃燕給林群先生的聘令（一九三〇年七月十一日）……〇九七
國立中央大學校長張乃燕給吳長生先生的聘書及應聘書（一九三〇年七月二十五日）……〇九八
國立中央大學校長張乃燕給徐登雲先生的聘書及應聘書（一九三〇年七月二十五日）……〇九九
國立中央大學校長羅家倫爲已聘請許本震教授擔任該校主任特函查照給實驗學校的便函（一九三二年十月十七日）……一〇〇
國立中央大學實驗學校主任許本震擬具改進實驗學校意見書請裁奪示復給中央大學校長羅家倫的呈文（一九三二年十二月二十一日）
附：改進實驗學校意見書……一〇二
國立中央大學實驗學校中學部施行實驗教育方案（一九三七年六月）……一一六
（二）安徽屯溪、湖南長沙（一九三七年九月至一九三八年八月）
關于實驗學校遷至徽州遷移費的一組文件

國立中央大學校長羅家倫的箋條（一九三七年九月二十一日）……一三〇
國立中央大學校長辦公室奉諭實驗學校遷至徽州由本校先墊撥遷移費五千元，
由會計組先發三千元交許主任具領給實驗學校和會計組的便函（一九三七年九月二十七日）……一三一
教育部長沙辦事處（教育部秘書處）爲中大實校許主任來部晤見部長擬再遷校請妥定處理辦法
給國立中央大學校長羅家倫的箋函（一九三七年十二月十四日）……一三三
國立中央大學校長羅家倫請即將到湘師生人數電知并擬兩點請酌定給中大實校主任許本震的急電
（一九三七年十二月二十三日）……一三六
國立中央大學爲制定實校進行辦法希遵照辦理給實驗學校的指令（一九三八年三月十九日）……一四〇
國立中央大學校長羅家倫爲本校附屬實驗學校定期舉行畢業考試請派員監試，
學生名册及證書請準予備案驗印給湖南教育廳廳長的公函（一九三八年六月十三日）……一五四
國立中央大學校長羅家倫爲實驗學校遷築覓地建築事項分別給長沙中大實校張振宇、
貴州省政府吴主席、貴陽何兆清的電文（一九三八年七月二十三日）……一五七
許本震（字恪士）爲屯溪遷校辦法函報會議經過情形給國立中央大學校長羅家倫的箋函（一九三八年九月十三日）……一六三

（三）貴州貴陽（一九三八年九月至一九四一年九月）

楊希震擬具實驗學校之教育方針及建築設備遷移費等給國立中央大學校長羅家倫的報告（一九三八年九月六日）……一七七

關于聘請楊希震先生爲實驗學校主任的一組文件
國立中央大學校長羅家倫關于聘楊希震先生爲實驗學校主任兼任教育學院教授及薪金的便箋（一九三八年八月二十九日）……一八四
國立中央大學校長辦公室通知聘楊希震先生爲實校主任給實驗學校的便函（一九三八年九月十日）……一八六
實驗學校遷設貴陽籌備處工作報告（自八月二十九日起至九月十五日止）（一九三八年九月十五日）……一八八
楊希震呈報學校圖書儀器等由湘遷黔所需運費給國立中央大學校長羅家倫的箋函（一九三九年四月十一日）……一八八
附：已運箱及存沅各箱清單……一九五
楊希震爲謀擴充實驗學校擬設本部於重慶、設分校於貴陽送計劃預算請鑒核給國立中央大學校長羅家倫的呈文
（一九四一年二月二十五日）……一九九
楊希震爲師範學院同學會對實驗學校隸屬問題多有誤會給國立中央大學校長羅家倫的呈文（一九四一年五月三十日）
附：各時期組織系統表……二〇八
教育部電知將國立第十四中學及中央大學實驗學校改組仰遵照給國立中央大學的代電（一九四一年六月十一日）……二一九

伍　國立第十四中學及國立中央大學師範學院附屬中學時期（一九四一年三月至一九四六年十二月）

（一）國立第十四中學（貴陽　一九四一年九月至一九四六年十二月）
關于呈報一九四一年度下學期招生委員會名單暨招生簡章的一組文件
國立第十四中學校長楊希震爲呈報一九四一年度下學期招生委員會名單暨招生簡章請鈞核給教育部部長陳立夫的呈文及附件
（一九四一年十二月二十七日）……二二九

附（一）國立第十四中學一九四一年度下學期招收插班生簡章……二三二
附（二）國立第十四中學一九四一年度下學期招生委員會名單……二三四
教育部爲呈件均悉應予備查給國立第十四中學的指令（一九四二年一月十六日）……二三五
教育部據本部督學呈送視察該校報告到部，關于該校應改進各點，核示遵照給國立第十四中學的訓令（一九四二年四月十日）
附：視察國立第十四中學校報告……二三七
關于請將國立第十四中學遷回南京的一組文件
徐悲鴻爲請準國立第十四中學復員遷回南京及北平藝專是否恢復給教育部部長朱家驊的箋函（一九四五年十月十八日）……二五一
教育部部長朱家驊給徐悲鴻的箋函（一九四五年十二月八日）……二五四
艾偉請準將國立第十四中學遷回南京并與中大心理實驗班合并給教育部部長朱家驊的箋函（一九四五年十月二十四日）……二五六
教育部部長朱家驊給艾偉的箋函（一九四五年十一月二十四日）……二六四
國立第十四中學全體教職員再電陳本校實有復員還都必要事實務懇迅示給教育部部長朱家驊的代電（一九四六年三月十一日）……二六六
教育部未準將國立第十四中學交該校改辦附中并增設教育系給國立貴州大學的代電（一九四六年四月二日）……二七一
教育部據呈請準該校遷往首都一案核示知照給國立第十四中學全體教職員的代電（一九四六年五月三日）……二七三
一組國立第十四中學照片

國立第十四中學高中第十一届思俊級金鑑級畢業生全體攝影（一九四四年七月）……二七五
國立第十四中學高中第十四届初中第二十届小學第六届畢業攝影（一九四六年五月）……二七六
初中教室……二七七
初中男生宿舍（前）與高中男生宿舍（後）……二七八
厨房（上）與浴室（下）……二七九
大禮堂兼飯堂……二八〇
校舍全景……二八一

（二）原國立第十四中學（重慶青木關　一九四一年三月至九月）

關于視察國立第十四中學的一組文件

教育部茲派視察員王德璽視察該中學仰知照給國立第十四中學的訓令及給王德璽的部令（一九四一年三月四日）……二八二
教育部視察員王德璽爲報告視察情形給部長的呈文（一九四一年三月二十八日）
附：視察國立第十四中學報告……二八四
教育部據本部視察員呈報視察該校情形并陳述改進意見茲摘要令仰遵照改善具報備核給國立第十四中學校長吴學增的訓令（一九四一年四月四日）……三〇〇

關于教育部部長陳立夫視察國立第十四中學後學校需亟待解決問題的一組文件

教育部爲該中學校舍設備事務管理及學生訓導亟待改善仰遵照辦理具報備核給國立第十四中學校長吴學增的訓令（一九四一年三月八日）
附：教育部部長陳立夫所書國立第十四中學管理方面有待改善之點……三〇五

國立第十四中學校長吳學增奉令本校亟待積極改進各點遵將辦理情形呈請鑒核給教育部部長陳立夫的呈文
（一九四一年五月十二日）……三一二
教育部據呈報遵辦改進各點大致尚合仍仰努力改進給國立第十四中學的指令（一九四一年五月二十二日）……三一六
教育部令定期接收國立第十四中學給國立中央大學的訓令及部長陳立夫的批示（一九四一年六月二十一日）……三一八
（三）國立中央大學師範學院附屬中學（重慶青木關　一九四一年九月至一九四六年十二月）
教育部令知準師範學院附屬中學再增初中一班給國立中央大學的訓令及中等教育司
給國立中央大學師範學院附屬中學的箋函（一九四一年十二月十六日）……三二二
關于增班建設教室等工程的一組文件
國立中央大學師範學院附屬中學校長周明頤爲呈送屬校高初中部教室宿舍建築計劃預算暨圖説估單
敬祈鑒核備查給教育部部長陳立夫的呈文及附件（一九四三年十二月二十四日）……三二五
附（一）建築計劃及建築預算……三二七
附（二）估價單……三二八
附（三）建築圖説……三三一
附（四）建築合同……三三三

國立中央大學師範學院附屬中學校長周明頤爲屬校一九四三年度增班建設工程早經完竣除函請審計部派員驗收外請予鑒核派員會同驗收給教育部部長陳立夫的呈文（一九四四年七月十四日）……三三八
教育部據呈請派本部陳宗英會同驗收一九四三年度增班建設之教室等工程給國立中央大學師範學院附屬中學的指令及給陳宗英的訓令（一九四四年八月一日）……三四〇
審計部稽察許叔丹爲奉令定于八月八日前往中大附中監驗該校教室宿舍工程給教育部的函（一九四四年八月一日）……三四三
教育部電知審計部派員驗收該校一九四三年度增班建設教室等工程給國立中央大學師範學院附屬中學的代電（一九四四年八月五日）……三四五
教育部據簽復驗收該校一九四三年度增班建設之教室工程準備查給國立中央大學師範學院附屬中學的訓令及附件（一九四四年八月二十六日）……三四七
附（一）陳宗英給部長的呈文……三四九
附（二）驗收證明書……三五〇
附（三）結算表……三五一
國立中央大學師範學院附屬中學校長魏紹舜爲呈報學生學業成績考查辦法祈鑒核備案給教育部部長陳立夫的呈文（一九四四年十月七日） 附：國立中央大學師範學院附屬中學學生學業成績考查辦法……三五二

關于中大附中青校復員運輸的一組文件

國立中央大學師範學院附屬中學校長魏紹舜請照新訂辦法迅予調給船位并指示一切給教育部部長朱家驊的呈文
（一九四六年五月三日）……三六一
教育部留渝辦事處爲電告中大附中青校乘民康輪下駛給宜昌省立第三中學督學高其冰的急電（一九四六年八月五日）……三六四
國立中央大學師範學院附屬中學校長魏紹舜爲呈報復員遷校狀況仰祈鑒核備查給教育部部長朱家驊的呈文
（一九四六年六月十七日）……三六六

一組國立中央大學師範學院附屬中學照片

國立中央大學師範學院附屬中學一九四三屆高三乙班合影……三六九
國立中央大學師範學院附屬中學女子部初二上導師暨全體同學合影（一九四六年四月）……三七〇
國立中央大學師範學院附屬中學高中第六屆畢業紀念（一九四六年五月）……三七一

（四）國立中央大學師範學院附屬中學分校（重慶沙坪壩　一九四二年二月至一九四六年十二月）

國立中央大學師範學院附屬中學沙校籌備概況（一九四二年）……三七二

關于國立中央大學師範學院附屬中學沙校另設主任一人主持沙校校務的一組文件

國立中央大學校長顧孟餘呈爲本校師範學院附屬中學沙校另設主任一人主持沙校校務以清責任備文呈報仰祈鑒核準予備案
給教育部部長陳立夫的呈文（一九四二年八月二十日）……三七四
教育部準予備案的通知存根（一九四三年二月十日）……三七六

關于呈送國立中央大學師範學院附屬中學沙校學則及組織大綱的一組文件

國立中央大學校長顧孟餘呈送本校師範學院附屬中學沙校學則及組織大綱仰祈鑒核準予備案給教育部部長陳立夫的呈文及附件（一九四二年十月二十日）……三七七

附（一）國立中央大學師範學院附屬中學沙校學則……三七九

附（二）國立中央大學師範學院附屬中學沙校組織大綱……三九三

教育部據呈送該校師範學院附屬中學沙校學則及組織大綱準予備案令仰知照給國立中央大學的指令（一九四三年二月十六日）……三九八

關于擬具一九四四學年度增班建設計劃的一組文件

國立中央大學師範學院附屬中學分校爲擬具一九四四學年度增班建設計劃，懇予核奪示遵給教育部的呈文及附件（一九四四年三月八日）……四〇三

附（一）國立中央大學師範學院附屬中學分校一九四四學年度第一學期增班建設計劃書……四〇九

附（二）國立中央大學師範學院附屬中學分校一九四四學年度第一學期增班建設預算書……四一三

附（三）估價單……四一六

附（四）建築圖樣……四二一

教育部爲該校附中分校呈送增班建設計劃一案令仰轉飭遵照給國立中央大學的訓令（一九四四年四月十五日）……四二三

國立中央大學師範學院附屬中學沙校校長董德鑑爲呈送本校員生及眷屬乘船名册仰祈鑒核給教育部部長朱家驊的呈文（一九四六年五月十五日）……四二五

陸　國立中央大學師範學院附屬中學時期（南京三牌樓　一九四六年九月至一九四九年八月）

中大附中遷三牌樓籌備誌（一九四六年）……四三一
國立中央大學師範學院附屬中學電呈一九四六年度第一學期概况簡表祈鑒核彙編給教育部的代電及附件（一九四七年二月十八日）……四三二
附（一）一九四六學年度第一學期國立中央大學師範學院附屬中學概况簡表……四三四
附（二）國立中等學校概况調查表……四三六
國立中央大學師範學院附屬中學校長彭百川爲請將本校一九四七年度經費數及員工名額迅賜核示以便編列預算給教育部部長朱家驊的呈文（一九四七年四月十九日）……四三七
國立中央大學師範學院附屬中學給楊一青先生的任用書（一九四七年八月一日）……四三九
國立中央大學師範學院附屬中學視察報告（一九四七年）……四四〇
關于呈報一九四七年度第二學期高初中應届畢業生履歷及歷年成績一覽表與試驗日程表并請派員監考的一組文件
國立中央大學校長吴有訓（戚壽南代）呈報本校附屬中學一九四七年度第二學期高初中應届畢業生履歷及歷年成績一覽表與試驗日程表仰祈鑒核派員監考給教育部部長朱家驊的呈文及附件（一九四八年五月二十七日）……四五一

附（一）中大附中一九四七年度第四届畢業試驗日程表……四五三
附（二）國立中央大學師範學院附屬中學一九四七年度第二學期高中部第四届應届畢業生履歷及歷年成績一覽表……四五四
附（三）國立中央大學師範學院附屬中學一九四七年度第二學期初中部第四届應届畢業生履歷及歷年成績一覽表……四五九
教育部據呈派本部督學葉松坡前來監試給國立中央大學的指令及給葉松坡的訓令（一九四八年六月十日）……四六四

一組國立中央大學師範學院附屬中學照片

國立中央大學師範學院附屬中學還都後高中第一届畢業生全體攝影（一九四七年三月）……四六七
國立中央大學師範學院附屬中學還都後高中第二届畢業生全體攝影（一九四七年七月）……四六八
國立中央大學師範學院附屬中學還都後高初中第三届畢業生全體攝影（一九四八年一月十日）……四六九
國立中央大學師範學院附屬中學還都後第四届高初中畢業生全體攝影（一九四八年六月）……四七〇
國立中央大學師範學院附屬中學京四届高三乙組畢業同學留影（一九四八年六月）……四七一
國立中央大學師範學院附屬中學全體教職員攝影（一九四八年十月）……四七二
國立中央大學師範學院附屬中學高中第五届初中第六届畢業生全體攝影（一九四九年五月十一日）……四七三
國立中央大學師範學院附屬中學京五届高中部畢業紀念留影（一九四九年五月十一日）……四七四

後　記……四七五

南京近代教育檔案

國立中央大學師範學院附屬中學

壹　三江師範學堂及兩江師範學堂時期

（南京大石橋　一九〇二年至一九一四年）

【金陵通紀】光緒二十九年移三江師範學堂于北極閣.

【張之洞江南省創建三江師範學堂摺】查各國中小學堂教員咸取材於師範學堂.是師範學堂爲教育造端之地.關係尤爲重要.兩江總督兼轄江蘇安徽江西三省.此三省各府州縣應設中小學堂.爲數浩繁.需用教員何可勝計.若未經肄業師範學堂.延訪外國良師.研究教育之理.講求教授之法.及管理之法.遽任以中小學堂教員.必致疏漏淩躐.枝節補救.徒勞鮮功.且詳略參差.各學堂學派學程終難畫一.經臣督同司道詳加籌度.惟有專力大舉.先辦一大師範學堂.以爲學務全局之綱領.則目前之致力甚約.而日後之發生甚廣.茲於江寧省城北極閣前勘定地址.創建三江師範一所.凡江蘇安徽江西三省士人.皆得入堂受學.查直隸督臣袁世凱奏建師範學堂.定全省學額爲八百名.延聘日本師範教習十二人.茲爲三省豫儲師範學額.自宜酌量從寬.現擬江蘇省蘇屬寧屬定額各二百五十名.安徽省定額二百名.江西省定額二百名.共定額爲九百名.其附屬小學堂一所.定學額爲二百名.所有師範生及附屬小學生.均由地方官出具印結.取具本生族鄰甘結.保送考選入學.開學第一年.先招師範生六百名.三年後再行續招足額.前三年教小學堂之師範生.約分三級.爲一年最速成科.二年速成科.三年本科.以便陸續派赴各州縣充小學堂教員.

張之洞江南省創建三江師範學堂摺（摘自《首都志》卷八）（一九〇三年二月）

第四年即添置高等師範本科。精研教育學理。以教中學之師範生。備各屬中學堂教員之選。現已延聘日本高等師範教習十二人。專司教育學及理化學圖畫學各科。並選派舉貢廩增出身之中學教習五十人。分授修身歷史地理文學算學體操各科。學堂未造成以前。暫借公所地方。於本年先行開辦練習教員之法。令東教習就華教習學中國語文及中國經學。華教習就東教習學日本語文及理化學圖畫學。彼此名爲學友。東教習不得視華教習爲弟子。在日本語此法名爲互換知識。俟一年後學堂造成。中國教習於東文東語理化圖畫等學通知大略。東教習亦能參用華語。以教授諸生。於問答無虞扞格。再行考選師範生入堂開學。則不必盡借繙譯傳達。可免虛費時刻誤會語氣諸弊。收效尤速。其購地建堂經費。已據江寧藩司籌撥應用。其常年學堂經費。如華洋教習各學生飯食。冬夏講堂及操場衣冠韡帶臥具紙筆燈火獎賞監督提調監學庶務各委員司事人役薪工及一切雜用之屬。每年需款甚鉅。已議定由江蘇藩司於本年先協撥銀一萬兩。以後每年協籌銀四萬餘兩。擬令安徽江西兩省各按學生額數。每名每年協助龍洋一百元。不過稍資津貼。不敷尚多。所有全堂三省學生學費。自應專籌的款濟用。查江寧銀元局鑄造銅元。最爲便民要政。行銷頗暢。甚有盈餘。現已由該司請添購新機。增建廠屋。大加擴充。即以歲獲盈餘專供該學堂經費之用。此舉爲三省學堂根本，教員得人起見。雖江南財力支絀，不敢不設法籌措，勉爲其難。至學堂建造規模及一切課程辦法，經臣專調曾赴日本考察學校，熟悉教育情形之湖北師範學堂堂長承寧精繪圖式，詳定章程，總期學制悉臻完備合法。並於省城設立兩江學務處一所，派委司道等員會同綜理，加意講求，督催興辦，以副聖朝興教勸學、造就人材之至意。〔光緒二十九年二月〕

【魏光燾江南創建三江師範學堂建堂經費摺】現今會商學務處以原定三省學額九百名可分三班招集入堂，則建造房屋亦可次第增添。擬先就分班學生人數擇必不可少房屋分別起造，酌用洋式。核實估計，共需工料曹平銀九萬八千五百餘兩。擬於江寧籌餉捐輸款內解存司庫銀五萬八千餘兩儘數動撥。其不敷銀兩由司設法另籌。請先奏明立案。

【調查三江師範學堂條議】全堂共分三科：曰本科，三年畢業；曰速成科，二年畢業；曰最速成科，一年畢業。又加法制理財農業英文諸項為隨意科。（南洋官報光緒三十一年六月初十日第十三冊）

魏光燾江南創建三江師範學堂建堂經費摺及南洋官報調查三江師範學堂條議（摘自《首都志》卷八）
（一九〇五年六月）

【江蘇紳士公議江南省學校學額學務】三江師範學堂應請釐正名稱，爲兩江師範學堂。（南洋官報光緒三十一年十一月二十日第二十九册）

【江督周奏縷陳江南近年辦理學務情形摺】原有三江師範學堂易名兩江。（南洋官報光緒三十三年第五十九册）

【李瑞清兩江師範同學錄敍】南皮張相國于江南建兩江師範學校。中國師範學校之立，以兩江爲最早。聘日本教師十一人。綜合中西，其學科頗采取日本，稱完美焉。

三江師範學堂更名爲兩江師範學堂的報摘（摘自《首都志》卷八）（一九〇五年十一月）

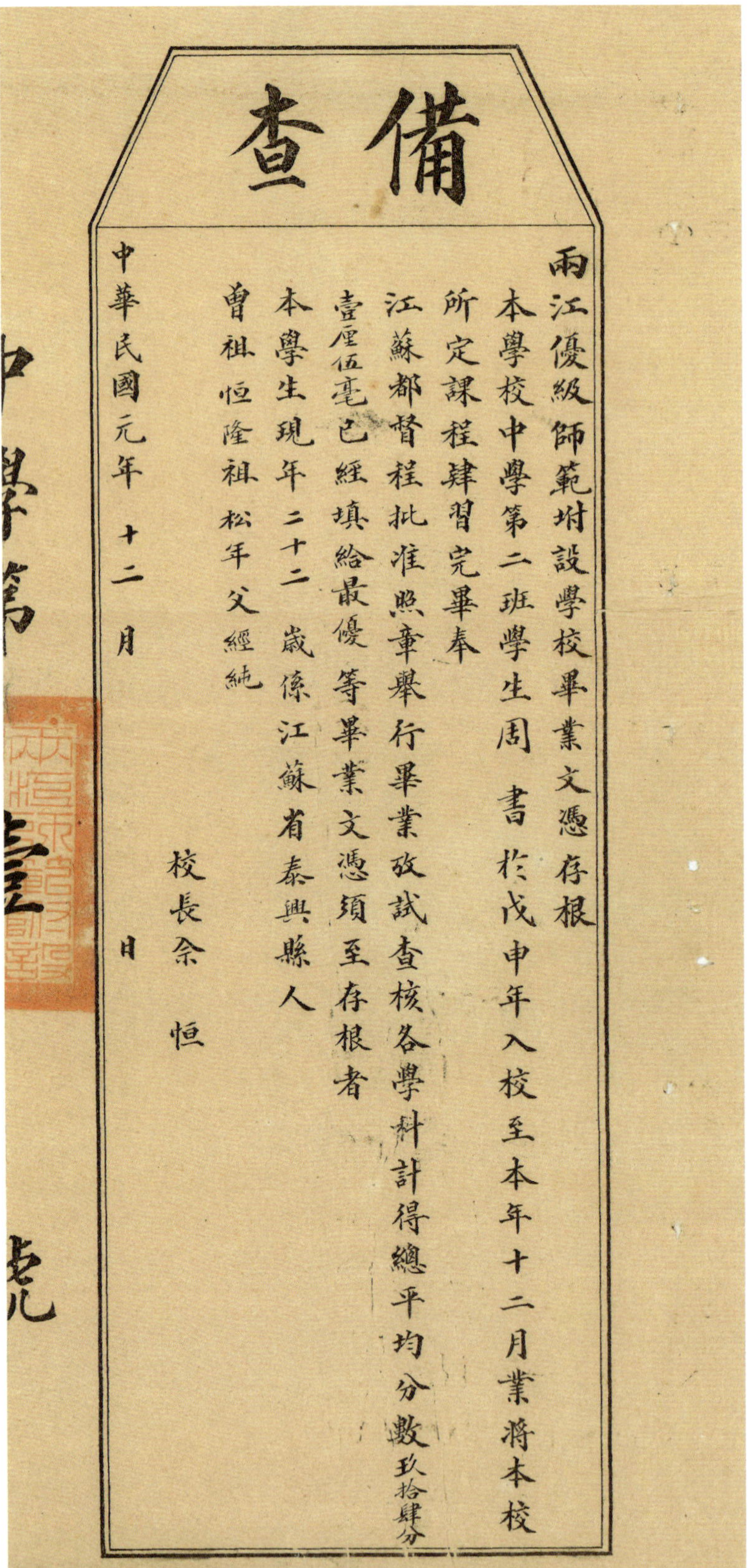

備查

兩江優級師範坿設學校畢業文憑存根

本學校中學第二班學生周　書　於戊申年入校至本年十二月業將本校所定課程肄習完畢奉江蘇都督程批准照章舉行畢業考試查核各學科計得總平均分數玖拾肆分壹厘伍毫已經填給最優等畢業文憑須至存根者

本學生現年二十二歲係江蘇省泰興縣人

曾祖恒　隆祖松年父經純

校長佘　恒

中華民國元年十二月　日

兩江優級師範附設學校畢業文憑存根（一九一二年十二月）

備查

兩江優級師範坿設學校畢業文憑存根

本學校中學第二班學生王鎮東於戊申年入校至本年十二月業將本校所定課程肄習完畢奉

江蘇都督程批准照章舉行畢業考試查核各學科計得總平均分數捌拾叁分玖厘叁毫已經填給最優等畢業文憑須至存根者

本學生現年二十四歲係江蘇省鹽城縣人

曾祖悦 祖斯富 父寶祥

校長佘恒

中華民國元年十二月 日

中學第 號

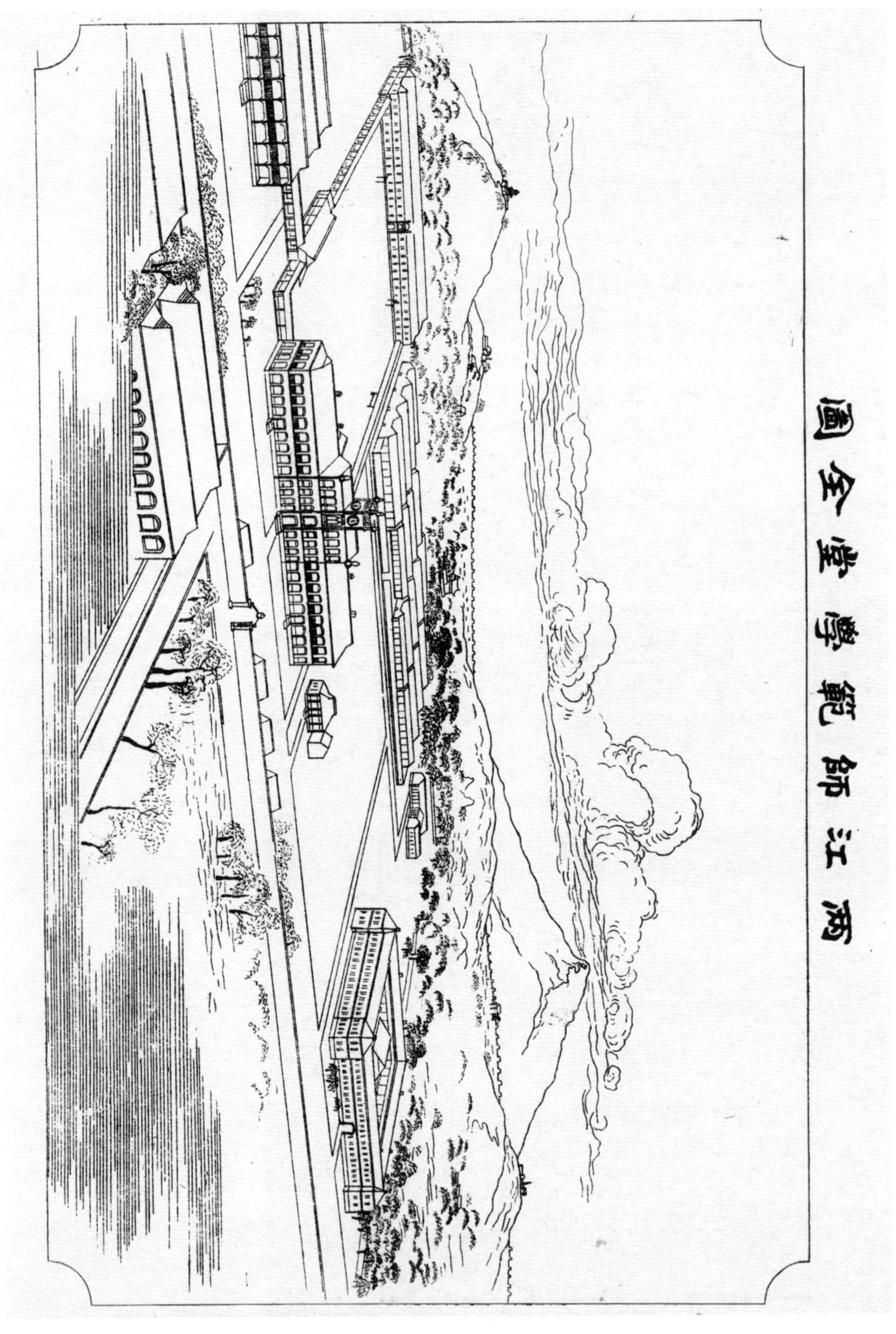

兩江師範學堂全圖（一九〇九年）

貳 南京高等師範學校附屬中學時期

（南京大石橋 一九一七年至一九二一年）

六年九月二十四日舉行附屬中學校開校禮送請帖單

督軍署 督軍 李 代表溫世珍（督軍署參議）

參謀長 何思溥 春霖

副官長 王健飛 振羽

外交顧問 溫世珍 佩珊 到

鎮守使署 鎮守使 齊 到 代表教育科張霖

道尹公署 金陵道尹 俞仲鉌 代表韓亮甫（道視學）

警察廳 廳長 王清泉 代表陸宗保（北區署長）

公署長 王靜庵

省公署 省長 齊 代表教育科長盧殿榮

政務廳長 曹吉甫

内務科長 湯堯丞

科員 梁公約

總務科長 太史峡三

實業科長 金左陸

科員 劉琮生

庶務科 李質軒

第三科科長 盧殿榮 到

科員 汪伯軒

楊平重 到

濮仲屋

胡潄泉

吳士勉

戴伯璇

朱步蘭

省視學 鄒濤臣 到

臧福根

伍義伯

江向漁

水利主任 汪鳳岡

財政廳 廳長 胡海颿

科長 薛仲起

關于舉行附屬中學校開校禮的一組文件

南京高等師範學校舉行附屬中學校開校禮送請帖單（一九一七年九月二十四日）

科長 朱葆議

江寧縣署縣知事 吳秀芝 代表第三科科長

北區警察分駐所 萬樹亭

寧省鐵路局局長 貝

第一工廠廠長 劉祥五 未到

清理官產處長 曾孟樸

中國銀行行長 談丹崖

市議會議長 沈思齊

副議長 錢強齋

秘書長 張嘯梅到

商會會長 蘇穀宗

金陵大學校校長 裴義理

包文

河海工程學校校長 許肇南到

法政學校校長 錢述匯到

第四師範學校校長 仇亮卿 代表學監

第一女子師範學校校長 呂惠如 函賀

第一中學校長 殷霖笙

農業學校校長 過探先到

工業學校校長 陳企生到

鍾英中學校校長 顧菊岩到

以外省立各學校及省教育會

南京高等師範學校附屬中學校開校禮節單

六年九月二十四日

一 奏樂

二 學生入座

三 職員入座

四 長官來賓入座

五 奏樂

六 唱國歌

七 全體向國旗行三鞠躬禮

八 學生向長官行再鞠躬禮

九 學生向來賓行一鞠躬禮

十 學生向師長行再鞠躬禮

十一 同學相見行一鞠躬禮

十二 校長致開校詞（教務主任代）

十三 中學主任報告

十四 長官訓詞

十五 來賓演說

十六 校長致謝詞

十七 唱校歌

十八 奏樂 長官來賓退

十九 職員學生依次退

南京高等師範學校附屬中學校開校禮節單（一九一七年九月二十四日）

呈送附屬中學職教員學生名冊　十月三十日

呈報附屬中學職教員學生名冊懇請鑒核存轉備案事。本校附屬中學前奉部令飭辦，於本年四月訂請前任江蘇留日學生經理員陸規亮為主任，原擬於本校前面園地建造校舍，業經繪圖招匠投標，預備建築，因預算修附費遲未領到，暫時就本校空舍湊合分配應用。其所設班級採用文實分科辦法，先設實科農工商科各一級，一面與本校所設農工商各專修科聯絡，以資實地練習教授，一面應社會之需要，施以切實應用之教育，養成社會之中堅人才。所有各科分配教程，曾經擬具簡章，並招考簡章呈經鈞署核轉教育部查核在案。于七月十二日在本校及江蘇省教育會兩處分別招考，凡錄取學生農科計二十六人，工科計三十一人，商科計四十人，一律於本學期開始入校。至九月二十四日舉行開校禮。茲將聘任職教員姓名、籍貫、經歷、職任及該學生等姓名、年歲、籍貫、資格等項，分別繕具表冊，呈報鈞署鑒核，並請轉咨教育部備案，實為公便。謹呈

關于呈送附屬中學職教員學生名冊的一組文件

南京高等師範學校呈送附屬中學職教員學生名冊懇請鑒核并轉咨教育部備案給江蘇省長齊耀琳的呈文及附件（一九一七年十月三十日）

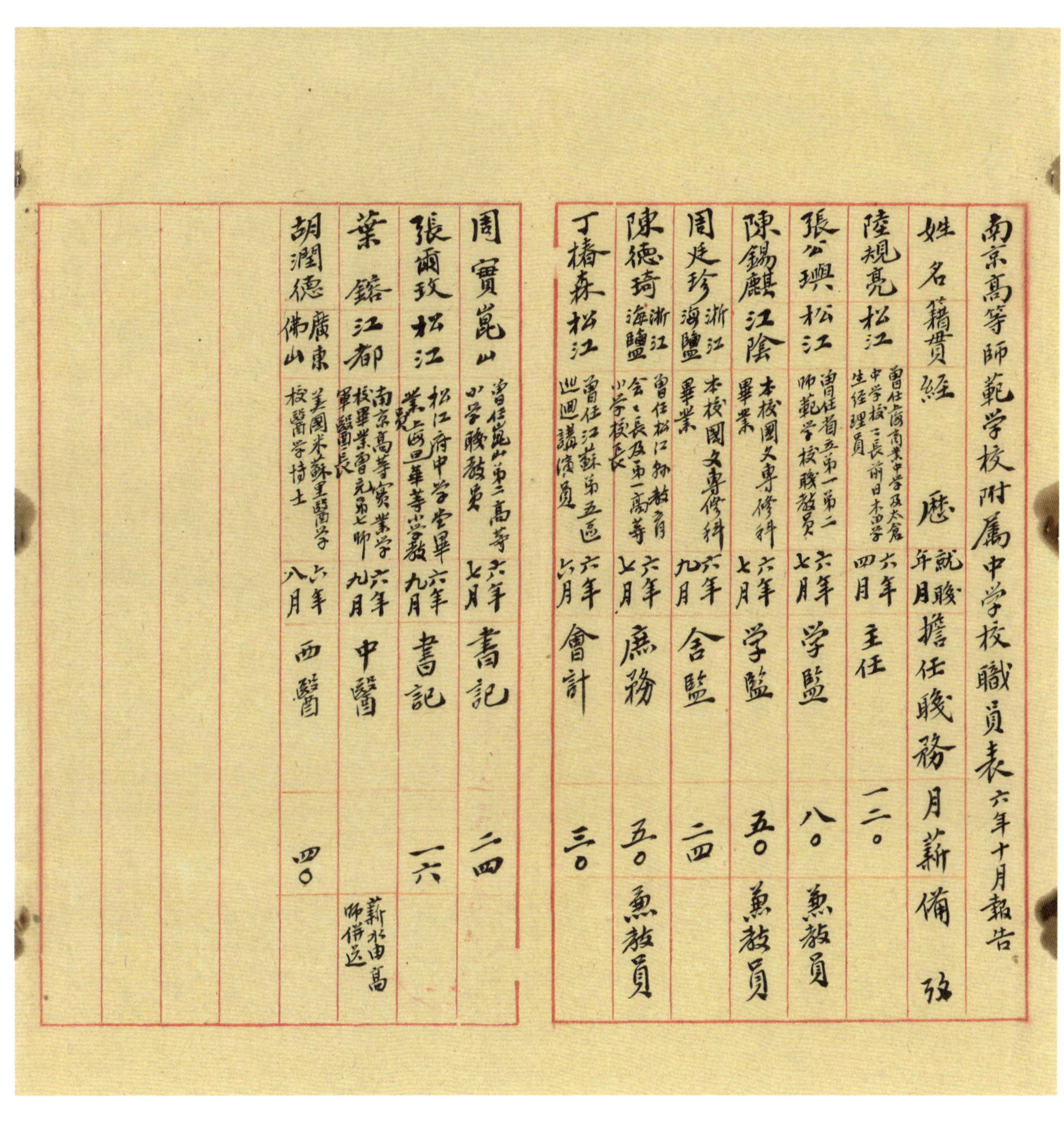

南京高等師範学校附屬中学校職員表 六年十月報告

姓名	籍貫	經歷	就職年月	擔任職務	月薪	備攷
陸規亮	松江	曾任上海商業中学及太倉中学校校長，前日本中学生經理員	六年四月	主任	一二〇	
張公璵	松江	曾任省立第一第二師範学校職教員	六年七月	学監	八〇	兼教員
陳錫麒	江陰	本校國文專修科畢業	六年七月	学監	五〇	兼教員
周廷珍	浙江海鹽	本校國文專修科畢業	六年九月	舍監	二四	
陳德琦	浙江海鹽	曾任松江勸教育會會長及第一高等小学校長	六年七月	庶務	五〇	兼教員
丁椿森	松江	曾任江蘇第五區巡迴講演員	六年六月	會計	三〇	
周寶崑	崑山	曾任崑山第二高等小学職教員	六年七月	書記	二四	
張爾玫	松江	松江府中学堂畢業，上海旦華高等小学教員	六年九月	書記	一六	
葉鎔	江都	南京高等實業学校畢業，曾充第七師軍醫處長	六年九月	中醫		薪水由高師備送
胡潤德	廣東佛山	美國米蘇里醫学校醫学博士	六年八月	西醫	四〇	

附（一）南京高等師範學校附屬中學職員表

南京高等師範学校附屬中学校職教員表 六年十月報告

姓名	籍貫	經歷	就職年月	担任学科	时数	月薪	備考
陳錫麒	江陰	詳職員表	六年七月	修身	三		薪水見職員表內
王瀣	溧水	南京圖書館編輯員	六年九月	國文	三		薪水由高師併送
柳詒徵	丹徒	曾任江南高等商業、兩江師範等校教員，鎮江中学校長	六年九月	國文	四		同右
向楚	四川巴縣	曾任四川学務職	六年九月	國文	四		同右
蔣旭桐	南通	本校國文專修科畢業	六年七月	國文	八	四五	兼小学教科
張公璵	松江	詳職員表	六年七月	習字	三		薪水見職員表內
林承鵠	福建閩侯	福州格致書院畢業，曾任四川高等学校、商船公学等校教員	六年七月	英文	一八	一〇〇	
楊匡	崇明	兩江師範史地科畢業	六年九月	歷史地理	一〇	五〇	
朱籙	無錫	美國哥倫比亞大学数学碩士	六年九月	数学	一二	六〇	
吴家高	吴縣	美國伊利諾大学理科学士，上海高等實業学校教員	六年七月	数学	八	四〇	
陳德琦	浙江海鹽	詳見職員表	六年七月	珠算	三		薪水見職員表內
張準	湖北枝江	美國麻省理工大学学士，麻省理工大学研究部助理	六年九月	化学	二		薪水由高師併送
王璡	浙江黃岩	美國科兵書院及理海大学化学工師学位，曾任湖南高等工業学校教員	六年九月	化学	二		同右
鄒秉文	吴縣	美國康乃尔大学農科学士，曾任金陵大学農科教員	六年七月	農業	九	四〇	

附（二）南京高等師範學校附屬中學職教員表

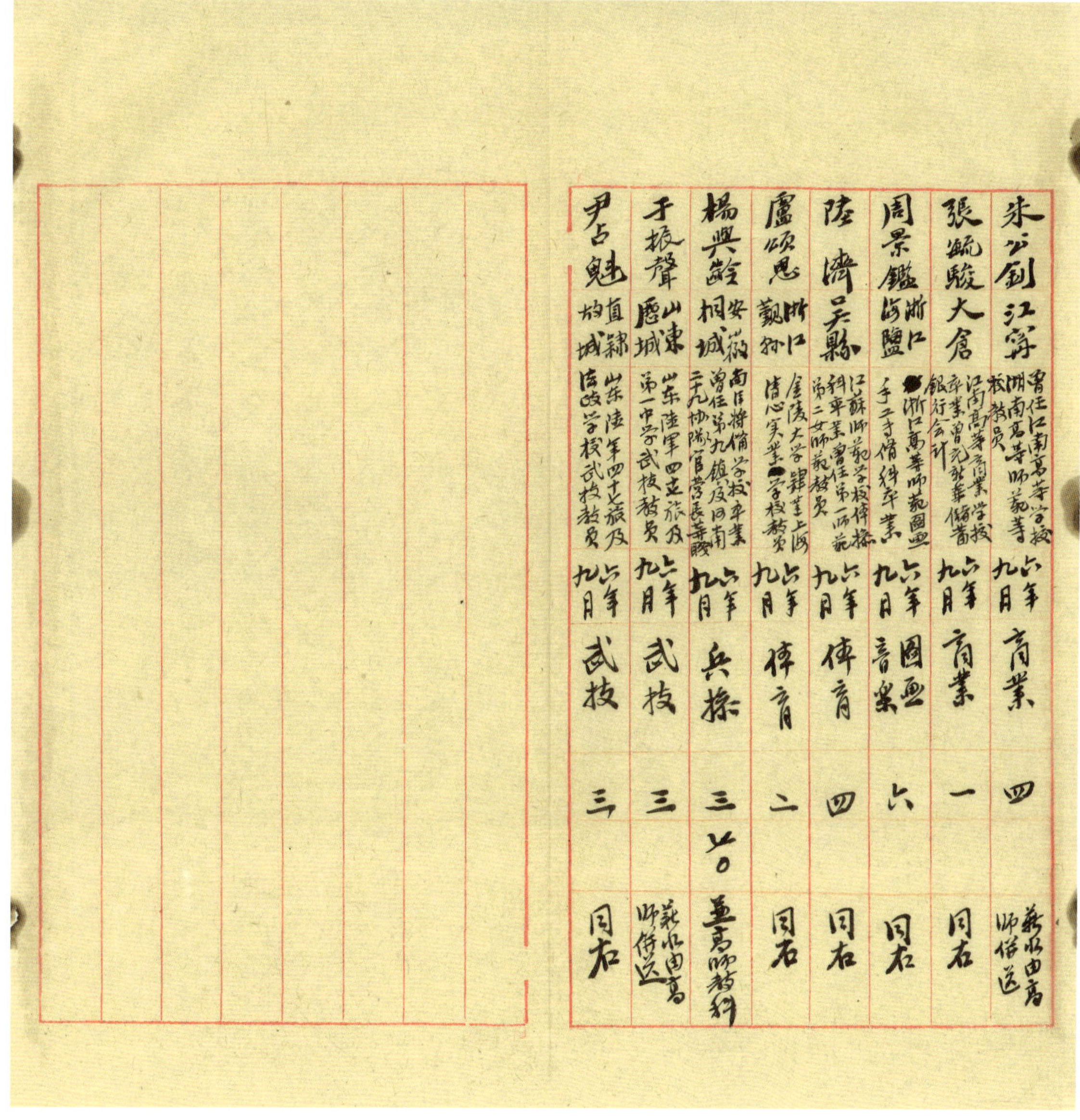

朱公劍	江寧	曾任江南高等学校湖南高等师範等校教员	六年九月	商業	四		薪水由高师给送
張毓駿	太倉	江南高等商業学校卒業曾充新華儲蓄銀行会計	六年九月	商業	一		同右
周景鎰	浙江海鹽	●浙江高等师範圖画手工専修科卒業	六年九月	圖画音樂	六		同右
陸濟	吴縣	江蘇师範学校体操科卒業曾任第一师範第二女师範教员	六年九月	体育	四		同右
盧頌恩	浙江鄞縣	金陵大学肄業上海清心実業●学校教员	六年九月	体育	二		同右
楊興齡	安徽桐城	南洋将備学校卒業曾任第九鎮及河南二十九協隊官營長等職	六年九月	兵操	三	廿〇	兼高师教科
于振聲	山東歷城	山东陸軍四十五旅及第一中学武技教员	六年九月	武技	三		薪水由高师给送
尹占魁	直隸故城	山东陸軍四十七旅及法政学校武技教员	六年九月	武技	三		同右

南京高等師範学校附屬中学校学生一覽表

農科

姓名	年歲	籍貫	資格	備注
嚴崇漢	二十	廣東文昌	南非巴双埠高小畢業	華僑
張朝業	十七	安徽泗縣	泗縣區立第一高小畢業	
楊嘉猷	十八	宜興	宜興縣立第二高小畢業	
朱焯	十七	靖江	靖江縣立高小畢業	
曾運京	十八	泰縣	泰縣縣立第一高小畢業	
吳廣彬	十八	安徽盱眙	盱眙縣立高小畢業	
曾之棟	十九	安徽泗縣	泗縣區立第一高小畢業	
張標	十八	崇明	箔沙鄉立啓瀛高小畢業	
張伯俊	十七	泰興	泰興縣立第一高小畢業	
徐用楫	十七	無錫	無錫縣立第三高小畢業	
陳傑才	十九	泗陽	泗縣縣立第一高小畢業	
胡大勳	十九	銅山	泰縣縣立第一高小畢業	
楊煥春	十八	江陰	武進縣第十四高小畢業	

附（三）南京高等師範學校附屬中學學生一覽表

田彭生	十六	溧水	溧水縣立第一高小畢業
王國棟	十七	銅山	泰縣三立第一高小畢業
王茂松	十七	江寧	省立第四師範附屬小學畢業
王春福	十七	宜興	宜興私立高等小學畢業
劉正峯	十六	四川南川	南川高等小學畢業
沈增祜	十六	安徽合肥	金陵大學附屬中學修業二年
眭倬	十七	丹陽	丹陽縣立第一高小畢業
倪祖望	十五	無錫	無錫縣立第二高小畢業
沈文熙	十七	吳江	嘉善縣立第二高小畢業
喬士銘	十八	銅山	省立第七師範附屬小學畢業
王履安	十六	高郵	高郵縣立第一高小畢業
張文瑞	十六	安徽泗縣	泗縣區立崇正小學畢業
賀良璜	十六	湖北蒲圻	蒲圻高等小學畢業
工科			
朱崇甲	十七	寶應	江都縣立第一高小畢業
王啟浩	十八	無錫	省立第三師範附屬小學畢業

姓名	年齡	籍貫	畢業學校
蔣桂玉	十七	江陰	江陰縣立第一高小畢業
林卜崇	十六	泰興	江寧區立第二高小畢業
褚心江	十六	松江	松江縣立第二高小畢業
周正浩	十七	江陰	江陰縣立第一高小畢業
沈蘭言	十七	江陰	常熟縣立第三高小畢業
胡興元	十七	江陰	江陰縣立第二高小畢業
王保和	十七	武進	武進縣立第六高小畢業
吳士楨	十七	無錫	無錫縣立第二高小畢業
章反生	十七	安徽石埭	滁縣立高小畢業
袁敦厚	十六	溧陽	溧陽縣立第一高小畢業
石璽章	十五	鹽城	鹽城縣立第一高小畢業
蕭文椿	十八	無錫	無錫縣立第三高小畢業
秦坤萬	十六	松江	松江縣立第二高小畢業
吳炳奎	十八	銅山	省立第七師範附屬小學畢業
孫秉忠	十七	鹽城	鹽城縣立第一高小畢業
蔡爲綸	十七	寶應	寶應高等小學畢業

姓名	年齡	籍貫	學歷
陳詠仁	十七	江陰	江陰縣立第一高小畢業
路嘉鏞	十六	宜兴	宜兴公立敦本小学畢業
劉寶慶	十六	高郵	高郵縣立第一高小畢業
淩崇春	十六	江寧	江寧市立兩等小学畢業
吳廷佐	十七	無錫	省立第三師範附屬小学畢業
何樹成	十五	四川南川	南川崇实高小畢業
盧壽祖	十七	寶應	省立第四師範附屬小学畢業
張瑞爾	十七	江陰	江陰縣立第一高小畢業
孫雲鵬	十五	高郵	高郵縣立第一高小畢業
羅樹聲	十五	泰兴	泰兴縣立第一高小畢業
王德宣	十五	無錫	省立第三師範附屬小学畢業
王作梁	十六	江寧	江寧區立第四高小畢業
陳泰襄	十五	無錫	省立第三師範附屬小学畢業
商科			
喬佑林	十七	丹徒	江寧區立第二高小畢業
張樹善	十八	泰兴	江寧區立第二高小畢業

朱太初	十六	江寧	江寧區立第四高小畢業
沈延坤	十八	湖北漢陽	金陵大学附屬中学修業三年
曾純一	十五	太倉	太倉縣立第一高小畢業
陳家駿	十六	高郵	高郵縣立第一高小畢業
朱元濬	十八	松江	松江縣立第二高小畢業
薛仲達	十八	無錫	省立第三師範附屬小学畢業
李如權	十七	江寧	江寧縣立高等小学畢業
陳煥庭	十六	崇明	崇明城北高等小学畢業
程慶陵	十七	~~無~~武進	~~無~~武進縣立第二高小畢業
孫寶信	十五	無錫	無錫縣立第六高小畢業
施復昌	十六	崇明	崇明城北高等小学畢業
張允元	十六	崇明	崇明城北高等小学畢業
孫振鉞	十六	無錫	無錫縣立第六高小畢業
王士康	十六	松江	松江縣立第二高小畢業
費烱	十五	武進	東吳大学附屬高小畢業
徐光漢	十四	太倉	太倉縣立第一高小畢業

虞毓麟　十七　無錫　省立第三師範附屬小學畢業

談述曾　十七　無錫　省立第四師範附屬小學畢業

談光曾　十五　無錫　省立第四師範附屬小學畢業

董蓮生　十五　江寧　省立第四師範附屬小學畢業

王仲貴　十八　江寧　省立第四師範附屬小學畢業

許世琦　十四　鹽城　淮安縣立高小畢業

李森　十五　丹陽　丹陽縣立第一高小畢業

徐鳴梓　十六　丹陽　丹陽縣立第一高小畢業

紀乃備　十七　丹徒　無錫縣立高等小學畢業

畢金壽　十六　宜興　武進縣立第六高小畢業

張學滙　十七　銅山　泰縣縣立第一高小畢業

盧秉倚　十八　江寧　江寧公立高等小學畢業

蔣振陰　二十一　福建　南洋爪哇中華會館高等小學修業二年半

劉丙彪　十五　寶應　寶應縣立第二高小畢業

黄永康　十五　武進　武進縣立第二高小畢業

孫葉華　十七　無錫　無錫縣立第六高小畢業

姓名	年齡	籍貫	學歷
孫景顯	十六	無錫	無錫縣立第六高小畢業
陳文俊	十七	江寧	江寧公立益智兩等小学畢業
殷家浩	十五	無錫	無錫縣立高小畢業
王昌祺	十五	無錫	無錫縣立第二高小畢業
王作楨	十四	江寧	江寧區立第四高小畢業
馬志元	十五	江寧	江寧區立第四高小畢業

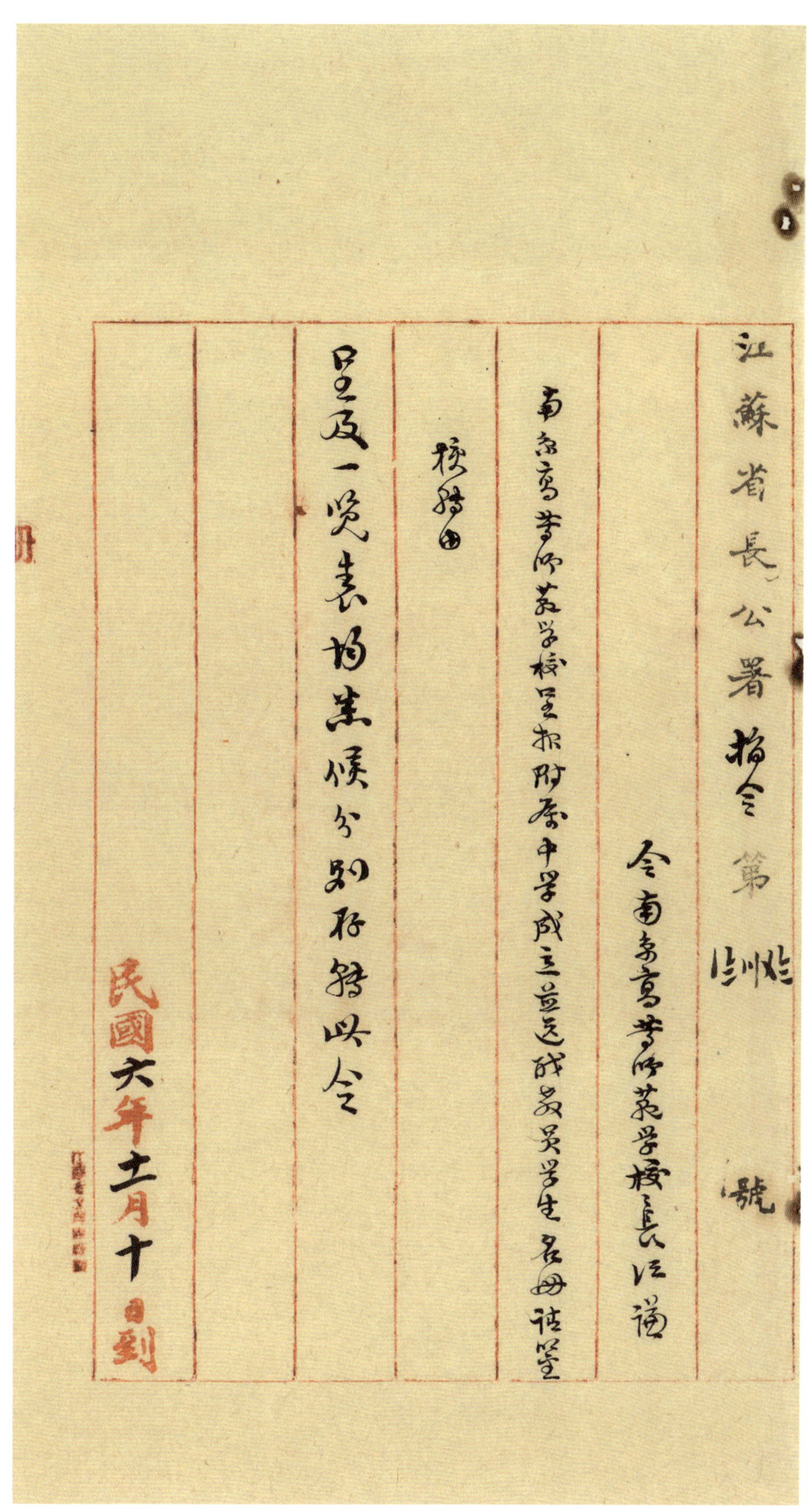
江蘇省長公署指令第[illegible]號

令南京高等師範學校校長江謙

南京高等師範學校呈報附屬中學成立并送職教員學生名冊請鑒核轉由

呈及一覽表均悉候分別存轉此令

民國六年十一月十日到

江蘇省長齊耀琳給南京高等師範學校校長江謙的指令（一九一七年十一月八日）

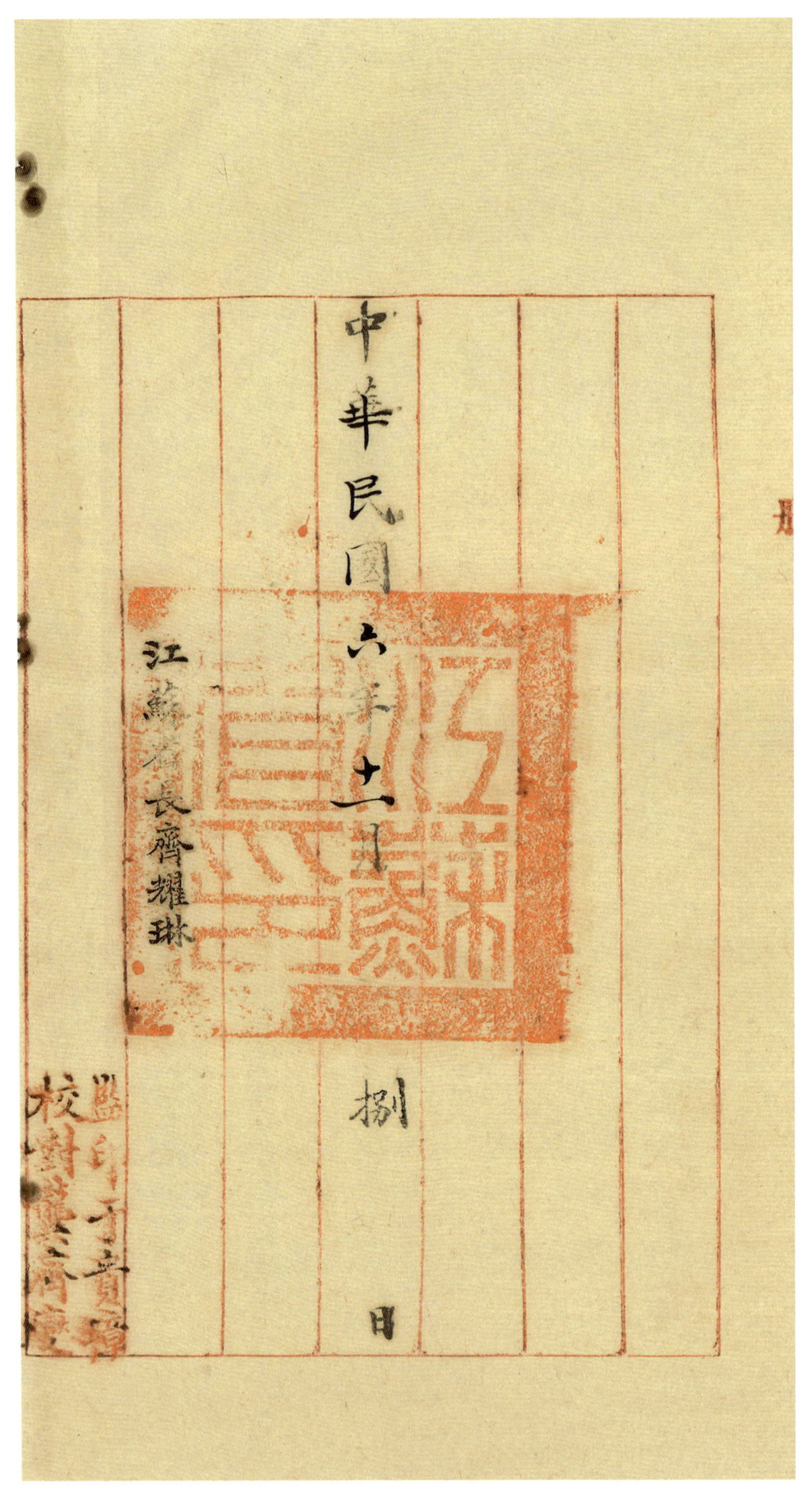

中華民國六年十二月捌日

江蘇省長齊耀琳

監印

校對

訓令

民國七年五月廿二日到

江蘇省立官紙印刷廠發行
定價壹分

江蘇省長齊耀琳爲教育部案準該校開設附屬中學給南京高等師範學校代理校長郭秉文的訓令

（一九一八年五月十九日）

江蘇省長公署訓令第〡〤〩乚號

令南京高等師範學校代理校長郭秉文

案准

教育部咨開准咨開據南京高等師範學校校長呈稱本校應設

附屬中學採用文實分科辦法先設農工商各一級分別招致錄

取學生嚴崇漢等九十七名於本學期開始入校舉行開校禮造具職教員及學生等履歷資格一覽表請予備案等因並表二份到部查該校採用分科辦法核與中學教育主旨不合業經先後咨行另訂辦法在案嗣據該校代理校長呈請變通坿屬中學辦法並擬酌設第二部所具理由尚屬可行當即准其試辦表

開學生嚴崇漢等資格尚合應准暫予備案職教員表並予存
查相應咨復轉令遵照可也等因准此合行訓令該代理校長
知照此令

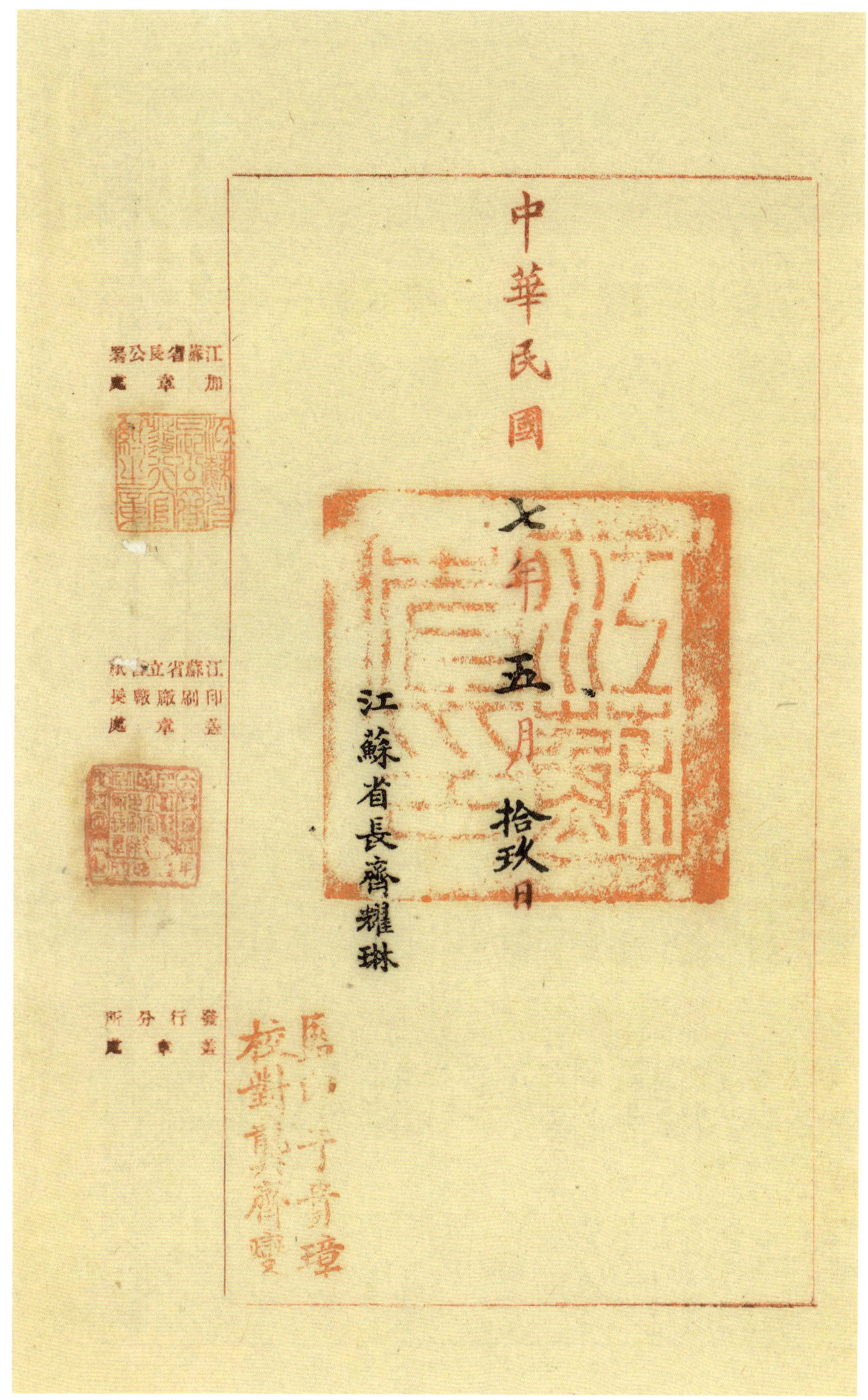
中華民國七年五月拾玖日
江蘇省長齊耀琳
江蘇省長公署加章處
江蘇省立書報印刷廠蓋章處
發行分所蓋章處
校對馬寸璋 龔齊璧

國立南京高等師範附屬中學校　校址南京城內北極閣前　六年九月開辦

甲表（自六年七月起至七年六月止）

編制

職員	
管理員	十人（兼教課者三人）
教員	十五人（兼高師課者八人，另二人學金由高師送）

學生		
學級及人數	農科一年級	二十五人
	工科一年級	三十一人
	商科一年級	四十人
	科　年級	人
	科　年級	人
	總計	九十六人（中途移居及因病輟業者十一人）
年齡	自十四歲以上至二十歲者為最大	
學費	每年十二圓	
寄宿或通學	盡屬寄宿	
歷年畢業人數	無	

校役人數	九人

省學校視察表

設備

建築	教室	操場	宿舍	圖書	器械標本	校具
尚未	借高師餘屋	與高師合用	借高師餘屋	二六二	一五〇	購置四八一三圓

經費

由來	歲入	歲出
國款由省指撥	一六七六六圓	仝上

國立南京高等師範附屬中學校職員表　七年九月二十三日填報（自六年七月起至七年六月止）

第一頁

職務	姓名	出身經歷	就職年月	擔任學科	時數	薪水及公費	備攷
職員	陸規亮	曾任上海太倉廣西各學校校長、南洋公學齋務長	六年五月	主任兼高師職務		一百二十元	
職員	張公輿	曾任上海高等實業中院監學、省立第一第二師範教員	六年七月	學監兼習字教員	三	八十元	兼教課
職員	陳錫麒	本校國文專修科畢業	仝上	學監兼修身教員	三	七十元	兼教課
職員	周廷珍	本校國文專修科畢業	仝上	舍監		二十六元	
教員	王瀣		仝上	國文	三	十五元	兼高師課
教員	柳詒徵		仝上	國文	四	二十元	兼高師課
教員	向楚		仝上	國文	四	二十元	兼高師課
教員	蔣旭桐	本校國文專修科畢業	仝上	國文算術	八	四十五元	
教員	林承鵠		六年七月	英文	十八	一百元	兼高師課
教員	楊匡	兩江師範史地科畢業，歷任中學師範史地教員	六年九月	歷史地理	十二	五十元	
教員	吳家高		六年七月	數學	八	四十元	兼高師課
教員	朱籙	美國加倫比亞大學數學碩士，曾任第一農業學校教員	六年九月	數學	十二	六十元	
教員	張準		六年七月	化學	二	十元	兼高師課
教員	鄒東文		仝上	農業	八	四十元	兼高師課
教員	朱公釗		仝上	商業	四	二十四元	兼高師課
教員	周景鑑		仝上	圖畫音樂	六	二十四元	
教員	楊興齡		六年九月	兵操	三	三十元	
教員	于振聲		仝上	武技	三	由高師送脩	

國立高等師範附屬中學校職員表

南京高等師範學校附屬中學編制、設備、經費及職員表（一九一八年九月二十三日）

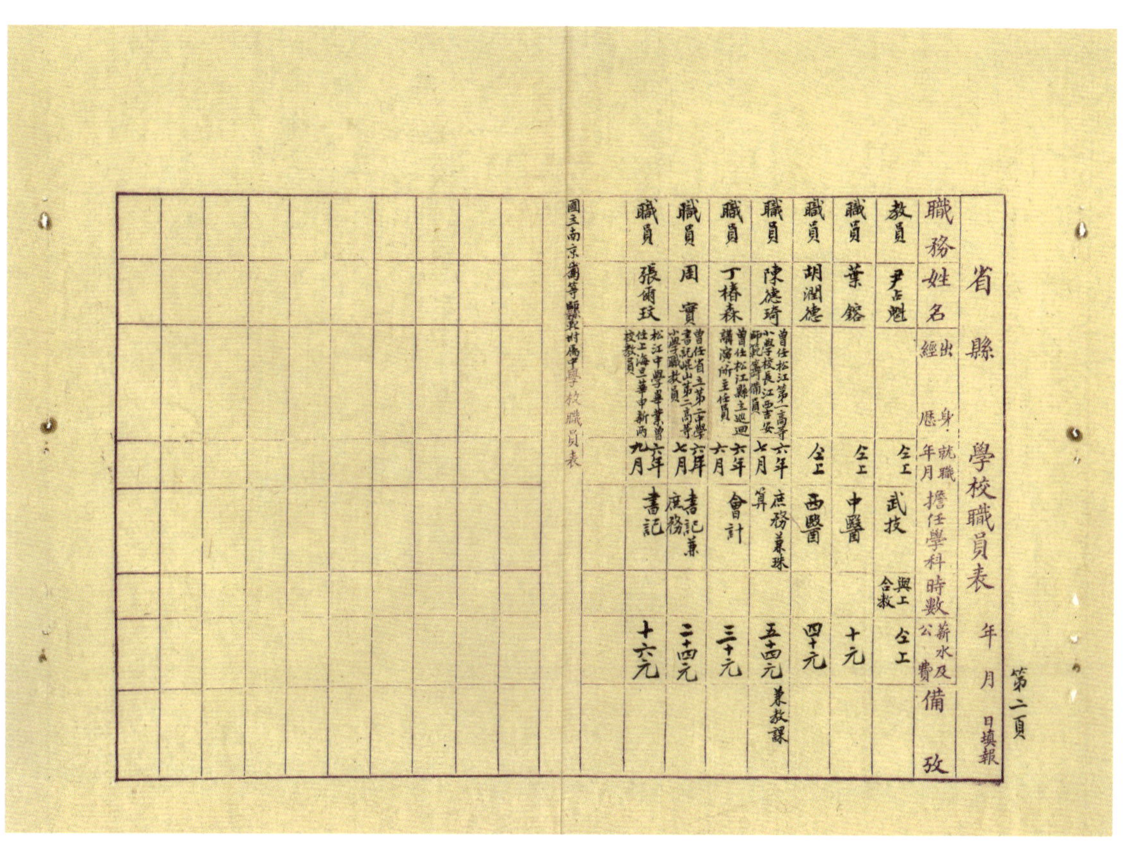

第二頁

省　縣　學校職員表　年　月　日填報

職務	姓名	出身·經歷	就職年月	擔任學科	時數	薪水及公費	備攷
教員	尹占魁		仝上	武技	與上合教	仝上	
職員	葉鎔		仝上	中醫		十元	
職員	胡潤德		仝上	西醫		四十元	
職員	陳德琦	曾任松江第一高等小學校長、江西吉安師範籌備員	六年七月	庶務兼珠算		五十四元	兼教課
職員	丁椿森	曾任松江縣立巡迴講演所主任員	六年六月	會計		三十元	
職員	周寶	曾任省立第三中學書記、崑山第二高等小學職教員	六年七月	書記兼庶務		二十四元	
職員	張爾玟	松江中學畢業，曾任上海三華中新兩校教員	六年九月	書記		十六元	

國立南京高等師範附屬中學校職員表

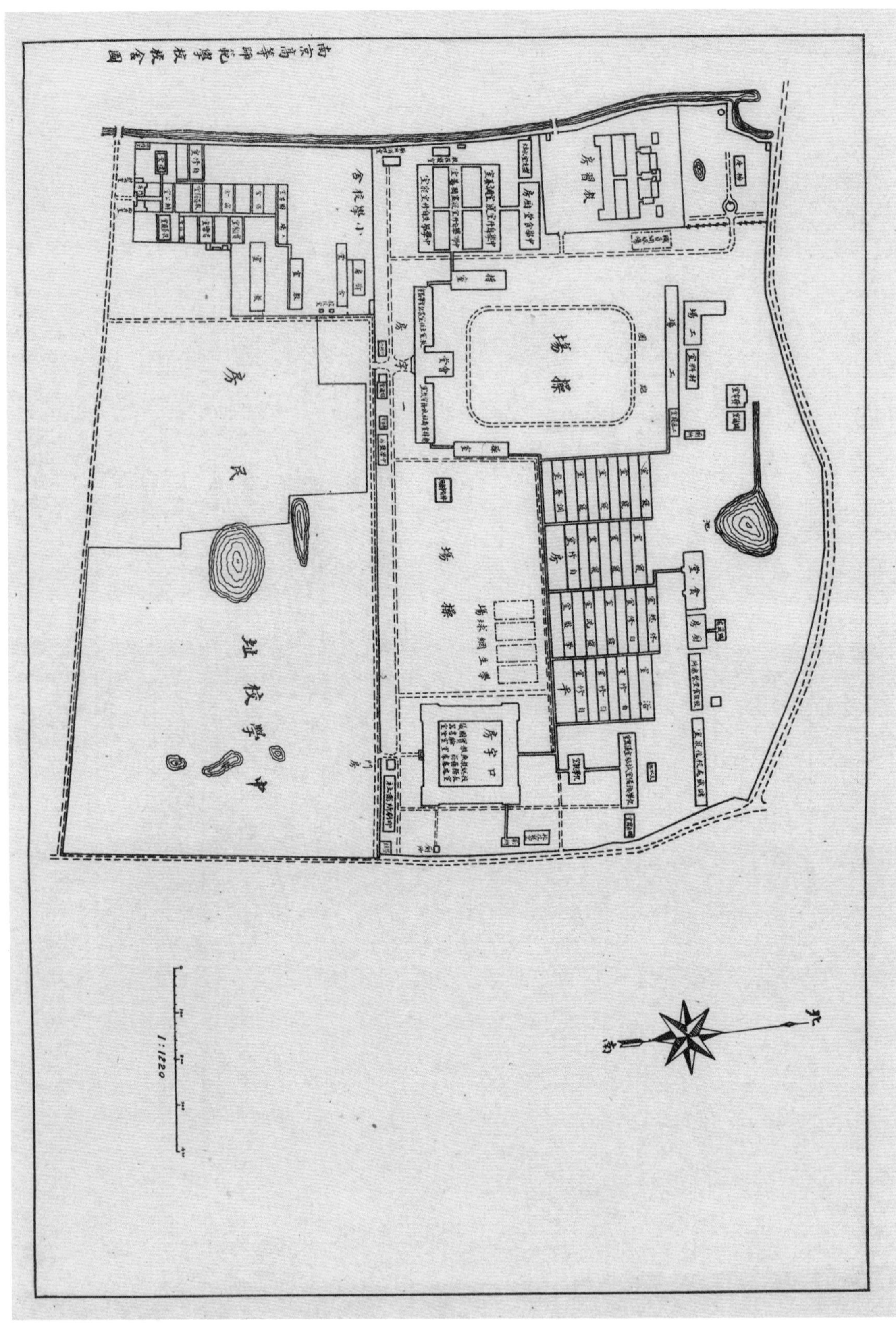

南京高等師範學校校舍圖（一九一八年）

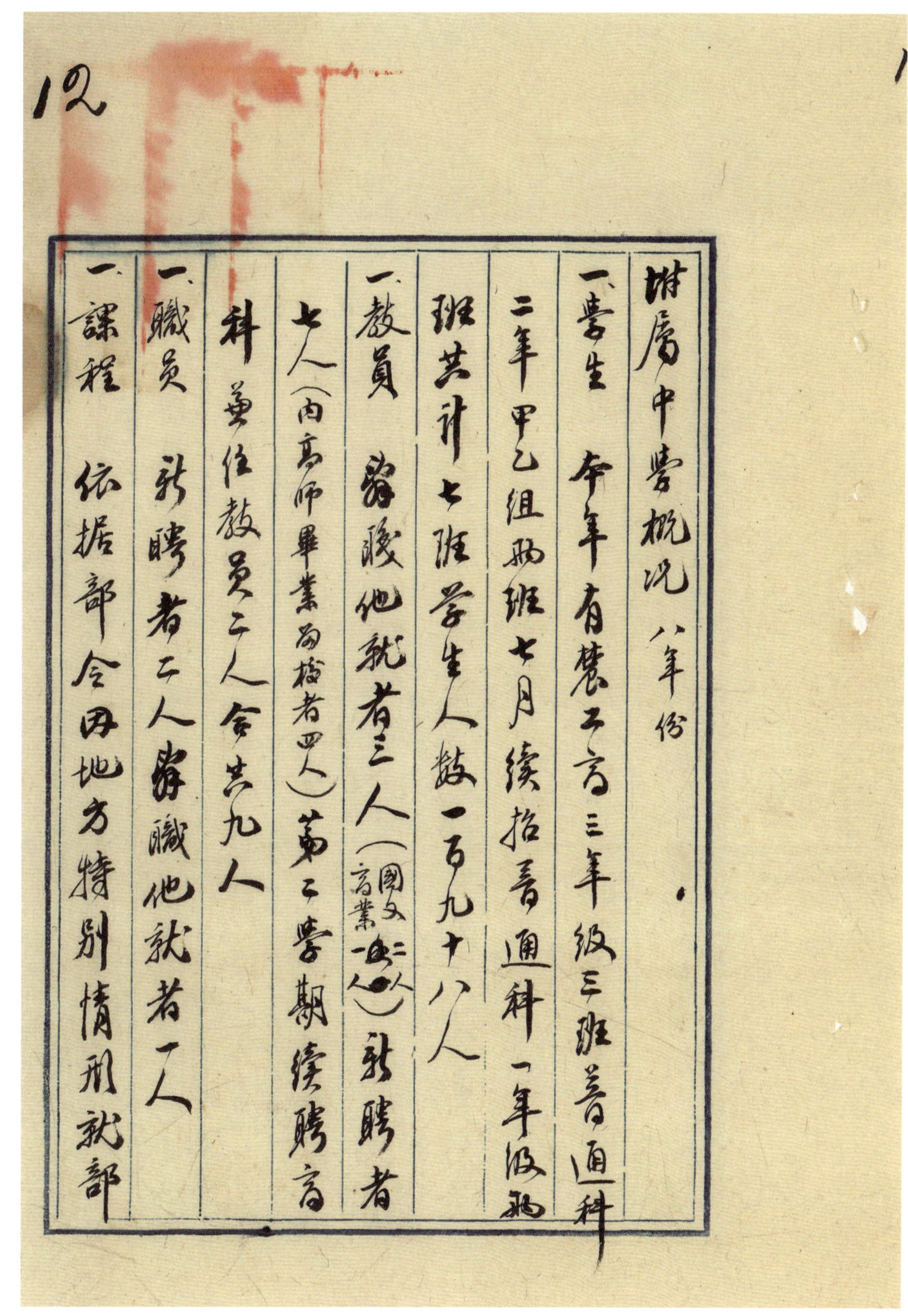

附屬中學概況　八年份

一、學生　今年有舊生高三年級三班普通科二年甲乙組兩班七月續招普通科一年級兩班共計七班學生人數一百九十八人

一、教員　辭職他就者三人（國文二人商業一人）新聘者七人（内高師畢業留校者四人）第二學期續聘商科兼任教員二人合共九人

一、職員　新聘者二人辭職他就者一人

一、課程　依據部令因地方特別情形就部

南京高等師範學校附屬中學一九一九年概況（一九一九年）

定中學校課科目時數酌量增減

一、修業旅行　共分三組，農工商三年級赴南通，普通科二年級赴鎮江，一年級赴南京負郭之棲霞山，各書日即回，共有隨教日始回，共均各職教員偕行，古蹟名勝、公司、工廠，與凡與實業學識各有關係者，類往參觀。

一、參觀實習　農工商三班將届畢業，年學年內曾擇空餘時間赴附近之銀行、農場、工廠參觀，學

12

年結束時農科生在高師農場實習工藝科兩班則赴上海分校書館銀行造船廠暨貿易公司等處實習

一、實習報告　各生將實習期內所得之經驗作報告兩份一交本科主任教員一存教務處

一、畢業學生　此科成立於民國六年七月至本學年終不過三學年所以無畢業生

一、設備　八年夏新建樓房一所於中學校地東南部專供教室之用教授所需儀範用品及

试验室工场农场等均暂借用师范部以前之阅书室划出一大加扩充俾学生得良好阅览书籍之所并将经常费内每月提出购书费六十元以备添置书籍源源不绝

一、组织　全校事务由中学主任主持除由教员职员分任管理教授庶务三部事务外另设二会议以筹商校务之进行

(一)全体职教员会议每月一次

(一)执行部会议每星期一次

12

3

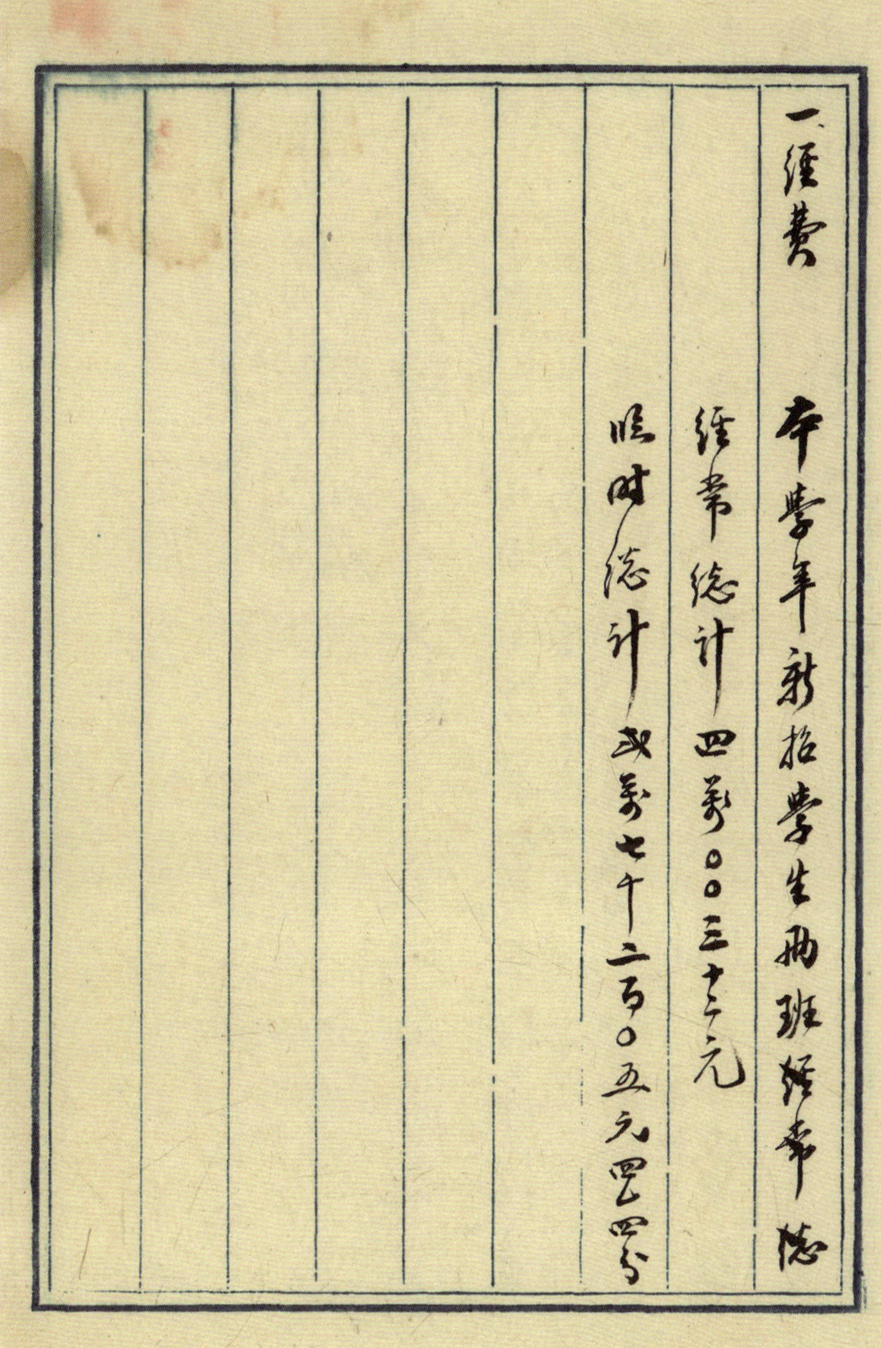

一、经费

本学年新招学生两班经常总

经常总计四万〇〇三十六元

临时总计贰万七千二百〇五元四角四分

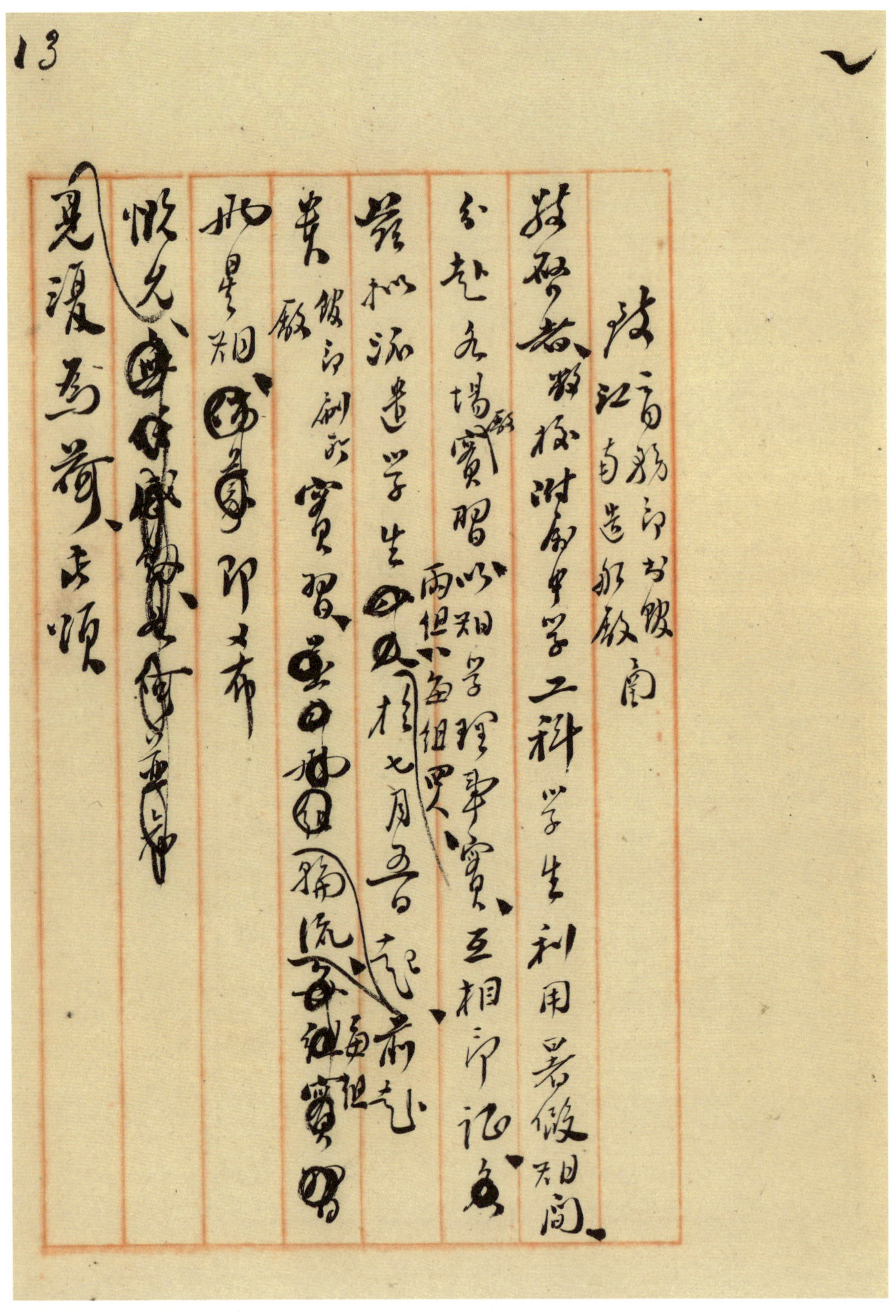

13

逕啟 商務印書館 / 江南造船所

啟者：敝校附屬中學工科學生利用暑假相商

分赴各場實習，以相學理事實互相印證，為

荷擬派遣學生兩組，每組四人，[illegible]七月五日起前去

貴館印刷所實習，[illegible]每組實習

敝[illegible]暑期[illegible]印布

[illegible]

見復為荷，此頌

關于學生利用暑假實習的一組文件

南京高等師範學校爲附屬中學工科學生利用暑假實習給商務印書館及江南造船廠的公函

（一九二〇年六月二十四日）

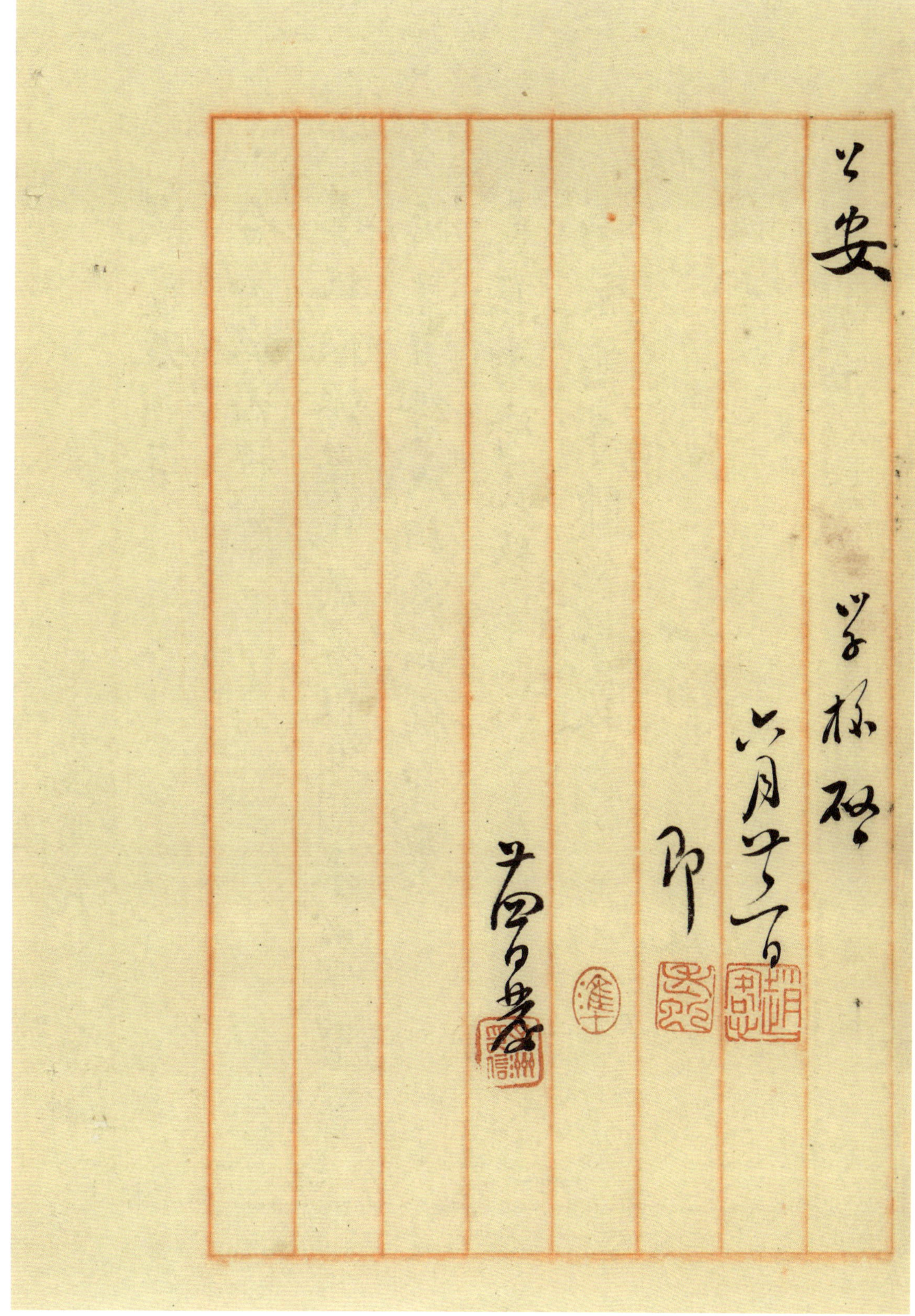

〻安

学棣 [illegible]

六月廿日

即

[illegible]

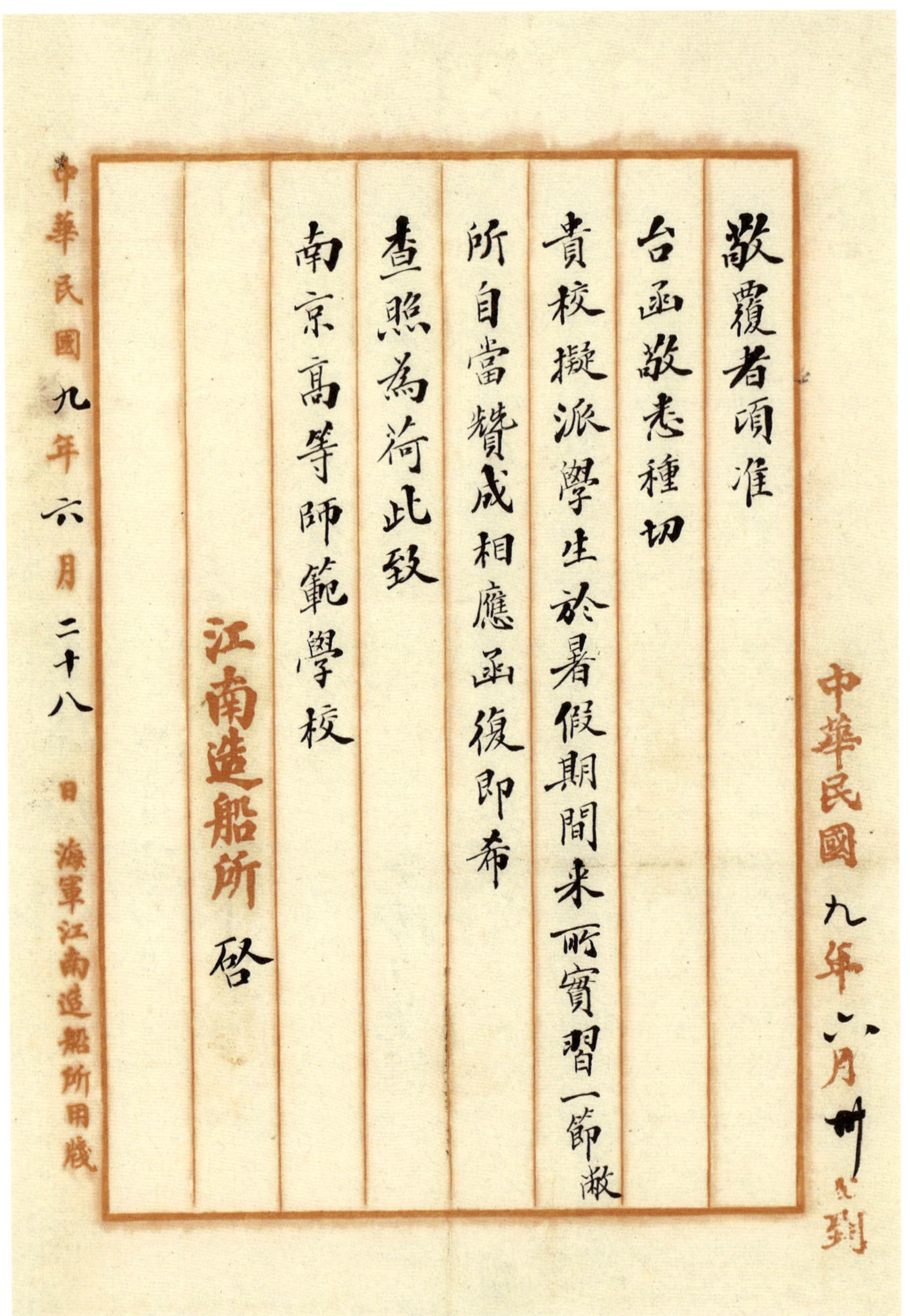

敬覆者頃准
台函敬悉種切
貴校擬派學生於暑假期間来所實習一節敝
所自當贊成相應函復即希
查照爲荷此致
南京高等師範學校
江南造船所啓
中華民國九年六月二十八日
海軍江南造船所用牋
中華民國九年六月廿九日到

江南造船所給南京高等師範學校的復函（一九二〇年六月二十八日）

聘書

具聘書南京高等師範學校令聘請
成純一先生爲本校附屬中學工業專任
教員 所訂事項如左
一訂俸資以通用銀元每月五十五元按月致送
一每週教授時數至多不逾十六小時惟有特
別情形時得商酌變更
一訂約書期自民國九年七月起至十年六
月底止續約於一月前知照
一所任職務照教員職務規程辦理
一此約彼此各執一紙照行

校長郭秉文
附中主任廖世承

民國九年 月 日

南京高等師範學校附屬中學聘請成純一先生爲本校工業專任教員的聘書及應聘書（一九二〇年七月）

應聘書

8

具應聘書成純一 今應
南京高等師範學校附屬中學工業專任
教員之聘 所訂事項如左
一訂俸資以通用銀元每月五十五元按月支付
一每週教授時數至多不逾十六小時惟有特
別情形時得商酌變更
一訂約書期自民國九年七月起至十年六月
底止續約於一月前知照
一所任職務照教員職務規程辦理
一此約彼此各執一紙照行

成純一

民國　年　月　日

叁 國立東南大學附屬中學時期

（南京大石橋 一九二一年至一九二七年）

國立東南大學南京高師附屬中學校一九二二年度臨時經常費預算册（一九二二年）

國立東南大學南京高師附屬中學校民國十一年度試辦新學制
添招初級中學一二年級新生壹百陸拾人高級中學三
年生八十人除原有四年生畢業四十餘人外計增添學
生約二百人所需校舍及傢具雜項開明預算陳請
台核

計開

一建築費洋四萬九千三百元
(1)膳堂七間約洋二千八百元
(2)盥洗室三間約洋一千二百元
(3)寢室自脩室三十四幢約洋二萬七千二百元
(4)廚房三間水灶兩間廁所二間柴炭房三間約洋三千元
(5)調養室五間約洋二千元
(6)雨操室一座約洋六千元
(7)體育器械室三間童子軍器械室三間約洋一千五百元
(8)學生浴室五間約洋一千元
(9)教職員臥室十間約洋三千元
(10)僕役室二間約洋六百元

一傢具費洋九千二百三十元
(1)教室桌椅二百付約洋九百元
(2)教師講枱講壇五只約洋八十元
(3)木質黑板十塊約洋一百八十元
(4)字簏水盂等連自脩室約洋八十元
(5)寢室床榻二百付約洋一千元
(6)箱架二百个約洋一百元
(7)自脩室書櫃一百个約洋三百元
(8)階級靠背椅一百付約洋五百元
(9)自脩室枱桌二百付約洋一千四百元
(10)化學室試驗桌子約洋壹百元
(11)物理實驗室桌子約洋壹百元
(12)手工教室桌子四十付約洋二百元
(13)商科實践室器具約洋二百元
(14)打字室桌椅約洋一百元
(15)標本室大橱八張約洋二百元
(16)成績室大橱十个約洋二百元
(17)化學室藥品橱十二个約洋二百四十元
(18)物理儀器橱六个約洋一百二十元

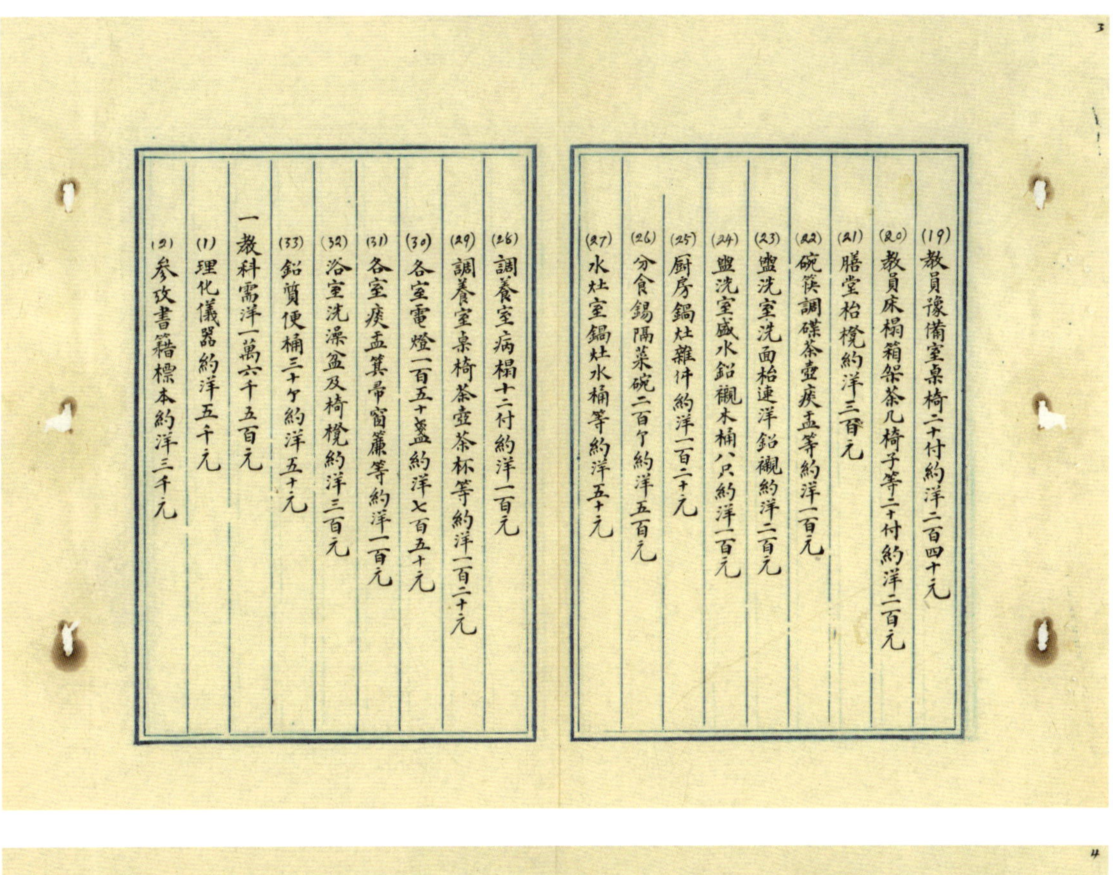

3

(19)教員豫備室桌椅二十付約洋二百四十元

(20)教員床榻箱架茶几椅子等二十付約洋二百元

(21)膳堂枱凳約洋三百元

(22)碗筷調碟茶壺痰盂等約洋一百元

(23)盥洗室洗面枱連洋鉛襯約洋二百元

(24)盥洗室盛水鉛襯木桶八只約洋一百元

(25)廚房鍋灶雜件約洋一百二十元

(26)分食錫隔菜碗二百ケ約洋五百元

(27)水灶室鍋灶水桶等約洋五十元

(28)調養室病榻十二付約洋一百元

(29)調養室桌椅茶壺茶杯等約洋一百二十元

(30)各室電燈一百五十盞約洋七百五十元

(31)各室痰盂箕帚窗簾等約洋一百元

(32)浴室洗澡盆及椅凳約洋三百元

(33)鉛質便桶三十ケ約洋五十元

一教科需洋一萬六千五百元

(1)理化儀器約洋五千元

(2)參攷書籍標本約洋三千元

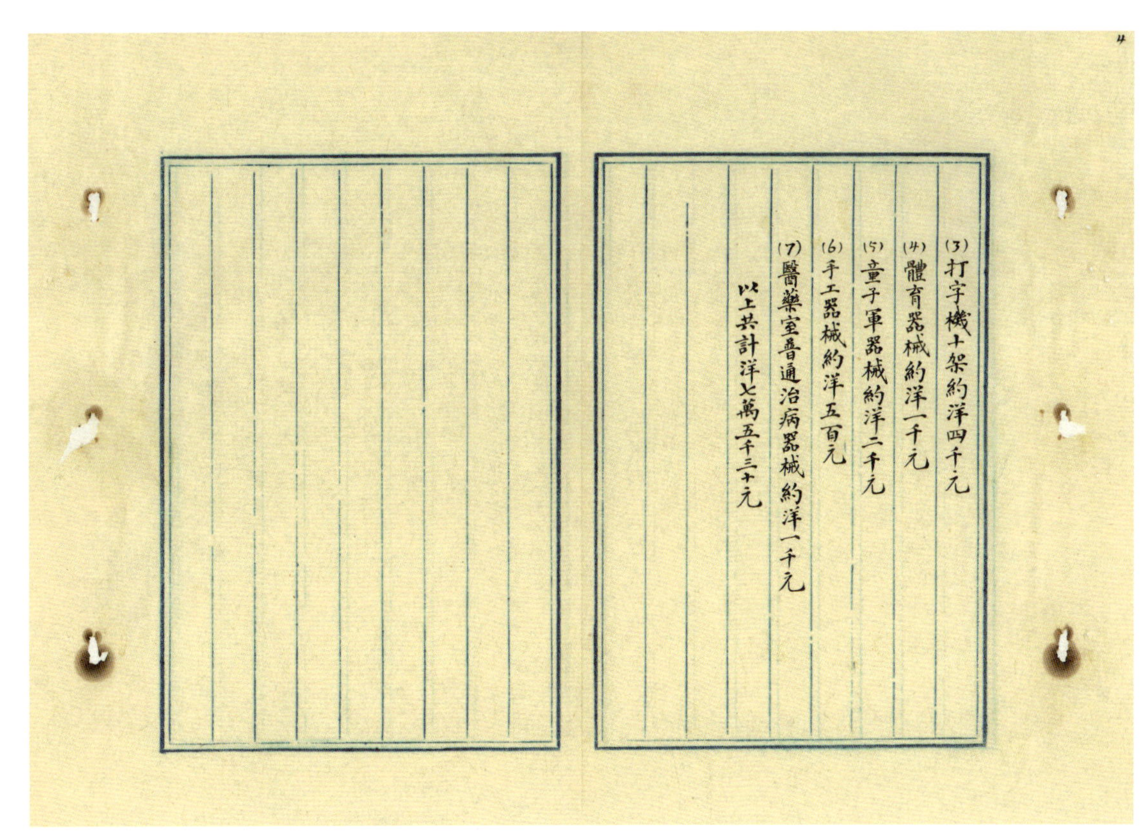

4

(3)打字機十架約洋四千元

(4)體育器械約洋一千元

(5)童子軍器械約洋二千元

(6)手工器械約洋五百元

(7)醫藥室普通治病器械約洋一千元

以上共計洋七萬五千三十元

國立東南大學南京高師附屬中學校民國十一年度經常費預算各

項繕陳

台核

計開

一職員薪水全年洋一萬三千九百二十元

(1)主任一人月支洋一百六十元

(2)教務主任一人月支洋一百元

(3)學監一人月支洋一百元

(4)舍監三人月支洋一百八十元

(5)庶務一人月支洋七十元

(6)助庶務三人月支洋一百二十元

(7)會計一人月支洋六十元

(8)助會計二人月支洋六十元

(9)文牘一人月支洋四十元

(10)書記四人月支洋一百元

(11)圖書管理員二人月支洋六十元

(12)西醫一人月支洋七十元

(13)中醫一人月支洋四十元

一教員薪金全年洋四萬六千六百八十元

(1)國文教員六人月支洋四百五十元

(2)選科國文教員一人月支洋八十元

(3)英文教員六人月支洋五百四十元

(4)選科英文教員一人月支洋一百元

(5)數學教員六人月支洋四百八十元

(6)選科數學教員一人月支洋八十元

(7)理化教員三人月支洋二百四十元

(8)中文史地教員三人月支洋二百元

(9)英文史地教員三人月支洋二百四十元

(10)手工教員二人月支洋一百元

(11)音樂圖畫教員一人月支洋七十元

(12)國語教員一人月支洋五十元

(13)農業教員二人月支洋一百六十元

(14)工業教員二人月支洋一百六十元

(15)商業教員二人月支洋一百六十元

(16)生物學教員一人月支洋七十元

(17)法制經濟教員一人月支洋七十元

3

(18)社會學哲學教員一人月支洋七十元
(19)倫理心理學教員一人月支洋七十元
(20)論理學教育學教員一人月支洋七十元
(21)公民學教員一人月支洋六十元
(22)體操教員三人月支洋二百十元
(23)拳術教員二人月支洋六十元
(24)童子軍教員一人月支洋七十元
(25)童子軍助教一人月支洋三十元

一工食全年洋三千另二十四元

原有校工三十人每人每月工食洋七元計二千五百二十元十一年
增添學生六班約二百人應添校工六名計五百另四元

一文具全年洋四千六百八十元
(1)紙張月支洋一百元
(2)簿籍月支洋四十元
(3)筆墨月支洋三十元
(4)印刷月支洋一百六十元
(5)雜件月支洋六十元

一郵電全年洋五百四十元

4

(1)電報月支洋十元
(2)郵政月支洋二十元
(3)電話月支洋十五元

一購置全年洋五千四百元
(1)傢具月支洋一百元
(2)圖書雜誌日報月支洋一百六十元
(3)儀器月支洋一百六十元
(4)雜品月支洋三十元

一消耗全年洋一萬三千二百元
(1)茶水煤炭月支洋一百二十元
(2)電燈油燭月支洋三百元
(3)工場煤油月支洋四百元
(4)理化藥品消耗月支洋八十元
(5)商科實習消耗月支洋五十元
(6)農科實習製造月支洋五十元
(7)醫藥室藥品月支洋一百元

一脩繕全年洋三千八百四十元
(1)脩理校舍傢具月支洋一百五十元

(2)脩理馬路球場月支洋一百元
(3)臨時僱工鋤草運物洋四十元
(4)雜支洋三十元
一雜支全年洋七百元
(1)旅費全年洋三百元
(2)攝影費告白費全年洋四百元
一特別費全年洋四千四百元
(1)國內外調查參觀費年支洋二千元
(2)中等教育出板印刷費年支洋一千四百元
(3)童子軍出外練習費年支洋五百元
(4)脩學旅行費年支洋五百元
一預備費年支洋八百六十五元
以上共計洋九萬七千二百四十九元

呈一件 為附屬中學修業期滿繕具名册請攷畢業試由

呈表均悉查該附屬中學四年級生許肖魯等四十七名修業期滿商科四年級生畢金壽一名留校補習試驗及格應准一併舉行畢業試驗仰即令知此令

教育部據呈爲附屬中學修業期滿繕具名册請考畢業試準予舉行給國立東南大學的指令

（一九二二年七月五日）

附：學生成績名册

中華民國十一年七月 五 日

教育總長 高恩洪

監印 左棫

王子厚校對

學科目及成績 姓名	必修科													選修科																				操行成績
	公民學	國文	英文	數學	歷史	地理	博物	物理	化學	圖畫	音樂	手工	體育	國文	文科國文	英文	文科英文	大代數	解析幾何	西洋史	東亞史	外國地理	生物學	法制	社會經濟	論理	心理	哲學	商業英文	簿記	商事要項	分析化學	圖畫	
周鴻經	65	85	90	95	83	78	73	92	90	90	90	90	90			90	86	92	94	85		96	92			77						87		甲
胡翰新	70	81	89	93	87	74	79	100	93	98	86	98	91	85		85	88			98		95				78			87	89	96			甲
夏紱麟	70	81	84	98	87	70	92	91	89	94	86	94	92	82		93	82			92		93				90			91	90	95			甲
張培寬	85	78	88	96	85	82	90	90	96	90	90	98	91	78		91	87	91	94		82	88	94			81								甲
貢瑞紳	70	82	87	88	72	71	70	91	86	74	83	84	91			93	85	80	92	90		90	93			88						88		甲
賀洪生	65	88	84	88	86	78	76	95	81	76	85	79	92	80		89	83			88	84	83	93	85		86								甲
張毅生	60	83	87	88	83	72	75	79	86	88	84	90	91	66		88	85			90		88				80			85	87	86			甲
陳頤慶	80	84	73	88	80	70	60	82	80	79	76	80	90	70		83		89	88					80	60	88						83		甲
江濤	60	75	84	98	65	70	66	84	95	74	80	88	91	68		74		86	96			80	84	70		83							80	甲
汪菊潛	90	78	85	85	80	90	66	95	81				90	66				83	97	82	75	80	79									86		乙
陸樹屛	61	80	88	87	71	75	65	88	83	86	83	78	91	75		75						77				83		70		90	75	93		乙
薛世平	65	78	76	97	84	70	72	97	88	75	78	78	90	70		88	78	94	99					75	65							94		甲
許肖魯	75	84	77	91	85	76	70	81	87	76	80	76	90			71		98	90	90		78		65		80	78			71				甲
姜光祖	70	80	75	89	86	76	70	73	83	80	76	80	93	76		84		91	96					85		85				68		87		甲
蔡達理	60	95	81	63	80	78	67	77	66	74	76	76	91	80	90					68	78				80	73	90	60						甲
李國慶	80	80	79	90	86	72	76	81	77	84	79	84	90	88	90	90	78			80		81			70	88								甲
陳東琨	60	80	87	93	68	74	63	61	74	74	80	76	91			79				65		83		75		69			67	72	79			乙
尹日昌	65	75	76	87	80	72	75	74	65	88	78	86	91			73	76	75	82	70	83	83	92			88								甲
顧瀛儒	70	75	86	81	78	72	75	66	64	65	93	94	90	70	85	72								60	80	73	76	83						甲
王漆	75	75	68	79	78	80	75	82	83	80	85	85	91	72		77		98	88					65		80				61		86		甲
李廷璧	80	88	72	73	79	70	68	88	66	76	77	80	90	74	83	71				80	89	68	78			73								乙
佟昌霖	70	70	86	82	82	82	70	80	86	70	80	90	89			75		83		65	74	70	90	80								66		乙
王先正	80	70	91	75	76	72	74	66	81	80	79	80	91	62	75	77				62			78			83						86		乙
沈乃菁		75	91	78	80	75	60	81	93		64		89			80	82	77	75		71	72		70		84	78							乙
孫亮采	75	78	74	70	81	74	70	69	68	74	74	78	88			85	78			90				75	70	80		[illegible]	75	80	88			甲
王德宣	60	80	88	63	75	80	74	65	71	68	88	77	94	80	85	69				80	85	72					65	75						乙
李雲沛	75	74	78	87	86	81	93	87	60	79	70	74	92	68		83				82		75						70	72	69	83			丙
嚴保濚	60	75	87	70	66	79	80	74	67	80	80	74	91	68	69	62				60		65		70				83						乙

學科目及成績 姓名	必修科													選修科																			操行成績
	公民學	國文	英文	數學	歷史	地理	博物	物理	化學	圖畫	音樂	手工	體育	國文	文科國文	英文	文科英文	大代數	解析幾何	西洋史	東亞史	外國地理	生物學	法制	社會經濟	論理	心理	哲學	商業英文	簿記	商事要項	分析化學	
顧師範	60	85	84	70	78	72	79	72	76	80	82	78	89	70		78				60	82				65	75	63	70					甲
孫雲蒸	70	87	72	94	81	76	84	68	62	88	80	76	93	65	80	82				78					70	85			69		71		乙
賈鈍	60	80	71	91	76	74	71	80	61	76	74	78	91	89	78	79				78	75	70		70	60	85							乙
徐若濟	80	75	82	63	70	70	80	70	62	98	90	98	91			68		61	70		68			70		72	75	70				76	乙
盧正紳	60	80	81	66	75	72	65	60	62	70	74	70	90	70	83	64				~~70~~	70				60	76	83	75					丙
梁鼎	60	76	74	91	73	70	62	70	65	74	80	76	92	76	70	80				79	74	62	60			73							丙
鄂森	66	74	76	72	66	66	64	61	60	82	83	63	92	72	72	79	78	64				68		65									丙
侍開成	65	75	81	66	77	74	70	69	76	72	74	77	91	75	72					62				65	70	75	70	60					乙
胡元愷	70	72	70	88	75	76	75	70	73	86	76	78	92			78				92		65				78			65	60	71		丙
石達時	60	70	78	60	71	83	70	60	61	76	82	78	88	68	72					63				65	60	71	88	65					丙
周醉經	60	75	90	69	70	74	70	60	69	74	84	90	93	64		74				68		68			60			65	67		68		乙
顧慶瀾	60	70	72	73	83	66	67	82	83	76	74	84	90	65	80					62		62		60	70			70				88	甲
孫可祺	60	65	77	64	75	75	60	60	67	80	78	85	88	65	70	66				65				60	60	83	63	63					乙

說明

一、鄂森原名濬

一、汪菊潛係由上海清心中學轉來插入三年級肄業原校無圖畫手工音樂三科故缺三項成績

一、沈乃菁係由浦東中學轉來插入三年級肄業公民學圖畫手工三科原校未將成績開來故從缺

一、梁鼎原名煥桐

一、陸樹屛原名鵬搏

一、徐若濟原名周樟

學科百分成績 姓名	修身	國文	英文	數學	歷史	地理	理化	博物	法制	經濟	商業英文	商事要項	統計	簿記	珠算驗幣	商品	打字	圖畫	音樂	商業實踐	操行成績	體育成績	備注
畢金壽	72	60	61	75	76	78	60	61	71	75	78	83	90	70	72	68	70	96	84	83	丙	69	畢生應於民國十年在商科四年級畢業（本校前曾設農工商職業科三班）其時因化學一科未能及格乃於本學年在校補習茲已試驗及格准予畢業合行補報

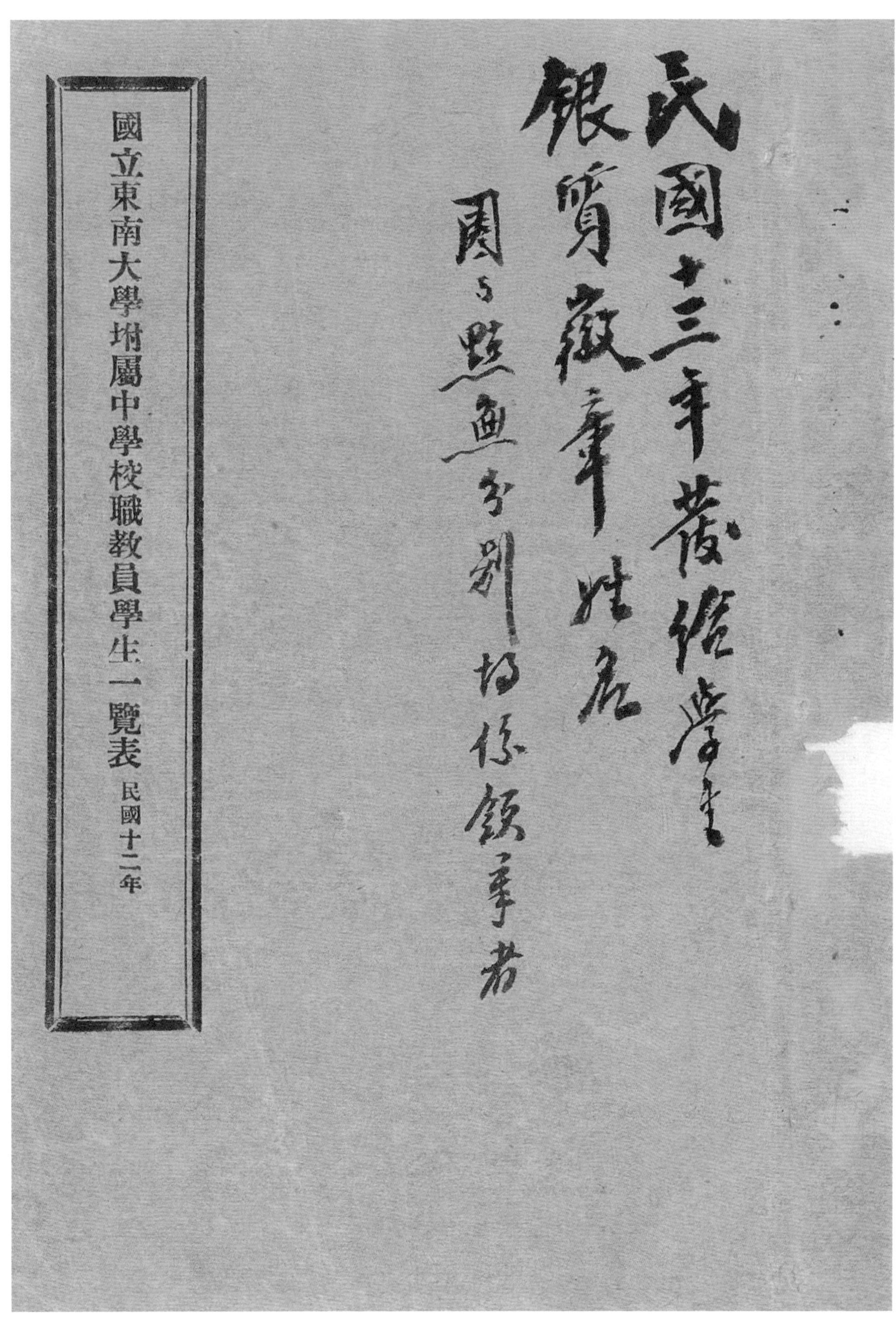

國立東南大學附屬中學校職教員學生一覽表（一九二三年九月）

國立東南大學附屬中學校職員一覽表

十二年九月

姓名	號	年歲	籍貫	職務	經歷	通信處
郭秉文	鴻聲	四四	江浦	校長	美國哥倫比大學師範科博士	東南大學
廖世承	茂如	三一	嘉定	主任東大教育科教授	美國勃朗大學哲學博士	江蘇嘉定西門內
張公瑛	柏延	五四	松江	總務員兼指導股理事	曾任郵傳部高等實業學校及省立第一第二師範教職員	松江西門金沙灘學士里
黃鼎	甲三	三一	儀徵	教務股理事	南高師範國文專修科畢業曾任南洋檳榔嶼中華學校校長	揚州舊城大三巷已故
俞士先	裴箴	四二	崑山	文牘股理事兼市政廳文牘科科長	江蘇師範畢業約翰大學國文教員兼中文部中學畢業簽字員	吳縣甪直鎮北港曹廙
[illegible]	哲生	二八	紹興	圖書股理事	南京高師教育科畢業	無定
楊效春		二八	浙江義烏	出版股理事	曾任四川省立第二女子師範教務主任	義烏魂立成東記轉柳村
沈書瑌	佩言	三五	崇明	體育股理事	南通代用師範本科畢業本校體育專科畢業	崇明二條豎河
陳德琦	錫朋	四九	浙江海鹽	雜務股理事兼市政廳公益科公園主任	曾任淞江縣教育會會長及第一高小校長	淞江西門外萬歲亭街十四號
童致楨	濟士	二八	宜興	會計股理事兼市政廳實業科科長銀行行長	南京高師商科畢業	宜興芳橋童鼎豐
陳兆鵬	傑夫	三六	丹徒	購置股理事兼市政廳公益科科長	南高師範理化本科畢業	泰縣八字橋西
諸枏孚	君達	三〇	嘉定	保管股理事兼指導股股員及童子軍事務	太倉州屬中學堂畢業特派廣東趣問使駐滬委員	江蘇嘉定西門內大街
曹錫	守一	二八	江都	推廣股理事	南高教育科畢業	江都縣署西街
袁宗澤	仲濂	二六	無錫	童子軍總教練	南高體育專科畢業	無錫新瀆橋
葉鎔	仲經	四三	江都	中醫	南京高等實業學校畢業第七師軍醫長	南京通俗圖書館
胡潤德		三六	廣東	西醫	美國米蘇里醫學校醫學博士金陵大學住院醫生	本城石版橋七號
張雅煥	囦鴻	二八	江都	統計員	省立第一師範畢業曾任省立第五師範地方教育巡迴指導員	揚州芝麻巷
張樹藩	紉秋	三七	松江	指導股股員	北洋陸軍學堂輜重科畢業	淞江城內起雲橋東首

職教員學生一覽表 一 江蘇第一監獄代印

姓名	號	年歲	籍貫	職務	經歷	通信處
蘇毓棻	叔嶽	三〇	浙江瑞安	指導股股員	南高文史地本科畢業	浙江瑞安大沙堤
曹乃昌	禹言	二九	儀徵	教務股股員	江蘇警察學校畢業	揚州玉井
張爾玫	也松	三三	松江	雜務股股員兼市政廳實業科郵局局長	松江中學畢業上海申新旦華兩校教員	淞江西門外東塔弄底塔射園
陳華	南山	二九	江陰	圖書股股員		無錫祝塘東街
孫士杰	有篤	三〇	武進	會計股股員	省立第三師範畢業	無錫漕橋孫協和號交
濮劍淵		二六	武進	書牘股股員		常州府橋塊東巷底
胡斌	松壽	三一	湖南湘鄉	仝上	江蘇憲兵學校畢業歷充軍官書記科員警佐等差	南京城北太平橋大影壁孫家園十三號
郭徐庵	蘧盦	二二	安徽鳳陽	仝右兼理化實驗助理員		泰縣城內八字橋西陳宅
江克	中遠	二八	浙江瑞安	雜務股股員		浙江瑞安橋街口
趙政	泮芳	三〇	松江	書牘股股員	金山川沙嘉定高小主任教員省立農校速記兼書記	松江華陽橋益生南貨號
程伴賢		一九	松江	仝上	松江中學畢業	松江西門內楊家橋塊松鈞交誼會事務所轉
汪鍾棣	可均	二四	宜興	會計股股員		宜興芳橋童鼎豐
倪逢	文生	四〇	松江	雜務股股員	曾任松江開明女子學校庶務員	松江塔橋西首

職教員學生一覽表 二 江蘇第一監獄代印

國立東南大學附屬中學校教員一覽表

十二年九月

姓名	號	年歲	籍貫	担任學務	經歷	通信處
陳燮勛	季襄	三二	廣東蕉嶺	國文	南高文本科畢業歷任集美中學師範實業三部級任教員江蘇第七中師範教務主任	汕頭蕉嶺新市
歐梁	濟甫	三一	江甯	國文	南高國文科畢業南通代用師範吳淞水產學校國文教員	南京大王府巷四〇四號
周廷珍	寶儒	三二	浙江鹽海	國文	南高國文專修科畢業	本校
穆世清	濟波	二八	四川合江	國文	城部高師畢業歷任四川二中一師公立農業各校教員	四川合江縣先市郵局轉
孫[illegible]		三〇	湖南寶慶	國文	北高師範畢業歷任福建第二師範湖南第一師範吳淞中國公學中學部國文教員	
鄧[illegible]	潭秋	二五	江西南昌	國文及文學史	江西農業專門學校畢業曾任江西江聲日報總編輯及贛省中學教員	南昌蒲扇行十七號本宅
張公瑍	柏延	五四	松江	習字	見職員表	
李儒勉		二三	江西鄱陽	英文	金陵大學文學士	江西鄱陽土井巷
王竹書		二八	江甯	英文	曾任金陵中學師範科世界史教員暨南學校英算教員	本城城北雞鵝巷廊後四號
黃孟姒		二七	安徽舒城	英文	金陵女子大學文學士	南京大石橋七號
陳雲孫		二七	江甯	英文	金陵大學文科畢業安徽省立第九師範英文教員	本城花牌樓十字路口陳寓
鮑德徵	淵如	二七	東臺	英文	香港大學文學士	東臺何垛柿軒巷
陳懋烈	丹崖	三〇	吳縣	德文		蘇州懸橋巷
倪道鴻	若水	二九	金山	數學	北京大學理學士	金山縣干巷鎮
汪桂榮	靜齋	二五	江都	數學兼工程	南高師範機械工藝專修科畢業曾任本校高師補習班物理教員	揚州舊城北小街石柱西
桂步驤	叔超	二五	安徽石埭	數學	北京大學理學士江蘇第九中學數學教員	南京倉巷
蔣士彰		二三	江都	數學	南高理化部畢業現任東大算學助教	揚州康山鹽公館間壁
虞明禮	叔和	二四	江浦	數學	南京高師畢業	烏江裕豐祥號轉

職教員學生一覽表 一 江蘇第一監獄代印

姓名	號	年歲	籍貫	担任學務	經歷	通信處
蘇毓棻	叔鶴	三〇	浙江瑞安	歷史	見職員表	
韋潤珊		二九	浙江東陽	地理	南京高師文史地本科畢業	東陽湶石口郵局轉樟村
陳兆鵬	傑夫	三六	丹徒	物理	見職員表	
朱庭茂		二八	安徽蕪湖	生物學	東南大學農學士曾任江蘇省立第一農校及安徽省立第二農校教員	蕪湖北門口德泰號轉
周景濤	明頤	二八	江陰	物理化學	南高理化科畢業上海商務印書館化學部技師	江陰城內中街
楊效春		二八	浙江義烏	社會學	見職員表	
舒新城		三〇	湖南溆浦	心理學	湖南高師英語本科畢業曾任湖南第一師範第一中學教員吳淞中國公學中學部主任	南京蓮花橋一號
臧[illegible]衡	良父	三一	鹽城	法律學	江蘇公立法政專門學校法律科畢業	鹽城吳家橋塌巷
曹[illegible]	守一	二八	江都	教育學	南京高等師範教育科畢業	江都縣署西街
羅冏惺	克羣	二六	湖南湘鄉	商業	南京高師商科畢業	湖南湘鄉灤水會天玉號轉
董[illegible]	濟士	二七	宜興	商業	見職員表	
錢[illegible]	信中	二六	南通	商業	南高商科畢業東大教育科肄業	南通平潮市
周景鏞	玲蓀	三一	浙江海鹽	圖畫音樂	曾任上海商務印書館圖畫部主任現任東大圖畫教師	浙江海鹽西門葉家橋
凌[illegible]音	純聲	二三	武進	國樂	南京高師畢業	武進武廟街
甘夢丹		二四	紹興	西樂	杭州弘道中學師範畢業美國歐柏林音樂專修組利詩倫比大學師範院幼稚專修	杭州孝女路一號
張季信		二五	泰興	手工	曾任廣東職業中學東山中學教員	泰興勸學所或本城金陵大學轉
沈書城	佩言	三五	崇明	體育	見職員表	
陳鯤	振鵬	二六	崇明	體育	南京高師體育專修科畢業	上海轉廟鎮
黃啚松	石三	二四	江西臨川	體育及童子軍教練	南京體育科畢業曾任江西省立第二中學及心遠中學教員	江西河口鎮鄭家街榮興染坊
袁宗澤	仲濂	二六	無錫	童子軍總教練	見職員表	

職教員學生一覽表 二 江蘇第一監獄代印

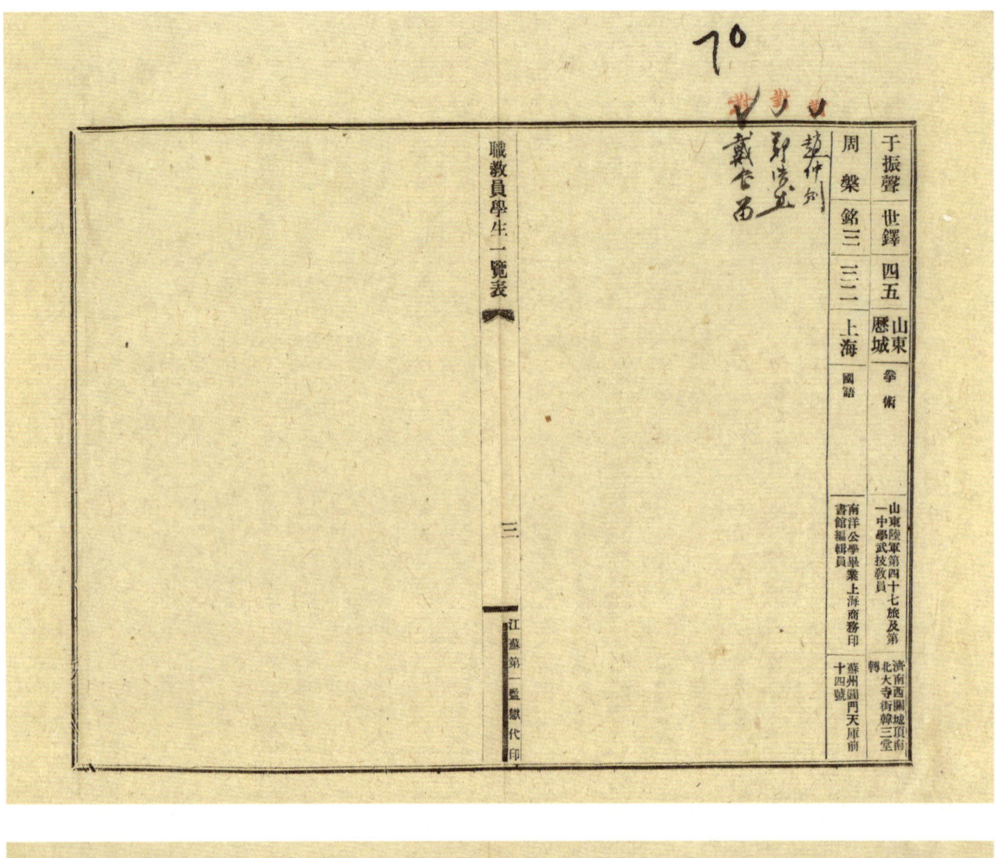

姓名	號	年歲	籍貫	履歷	通信處
于振聲	世鐸	四五	山東歷城	拳術 山東陸軍第四十七旅及第一中學武技教員	濟南西關城頂南北大寺街韓三堂轉
周燊	銘三	三二	上海	國語 南洋公學畢業上海商務印書館編輯員	蘇州閶門天庫前十四號

職教員學生一覽表 三

江蘇第一監獄代印

國立東南大學附屬中學校學生一覽表

十二年九月

第一組

姓名	號	年歲	籍貫	履歷	通信處
周同慶		一九	崑山	縣立乙種商業學校畢業	北後街十一號
胡元吉	士優	一七	江陰	高等小學畢業	華墅
趙敏學		一六	江甯	省立第四師範附屬小學畢業	本城花牌樓磨盤街
劉安仁	伯常	一八	寶應	恩補高小畢業	寶應西門
劉轂孫		一九	江陰	縣立第一高小畢業	無錫璜塘
徐箴	心浚	一七	泰縣	縣立第四高小畢業	泰縣海安市邑廟南巷內
趙體用		一九	江陰	第一師範附屬小學畢業	江陰小廟巷保嬰局東第二家
周纘武		一八	宜興	啓明高小畢業	宜興芳橋得月樓
孫紹祖		一八	丹陽	縣立高小畢業	珥陵鎮孫德源糧米行
吳聯輝	德棻	一七	湖南湘陰	湖南第一聯合縣立第一中學肄業	長沙黃泥塅四十二號
李逑先	守箴	一九	山東蒲台	縣立第一高等小學畢業	蒲台北鎮德泉祥
周懷衡	伯平	一九	宜興	縣立第二高等小學畢業	宜興芳橋恆協和號
朱文元	濟武	一九	常熟	第二國民學校畢業後肄業孝友高小	旺倪橋
蕭熺錦	薔庵	二〇	江西永新	浦東中學肄業	東大敎師房蕭叔綱轉
陳象羲	念和	二〇	鹽城	縣立第三高小畢業	鹽城南洋岸
張傳訓	心龕	二〇	安徽五河	七區私立高小畢業	安徽五河第七區警備局
楊德翹	羽堯	一八	安徽五河	安徽省立第四中學肄業	津浦路臨淮關河北金玉成號轉皇墩集

職教員學生一覽表 一

江蘇第一監獄代印

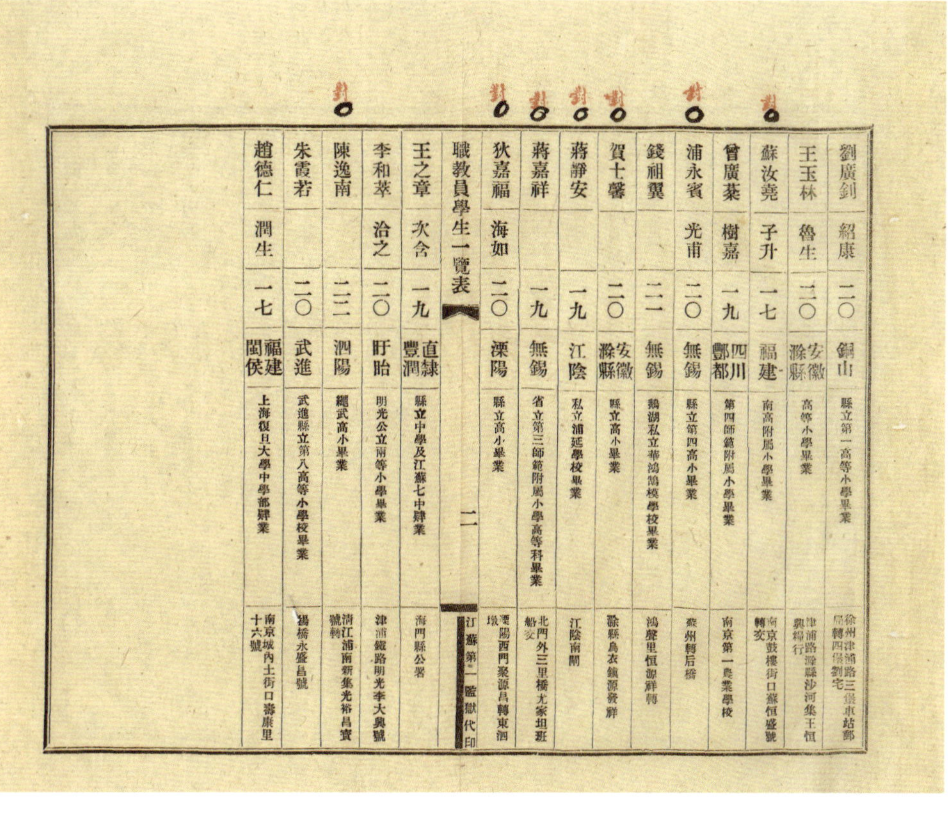

職教員學生一覽表 二

劉廣釗	紹康	二〇	銅山	縣立第一高等小學畢業	徐州津浦路三堡車站郵局轉四堡劉宅
王玉林	魯生	二〇	安徽滁縣	高等小學畢業	津浦路滁縣沙河集王恒興糧行
蘇汝堯	子升	一七	福建	南高附屬小學畢業	南京鼓樓街口蘇恒盛號轉交
曾廣棻	樹嘉	一九	四川酆都	第四師範附屬小學畢業	南京第一農業學校
浦永賓	光甫	二〇	無錫	縣立第四高小畢業	蕩州轉后橋
錢祖翼		二一	無錫	鵝湖私立華鴻鵠模學校畢業	鴻聲里恒源祥轉
賀士馨		二〇	安徽滁縣	縣立高小畢業	滁縣烏衣鎮源發祥
蔣靜安		一九	江陰	私立浦延學校畢業	江陰南閘
蔣嘉祥		一九	無錫	省立第三師範附屬小學高等科畢業	北門外三里橋尤家坦班船交
狄嘉福	海如	二〇	溧陽	縣立高小畢業	溧陽西門聚源昌轉東泗墩
王之章	次含	一九	直隸豐潤	縣立中學及江蘇七中肄業	海門縣公署
李和萃	洽之	二〇	盱眙	明光公立兩等小學畢業	津浦鐵路明光李大興號
陳逸南		二二	泗陽	繩武高小畢業	清江浦南新集光裕昌寶號轉
朱霞若		二〇	武進	武進縣立第八高等小學校畢業	錫橋永盛昌號
趙德仁	潤生	一七	福建閩侯	上海復旦大學中學部肄業	南京城内土街口壽康里十六號

江蘇第一監獄代印

職教員學生一覽表 三

第二組

張慶柟		一六	安徽滁縣	私立明志高等小學校畢業	滁縣城内江源泰
章祖懋	慕宗	一八	滁縣	滁縣高小畢業	滁縣十字街
濮聽泉		一六	武進	奉天兩級師範附屬小學畢業	常州局前街第一高小
沈士騮		一七	崇明	浦東中學肄業	崇明二條豎河
李飛鵬	寄萍	二一	湖北荆門	漢口輔德中學肄業	湖北沙洋南門街廣源升記
錢乾		一七	宜興	彭城中學肄業	和橋下塘中街德源祥
陳友梅	慕林	二〇	無錫	縣立第四高小畢業	無錫梅村德生堂藥號轉荆村
謝承平		一九	當塗	縣立第二高小畢業	南京城北老虎橋謝宅
錢允咸	澤三	一八	南通	縣立第八高小畢業	南通平潮市錢義成紗莊
周志華		一九	宜興	省立第五中學補習班	宜興芳橋東沿河協信昌號
夏期樓	詠岑	二二	鹽城	縣立第四高等小學校畢業	寶應湖垛樓夏莊轉東夏莊
馮翰	瀚伯	一七	武進	第一高小畢業	北京宣武門外魏染胡同第廿號
吳曾芥		一八	江陰	省立第三師範附屬小學畢業	蘇州楊家園四號
張搏	澤玥	一八	靖江	仝上	靖江城南張新宅
陳崇德		一八	江陰	仝上	無錫黃土塘大有恆號轉
沈松林	伯琴	一七	鹽城	縣立二高畢業	鹽城縣署西
張玖	契李	一八	高郵	縣立第一高小畢業	高郵北門外石灰閣
問憲曾	德之	二〇	寶應	縣立高小畢業	南京四象橋邀貴井十八號
史熙齡	亦江	二〇	直隸獻縣	省立第四師範附屬小學畢業	徐州城内陳家巷樂毒史廟

江蘇第一監獄代印

楊德齡	夢九	二〇	盱眙	縣立高小畢業	盱眙城內山上永安樓東首本宅
汪家曾	傳一	二〇	安徽全椒	上海南洋路礦附中肄業	全椒西門石牌坊
李士英	俊一	二〇	河南南陽	南陽中學肄業	南陽賒鎮聚興行
劉光楚	仲呂	一八	湖北保康	武昌中華大學附中肄業	湖北當陽縣轉歇馬河
秦文洸		二〇	六合	縣立第一高等小學畢業	六合西門施官集徐源昌號轉秦家營
董鈞謀	運鴻	二一	高郵	縣立第五高小畢業	高郵北門外西大街
程文熙	緝之	一九	河南開封	本校附屬小學高等科畢業	南京大行宮東街六十三號中州程
潘鴻生		二〇	溧陽	高等小學畢業	溧陽南渡恒豐轉塹口恒源號
潘祥河	潤憲	一九	安徽甯國	第四師範附屬小學畢業	南京東關頭九號豫黃程廟內
李和兌	吉行	二一	盱眙	明光公立兩等小學畢業	津浦鐵路明光李大興號

職教員學生一覽表 四 江蘇第一監獄代印

胡同文		一九	盱眙	金陵中學肄業	津浦路明光站胡家園胡季均先生收
錢景昌	員仲	二〇	江都	縣立第二高小學畢業	揚州舊城糙米巷錢宅
李道章	煥廷	二一	沛縣	縣立第一高等小學畢業	沛縣西南栖山郵局轉崗樓
芮宗藩	翰周	二〇	句容	縣立第一高小畢業	句容縣立第一高小轉交
張兆三	仲元	二三	安徽五河	鳳陽縣立第一高小畢業	臨淮關河北金玉成轉園宅集
喬之璠	魯珍	二一	河南內黃	省立第二中學肄業	內黃縣東莊集南街天德元轉交
鍾[illegible]灝	漱泉	二一	金壇	益智高小畢業	金壇石馬橋西下杖村
[illegible]	季昭	二一	沛縣	縣立第一高等小學校畢業	沛縣西門內趙家店趙光德轉郝窰
顧德滋		一九	阜甯	省立第七中學肄業	南京廣藝街三號門牌劉伯昌大律師事務所交
趙榮鼎		二〇	沛縣	縣立第一高小畢業	沛縣地方公欵處

第三組

鄒思廉	藺交	一七	常熟	常熟孝友學校高小畢業	常熟水西門內葛家衖
徐文博	淵若	一六	江陰	私立延輔高小畢業	無錫峭岐
周振寰	展韜	一六	江陰	顧山鄉立第一高小畢業	無錫顧山周德隆號
孫光祺	壽卿	一八	傒徵	南高附小畢業	南京四牌樓六號
張毓珊	鏡良	一七	金壇	省立第三師範附小畢業	金壇隆泰號
孫仁壽	平慈	一九	溧陽	縣立第二高小畢業	溧陽南渡鎮孫順隆油坊交
劉萃瀛	嘉樹	一六	湖南	旅鄂湖南小學畢業	湖南茶陵腰陂管豐和轉
王虞文	韶仲	一八	直隸正定	泰縣第一高小畢業	泰縣南門外御史坊
屠祥麟	威鳳	一九	奉賢	縣立第一高小畢業	奉賢東門外同保春藥號

職教員學生一覽表 五 江蘇第一監獄代印

姚家讓	溥生	一六	湖南長沙	旅鄂湖南中學一年	長沙安沙市姚壽春堂
文明昌		二〇	湖北廣濟	廣濟中學修業三學期	廣濟鄭公塔趙復成號轉
吳光田	心葵	一七	松江	東吳第四高小畢業	松江西門外關街
姜恩佑	保之	二〇	高郵	縣立第一高小畢業	高郵三垛鎮水龍局東首
周邦建		一九	江浦	縣立第一高小畢業	江浦西區新甸廟鎮交
史熙光		一九	宜興	縣立第三高等小學畢業	宜興官林舒仁裕轉
廖世潁		一八	嘉定	縣立第一高小畢業	嘉定西門內
張昌齡		一八	江甯	鍾英中學肄業	本城利涉橋東關頭
汪道原		一九	湖北黃梅	黃梅第一高小畢業	九江孔壠正街汪祥和號
王成淦	贛川	一九	阜甯	縣立第一高小畢業	阜甯縣通洋港

職教員學生一覽表 六

慶兆驊	逸塵	一七	鹽城	縣立第一高小學校畢業	鹽城純化街阮氏支祠對門
謝立惠		一七	安徽無爲	蕪湖南岸高小畢業	蕪湖對江無爲縣大珠集
陳吉慶	偉觀	一八	浙江安吉	本校附小畢業	浙江湖州曉墅
黄廷鑑	藻波	一九	四川重慶	成都聯合縣立中學肄業	本縣大東街四香長
錢濬昌	哲人	二〇	江都	縣立第二高小畢業	揚州舊城糙米巷
徐夔	志亮	二一	宜興	宜興代用乙種農業畢業	宜興芳橋王同盛號交
吕馨五	長瑛	一九	六合	本校附小畢業	六合瓜埠鎮薛和義號交
徐進	前爭	二一	安徽涇縣	涇縣私立第一高小畢業	大通青陽厚岸徐恒泰轉
巢楣	純方	一八	武進	武進縣立第三高小畢業	常州西門外石皮場巢宅
陳崇禮		一九	江陰	省立第三師範附小畢業	無錫黄土塘大有恆號
李永燮	子和	二一	安徽和縣	縣立第一高小畢業	和縣老鎮章天元轉
胡緘三		二〇	湖北蕲春	湖北啓黄中學二年	蕲春高家窯舖佘同泰轉胡家壩
顧毓瑞		一六	無錫	三師附小畢業上海民立中學二年	無錫虹橋灣一號
張光人		一八	湖北蕲春	湖北啓黄中學二年	蕲春縣北門外天寶祥銀樓轉
王高翔		一九	安徽繁昌	南京鍾英中學	蕪湖轉繁昌横山橋王隆順雜貨號
錢祖聞		一八	浙江諸暨	浙江甲種工校二年半	杭州板兒巷電汽公司錢雨峯轉
高獻琦		二〇	安徽太和	安徽省立第三師範肄業	安徽省立第三師範轉
蔡潤華		一七	江陰	南菁中學二年	江陰夏港
牛陽辰	乾初	二〇	河南柘城	省立第二中學肄業	柘城縣後街交

江蘇第一監獄代印

第四組

職教員學生一覽表 七

張宜	幼曾	一五	武進	縣立第三高小畢業	常州西下塘張氏醫室
黄吉	叔裳	一七	安徽舒城	南高附小畢業	南京大石橋七號
曹榮芳	雨倉	一七	寶山	本校附小畢業	吳淞江東防疫華醫院
陳同慶		一八	安徽廣德	廣德第一高小畢業	廣德狀元坊陳德懋莊轉
巫洪銓	學海	一七	金壇	丹陽第二高小畢業	金壇䢀溪鎮
張宗禹	蘇民	一七	宿遷	鍾英中學肄業二年	南京後成倉四十一號
吳德讓	春生	一八	宜興	宜興第一高小畢業	宜興西察院二十三號門牌
印元善	福慶	一九	丹陽	丹陽第三高小畢業	丹陽吕城大華鎮信昌隆號
史富權	育民	一九	鎮江	金陵附中肄業	南京下關史長有報關行
于錫來	北承	一七	金壇	金壇私立啓明乙種商業畢業	金壇老當舖巷
張宗圻		一九	無錫	肄業中學二年	無錫張鎮橋新開河
朱延豐	漢新	一六	蕭縣	縣立第一高小畢業	蕭縣城内鶴年堂轉
馬幹書	印丹	一九	鹽城	縣立第五高小畢業	鹽城上岡市接嬰所南首
唐畊善	志瞻	一九	常熟	縣立第三高小畢業	常熟許浦乾泰號交
于福成	履之	二〇	泰縣	泰興第二高小畢業	口岸大酒莊交
浦應筠	屏三	一八	無錫	無錫私立積餘高小畢業	無錫北門外長安橋十號
胡士均	伯平	一九	盱眙	盱眙明光公立高小畢業	津浦路明光胡恒源號交
孫雲鴻	賓來	二〇	高郵	縣立第五高小畢業	高郵稅務橋北
蔣豪	子介	一八	武進	縣立第五高小畢業	常州西門東安公所

江蘇第一監獄代印

張 璞	琢之	一六	高郵	縣立第三高小畢業	高郵北門外承志橋張宅
葛修鎔	鑄經	一九	江甯	句容縣立第一高小畢業	通濟門外土橋鎮全豐號轉
張德蘊		二〇	安徽巢縣	蕪湖襄垣高小畢業	巢縣夏閣鎮張碼村
王復隆	道從	二〇	丹徒	南京中學肄業	鎮江大馬路裕昌交
徐印坤	耀祖	一八	武進	縣立第一高小畢業	常州萬塔鎮長隊春徐梧庭
葛志明		一八	金壇	浦東中學肄業一學期	常州埠頭鎮祥元寶號交
陳朝華	造化	一八	安徽無爲	蕪湖私立乙種商務畢業	蕪湖北門內大街
周宗渭	仲呂	一九	浙江杭縣	蘇州第一師範附小畢業	蘇州胥門內街前街十一號
崔祥祺	東侯	一七	安徽太平	湖北省立模範高小畢業	南京成賢街二十五號
陳景星	詢芻	一九	武進	廣州中學肄業	南京貢院街南姚家巷一號

職教員學生一覽表　八

江蘇第一監獄代印

戴千里		二〇	浙江永嘉	本校附小畢業	永嘉城內倉河巷六號
朱博夫		二〇	六合	本校附小畢業	六合瓜埠
王治安	洗淘	一九	蕭縣	縣立第二高小畢業	蕭縣王寨西李樓寨
張遠隆	敬之	一八	句容	句容高小畢業	句容西門恒裕交
卞之麟	玉書	一九	高淳	高淳縣立高小畢業	高淳救生局交
謝文愨	強生	一八	貴州鰼水	上海大同學院肄業	貴州鰼水縣五福街
李蔭棠	召伯	一九	滁縣	高師附小畢業	滁縣東關外
劉作壽	仁山	二一	山東掖縣	縣立乙種實業學校畢業	本縣城西關源茂號轉道劉家交
楊從仁	壽亭	一九	安徽懷遠	鳳陽第一高小畢業	安徽懷遠南門外楊同德祥號轉
梁 夔		一八	吳縣	江蘇省立一中學肄業	南京大石橋二十號

第五組

童致虔		一六	宜興	武進縣第四高小畢業	宜興芳橋童鼎豐
張龍炎	曦軒	一五	安徽合肥	省立第四師範附屬小學畢業	南京邀貴井
鍾興鋭		一五	江甯	縣立第一高小畢業	本城天青街
柳屺生		一四	丹徒	本校附小畢業	南京城北四牌樓
倪道修	靜涵	一五	金山	縣立第四高小畢業	金山張堰轉干巷鎮東市
劉永岐	文生	一七	湖南新甯	南京建業大學預科修業	本城四象橋劉公祠七號
徐宗士	世平	一四	奉賢	縣立第一高小畢業	奉賢城內東門東天成京貨號內
童致棱		一五	宜興	武進第四高小學校畢業	宜興芳橋童鼎豐
韓榮齡		一六	高郵	縣立第一高小畢業	高郵北門外布巷

職教員學生一覽表　九

江蘇第一監獄代印

李在興	振球	一六	高郵	縣立第五高小畢業	高郵城內梁逸灣
李茂林	竹修	一九	泰縣	縣立第二高小畢業	泰縣北門外東街古官巷李宅
端木和	仁和	一七	金壇	縣立第一高小畢業	金壇珠琳鎮天生堂
陳關濟	拯之	一六	高郵	縣立第一高小畢業	高郵北門耶穌堂南首
洪寶林		一六	宜興	武進縣立第三高小畢業	武進西門外過謙益茶號
凌鍾福		一七	如臯	南通敬孺高小畢業	如臯掘港東賓橋
夏時行		一七	奉賢	縣立第二高小畢業	奉賢四團鎮北市嚴永泰南貨號
孟 治	亞平	一八	泰縣	南通城北高小學校畢業	泰縣蔣垜孟源豐交
陳廷煌	炳南	一八	鹽城	縣立第一高小畢業	鹽城上岡市薛復隆交
王守中	執之	一八	金壇	第九師範附屬小學畢業	金壇華章公司交西門外思甆村

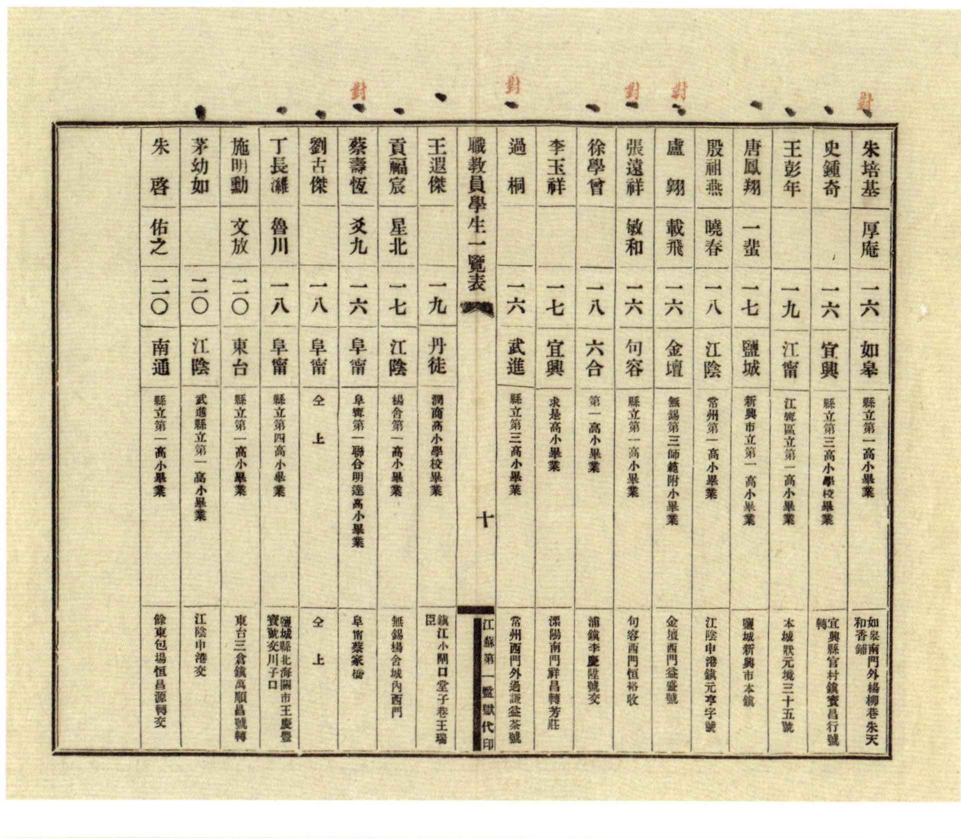

朱培基	厚庵	一六	如皋	縣立第一高小畢業	如皋南門外楊柳巷朱天和香鋪
史鍾奇		一六	宜興	縣立第三高小學校畢業	宜興縣官村鎮寶昌行號轉
王彭年		一九	江甯	江甯區立第一高小畢業	本城狀元境三十五號
唐鳳翔	一蜚	一七	鹽城	新興市立第一高小畢業	鹽城新興市本鎮
殷祖燕	曉春	一八	江陰	常州第一高小畢業	江陰申港鎮元亨字號
盧翊	載飛	一六	金壇	無錫第三師範附小畢業	金壇西門益盛號
張遠祥	敏和	一六	句容	縣立第一高小畢業	句容西門恒裕收
徐學曾		一八	六合	第一高小畢業	浦鎮李慶隆號交
李玉祥		一七	宜興	求是高小畢業	溧陽南門群昌轉芳莊
過桐		一六	武進	縣立第三高小畢業	常州西門外過謙益茶號
王還傑		一九	丹徒	潤商高小學校畢業	鎮江小閘口堂子巷王瑞臣
貢福宸	星北	一七	江陰	楊舍第一高小畢業	無錫楊舍城内西門
蔡壽恆	爻九	一六	阜甯	阜甯第一聯合明達高小畢業	阜甯蔡家樓
劉古傑		一八	阜甯	仝上	仝上
丁長灘	魯川	一八	阜甯	縣立第四高小畢業	鹽城縣北海關市王慶豐寶號交川子口
施明勳	文放	二〇	東台	縣立第一高小畢業	東台三倉鎮萬順昌號轉
茅幼如		二〇	江陰	武進縣立第一高小畢業	江陰申港交
朱啓	佑之	二〇	南通	縣立第一高小畢業	餘東包場恒昌源轉交

職教員學生一覽表 十

江蘇第一監獄代印

第六組					
高康甫	治新	一五	江陰	縣立第一高小畢業	江陰夏港高豐泰糧食行交
李懋功		一四	武進	本校附小畢業	武進楊柳巷
過基成	永叔	一五	無錫	本校附小畢業	無錫八字橋西街裕昌號
倪道彰	美揚	一七	金山	縣立第四高小畢業	金山張堰轉干巷鎮東市
劉貴貞	正齋	一六	銅山	銅山二高及本校附小畢業	徐州城内美仁西巷二十四號
鄒榮	明星	一六	無錫	省立第三師範附小畢業	無錫學前街十一號
王顥	敏如	一七	金壇	省立第九師範附小畢業	金壇大沿河巷鎮昌寶號轉交
潘宗綱	夢齡	一六	高淳	縣立第二高小畢業	高淳東壩鎮潘中和藥號交
陳邦柱	石侯	一七	崇明	縣立乙種農校畢業	崇明北義鄉界排鎮西南
朱祖讓	仲三	一六	安徽和縣	和縣皖北中學高小畢業	和縣關岳廟旁
孔憲鑫	少坪	一七	漣水	第一高小畢業	漣水莊協和號轉
程桂庭	馥秋	一八	江甯	省立第四師範預科修業	大全福巷
錢鳳綰	威仲	一七	宜興	縣立第六高小畢業	大浦鎮長泰和寶號
黎封鎬	伯甯	一八	湖南黃岡	安徽寧國縣立第一高小畢業	寧國河瀝溪李益泰號轉交
孫偉		一七	江陰	武進縣立第一高小畢業	石庄魏仁和藥號
王樹聲	振軒	一八	無錫	私立積餘高小畢業	無錫東北塘李恒豐號
楊義宣		一五	丹徒	縣立第二高小畢業	鎮江梳兒巷楊祠間壁
吳邦彥		一七	泰興	縣立第三高小畢業	靖江廣陵鎮恒德興鼎記轉唐家庄
金文哲	少明	一七	泰縣	泰縣代用曲塘高小畢業	泰縣大白米交

職教員學生一覽表 十一

江蘇第一監獄代印

職教員學生一覽表 十二

丁希慶		一六	宜興	作人高小學校畢業	宜興芳橋後村
張振家	挺英	一八	崇明	縣立乙種農業學校	崇明北義鄉郁家河頭西
胡超	超北	一八	丹徒	潤商高小學校畢業	鎮江城外銀山門裕康祥緞號
夏雲	奇峯	一八	阜甯	縣立第四高小畢業	鹽城縣北溝墩鎮交
鄒武	慰祖	一八	無錫	縣立第四高小畢業	無錫后宅
劉作賓	樹斌	一七	江西清江	私立潤商高小畢業	鎮江大閘口春江里內劉廣
王潤生	雨農	一八	安徽懷遠	本校附小畢業	懷遠龍亢集王永泰號
陳寶鎔		一七	嘉定	本校附小畢業	南翔方泰鎮寶理堂
駱介觀	德芝	一七	浙江諸暨	江蘇省立第四師範附小畢業	南京城內淮清橋三十三號
郭栴	讓伯	一七	江甯	安徽省立第二模範高小畢業	安慶東門內小楞角頭街三十三號
王紹休		一七	金壇	私立高小畢業	金壇思古街天生堂號
董受昌	壽天	一八	江都	縣立第一高小畢業	泰縣郭村
傅如松	翘嶺	一六	高淳	縣立第二高小畢業	滑中和寶號轉交
朱章	少逸	一八	邳縣	縣立第一高小畢業	邳縣官湖鎮晉和號轉
王金標	題錦	一九	直隸冀縣	邳縣縣立第一高小畢業	邳縣官湖鎮德慶義號轉
姚家騂		一七	安徽霍邱	本校高小畢業	霍邱南關姚義和泰號
劉古馨	德吾	一八	阜甯	阜甯第一聯合明遠高小畢業	阜甯蔡家橋
張龍川	德玄	一七	鹽城	江甯區立第四高小畢業	鹽城三豐市小阜莊北王家莊
鄧寶之	錫三	二一	山東利津	縣立高小學校畢業	山東利津城北陳家莊
楊超		一七	江西德安	私立心遠中學修業一年	江西九江轉德安下木堡清白村

江蘇第一監獄代印

職教員學生一覽表 十三

汪宏聲	楚玄	一五	吳縣	東吳中學修業二年	蘇州婁門北街華陽橋西
翟鳳陽		一八	湖北黃梅	湖北省立第一中學二年	九江黃梅大河舖霍恆泰號交
顧衡		一五	無錫	省立第三師範附小畢業	無錫鳳光橋
雷敦		一八	湖南瀏陽	長沙青年會	武昌東廠口雷廣
李照奎		一六	安徽宿縣	安徽甲種農校二年	宿縣城內大河南街路南李宅

吳景高　蔣佐基　莊森生　潘濱　朱石霞　胡□

第七組

趙敏求		一三	江甯	省立第四師範附小修業	南京花牌樓磨盤街
胡翼文		一四	安徽盱眙	南高附小畢業	本校圖書館西首元號
王家棫		一六	常熟	縣立第一高小畢業	常熟大東門外東張市
姚同樾	蔭伯	一三	松江	南高附小畢業	南京城北大石橋東首一號
王可襄	匡亞	一六	河南汝南	高小畢業	南京城內豐富巷汝南王第
陸嘉禾		一五	寶應	東大南高附小畢業	寶應汜水鎮豫泰號轉陸家溝幫
江鵬	叔權	一四	婺源	江甯一區區立一高畢業	南京石壩街六五號
費開韶	聖希	一六	吳江	縣立高小畢業	吳江城內東虎街
張家政	仲爲	一九	安徽壽縣	壽縣四區第一高小畢業	本縣瓦埠東街

江蘇第一監獄代印

職教員學生一覽表

李蔭萱	紹文	一五	泰縣	塘灣鄉代用高等小學業畢	泰縣塘灣鎮李恆森收交
王太運		一	安徽盱眙	盱眙縣明光高小畢業	盱眙關北大有恆轉龍山集
張稼門	帝耕	一七	六合	縣立第一高小畢業	六合縣西門關帝廟東首
沈繼暉		一六	松江	縣立高小畢業	松江城內邱家灣六十八號
儲拔	仲和	一七	宜興	縣立第三高小修業	常州埠頭轉臧林廣生寶號交
羅樹德		一八	泰興	南通代用師範附小肄業	靖江廣陵鎮
秦坤誠	允平	一七	松江	縣立第二高小畢業	松江擱街八十七號門牌
高文光	斗南	一六	江甯	第二高小修業	下關龍江橋公盛雜貨號
高鏡江	閱樓	一八	安徽無爲	縣立高小肄業	無爲縣西門天王廟巷
李鈞		一八	金壇	啓明乙種商校畢業	金壇縣立啓明學校
宋錦章		一七	奉賢	縣立第一高小畢業	奉賢高橋鎮錦恒泰號交
李允中		一八	四川成都	南高附小畢業	南京四牌樓六號
蔣朝清		一四	廣西全縣	東大附小畢業	本城黃泥崗二號
張穀城		一七	鹽城	鹽城橫塘鄉立第一高小畢業	鹽城橫塘鄉東漢張
謝斌	右文	一八	六合	私立弘毅高小畢業	北門大街
查承濤		一七	江甯	安徽鳳陽第一高小畢業	鳳陽三元街
姚寶璋		一五	六合	六合第一高小畢業	六合東門大街
戴榮譽		一六	泰興	補偏高小學校畢業	泰興城內花園巷
汪承訓		一八	安徽和縣	縣立[illegible]一高小畢業	和縣姆鎮汪元記號
朱寶忠		一五	崇明	縣立第一高小畢業	南京大石橋測量局

十四

江蘇第一監獄代印

職教員學生一覽表

方鉅鎔		一七	安徽貴池	七師肄業一年	貴池城內老關帝廟邊小井頭口方宅交
徐定中		一六	金壇	啓明乙種商業學校修業	金壇太常鄉
馬培義		一七	河南杞縣	杞縣高小畢業	杞縣聶橋口
黃承鏡	人鑑	一八	東臺	南通代用師範附小畢業	東臺廣濟橋口
謝家驊	遇樂	一九	無爲	蕪湖公立甯岸高小畢業	銅陵縣順安鎮謝天成號
孫金鑑	鏡秋	一九	東臺	泰縣明德中學附小修業	泰州曲塘轉莫家莊
孫元震		一六	安徽廬江	省立第一模範高小	安慶省立第一模範高等小學校轉交
扶國權		一八	江西德安	南昌省立第二中學肄業	九江轉德安扶佑記轉交
房應昌		一七	高郵	高郵第二高小畢業	高郵臨澤鎮恒吉昌藥號轉交
李秉新	鼎成	一七	安徽阜陽	鳳陽第五師範附小修業	城南鈔庫街廾九號廣倉寄廬
左浴蘭		一五	江西永新	永新蓮洲高小學校畢業	永新城內晉發號轉
梅慰祖					
楊方灼					
向思贊					
劉能超					
戴秀沂					
李真傑					
汪士華					

十五

江蘇第一監獄代印

第八組

顧作霖		一五	嘉定	縣立第一高小畢業	嘉定城內玄通市橋東塊
朱虎蔚		一七	松江	上海市立養正高小畢業	松江華陽橋
馬良勛	凱軍	一四	蕭縣	南高附小畢業	蕭縣東馬道徐宗善先生轉白土鎮
王雄飛		一五	浙江奉化	南高附小畢業	下關永康里四十號
胡秉文		一五	安徽盱眙	南高附小畢業	南京成賢街二十二號
王之卓	公磊	一五	直隸豐潤	南京奉直旅甯公學修業	海門縣公署
陳升僑	冀高	一六	泗陽	淮陰私立漁溝高小畢業	泗陽縣衆興鎮第四高小
童致任		一五	宜興	武進四高畢業	宜興芳橋童鼎豐
陳夢家		一二	浙江上虞	南高附小畢業	上海天通庵協隆里六千一百六十二號

職教員學生一覽表 十六 江蘇第一監獄代印

龔綠根	纖彤	一六	南匯	川沙縣立高小畢業	南滙北蔡鎮鼎茂字號轉
楊瑞生	靄如	一七	江甯	江甯縣第一學區區立第四高小畢業	三眼井十號
鄭宗烈	心田	一六	海甯	縣立第一高小畢業	海甯醋坊巷
周倬業	勵久	一六	安徽阜陽	省立第三師範高小修業	大隅首北路西周宅
衞國賢	一民	一九	南匯	川沙縣立高小畢業	上海轉浦東北蔡鎮乾新康號轉
劉啓華	滌中	一六	邳縣	縣立第一高小畢業	邳縣官湖鎮滙豐莊
趙體賢	希仁	一六	江陰	縣立第一高小畢業	江陰北門外大街大德生藥號
張立民		一七	銅山	銅山私立吳氏兄弟小學校畢業	津浦路車站曹村高等學校張承武君
高文華	福森	一六	無錫	省立第三師範	無錫旱橋街第二號
袁壽椿		一六	江甯	縣立第一高小畢業	洋珠巷

叢杞	幹卿	一六	如臯	岔河市私立高小修業	岔河市私立高等小學校
羅嘉禧	超	一八	浙江建德	浙江第九師範附小	建北乾潭鎮萬春堂轉羅村
丁滄川		一八	丹陽	丹陽第一高小畢業	丹陽東門外聚順祥號
張光昶	曜堃	一八	江陰	縣立第三高小畢畢業	江陰璜塘萬生錩號
何律時		一六	如臯	縣立第一高小畢業	如臯東馬湖朱家樓
徐安禮		一七	丹徒	揚州五師附小畢業	揚州古旗亭何恆茂棉花店對過
彭壯飛		一六	四川梁山	南高附小畢業	東大張文湘君轉
李玉林		一五	江陰	江陰縣七高畢業	無錫轉華墅天裕號
宋長庚	星月	一五	如臯	高等小學校畢業	如臯鄉加力鎮吳順昌號轉交
吳甲元		一七	金壇	本校補習班升	丹陽珥陵莊城橋震源號

職教員學生一覽表 十七 江蘇第一監獄代印

李俊謀		一七	江都	鹽城龍岡市立高小畢業	南京上新市柴昌記木行
張明養		一七	浙江甯海	甯波正學高小畢業	甯波奉化大橋鎮咸亨號轉甯海裏岙村
賀樸	守眞	一六	金壇	啓明乙種商校畢業	金壇縣大橋下啓元帽局
張載	新民	一八	仝上	南高附小畢業	金壇西門外東壚橋張仁興號
宋道彰		一七	廬江	縣立第四高小畢業	廬江縣城內四牌樓何復泰轉
王應屛		一六	宿遷	縣立第三高小畢業	宿遷洋河北門內北首羅宅交
鄭建新		一六	鹽城	鹽城梁垜私立高小畢業	鹽城湖垜東鄭莊交
黃煥文	蔚堂	一九	安徽青陽	縣立高小畢業	大通轉青陽縣黃永泰號交
王漢材	掄之	一八	泰興	泰興縣立第三高小畢業	泰興南門外天昌煙莊轉交劉家井東昇交西鼓塘
孫應豐		一五	寶山	上海三育學校畢業	嘉定縣商會孫誕石

職教員學生一覽表　十八

第九組

盛煥文	一五	金山	縣立第四高小畢業	金山縣張堰鎮干巷
王同熙	一四	無錫	縣立第一高小畢業	無錫西門內石皮巷四號
張承基	一二	江西臨川	北京師範附小二年級	本城門簾橋十六號
陸鍾祜	一二	吳縣	本校附小畢業	東大附小陸彭年轉
陶顯圻	一六	江陰	縣立第七高小畢業	無錫華墅天裕號轉蘇墅橋
郭錫惠	一四	金壇	金壇私立啓明乙商學校	金壇老當舖巷
姜渭民	一五	浙江溫州	本校補習班升	溫州三官殿巷三十號
李　造	一四	崑山	本校附小畢業	本城鼓樓保太街三十九號
王爲雄	一五	高郵	縣立第一高小畢業	高郵第一高小轉
陳　鑑	一五	江甯	縣立第一高小修業	本城評事街一百六十九號
胡逢榮	一六	安徽懷甯	安徽第一師範附小畢業	安慶城內私　下坡十一號
姚傳生	一六	江陰	江陰第二高小畢業	江陰西石橋王羲太轉交
鄒　昌	一六	無錫	無錫第四高等小學畢業	蘇州后宅鄒鍾琳君轉
朱珍元	一五	漣水	縣立第一高小畢業	漣水城內莊協和號轉
譚梓安	一六	四川	東大附小畢業	本城唱經樓衛巷二號
解溫涵	一六	安徽合肥	區立第一高小畢業	安徽舒城桃鎮轉唐五房圩翟琴齋轉交
林培深	一四	丹徒	潤商高小畢業	鎮江小街小白龍巷內
劉成義	一五	沛縣	本校附小畢業	沛縣西門內劉宅
宣介溪	一六	安徽六安	舒城私立植民高小畢業	舒城交雙河復興屏

江蘇第一監獄代印

職教員學生一覽表　十九

問纘曾	一五	寶應	省立第四師範附小畢業	本城四象橋濟貴井
周景儒	一六	淮陰	江蘇省立第六師範附小畢業	淮陰楊莊鎮郵政局湯先生轉周源興交
華恩熙	一三	無錫	本校附小新制畢業	無錫南門三下塘延綠閣
李貴民	一五	句容	縣立第一高小畢業	南京通濟門外土橋鎮侯炳奐轉交
陶鴻瑞	一五	江陰	縣立第七高小畢業	無錫轉華墅天裕號交
徐德寶	一四	丹徒	潤商學校畢業	鎮江挑一灣電話局對門
徐文軒	一七	高淳	上海惠靈學校預科畢業	高淳湖口頭大巷口交
吳行敏	一五	金壇	本校附小畢業	金壇縣司馬坊
袁金書	一八	金壇	本校補習班升	金壇排年橋
陶振譽	一五	安徽天長	本校附小新制畢業	安徽天長縣銅城陶信和號
王維翰	一六	江陰	縣立第一高小畢業本校補習班升送	本城四牌樓六號
魏振寰	一五	高淳	縣立第一高小畢業	高淳魏長慶藥號
孫啓家	一六	五河	本校附小	津浦路臨淮關河北金玉成轉孫家圩
王廬中	一五	江西崇仁	私立樂英高小畢業	江西臨川秋溪王啓順號
李和嚴	一五	盱眙	明光公立高小畢業	明光信通糧行
韓伯林	一三	金壇	金壇第一高小畢業	金壇美華公司
劉先培	一六	江浦	江蘇四師附小畢業	浦鎮東門左所大街
徐元章	一五	直隸天津	高師附小畢業	遊府西街
黃履松	一六	六合	縣立第一高小畢業	下關商埠局秘書王一山
章祖慶	一四	安徽來安	滁縣第二高小畢業	滁縣北門大街來安章厲

江蘇第一監獄代印

第十組

孫佐鈺		一五	無錫	縣立第二高小畢業	無錫石塘灣孫敦彝堂
端本權		一四	江甯	縣立第一高小畢業	本城小膺福
李磐		一四	合肥	本校附小畢業	本城成賢街二十九號
許甲		一四	上海	本校附小畢業	鎮江獅子街高麗白參行
龍鵬鑣		一六	東廣瓊山	廣州南武高小畢業	暨南學校
王序端		一五	江甯	江蘇第四師範附小畢業	南京門帘橋
李大賓		一五	盱眙	明光公立高小畢業	明光東後街
許鶴齡		一四	如皋	南通代用師範附小二年	如皋縣豐利場鎮頤和堂
張祖年		一七	吳江	縣立第四高小畢業	黎里第四高小毛兆榮轉
聞博		一六	湖北蘄水	東大附小畢業	湖北黃州下巴河交
何廷元		一六	江甯	縣立第一高小畢業	本城絨莊四十五號
萬澤長		一六	定遠	滁縣縣立第二高小畢業	津浦路線三界鎮萬立源號轉
郝恩啓		一四	安徽六安	東大附小畢業	本城漢西門左所巷李宅
鞠建元		一六	泰興	省立第一代用師範附小畢業	東大宿舍羅樹馨先生轉
王爲賓		一五	高郵	縣立第一高小畢業	高郵第一高小轉
薛維垣		一二	滁縣	本校附小畢業	津浦路東葛站西葛鎮
宋柏濤		一五	江甯	東大附小畢業	漢口英界漢安里六號
梅光道		一四	安徽宣城	東大附小畢業	蕪湖內河清弋江王同春藥號
周樹型		一四	泰興	東大附小畢業	泰興李秀河

職教員學生一覽表　二十　江蘇第一監獄代印

徐瑞昌		一七	碭山	碭山第二高小畢業	碭山第二高小
陳百英		一三	金壇	東大附小畢業	金壇西門楊人和交
樊愈		一七	金壇	省立第三師範附小修業	金壇西門外珠琳鎮轉大壩頭樊萬豐號
孫雲鵠		一四	高郵	縣立第五高小畢業	高郵稅務橋北
孫鑑三		一五	鹽城	鄉立第一高小畢業	鹽城沙溝鎮北華野轉
許傳洞		一六	六合	縣立第一高小畢業	六合東溝鎮粹華煙莊轉交
馮醴仲		一四	武進	本校附小畢業	北京魏染胡同二十號
曹金龍		一七	江浦	縣立第一高小畢業	江浦公共體育場對門
朱有瓛		一四	浙江黃岩	四師附小畢業	金陵道尹公司
吳承禧		一五	安徽歙縣	區立大洲高小畢業	歙縣深渡橋轉岔口吳心記號
張綸香		一八	江陰	縣立高小畢業	無錫璜塘同順昌木行
奚中情		一四	蕪湖	本校附小	蕪湖內河方村鎮大生堂藥材轉四家大門村
高篤慶		一五	安徽靈璧	明光公立高小畢業	明光信通糧行
王克明		一七	碭山	縣立第二高小畢業	碭山縣立第二高小
管傳圻		一六	安徽霍邱	公立明強高小畢業	霍邱葉集順店立德堂
童世芬		一四	安徽盱眙	明光公立高等小學畢業	明光站童裕盛號
呂浦		一二	丹陽	縣立第一高小修業	丹陽柴家弄

77

劉庚藻　唐徵　周祖法
宋晧　李翔英　徐鑫
李學烌　魏景垣　王志樑
曾壽全　張學仁　劉景紋
廖家驊　孫承祜　沈鳳岐　趙修賢

職教員學生一覽表　二十一　江蘇第一監獄代印

國立東南大學附屬中學校民國十四年六月畢業學生分數表

姓名	年歲	籍貫	入校年月	畢業年月	畢業總平均分數	畢業總學分數	操行
周同慶	十九	崑山	九年九月	十四年六月	89	162	優
趙體用	二十一	江陰	九年九月	十四年六月	83	161	良
劉毅孫	二十一	江陰	九年九月	十四年六月	84	160	優
吳聯輝	十九	湖南湘陰	十一年九月	十四年六月	86	158	良
周懷衡	二十一	宜興	九年九月	十四年六月	85	161	良
孫紹祖	十九	丹陽	九年九月	十四年六月	80	153	中
張玖	二十	高郵	九年九月	十四年六月	80	170	中
朱文元	二十一	常熟	九年九月	十四年六月	85	170	良
張傳訓	二十二	安徽五河	九年九月	十四年六月	80	153	良
李述先	二十一	山東蒲台	十一年九月	十四年六月	80	157	中
李和允	二十三	安徽盱眙	九年九月	十四年六月	86	175	良
陳崇德	二十	江陰	九年九月	十四年六月	81	161	良
吳增芥	二十	江陰	九年九月	十四年六月	83	154	良
狄嘉福	二十	溧陽	九年九月	十四年六月	85	159	良
蔣嘉祥	二十一	無錫	九年九月	十四年六月	83	170	優
周纘武	二十	宜興	九年九月	十四年六月	86	165	中
蘇汝堯	十九	福建永定	九年九月	十四年六月	80	163	良
李飛鵬	二十三	湖北荊門	十年九月	十四年六月	78	166	良

國立東南大學附屬中學校一九二五年六月畢業學生分數表（一九二五年六月）

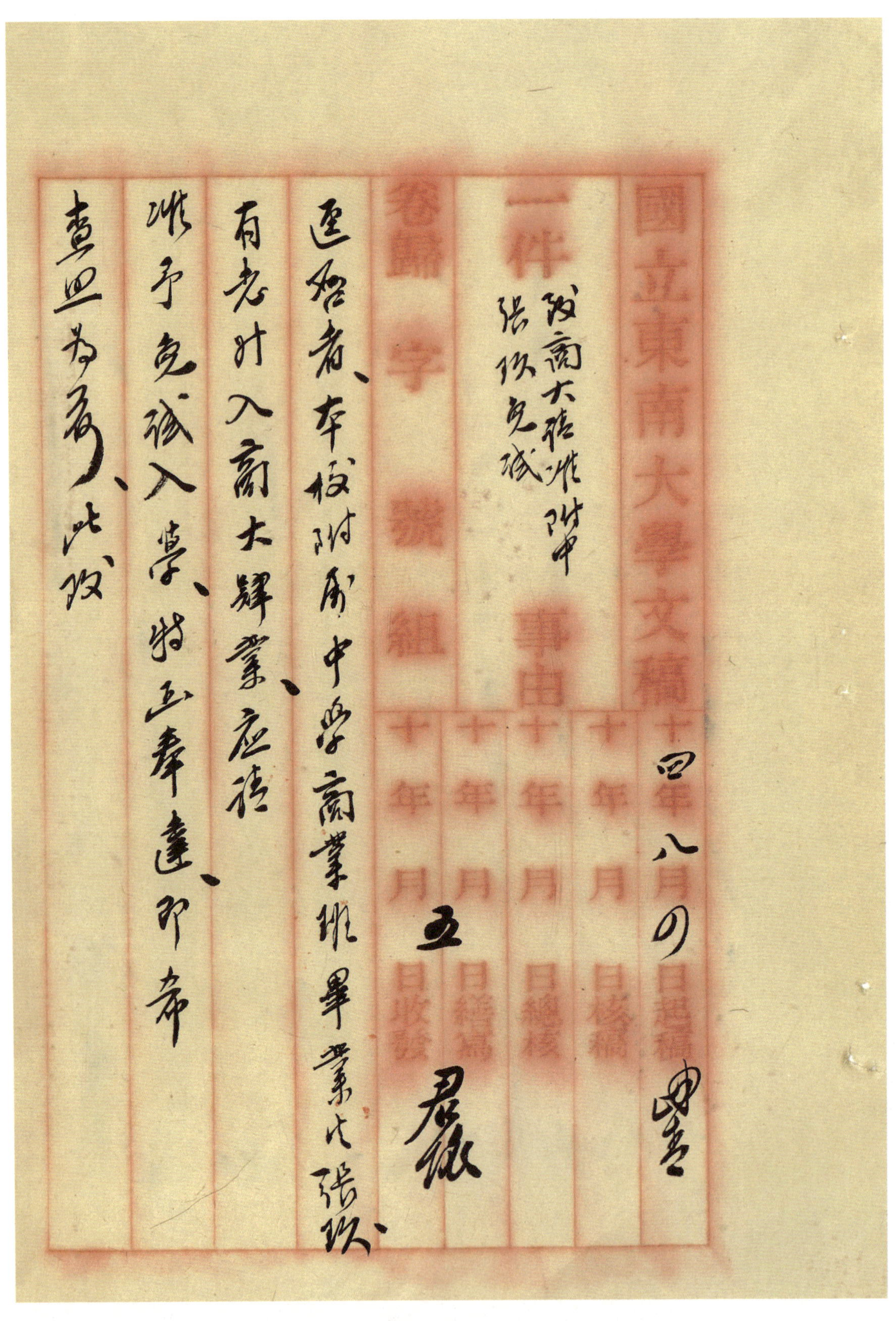

國立東南大學文稿

一件　事由：致商大請准附中張玖免試

卷　歸　字　號　組

十四年八月四日起稿

十　年　月　日核稿

十　年　月　日繕寫

十　年　月　日總核

十　年　月五日收發

逕啟者、本校附屬中學商業班畢業生張玖、有志升入商大肄業、應請准予免試入學、將函奉達、即希查照為荷、此致

國立東南大學請準予本校附屬中學商業班畢業生張玖免試入學給上海商科大學的函

（一九二五年八月五日）

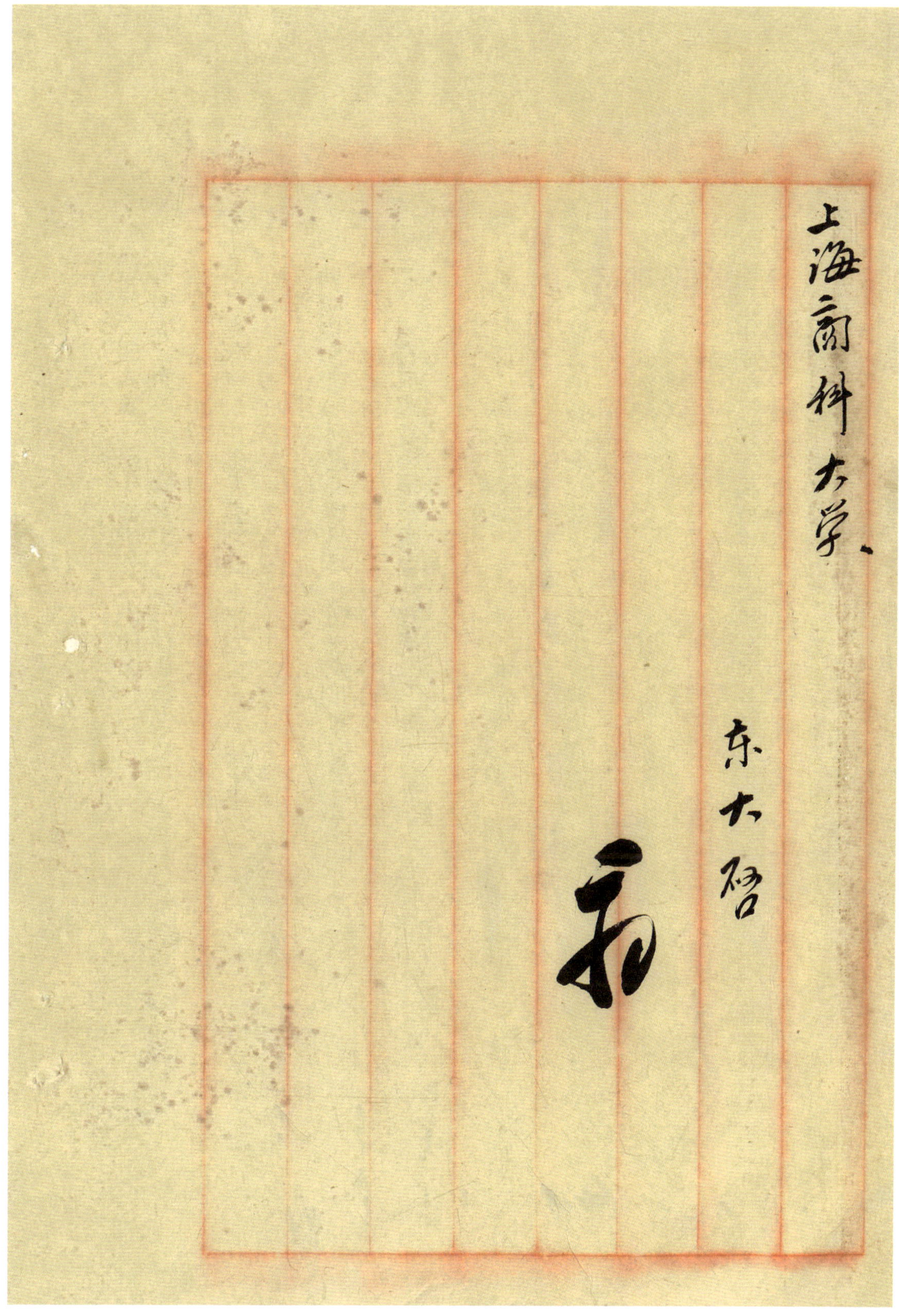
上海商科大學
东大啓

國立東南大學附屬中學校招考學生簡章 民國十五年

一、學額　初級中學第一學年新生九十人第二學年插班生十人高級中學第二學年插班生十四人第三學年插班生二十四人
特别班　初中一年級五十人二年級插班生六人

二、投考資格　初級中學第一學年新生須在新制小學六年畢業或舊制高等小學畢業第二學年插班生須在舊制高小畢業或在初級中學修業滿一年者高級中學第二學年插班生須在高級中學修業滿一年或舊制中學肄業滿三年者高級中學第三學年插班生須在舊制中學畢業者均須得有原校操行學業證明書及高小畢業證書（投考高中者除上列證書外并須有初中或舊制中學畢業證書）
注意　投考初中二年級不取願入一年級者以及投考初中一二年級因額滿見遺願入特别班者均須於報名時聲明

三、試驗科目　初級中學第一學年新生須受試左列各科
一、國文　（甲）短篇作文（約百字左右）　（乙）國文測驗
二、英文　（甲）相反字　（乙）塡字　（丙）問題
三、算術　（四則倍數及約數諸等分數小數比列百分）
四、常識測驗　（試驗歷史地理衛生理科及社會上之常識）
五、體格檢查
六、口試
初級中學第二學年插班生須受試左列各科
一、國文　（甲）短篇作文　（乙）國文測驗
二、英文　（甲）簡易譯句　（乙）選字塡句　（丙）問答
三、數學　（甲）算術（四則倍數及約數諸等分數小數比例百分開方）　（乙）代數

國立東南大學附屬中學校招考學生簡章（一九二六年）

（四則一元一次方程）
四、常識測驗（方法同前）
五、體格檢查
六、口試
高級中學第二學年插班生須受試左列各科
一、國文　（甲）作文　（乙）國文測驗　（丙）章旨及句讀
二、英文　（甲）改錯　（乙）翻譯　（丙）問答
三、數學　（甲）代數　（乙）平面幾何　（丙）平面三角大意（入理工系者須兼攷立體幾何及平面三角全部）
四、物理
五、生物學
六、本國地理
（四五兩項中任擇一項須於報名時註明）
七、體格檢查
八、口試
高級中學第三學年插班生須受試左列各科
一、國文　（甲）作文　（乙）國文常識　（丙）章旨及句讀
二、英文　（甲）漢文譯英文　（乙）改正錯誤　（丙）默讀測驗　（丁）語句解析
三、數學　（甲）代數　（乙）幾何　（丙）平面三角（入理工系者須兼考大代數）
四、物理化學
五、生物學生理衛生
六、史地　（甲）本國史世界史　（乙）本國地理世界地理地文地理

（四五六三項中任擇二項須於報名時註明）

七、體格檢查

八、口試

四、報名　自七月八日起至七月十五日止（逾期概不補報）地點在本校應繳之件（一）證書（畢業證書或修業証書均於驗明後發還畢業証書如有尚未領到不能繳驗者須由原校校長具函聲明）（二）最近四寸半身照片）勿粘硬紙上後面須寫姓名年歲籍貫通信處及畢業或肄業學校校名錄取與否概不發還（三）報名証金初中一元高中二元（錄取與否概不發還）報名時手續不全不予註册發給試卷以註册人名爲限

五、考期　七月十八十九兩日上午八時起下午三時止錄取姓名登七月二十九日申報新聞報

六、考試地點　南京城內北極閣前本校

附錄

特別班辦法　本校爲推廣學額適應特殊需要起見就新生考試額外錄取初中一年級程度五十名作爲特別班此項特別班生課業上待遇與正式生同至初三畢業時給予初中畢業証書可投考各高級中學若成績優良者得直接升入本校高中一年級以百分之七十爲最小限度

餘詳本校簡章函索簡章須附郵票四分招考簡章附郵票一分空函恕不答復

肆 國立中央大學實驗學校時期

（一九二八年至一九四一年）

1

國立中央大學訓令第1350號

令本大學實驗學校校長

爲令遵事案查本大學區立實驗學校在改革之前係東南大學附屬小學向歸大學直轄旋經改定名稱擴充範圍仍係附屬學校性質茲爲本大學師資科學生實驗便利起見應仍歸本大學教育學院直轄另設主任一人管理校務並受教育學院之監督指導茲已函聘該校教務主任吳增芥暫行兼代主任職務所有該校鈐記卷册經費校舍圖書儀器等項應即逐項移交除函教育學院查照暨函吳主任增芥接管校務外合亟令仰該校長遵照辦理此令

十八年七月二日發

（一）南京大石橋（一九二八年至一九三七年）

國立中央大學校長張乃燕爲已函聘該校教務主任吳增芥暫行兼代主任職務給本大學實驗學校校長的訓令及給本大學教育學院院長的公函和實驗學校教務主任吳增芥的聘函（一九二九年七月二日）

公函第805號

函本大學教育學院院長

逕啟者：案查（以下云云全前稿）至應即逐項移交，除令實驗學校並函致吳兼代主任外，相應函達，即希查照，尅日會同吳主任辦理接收事宜，一併辦竣，並希函報備查為荷。此致

本大學教育學院院長

校長張〇〇

聘函第　號

函實驗學校教務主任吳增芥

茲聘請
先生暫行兼代本大學教育學院附屬實驗學校主任職
務即希
查照此致
吳增芥先生
張〇〇
函第　號
致吳增芥
逕啟者　以下照令稿敘至　並受教育學院之監督指導茲已另
函聘請

台端暂行兼代该校主任职务印希
会同教育学院办理接收事宜为荷此致
吴增芥先生
张〇〇

關于規定校名并發校鈐的一組文件

實驗學校代理主任吴增芥爲呈請正定校名頒發鈐記給國立中央大學校長張乃燕的呈文（一九二九年十月七日）

呈為呈請正定校名頒發鈐記事竊職校自奉前中央大學教育行政院院字
第一三五〇號訓令内開為令遵事案查本大學區立實驗學校在改革之前係
東南大學附屬小學向歸大學直轄旋經改定名稱擴充範圍仍係附屬學校性
質玆為本大學師資科學生實驗便利起見應仍歸本大學教育學院直轄另設
主任一人管理校務並受教育學院之監督指導等因奉此職校自應直隸

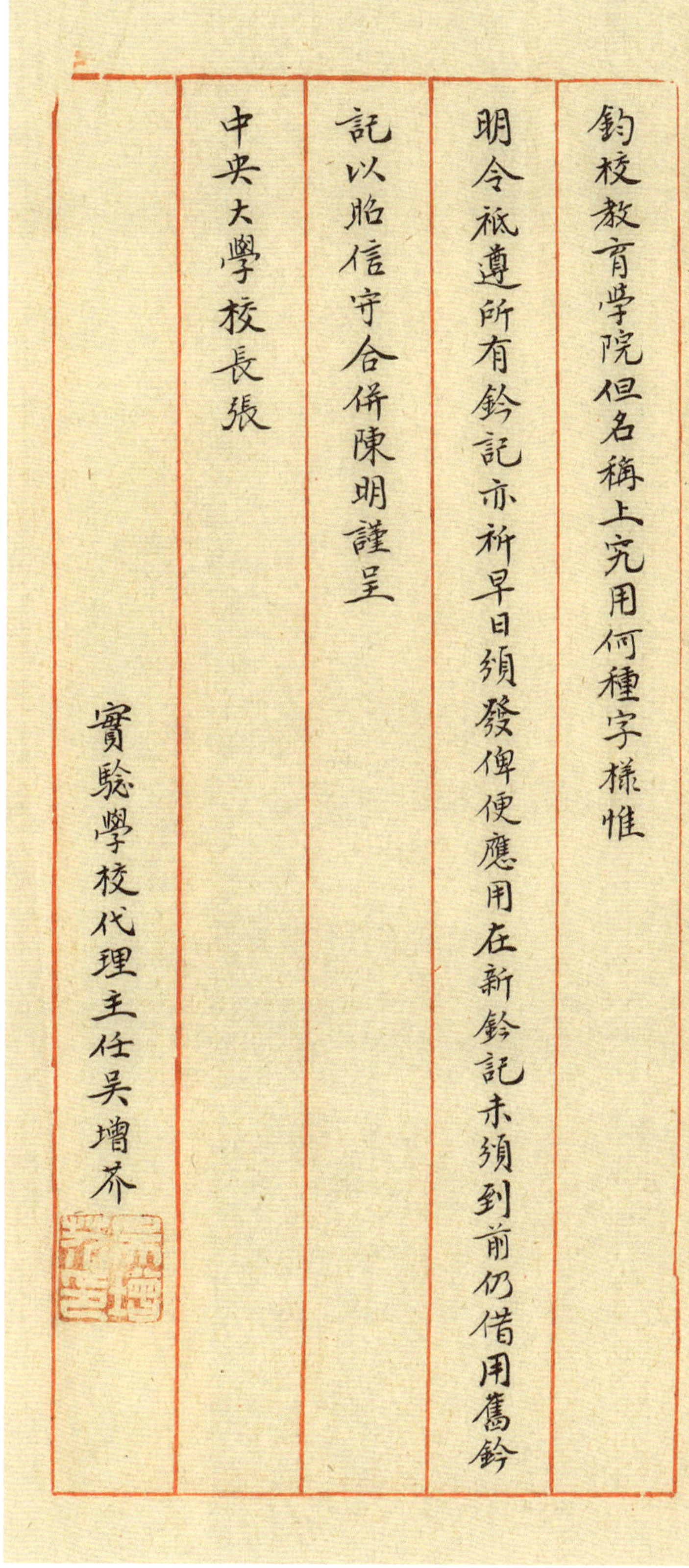

鈞校教育學院但名稱上究用何種字樣惟
明令祇遵所有鈐記亦祈早日頒發俾便應用在新鈐記未頒到前仍借用舊鈐
記以昭信守合併陳明謹呈
中央大學校長張
實驗學校代理主任吳增芥

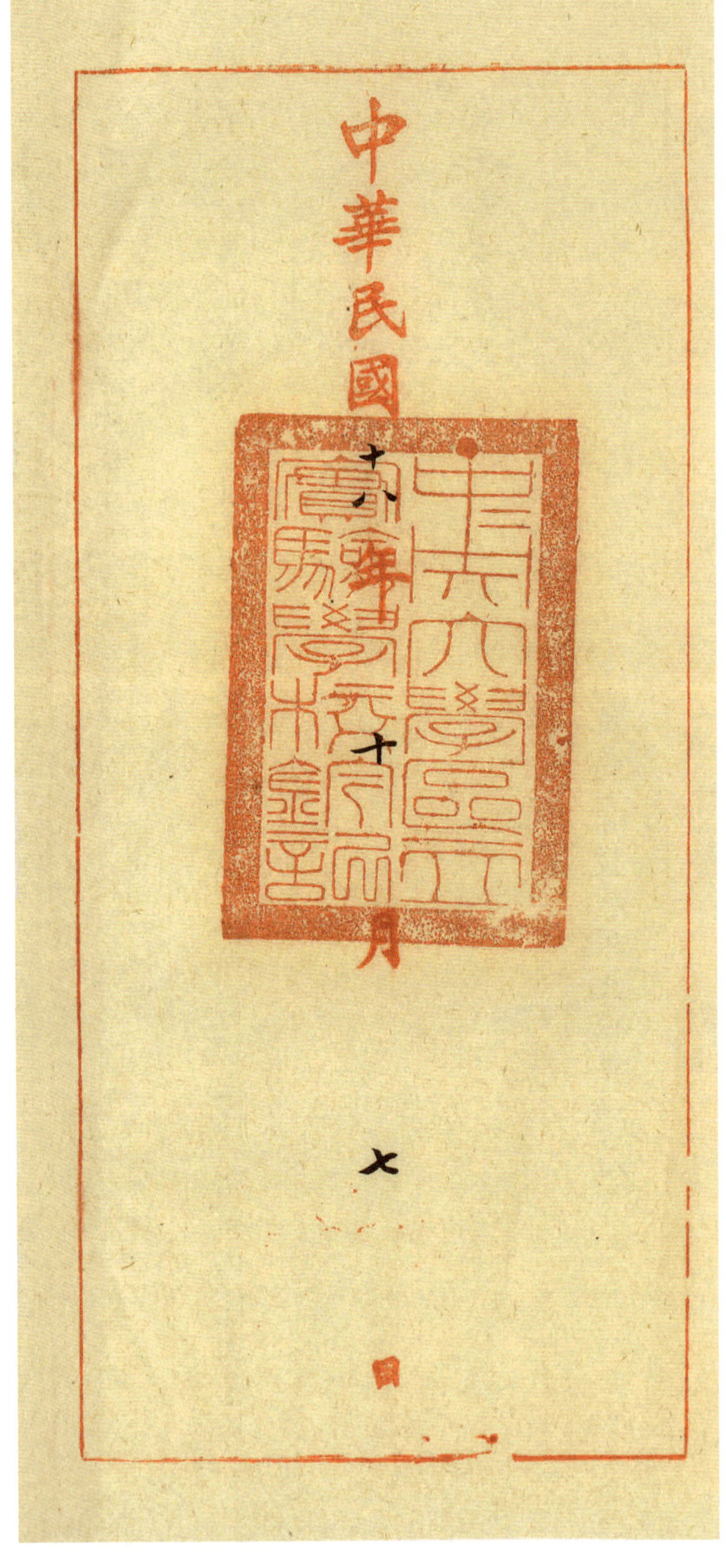

中華民國十八年十月七日

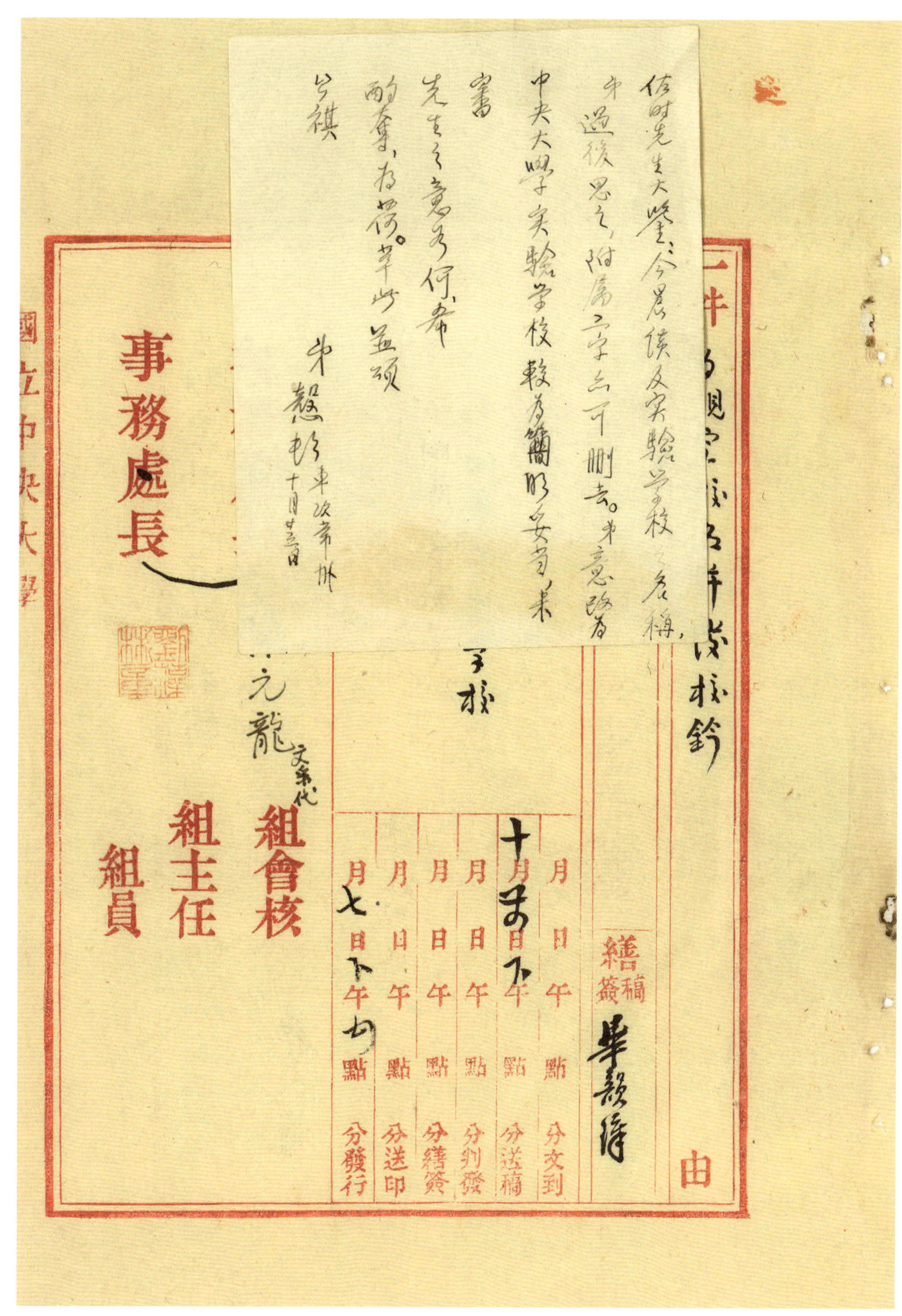

國立中央大學爲規定校名并發校鈐給實驗學校的函（一九二九年十月二十四日）

國立中央大學

一件　为規定校名并發校鈐　由

第　號

繕稿　畢懿得

呈　公函　函　批　布告　電

附屬實驗学校

月日午點分文到　十月廿日下午點分送稿　月日午點分判發　月日午點分繕發　月日午點分送印　月七日下午七點分發行

教務處長　事務處長　葉元龍（文第代）

組會核　組主任　組員

逕啓者：來函誦悉。所請規定校名頒發鈐記一節，應准照办。茲定名為國立中央大學附屬實驗學校，校鈐一顆，隨函刊發，文曰「國立中央大學附屬實驗學校鈐記」。希即查收啓用，仍將啓用日期具報。此致

實驗學校

計附校鈐一顆

（國立中央大學）啓 十月七日

國立中央大學

秘書

佐理秘書

處員

中華民國十八年十月二十四日

校長張

副校長戴

校對傅著梅

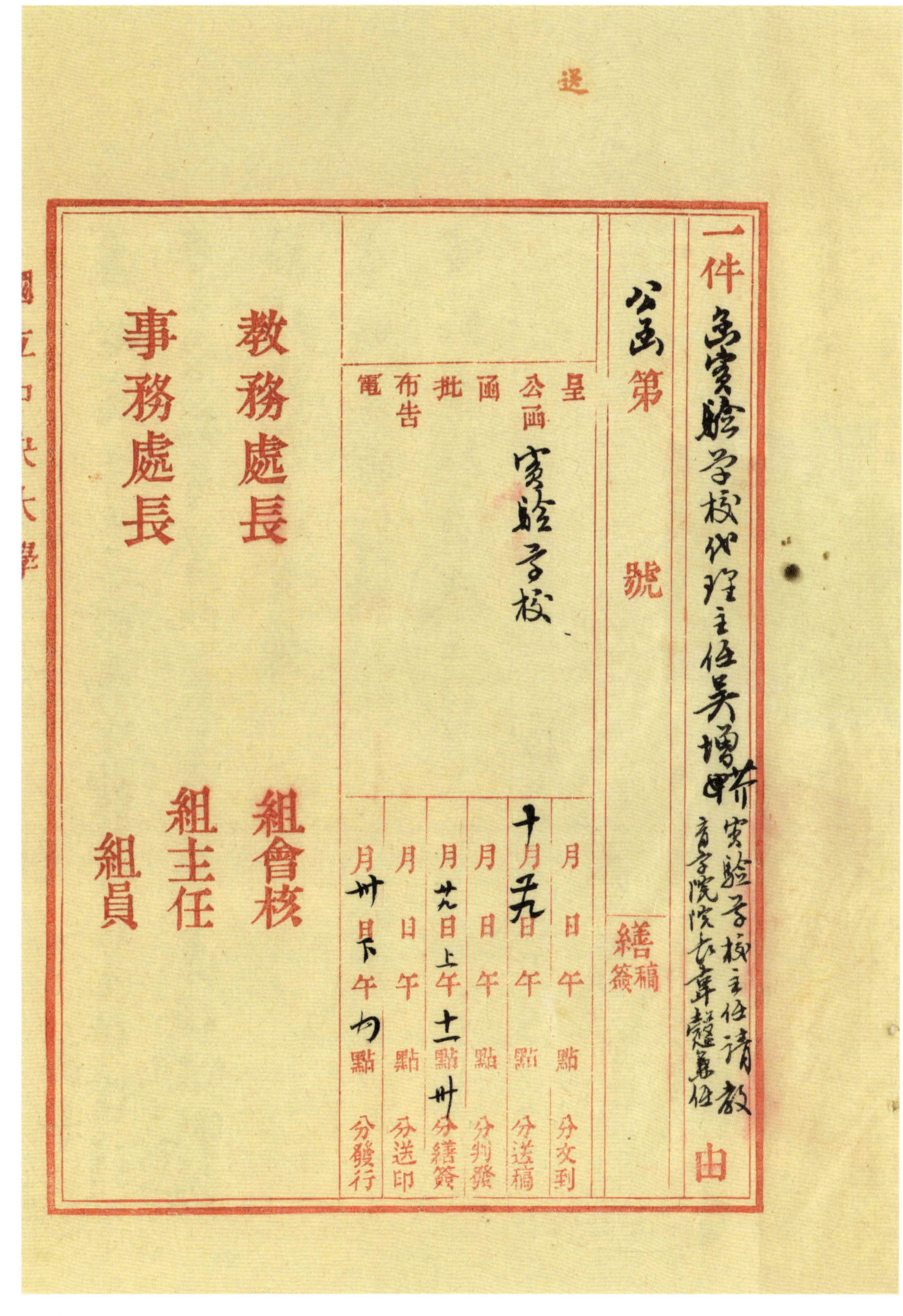

送

一件 為實驗學校代理主任吳增芥 由
實驗學校主任請教育學院院長韋慤兼任

公函第 號

繕稿
簽

呈
公函 實驗學校
函
批
布告
電

月 日 午 點 分文到
十月廿九日 午 點 分送稿
月 日 午 點 分判發
月廿九日上午十一點卅分繕簽
月 日 午 點 分送印
月卅日下午四點 分發行

教務處長
事務處長

組會核
組主任
組員

國立中央大學

國立中央大學校長張乃燕爲實驗學校主任請教育學院院長韋慤兼任給實驗學校代理主任吳增芥的公函（一九二九年十月二十九日）

逕啓者本大學附屬實驗學校主任黃請辭職
本大學教育學院院長韋慤兼任陳致聘不日就職
外相應函達即希
查照爲荷此致
實驗學校吳代理主任

校長張〇〇

十八、十、廿九日

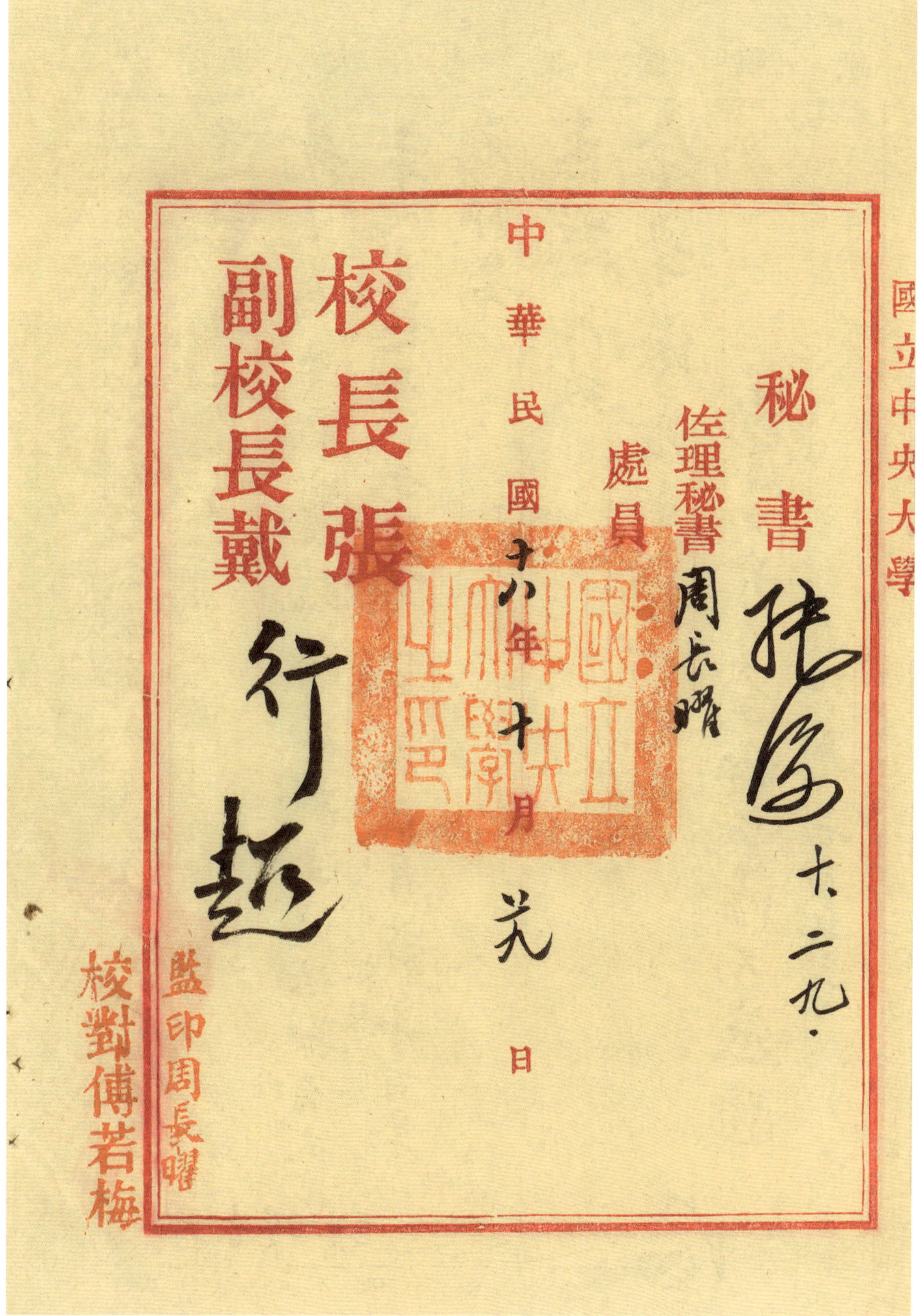
國立中央大學

秘書 張逸

佐理秘書周長曜

處員

中華民國十八年十月二十九日

十二九

校長張

副校長戴

行越

監印周長曜

校對傅若梅

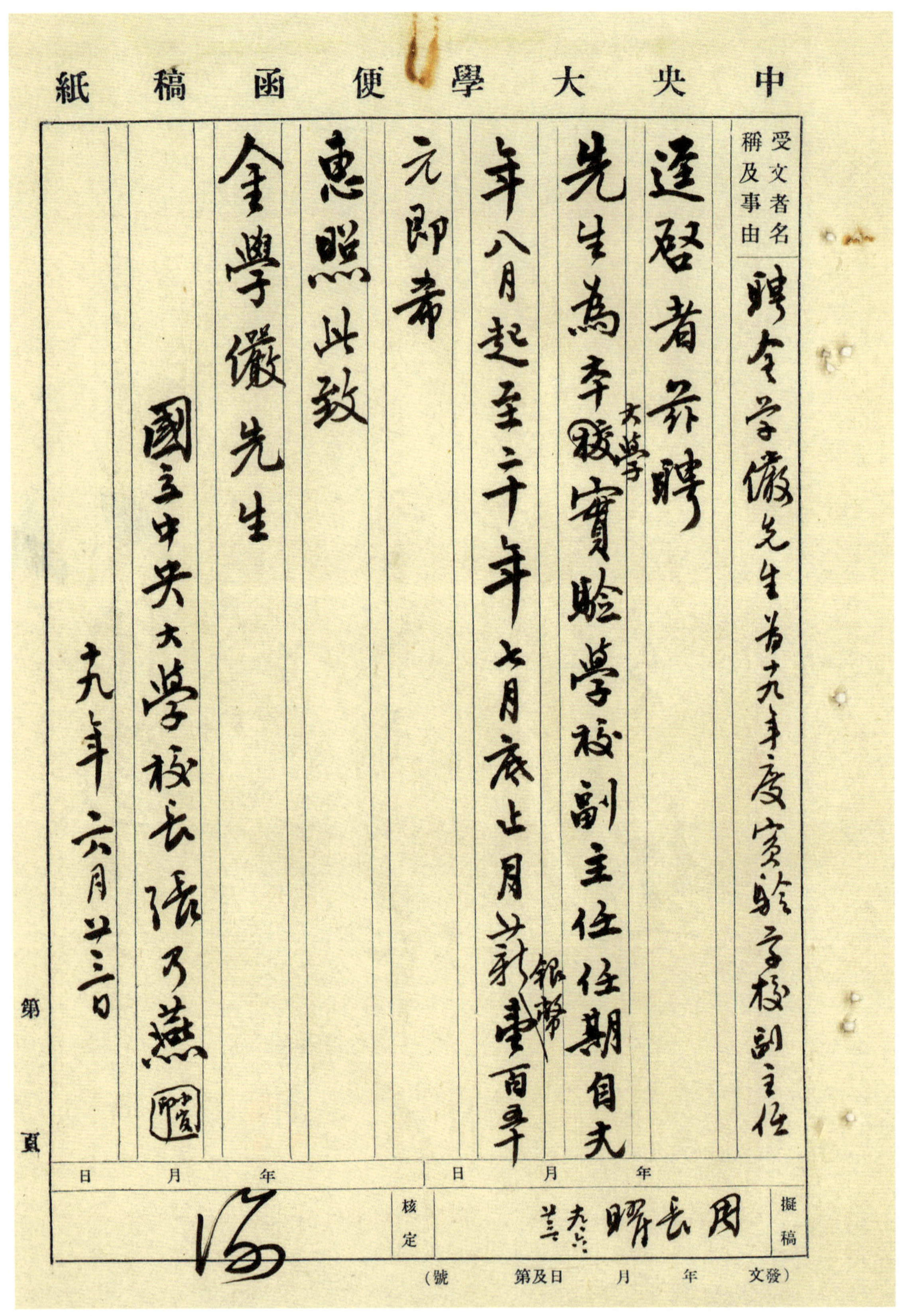

中央大學便函稿紙

受文者名稱及事由：聘令金學儼先生為十九年度實驗學校副主任

逕啟者，茲聘先生為本大學實驗學校副主任，任期自本年八月起至二十年七月底止，月薪銀幣壹百元，即希惠照，此致

金學儼先生

國立中央大學校長張乃燕

十九年六月廿三日

擬稿：周長曜

核定

（發文　年　月　日及第　號）

關于聘任實驗學校副主任及教師的一組文件

國立中央大學校長張乃燕給金學儼先生的聘令（一九三〇年六月二十三日）

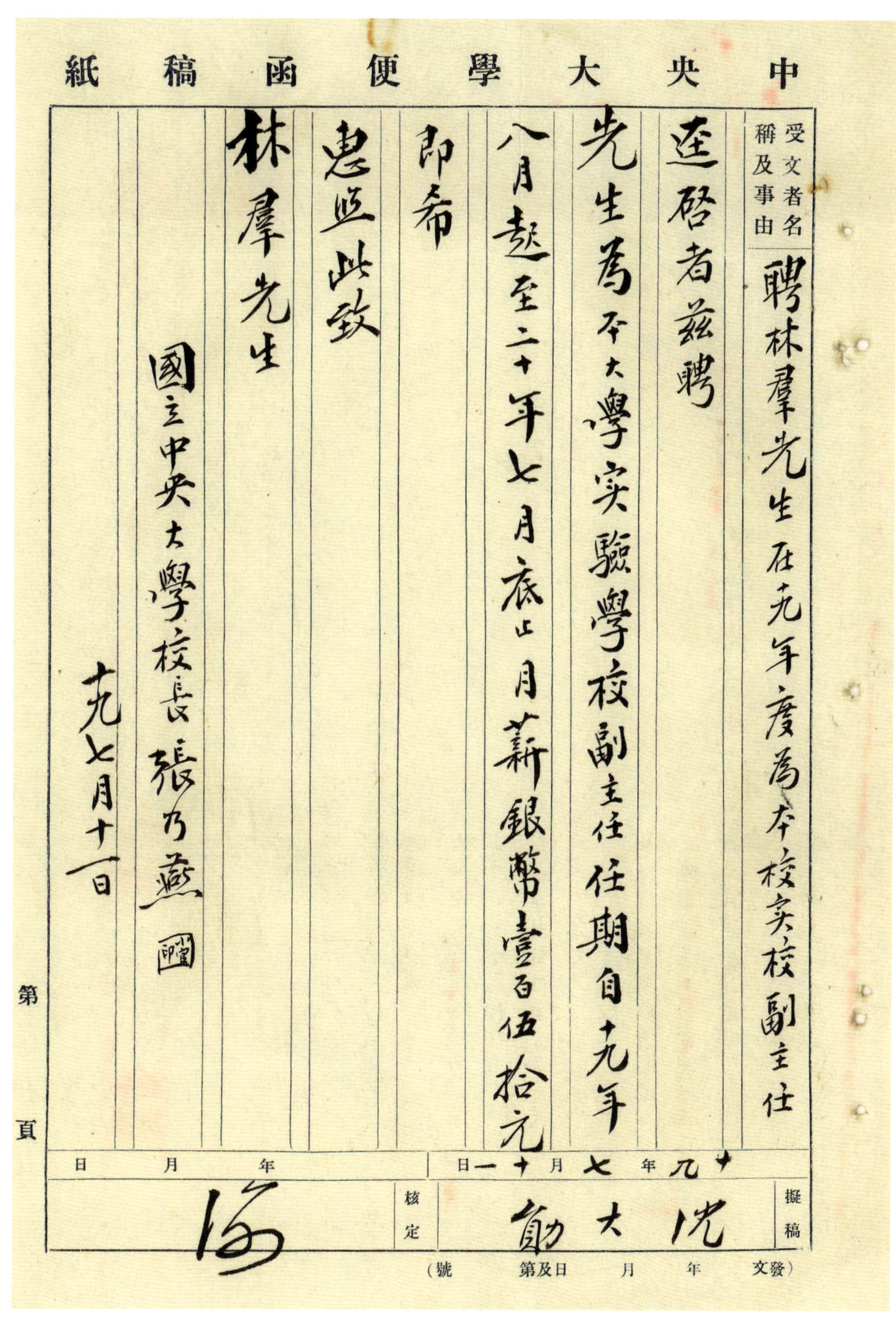

中央大學便函稿紙

受文者名稱及事由 聘林羣先生在十九年度爲本校實校副主任

逕啓者茲聘

先生爲本大學實驗學校副主任任期自十九年八月起至二十年七月底止月薪銀幣壹百伍拾元

即希

惠臨此致

林羣先生

國立中央大學校長張乃燕

十九七月十一日

第　頁

擬稿 沈大斸 十九年七月十一日

核定 涵

（發文 年 月 日及第 號）

國立中央大學校長張乃燕給林群先生的聘令（一九三〇年七月十一日）

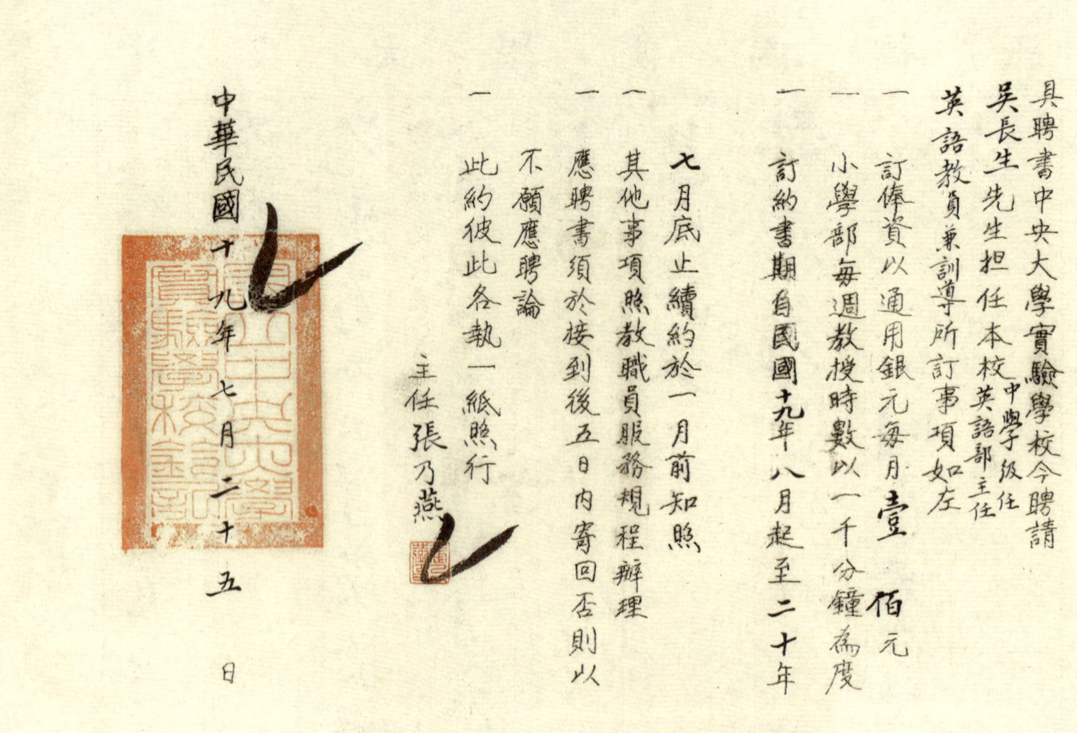

具聘書中央大學實驗學校今聘請
吴長生先生担任本校中學級任英語部主任
英語教員兼訓導所訂事項如左
一 訂俸資以通用銀元每月壹佰元
一 小學部每週教授時數以一千分鐘爲度
一 訂約書期自民國十九年八月起至二十年
七月底止續約於一月前知照
一 其他事項照教職員服務規程辦理
一 應聘書須於接到後五日内寄回否則以
不願應聘論
一 此約彼此各執一紙照行
主任張乃燕
中華民國十九年七月二十五日

應聘書

具應聘書吴長生今應
中央大學實驗學校中級任,英語部主任,英語教員兼訓導
之聘所訂事項如左
一 定俸資以通用銀元每月壹佰元
一 小學部每週教授時數以一千分鐘爲度
一 訂約書期自民國十九年八月起至二十
年 月底止
年七月底止續約於一月前知照
一 其他事項照教職員服務規程辦理
一 此項應聘書須於接到後五日内寄回否
則以不願應聘論
一 此約彼此各執一紙照行
應聘人

國立中央大學校長張乃燕給吴長生先生的聘書及應聘書（一九三〇年七月二十五日）

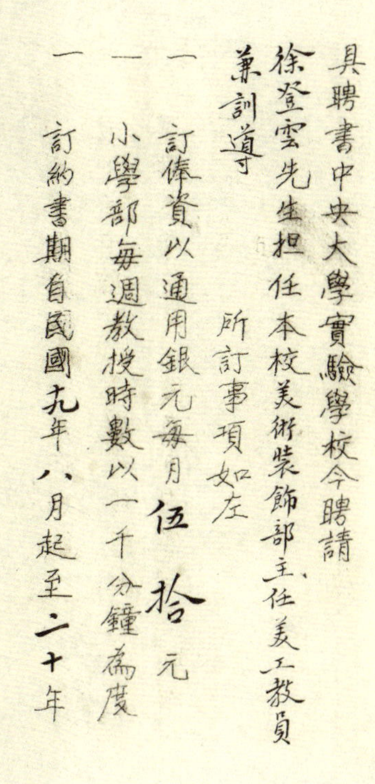

具聘書中央大學實驗學校今聘請
徐登雲先生担任本校美術裝飾部主任美工教員
兼訓導　所訂事項如左
一　訂俸資以通用銀元每月伍拾元
一　小學部每週教授時數以一千分鐘為度
一　訂約書期自民國九年八月起至二十年
七月底止續約於一月前知照
一　其他事項照教職員服務規程辦理
一　應聘書須於接到後五日內寄回否則以
不願應聘論
一　此約彼此各執一紙照行
主任張乃燕
中華民國十九年七月二十五日

應聘書

具應聘書徐登雲今應
中央大學實驗學校美術裝飾部主任美工教員兼訓導
之聘所訂事項如左
一　定俸資以通用銀元每月伍拾元
一　小學部每週教授時數以一千分鐘為度
一　訂約書期自民國十九年八月起至二十
年　月底止
年七月底止續約於一月前知照
一　其他事項照教職員服務規程辦理
一　此項應聘書須於接到後五日內寄回否
則以不願應聘論
一　此約彼此各執一紙照行
應聘人徐登雲

國立中央大學校長張乃燕給徐登雲先生的聘書及應聘書（一九三〇年七月二十五日）

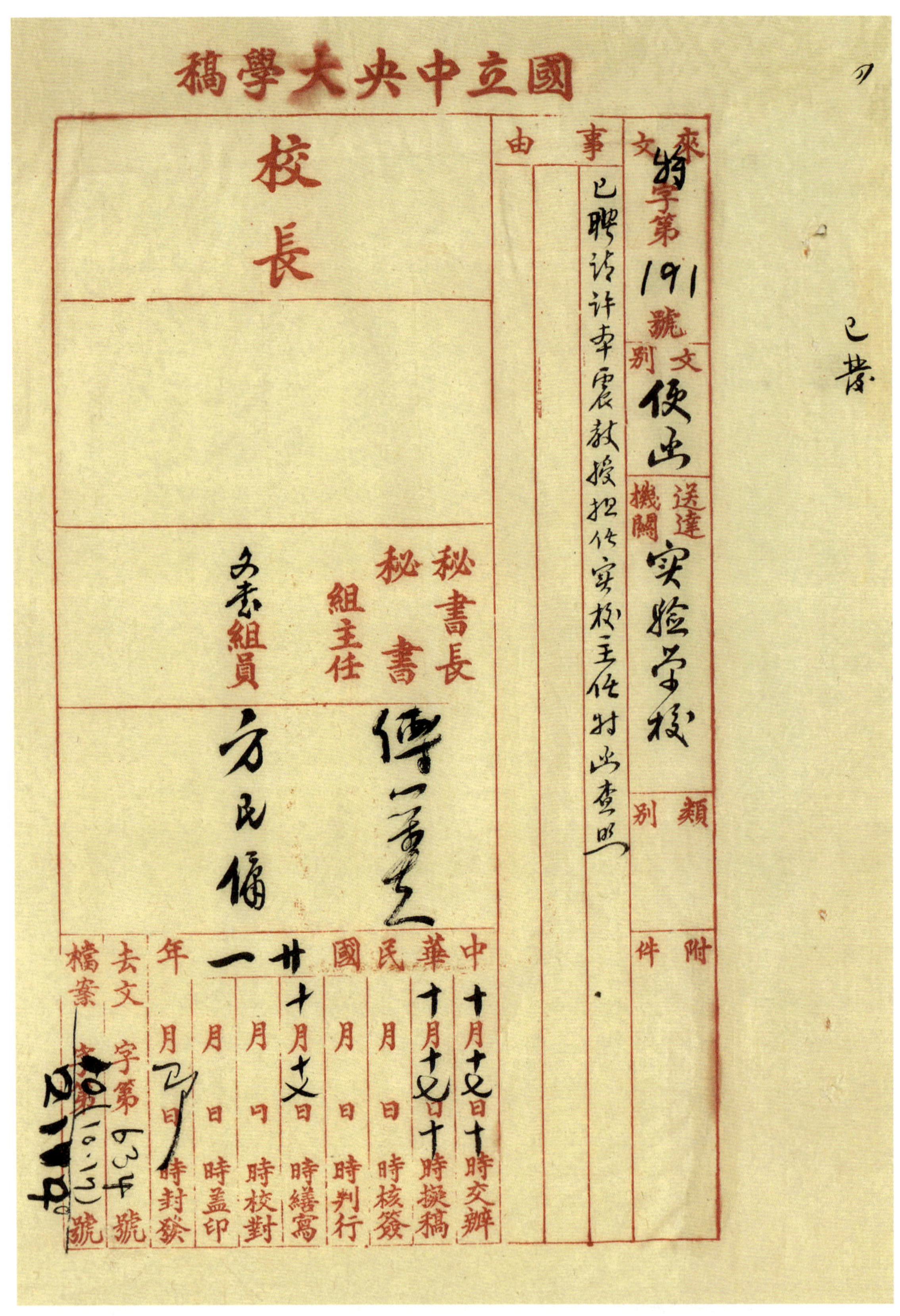
國立中央大學稿
校長
秘書長
秘書
組主任
文書組員
事由
已聘請許本震教授担任實校主任特函查照
來文特字第191號
文別 便函
送達機關 實驗學校
類別
附件
中華民國廿一年
十月十七日十時交辦
十月十七日十時擬稿
月日時核發
月日時判行
十月十七日時繕寫
月日時校對
月日時盖印
十月日時封發
去文字第634號
檔案

國立中央大學校長羅家倫爲已聘請許本震教授擔任該校主任特函查照給實驗學校的便函

（一九三二年十月十七日）

便函

逕啓者，查

貴校主任職務，業由本大學聘請教育

學院教授許本震先生担任矣，用特

函請

查照為荷！此致

实验学校

校長羅家倫

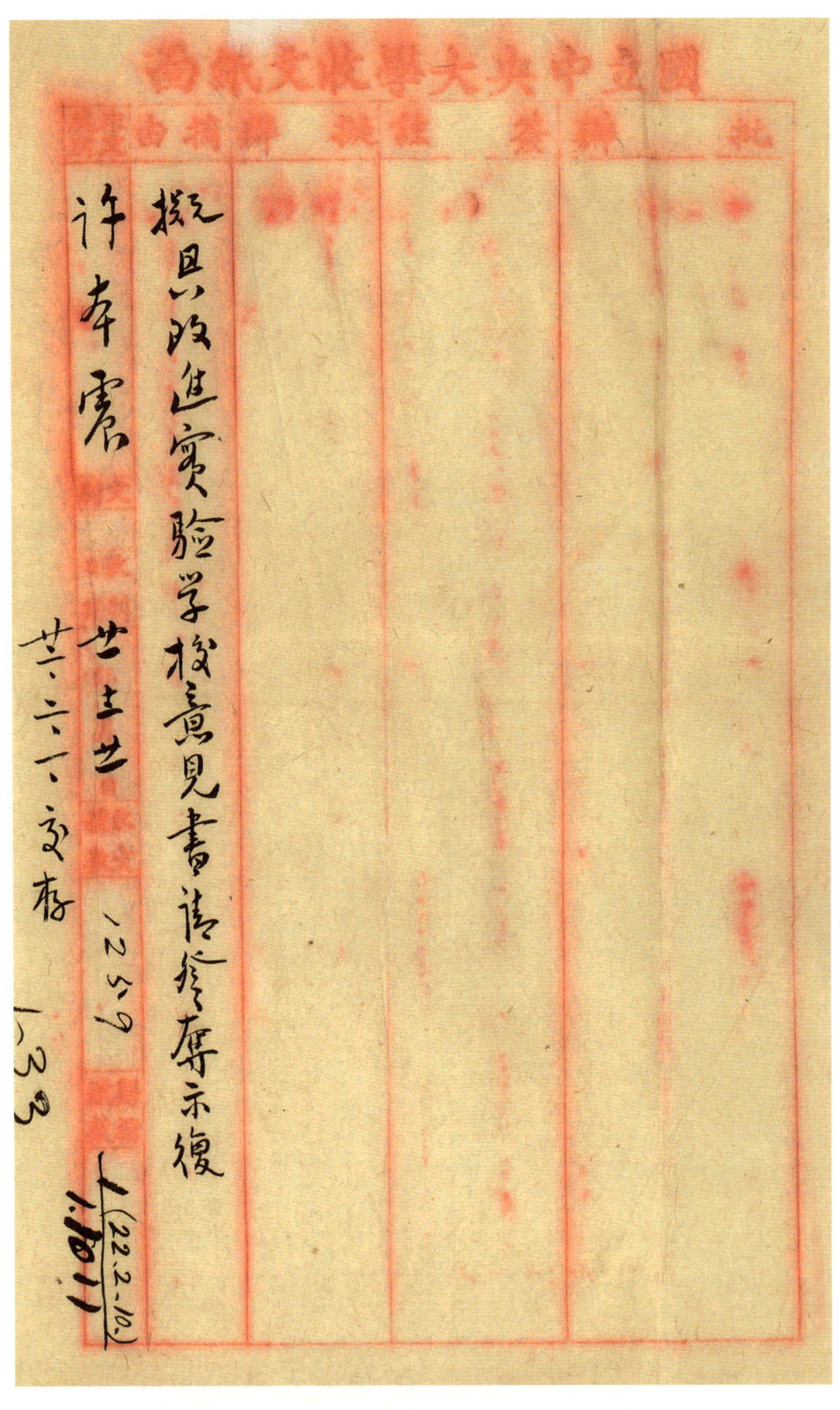

擬具改進實驗學校意見書請裁奪示復

許本震

國立中央大學實驗學校主任許本震擬具改進實驗學校意見書請裁奪示復給中央大學校長羅家倫的呈文（一九三二年十二月二十一日）

附：改進實驗學校意見書

1(92.2.10)
1811

到文日期	中華民國廿一年十二月廿壹日 到
到文號數	1259
機關或團體或個人姓名住址	實驗學校主任許本震
摘由	擬具改進實驗學校意見書請鑒奪示復
附件	意見書一份
辦法	存查
備註	

中央大學

敬啓者竊查中大實校自改稱今名以來時間雖不甚久然其前身原係昔日南高附小倘自彼時算起迄至今日已有十五六年之歷史矣昔日東大坿中與坿小本係分開中學設於現在田字房與東南中山兩院小學設於現在實校校址彼時學生雖多發展尚易今則合中小學校于一堂學生人數幾達千數一切措施頗感棘手　本震接事以來默睹實校情形種種困難難以盡述茲就犖犖大者畧舉數點如下

一、實驗教育精神難以充實　查實驗學校設校用意除

國立中央大學實驗學校

直接為兒童教育機關以外顧名思義尚有實驗教育之使命美之林肯學校德之野納坿校其在教育上能引起多數人之注意者均以對於教育實驗獲有效果堪為他校之取法今者本校範圍雖大自幼稚園以至高中共有廿級然而一切設備之簡陋教師待遇之低微與普通學校並無差異況近來社會一般人士希望實校者甚殷故責備實校者亦甚嚴彼等以為既稱實校必應設備優良教訓無懈故每次招生門庭若市爭入實校實校為慎選計為限制學生計不得不嚴格考試以定

國立中央大學實驗學校

取捨因此遂引起社會之誤會而貴族學校之頭銜亦加上矣總之今日之中大實校實驗精神既難以充實實驗工作亦徒有其名準此情形而欲求其進步頗不易易

二、學生除升學以外毫無謀生技能　查實校近來組織與普通一般學校並無差異自幼稚園以至高中均為單式編制除中小學校普通應有學科以外毫無職業技能的訓練學生入校目的在能升學學校教育方法亦重升學無形之中中大實校成為一般家長欲求子弟升學之階梯

國立中央大學實驗學校

因此家長對於學校之批評均以入學取否為評衡學校良否之惟一利器實校開辦高中現僅二年將來畢業能否升入大學衆目睽睽莫不以此為的嘗思國內大學每年招生所收人數究有幾何全國中學畢業學生豈能盡行錄取此種顯然事實不待申言當可易見今姑不作杞人憂天之說僅就在校學生將來生活言之苟一學生於修學之外並無一才一藝之職業訓練投入社會危險豈堪設想

三、歷史太久整頓艱難　查實校歷史緊接昔日南高東大

國立中央大學實驗學校

附屬小學校在以往十數年中尚能差强人意近三四年來疊以大學本部發生問題常被波及雖每次風潮實校從未過問然而風潮平息一次實校必遭一次更易小則主任去留大則校欵變更進行發展常受限制如今夏中大整理委員會對于實校核減經費停止招生即其例也如此遂使實校辦事者不能安心供職所有計劃亦難以實現最足令人發噱者例如現在實校全校學生幾近千人每週作紀念週時並無一公共場所僅就風雨操場行之春秋兩季固無論矣每遇冬令雨雪交加風雨操場無有

國立中央大學實驗學校

墻壁乃編蘆蓆以作護圍再如圖書儀器叠次移交多未清理

有時在移交清册之中品名雖列其實多已損壞甚至在事實

上并無此物似此情形不一而足欲求整理絕非一時一刻之功

總此數端辦理艱難當可想見茲本在職必言之旨將管見所及以

及必須急于改革者建議

台前是否有當仍希

裁奪亦復毋任切盼此致

國立中央大學校校長羅

附改進實校意見一份

實驗學校主任許本震

十二月廿日

國立中央大學實驗學校

附改進實驗學校意見書

一、中小學校宜分開設立

原因：中小學性質不同無論從原理上或從事實上而言均應分開設立今合中小學於一校倘勉強中學與小學制度合一則中學所受影响甚大倘勉強小學與中學制度合一則事實上又不可能總之小學兒童年齡幼稚智識未開日與青年中學學生為伍致使兩方訓教均感不便

辦法：實校現在校址仍辦小學將昔東大附中原來校址留

國立中央大學實驗學校

字房中山院東南院）之全部或一部撥還實校舉辦中學

二、添設職業師範兩科

原因：：近頃職業教育師範教育之急待研究實驗為無可諱言之事實況每一實校學生無論在中學或在小學畢業之後均須有一二謀生技能以免不能升學而為社會之害

辦法：：先就簡易技能之訓練舉行之如印刷管理馬達泥水工作等等并設師範科至于職業科目之多寡則視經費力量而定

國立中央大學實驗學校

三、收併農學院探先小學為鄉村實驗學校

原因：實校近日編制僅偏重於城市方面倘能另有鄉村實驗學校之設立為實驗鄉村教育之用則更較完備

辦法：併改探先小學為鄉村實驗學校

四、實校以後進行事業應有獨立精神不應再受大學本部校任何變更之影響

原因：本期實校停止招生致使學年編制上感受極大之困難更以經費受整理委員會之限制發展尤為不易

國立中央大學實驗學校

辦法：速准實校在下期開始添招高中一級，初中一級以便銜接而免中斷

五、提高教師待遇

原因：南京生活程度甚高實校教師待遇太低以致生活頗感困難小學教師在廣東中大附小每月為六十餘元上海市立小學為五十餘元均較本校為高即在南京市各實小教師亦有五十餘元與本校比仍為超過中學教師河南省初中每時七元高中每小時九元浙江省初中每小時六元高中每

國立中央大學實驗學校

小時八元較本校五元七元之標準相差亦大如此報酬如何使

實校良好教師得以久任

辦法：1.改定小學教師薪金標準——每月六十元

2.改定中學教師薪金標準——初中每時六元
高中每時八元

3.規定年功加俸辦法

六、發還前東大附中校產

原因：前東大附中校產甚多均分存大學本部既不

合用損失堪虞尤以圖書儀器器具為甚

國立中央大學實驗學校

辦法：請分函圖書館理學院庶務組清查一撥還實校應用

七、清理積欠

原因：歷屆以來大學本部欠發實校經費不下萬金本震接任之始當即清查欠數呈請清理在案近來年關在即各項債務催逼而來常此牽延無法應付

辦法：請先撥累年欠款之半數俾將急債清理以清手續

國立中央大學實驗學校

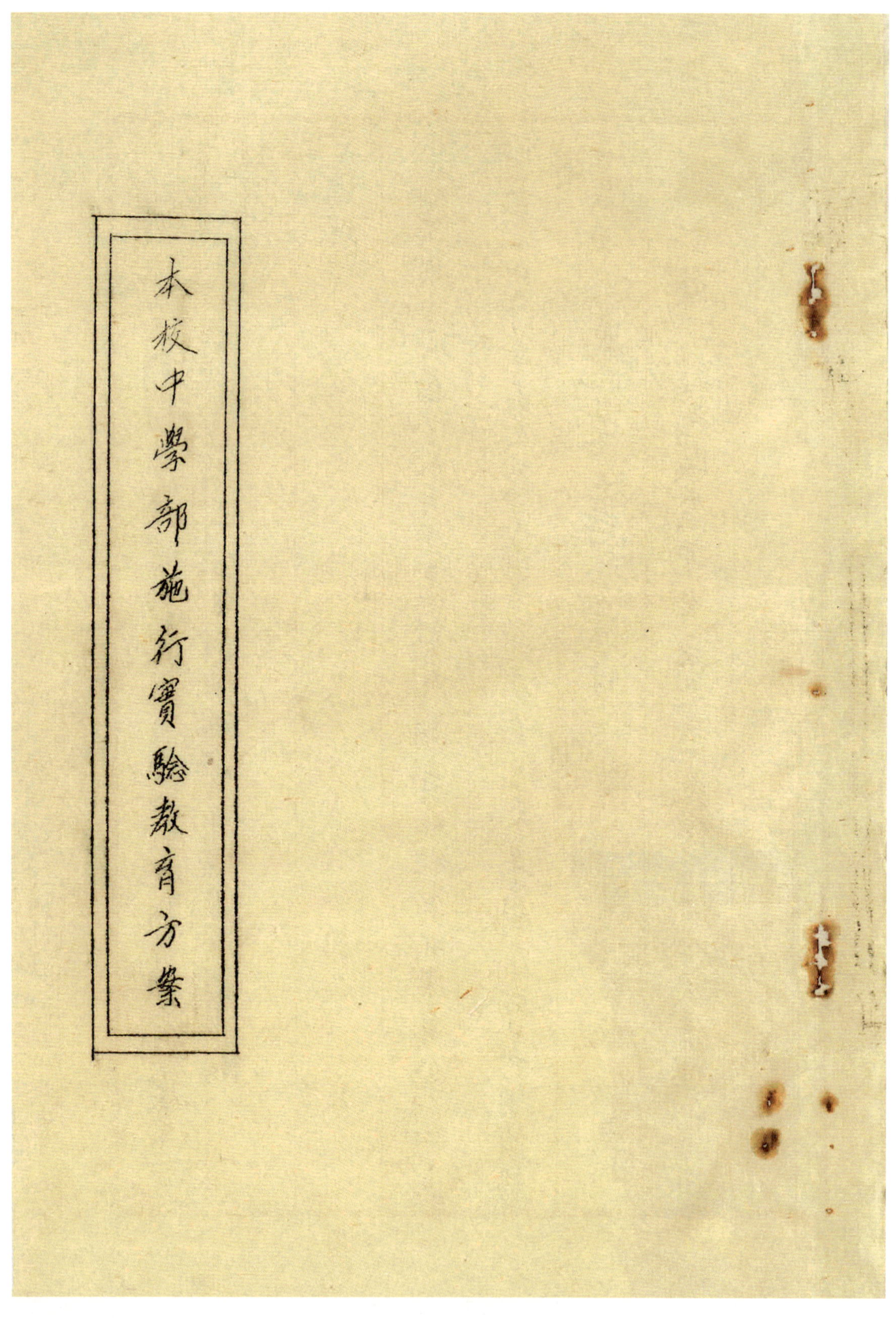
本校中學部施行實驗教育方案

國立中央大學實驗學校中學部施行實驗教育方案（一九三七年六月）

國立中央大學實驗學校中學部施行實驗教育方案　廿六年六月

(一)總綱

一、本方案根據部令中學施行實驗教育暫行办法大綱擬定之。

二、本方案包括下列實驗事項：

甲、以五學年時間，連續教學現制高初中六學年之全部課程，不為二重圓周制之教學。

乙、採取自學輔導制之精神，獎掖學生自由研究與自動研究趣，以為現行普通教學法之改良。

丙、計劃彈性制課程，自第四學年起行分組選修制，以適應個性，使優材中材學生，各有適當之進步，

丁、試行青年團之訓練。

(二)

三、招收高級小學畢業生百名，依首次智力學力兩種測驗之結果，用等組法分配學生為兩組；一為實驗班，一為比較班，使優材中材學生平均分配於兩班內，以便實驗進行時之比較研究。

四、實驗班以試行總綱所定實驗事項為目的，比較班課程、訓練之實施，則依部定初高級中學課程標準既各項法令方案之規定辦理。

五、實驗班比較班學生之升級降級除名，依本校現行學則之規定。

六、實驗班比較班學生，在日常生活方面，力求其各項情形相同，以減少實驗進行時其他因素之影响

（三）課程

七、依據部頒高初中課程標準規定各科目，依其性質分為民

族學科(或稱文化學科)數理學科、外國語科、陶冶學科、青年訓練五類型。

八、前二學年之課程不分科組,第三學年起,酌分爲甲乙兩組:分别置重於精神國防訓練與科學國防訓練,並於兩科内酌設職業選修課程。

九、民族學科之教材,須注意將中華民族之文化資産融會貫通,利用活動教學、環境教學、旅行教學爲民族陶鑄「健全份子」,並注意使本學科内公民、國文、歷史、地理各部門,取得聯絡,避免重複,其要點如下:

公民——於公民知識方面特别注意民族之道德資産,從青年團訓練及日常生活中實施公民的訓練。

國文——特别注意民族情操之涵養、民族精神之發揚。

歷史——a注意敘述有史以前中華民族生活狀況及其

對於東方文化之貢獻。

b, 注意政治戰爭及英雄在歷史上所佔之重要地位。

c, 注意歷代社會生活經濟狀況之變遷

d, 注意現代史中中國所遭遇之非常環境。

地理—a, 以鄉土地理爲出發點養成學生愛護國土之觀念

b, 注意寄居海外之僑民以培養進取冒險之精神,

c, 注意國防及國恥地理之教學以堅强民族之意識

d, 注意國際間之形勢與地理背景

十、算理學科繼續小學之訓練,注意科學知識之擴充,供給學

生研究各學科所必須之數理知識，培養實驗精神，以確立高深訓練之基礎，並據「訓練可為相當轉移」之原則，強固後代民族之良好心理習慣與態度。本科各部門之要點如下：

算學——包括算術、代數、幾何（平面、立體）、三角、高等代數、解析幾何等科，教學時特別注意理解、正確、敏捷、精密等習慣之養成。

生理衛生——a，注意人体之構造與生理病理及保健方法之大要，

b，注意衛生習慣之養成，以養成身心之健康。

生物——先分科授動物之基礎知識，次以生物學一科為統合之教學，特別注意生命現象之了解及生物與國計民生之關係。

化學——注意衣食住行各項化學現象之理解、工、農、醫、藥、衛生各方面化學之應用，特別培養學生對於國

防化學之各項知識與實際應用能力之養成。

物理—於物理現象之了解外注重應用物理學實業物理學

十、外國語科暫以英語爲第一外國語，必要時得於選修學程內增設第二外國語，教材方面，注意現代英語，力求切合實用

十一、陶冶學科暫分圖畫勞作音樂三部門，圖畫科，注意自由畫、寫生畫，用器畫，廣告畫諸方面，以使青年圖畫天才可以自由發展，並可爲研習工科課程之準備，及普通商業上之應用，勞作科則注意筋肉活動之練習，特殊技能之培養，音樂科注意青年美感之陶冶，民族情操之培育。

十二、實驗班第三學年起除公共必修外，酌分爲甲乙兩組：甲組注重精神國防訓練，增授中國文化史經濟地理外國語論

三

理學等學科；乙組注重科學國防訓練，增授數學、物理、化學等學科。

十四、職業選科視需要與學生興趣再定。

十五、實驗班五學年內教學科目、上課時數分組選修如後表：

五年中學實驗班各學年教學科目時數表（甲組適用）

科別		第一學年上學期	第一學年下學期	第二學年上學期	第二學年下學期	第三學年上學期	第三學年下學期	第四學年上學期	第四學年下學期	第五學年上學期	第五學年下學期
民族學科	公民	2	2	1	1	1	1	1	1	1	1
	國文	6	6	6	6	6	6	4	4	4	4
	歷史	2	2	2	2	2	2	2	2	2	2
	地理	2	2	2	2	2	2	2	2	2	2
數理學科	算學	4	4	5	6	6	6	*5	*3	*3	3
	生理衛生	2									
	生物	2（動）	2（動）2（植）	2（植）3（生）	4（生）						

科		外國語科	陶冶學科			職業選科	青年訓練	本組必修				合計
化學	物理		圖畫	音樂	勞作			論理學	中國文化史	經濟地理	外國語	
		5	1	1	2		4					33
		5	1	1	2		4					33
		5	1	1	2		4					33
		5	1	1	2		4					34
*2		5	1	1		2	4	2				34
*2		5	1	1		2	4				2	34
*2		5				2	4		3		2	32
	*2	5				2	4		3		2	30
	*2	5				2	4			3	2	30
	*2	5				2	4			3	2	30

有*號者，表示該學程較乙組授課時數爲少。
青年訓練包括体育、童子軍、軍事訓練三項。

五年中學實驗班各學年教學科目時數表（乙組適用）

學年	學期	民族學科：公民	民族學科：國文	民族學科：歷史	民族學科：地理	數理學科：算術	數理學科：生理衛生	數理學科：生物	數理學科：化學	數理學科：物理	外國語
第一學年	上學期	2	6	2	2	4（算術）	2	2（動）			5
	下學期	2	6	2	2	4（算術）		2（動）2（植）			5
第二學年	上學期	1	6	2	2	5（代數）		2（植）2（生）			5
	下學期	1	6	2	2	3（代）3（幾）		4（生）			5
第三學年	上學期	1	6	2	2	6（幾）			*4		5
	下學期	1	6	2	2	4（幾）2（三）			*4		5
第四學年	上學期	1	4	2	2	4（立幾）2（三）			*4		5
	下學期	1	4	2	2	6（大代數）				*4	5
第五學年	上學期	1	4	2	2	4（大代數）2（解幾）				*4	5
	下學期	1	4	2	2	6（解幾）				*3	5

陶冶學科										
圖畫	1	1	1	1	1	1				
音樂	1	1	1	1	1	1				
勞作	2	2	2	2						
職業選科					2	2	2	2	2	2
青年訓練	4	4	4	4	4	4	4	4	4	4
合計	33	33	33	34	34	34	30	30	30	29

有※學程內，包有理科分組必修學程

(四)教學方法

六、實驗班之教學方法依總綱之規定兼採普通教學法暨自學輔導兩種方式

七、每日上午施行普通班級教學，注重課內講授；下午應用自學輔導辦法指導學生利用圖書館實驗室自動學習自由研究

十八、班級教學時間與自由研究時間隨年級之高低而增減，低年級上課時間較多自由研究時間較少，高年級上課時間較少自由研究時間較多。

十九、數理學科注重實驗，民族學科注重研究與表現，外國語學科實施直接教學方法，工藝學科作有計劃的實習及職業技能之不足

二十、各科教學時須儘量利用實物教學，增加學生接觸實物認識實相之機會，以補書本教學之不足。

廿一、試製各科教具，力求經濟耐用。

（五）生活訓練

廿二、實驗班學生之訓練以青年團為中心，前二年採用童子軍訓練方式，為青年軍之預備教育，後三年施行青年軍訓練。

廿三、青年團訓練均以體格訓練、技能訓練、勞働訓練與最主要

之品格訓練爲共同之目標訓練之開始時間星期一至星期五下午三時至五時星期六下午爲野外生活訓練時間 六

茁,童子軍教練之方式注意生徒之儀式訓練專科技能陶冶野外生活之習練,及勞働服務但操法訓練須與青年團之軍事訓練取得聯絡,勞働服務之指導須與勞作課程合作。習練野外生活時,須隨時爲旅行教學,童子軍二年期滿舉行隆重儀式晉級爲正式青年團團員受青年軍訓練

苴,實施青年團訓練時須特別注意体育及國術與器械操之訓練以爲尚武諸德性之陶鑄,並以軍事管理方法陶鎔青年於規律生活耐勞苦生活之中。

其,青年團之組織,於服從守紀律外,並須培養自治能力,在試行實驗教育期內,對校內學生自治團体(如中學公僕會)之參加,仍視同普通班級青年團之訓練方式普及全校後即

以為自治團體之小單位，其組織細則，另有規定。

廿七、實驗班，比較班之全部學生，均須寄宿校內

廿八、比較班學生之訓練，依同例嚴格辦理。

(六)實驗事項之考查

廿九、實驗班，比較班學生入學及畢業時，一律受智力測驗學力測驗各一次，以比較其實驗結果。

三十、實驗班及比較班學生，須於每學期結束時考查其「I.Q」「E.Q」「A.Q」以便比較

卅一、製定個案考查簿，詳細記載兩班學生之身心，操行，家庭，環境各方面之個別情形，與偶發事項。

卅二、注意比較兩班優材與中材學生成績之差異，優才生相互間之差異及實驗班優才生完畢高初中六年課程所需最低限度之時間

卅三、青年團訓練結果之考查及其與普通班級的童訓軍訓之比較

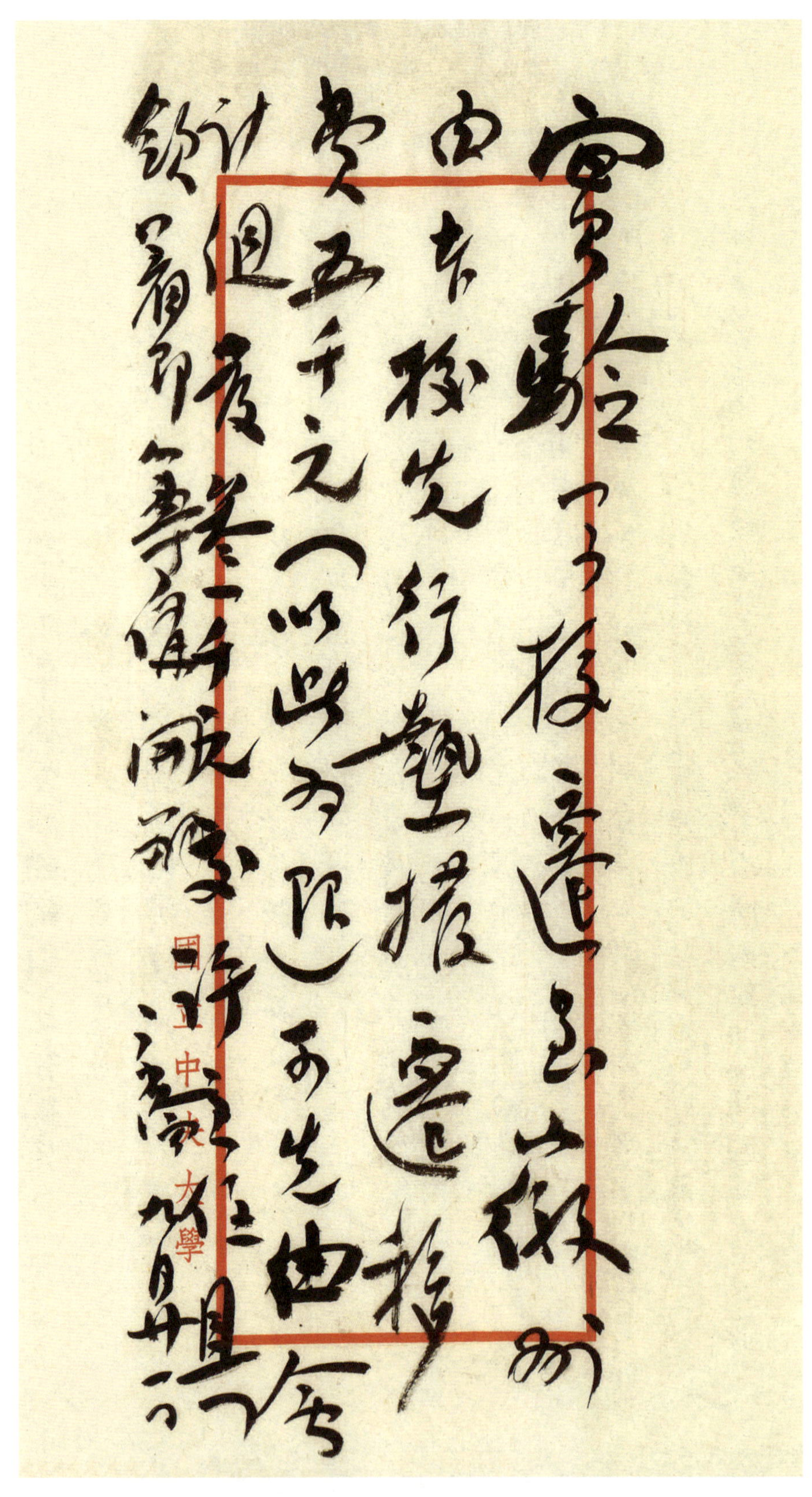
實驗學校遷至徽州所由本校先行墊撥遷移費五千元（以此為限）可先由會

國立中央大學

（二）安徽屯溪、湖南長沙（一九三七年九月至一九三八年八月）

關于實驗學校遷至徽州遷移費的一組文件

國立中央大學校長羅家倫的箋條（一九三七年九月二十一日）

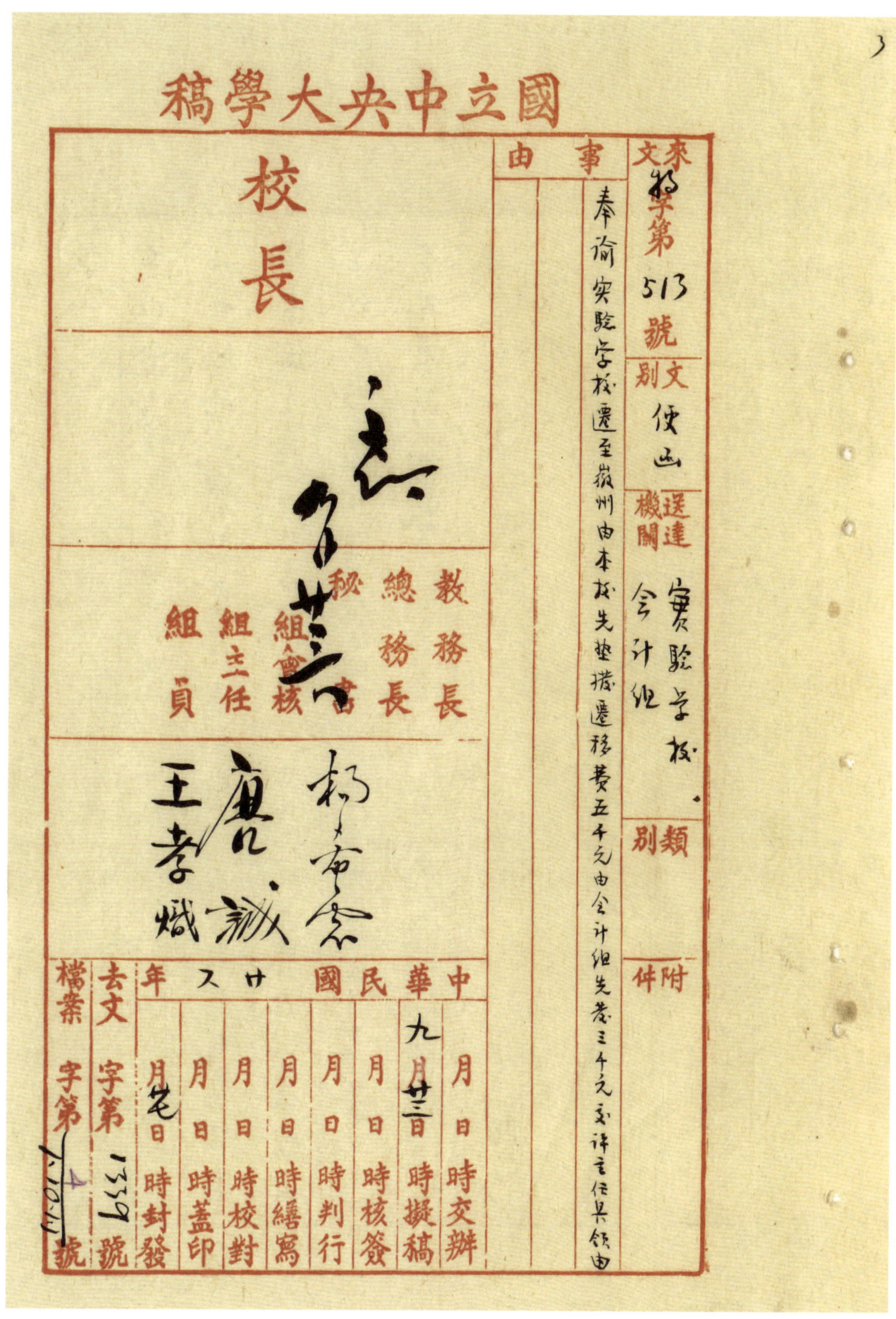

國立中央大學校長辦公室奉諭實驗學校遷至徽州由本校先墊撥遷移費五千元，由會計組先發三千元交許主任具領給實驗學校和會計組的便函（一九三七年九月二十七日）

便函

逕啓者奉

校長條諭「實驗學校遷至嶽州由本校先行墊撥遷

移費伍千元（以此為限）可先由会计组發叁千元交許

主任具領着即籌備開办」等因相應函達即希

查照為荷此致

實驗學校

會计组

校長办公室啓

國立中央大學收文紙面

來文處所	摘由	擬辦	註發	批辦
教育部办事處	實校事請與許主任妥定處理办法			
文別				
收到日期 廿六 十二 卅 到存				
文件數				
歸檔號數				

T. 20. 17

教育部長沙辦事處（教育部秘書處）爲中大實校許主任來部晤見部長擬再遷校請妥定處理辦法給國立中央大學校長羅家倫的箋函（一九三七年十二月十四日）

志希先生惠鑒：日昨許主任恪士來部晤見
部長，據謂中大實校學生約百人已由屯溪
遷來長沙，擬以長沙係我國中部，亦重鎮，爲
敵人所注目，爲預防萬一計，擬再遷貴陽，如
要時再此遷重慶，俾與中大取得聯絡等
語。當經 部長告以實校師生既已離皖，則
依現時交通情形言，各生勢已無法返籍，
當由部轉達中大量予措置，不可聽其

流離失所恭奉
囑函達
先生希迅與許主任妥定處理辦法至地點
問題自當由中大自行勘定也專此順頌
教祺

教育部秘書處啟 十二月十四日

教育部長沙辦事處

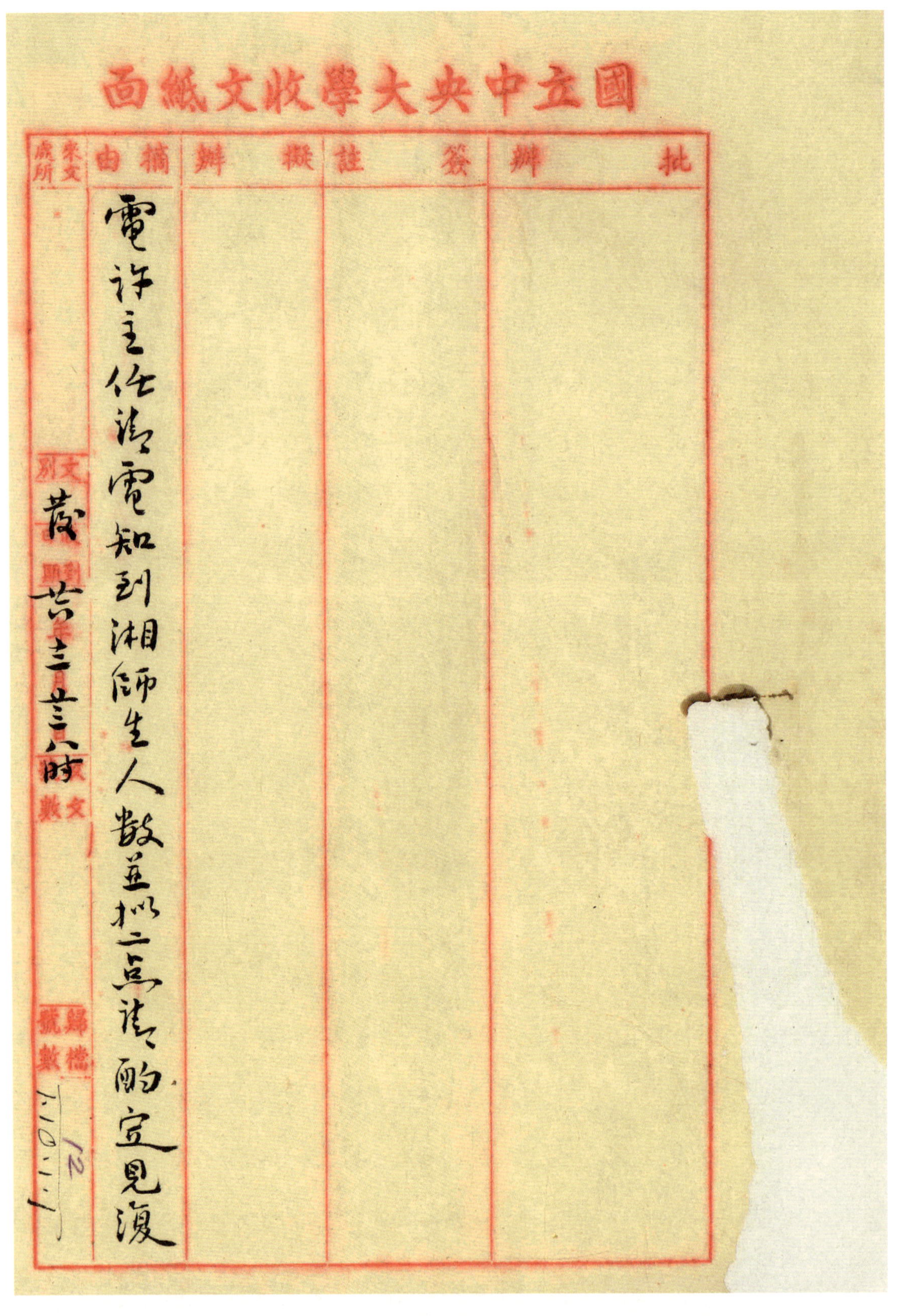

國立中央大學收文紙面

來文處所	摘由	擬辦	簽註	批辦
文別 蔵 收到日期 廿六 十二 廿三 八時 文件數 歸檔號數 1.10.1.1 12	電許主任請電知到湘師生人數並擬二點請酌定見復			

國立中央大學校長羅家倫請即將到湘師生人數電知并擬兩點請酌定給中大實校主任許本震的急電

（一九三七年十二月二十三日）

發急電

長沙教育廳朱廳長轉中大實校許主任叅元航函甫到請即將到湘師生人數電知來渝交通與事實均不可能茲擬以下二點請酌定見復（一）與朱廳長商將學生借讀他校

教員以薪於短期內由校酌量津貼學生無家可歸經濟斷絕者借墊其火食兩個月再罷教務以小學部中暫停教員送兩月以薪暫教學生借讀他校照案以辦法補助高中

國立中央大學

成一四年級在他校借讀者在長沙常德一帶

請先生痛支持以待碻定以上辦法本校惟之

信賴之進退擊實據存廣也家倫拜

國立中央大學

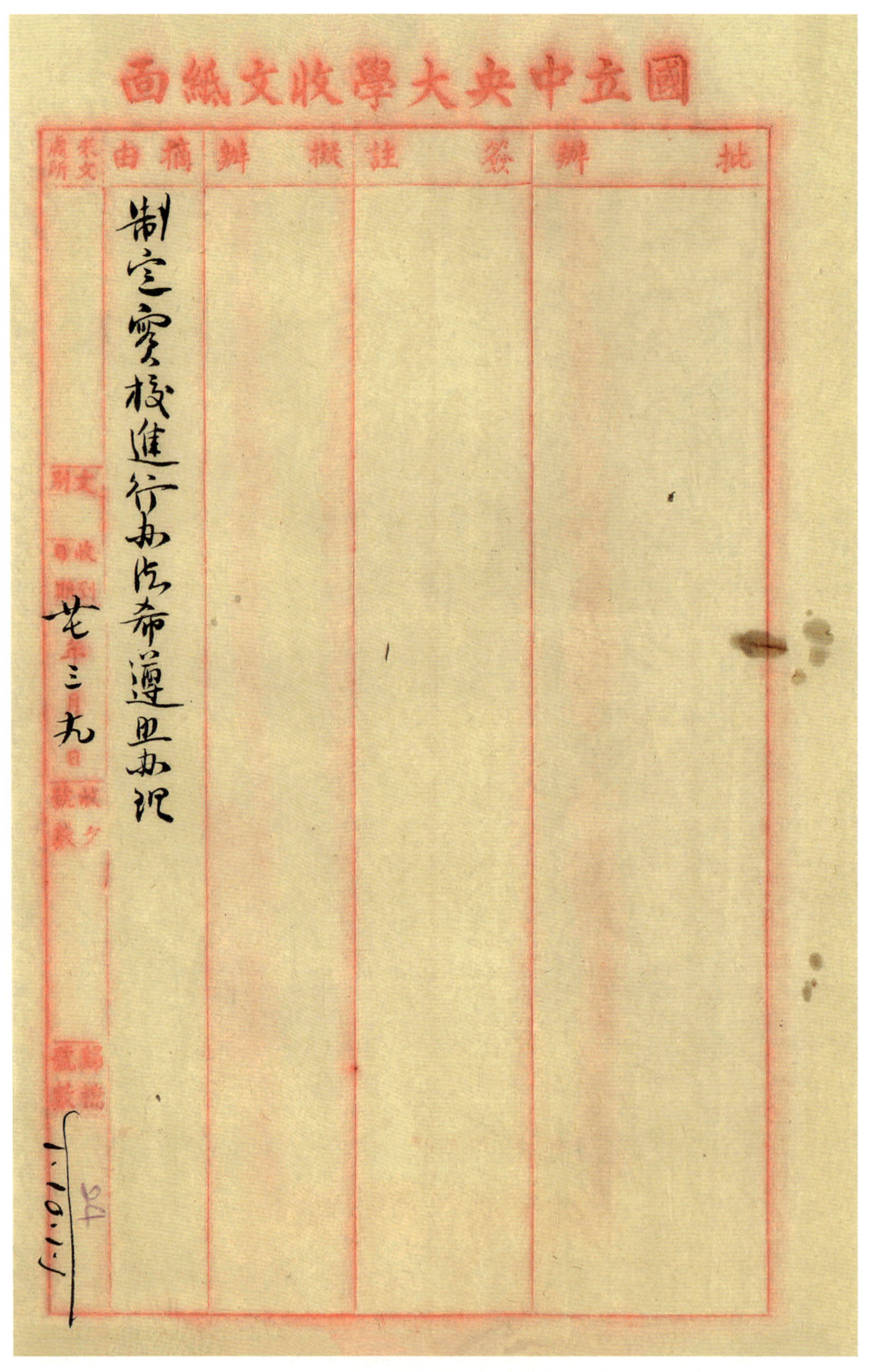
國立中央大學收文紙面

來文處所	摘由	擬辦	註發	批辦
文別 到收日期 廿七年三月十九日 收文號數 歸檔號數	制定實校進行辦法希遵照辦理			

國立中央大學爲制定實校進行辦法希遵照辦理給實驗學校的指令（一九三八年三月十九日）

照錄行電人會同許先生署名發

照覆 前電寫 甚規定 實格規 在進行 須作的 下請 定以 照羽

國立中央大學用箋

一、本學期先行開學已電先准但須
維持一個學期終了沉着到底和
衷共濟努力教學勿自蹈在屯溪
慌張急切之弊致礙學生學業
二、遷筑計劃正在擬計之中必須接
電後方得遷移
三、本學期可以在長漢口南昌等處
同時嚴格招生一次時間至遲月底

國立中央大學用箋

必須舉行計初中各級初一定額弍十名初二定額叁十名高中各級高一定額弍十名高二定額叁十名共壹百名初三高三因畢業期限較近概不添招所有投考新生除每級特設五名救濟戰區青年可免學膳宿各費外其餘必須有依章繳納費用之能力者

8

國立中央大學用箋

方得收納此点在於整頓時務須說明以免日後又無办法長沙由張振宇、龍碧泉二君主持漢口由沈群、陳行素二君主持南昌由常仙侯趙某某二君主持

四、學有中校各生所有家庭如確實為子弟應無法繳納學膳各費者除免其雜各費外可由學校每月津貼

國立中央大學用箋

膳費洋六元，但須按月造報名冊，附註證明教師姓名，方得寄渝核實請領經費。

五、以後每月除臨時應准核實外，每月實發經費三千元，按月造報核濟。其餘中小學二千元由總經費內支出，按月核實具報。

六、救國公債一律照扣六個月，不得推諉。

七、由屯溪遷長汀用費三千元，暫存大學，詳細具報。

本部俟主任實核查到校後即付。

國立中央大學用箋

具領

八、現長沙有教師陳李方叔鈕先銘張飛騰何肅廷等或經辭職或未到校應即停職者外所有羅子正王玉鳳二老師因事或因病請假迄即電催限本月內趕回學校否則停職趙敦榮盛仲丹盛俊陳正平四老師陷在戰區一時無法

國立中央大學用箋

到校暫時留職停薪（趙盛三老師自二月份起停發薪）傅陳老師自辭職後一個月停薪）望由秘書處即日設法通知並由事務系切實執行南京留守盛李兩老師薪全照發暫留湘校候領

九、原有小學部張盛華丁學九李漢澄三老師因小學部已無班級呈着自下

國立中央大學用箋

月份起暫行留職停薪另送之薪金兩個月電匯六百元以資應用

十、現有各老師所有職務另行分配務望遵照辦理

張振宇 秘書兼代主任職務 擔任高中公民　羅子正 高中級任兼數學

朱浩然 生物　王路先 地理　范毓琳 會計

龔啟昌 初中地理英文 高中國文　朱靜秋 初中國文歷史

章祖念 體育　徐雲峯 書記　沈冠群 初中部主任兼初中生活指導 初一級任 高中公民 初中歷史

國立中央大學用箋

聘人作 初三級任兼初中国文英文 劉克明 童子軍 常任俠 高中部主任兼高中生活指導高中国文
趙東元 數学 李作揖 体育 欒金誠 書記
吳鳳九 事务主任 沈慶華 女生管理兼數学 王玉鳳 女生体育
龔佩璋 校医 陳行素 高中級任兼國文 韓金鑑 化学
李亞賢 教务员兼英算書記 毛穎 書記 黃成之 庶务
十一、高中及初三英文高中歷史與軍事
教官現已聘請即日來湘原有代課
者俟新任教師到後即行解約未請

國立中央大學用箋

代理者不必再請

十二、所有課程必須依據教部規定排列按時上課高初中英文算學高中物理初中史地每週並得增加一小時以資補救另組戰時訓練班高中如機關槍訓練班電信訓練班馬術訓練班初中如宣傳〔救護訓練班〕訓練班（注意技術問題）如演放電影技術

國立中央大學用箋

等等不尚空言）~~偵察訓練班~~電器訓練班（如裝置電話、安裝電灯等）等二另與當地軍事機關或其他機關接洽派員担任，酌送夫馬費，在下午三時以後舉行（下午亦須排課）

十二、所有教師望各切實任教，担任鐘点如有藉故減少或設法規避職務者即行停職。初中學生風紀太壞，況

國立中央大學用箋

冠羣老師暨童子軍團長六各級任老師應負責切實整理，不聽訓教學生得隨時報告，隨時開除。平日生活尤宜注意。高中三年級畢業在即，更宜努力督導學習，請常任俠老及高中部各老師注意。尚本學期上課，除依照部頒學期終了之日為止外，增加三個星期務補

國立中央大學用箋

缺課並改舉行學期考試

十五、本學期中實校主任未能到校期間內所有職務由張振宇老師暫行代理一切文件仍用許主任名義另注張振宇代字樣以資負責銀錢出納除由楊鳳九老師負責外印鑑等件存總處由張老師依手續更換一併辦理

國立中央大學用箋

十七 每週報告以後由高初中教導處事務分別摘記縮寫交秘書處彙總報告事務並附每週收支對照表一份來

十八 屯隊所有書報儀器廿餘箱已經懇商顧說回主任派車運出屯隊留守人員辦理妥一俟箱運完即行撤回

十九 高初中學生之思想須特注意務守三民主義之立場並不得在校內外有軌外行動

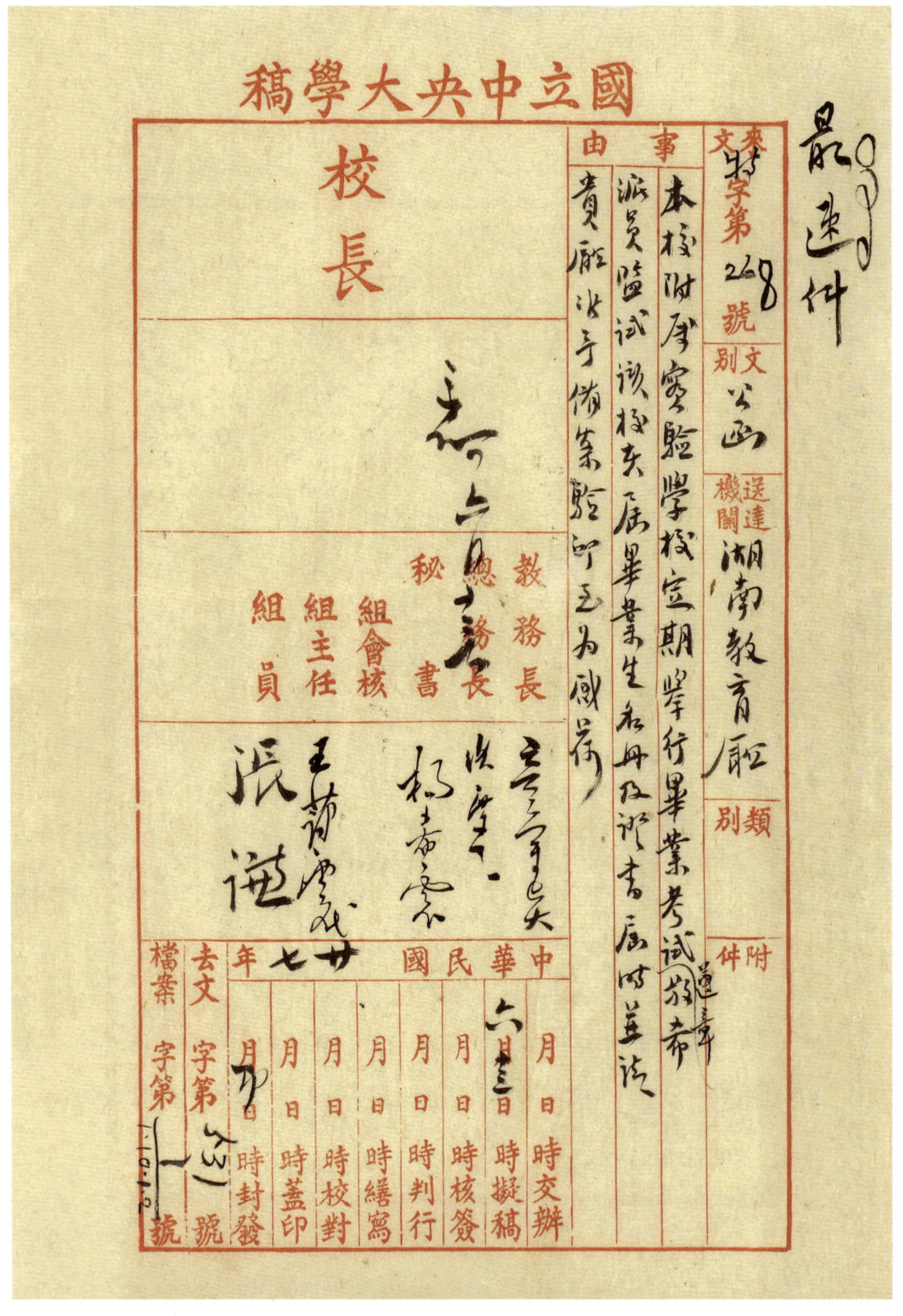

國立中央大學稿

最速件

校長

來文 字第 號

文別 公函

送達機關 湖南教育廳

類別

附件

事由 本校附屬實驗學校定期舉行畢業考試請派員監試該校本屆畢業生名冊及證書屆時並請貴廳准予備案驗印至為感荷

教務長

總務長

秘書

組會核

組主任

組員

中華民國二十七年

月 日 時交辦

六月十三日 時擬稿

月 日 時核發

月 日 時判行

月 日 時繕寫

月 日 時校對

月 日 時蓋印

月 日 時封發

去文 字第 號

檔案 字第 號

國立中央大學校長羅家倫爲本校附屬實驗學校定期舉行畢業考試請派員監試，學生名册及證書請準予備案驗印給湖南教育廳廳長的公函（一九三八年六月十三日）

公函

逕啓者本校附屬實驗學校還湘開學諸承

閣願協助並予指導俾克順利進行無任感荷查

該校係實驗性質原為供教育學院研究教學方

法與實驗教育原理故其一切課程設置教授方法

均與普通中學略有不同茲因高中三年級及初中三年級

學生本屆修業期滿擬自六月十四日起開始舉行

畢業考試除考試課目由該校遵照本年度中學畢業考試辦法逕

行呈報

貴廳備案外用特專函奉達敬希

貴廳屆時派員蒞校監試以昭慎重而符定章再該校本屆畢業生俟考試完畢所有名冊及畢業證書務請貴廳准予備案驗印先此函達并請發還並至為感荷此致

湖南教育廳廳長朱

校長羅〇〇

國立中央大學收文紙面

來文處所	摘由	擬辦	簽註	批辦
文別 收文日期 廿七年七月廿三日 收文號數 歸檔號數	電長沙張振宇、貴陽吴主席、〃何兆清 為實驗學校遷築覓地建築事項			

國立中央大學校長羅家倫爲實驗學校遷築覓地建築事項分别給長沙中大實校張振宇、貴州省政府吴主席、貴陽何兆清的電文（一九三八年七月二十三日）

長沙岳麓山中大實校張振宇兄

實校決遷筑車輛正與行營接洽路

局車仍聯進行候電再定款已匯必要

時師生先繼筑集合并備在湘漢洽

筑分別指定草約批准以前畢業生

保送中大可儘先行優良者加倍選送實

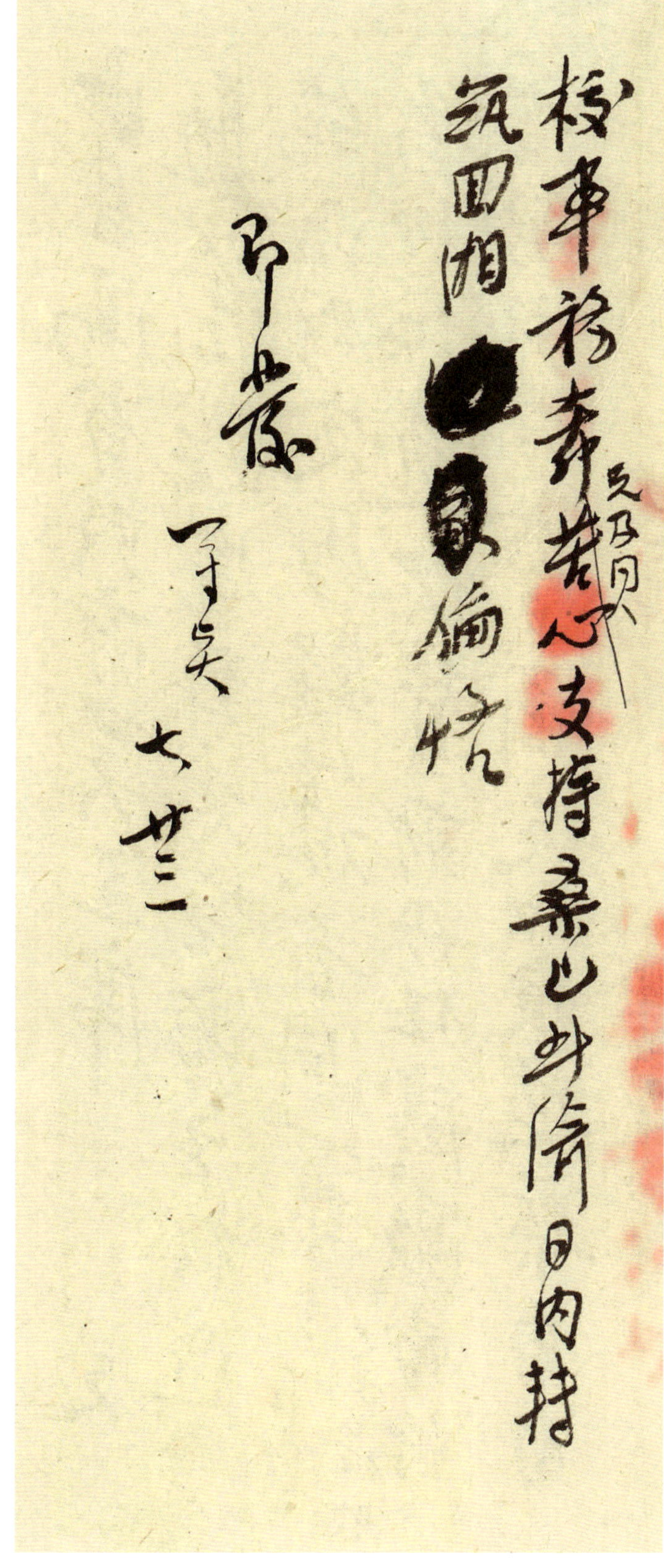

校事務蒙苦心支持[illegible]此外[illegible]日内持
頌田湘[illegible]偏勞
即頌
大安
可楨
七 廿二

貴陽省政府吳主席　兄
勛鑒：皓電拜悉。實驗學校選
築所指定馬鞍山觀音洞一帶作
為校址，熱忱贊助，毋任感激。即新（已電何兆清先生就近接洽）
查勘新府，尅日圖定，以便建築。[illegible][illegible]

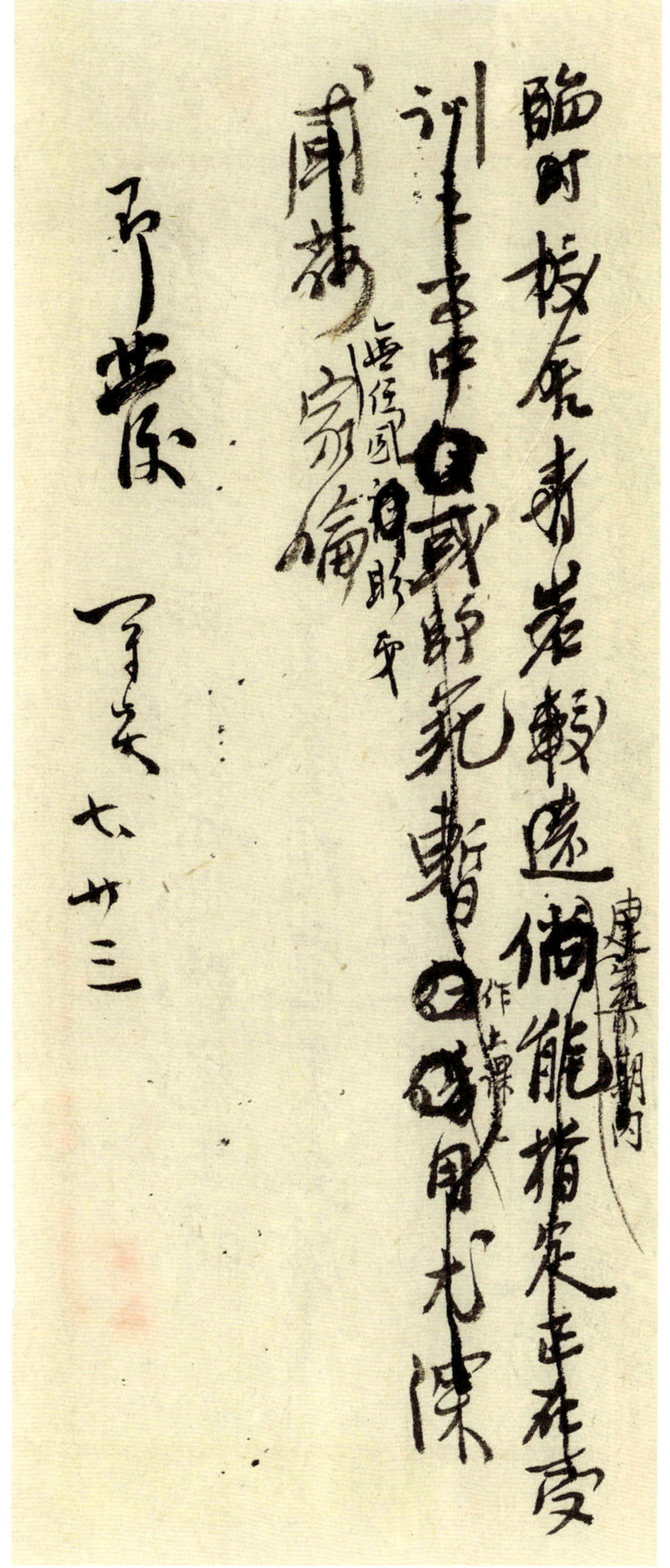

臨時校長青岩較遠備能指定在受

七 廿三

國立中央大學用箋

貴陽女子師範梁兆純先生轉

何兆清先生：全垣電吳主席，

校址定馬鞍山觀音洞一帶，即

懇向省府接洽，由其出資徵收圈定勘

界，以便建築。臨時校舍請其與教廳交涉女子中

或師範暫借上課，築日內返筑聽

候指導。弟家倫

即發

[illegible]

七、廿三

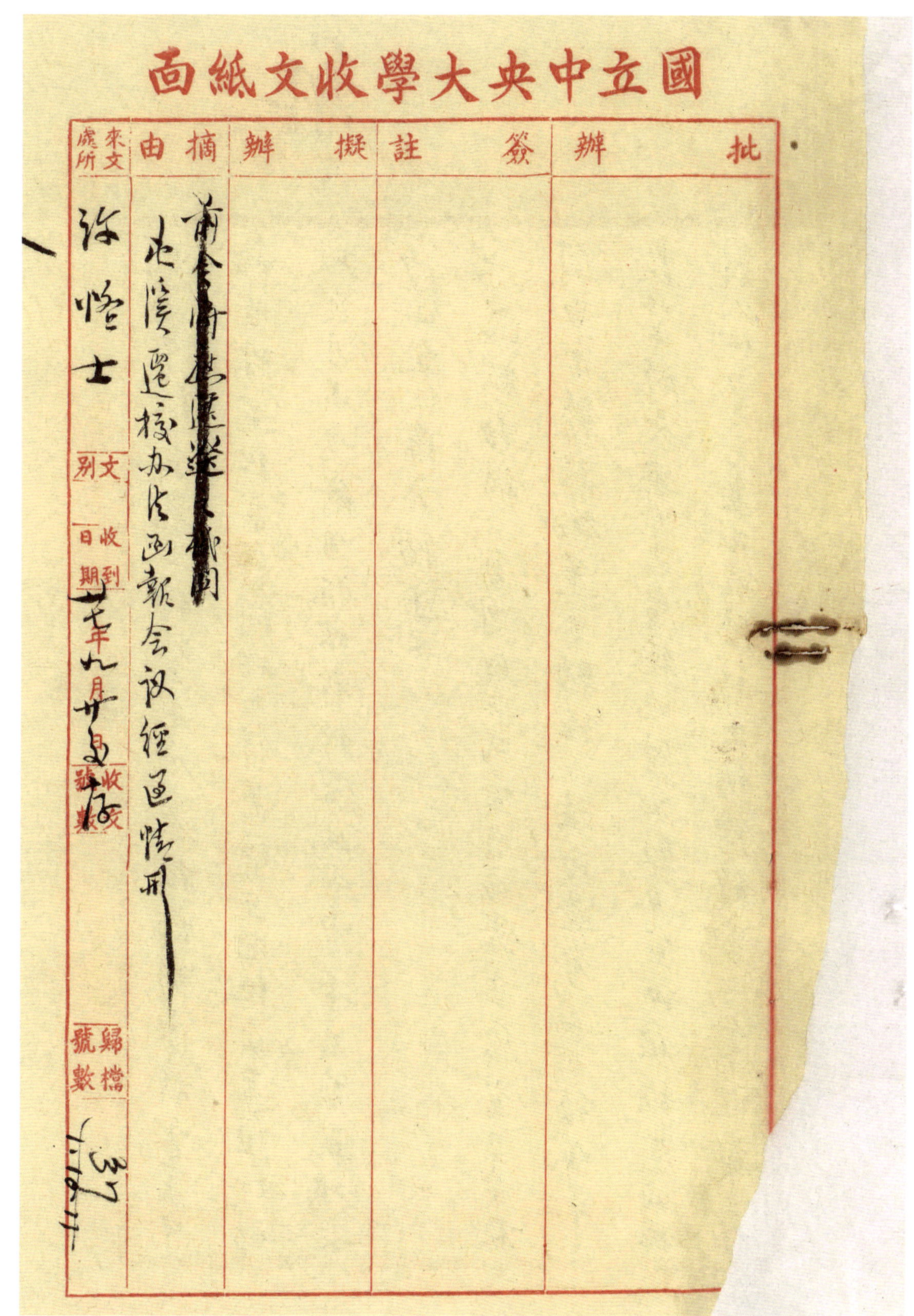

國立中央大學收文紙面

來文處所	摘由	擬辦	簽註	批辦
許恪士	屯溪遷校辦法函報會議經過情形			
文別				
收到日期 廿七年九月廿[illegible]日				
收文號數				
歸檔號數				

許本震（字恪士）爲屯溪遷校辦法函報會議經過情形給國立中央大學校長羅家倫的箋函（一九三八年九月十三日）

存

志希校長先生賜鑒：屯溪遷校情形，曾於電文中略為陳述，但電文簡略，不得其詳，且屯地交通阻梗，郵政匝月未通，所有航快郵件當未曾寄及，茲就抵長沙小定之際，再補述之：

一、遷校動機　自國府正式宣布西遷重慶，京中各機關由京贛路搬運車輛經屯溪而過者，每日約有千數以上，時吳興已失，廣德吃緊，不數日宣城被炸，徽州掃射，人心為之不安，而吾校師生仍鎮靜處之，上午照常上課，

月　日

下午紛紛挖掘防空壕，以防萬一。雖有一部分學生請求返家，而大部不願荒廢課業，確能真實為學。自後政府各機關經過車輛漸漸稀少，公路汽車亦扣為軍用，所來往者無非兵車，因之交通斷絕。江浙一帶戰區學生，因無家可歸，即徽屬附近各縣之學生，亦不得回里。當時明知屯溪已入進退為難之時期，而吾校師生深知民族已到最後關頭，當作一有計劃之遷移，願為國家作最後之犧牲，故即電請

鈞長指示一切也。

月　日

湘倫印刷

二、會議經過　十一月廿二日得　電諭，即於當晚開全體教職員大會，衆以爲屯溪目前雖無軍事行動，而交通已至絶境，況兵家變化不測，萬一欲走而不得，爲有百餘學子如何措置，爲安全計，全體議決遷校，至於遷校地點，本圖於湘贛境內覓一適當地址，暫維現狀，後經再三討論，以學校經費有限，經一次遷移即損失許多物質與精神也，且如南昌與長沙，均爲國府西遷以後之重心，敵人目標所在，爲一勞永逸計，莫如遷往重慶，似與

月　日

湘倫印刷

大學相聯，可得借助不少。此初次會議之決定，同時徵求學生意見，因以還蜀爲最妥，奈川資過大，且多數學生，已無家可歸，路費不能籌措，再經衆議，以爲校長電諭維持至下學期再行內遷湘贛，殷殷厚愛之意，無不感激，但時機急迫，不可一再延誤，目前當以內遷長沙爲是。此初次會議繼續討論後所作最後之決定也。十一月廿日晚又接鈞長覆電，仍以竭力維持至下學期內遷爲原則，即於廿八日清晨開第二次教職員大會複議，衆以爲　鈞

月　日

湘倫印刷

長學意，確實為實校盡力，無微不至，但地隔千里，不知屯地交通，已至絕境，為學生計，為學校計，為國家教育計，仍維持原議，而遷長沙，事實上雖未能完全遵照鈞長之意，但為應付危難，不得已而為之，事後當可得鈞長之原諒，複議結果，即於 總理紀念週上向全體學生作懇切之報告，並朗讀電文，語重心長，無不感泣，當時屯地其他文化機關，如教育部編審處，及金陵大學文化研究所，均已設法車輛，準備先後起行，徽中亦無形停頓，

月 日

湘倫印刷

用人之意，惟有遵　鈞長之意，願吃苦到底，培植青年，愛護青年，不願各自為計，作鳥獸散，而為民族國家鍛鍊最後一粒之炸彈，切實貢獻國家，否則適足以予敵以便利也。

三、遷移辦法　遷校地址決定後，分派同人接洽車輛，時公路交通確實已無辦法，即私人汽車，經過祁門，亦須扣留，有中三班師生四十餘人，擬先行雇舟至祁門，然後步行至浮梁，結果回鄉船隻被扣，內河小船不得通航，又成畫餅。

月　日

湘倫印刷

高中三班師生五十餘人，向由南京來屯之馬戲團借到卡車兩輛，非特車輛破舊，不堪作長途之運輸，而司車者已他去，汽油亦用盡，再派人四出想法，至十一月十日適遇江南汽車公司程學樞處長，情商購到汽油四百加侖，即決定高中初中學生一律上車，年齡較大者步行，先至浮梁，如中途扣車，全體步行。悟等師生六人即於當日搭江南汽車公司家屬車先行，以便沿途接洽學生留宿之處，過祁門，確有軍隊扣車，抵浮梁已深夜二時半。

月　日

湘倫印刷

翌晨往景德鎮中心小學，商借學生經過住宿之處，並派人雇定帆船，預備學生到達浮梁後取道鄱陽湖至南昌也。四日再隨江南汽車公司家庭車抵南昌，該公司正整理車輛，不再往長沙，至於其他便車，無從交涉，不得已留南昌兩宵，往晤柏廬廳長，商借百花洲小學爲學生過路住宿之處，同時又派人接洽湘贛路出車，爲學生往長沙之便，但軍運正急，一時尚無確實答覆。七日晨便搭友人之車來長沙，察看校址，山川跋涉，人地生

月　日

湘倫印刷

疏，尤有弔長沙，正所以自弔身世之感也。

四、在長沙籌備情形　抵長沙後，晤朱經農廳長，承盛意設法向嶽麓山附近省立農業學校商借校舍數間，惟該校校長意欲代建宿舍一座，故一時不能決定。先後已到師生二千餘人，暫宿馬王街私立修業學校，且以此為貴校通信地址，昨日往教育部謁王教長未遇，即與周次長晤見，以為貴校以入川為是，又有人勸偕向教部建議，設立聯合中學於貴陽，為國家訓練青

月　日

湘倫印刷

年之根本大計，但此事體大，豈樗材所能為力乎。周時寇敵已逼近首都，此間人心不無恐慌，湘省各校已提前於月底放假，他如牯嶺遷來之中央政治學校，有內遷昆明之說，我實校當不能在此安心教讀，但照目前形勢，此地民間交通已無辦法，即有赴貴陽之計劃，恐亦困難萬分，一遷再遷，尤覺棘手，至於究竟採取何道為宜，還祈 鈞長指示為禱。剋接前南昌周軍來電云，實校步行師生，尚未抵達，而在南昌接洽借

月　日

宿之百花洲小學，已被炸矣。

五、懇即派員來湘接替主持校務不得已之原因　截至目下止，遷校計劃，已經小告段落，學生雖未全到，學校亦未繼續上課，但校舍已定，不日即可遷移，其他一切雜務，各部負責人員，當可易於辦理。湘自實校由京移屯，由屯入湘以來，為時三月，裂痕所在，隨處表露，惟士已經先去維繫中心，猶憶離屯之際，曾有極少數老師率領一部分初中學生前來車站，以船隻被封為辭，迫令即

月　日

剋拿出辦法，對於遷徙經費必須具條聲明，多少不
必計較，似是一個辦法，不必即如昔日王前主任素意去職
情形，但信仰不存，何論維持，更何論同舟共濟，暨
讀來電，俱以毅力相勉，俱以力求緊縮為言，愷士不才
自問不能再行勝任，以免再生枝節，不可收拾，兩次電
陳懇即派員來湘主持，言出於衷，務望鑒准，不然愷士
亦祇有自卸仔肩，離湘不問，免蹈王前主任覆轍，非有
意絕于實校與鈞長也，蓋因艱難所在，徒留反增使

月 日

鈞長日後尤為難耳，知我罪我，在此一言，務乞 鑒諒為

感，專此即頌

教祺

弟許恪士 廿七、十、十六

信成因接各電，唔解散小學初中，小學或易辦理，
但初中學生來湘者大都系無家可歸之江浙子弟，
因知家鄉遣回之說，不特無匯且亦不可能，究應
如何辦理，仍乞再示，以決辭職，無才以收束方
望湘人另來接洽至要至盼

月　日

湘倫印刷

國立中央大學收文紙面

來文處所	摘由	擬辦	簽註	批辦
楊希震	擬具實驗學校之教育方針及建築設備遷移費 開學日期及教職員限期到校等事項			

文別：

收到日期：廿七年九月廿日

收文號數：

歸檔號數：1638

（三）貴州貴陽（一九三八年九月至一九四一年九月）

楊希震擬具實驗學校之教育方針及建築設備遷移費等給國立中央大學校長羅家倫的報告

（一九三八年九月六日）

一、教育方針

辦實驗學校的教育方針，不外二點：一是遵照教育部所規定的《教育實施方針》及《中學規程》、《小學規程》，切實實行，將學生程度提高，辦成一個模範學校；一是除提高學生程度外，並注意中小學教育問題試驗，冀得結果，以供改革現行教育的參考。本校的實驗學校在過去對於前者盡了不少力，有很好成績的表現，這種成績我們應

照辦

當保持的；而對於徵求不大注意，貢獻很少，我們以後在這方面應當努力。

現在遷蜀開學，環境不如南京，學校設備損失很多，經費又減少一半，在這種情形之下，想謀發展，一定有許多困難，這是不能否認的事實。我們現在要從困難中謀發展，並且要保持過去的優良成績，為達此目的，似應採用以下的教育方針：

一、厲行三民主義的教育，以養成學生純正的思想，

照辦

照辦

照發

六、教職員以身作則養成學生有堅苦卓絕的習慣。

三、中學部學生，應使發展智、德、體、群、四育，並注重提高程度，培植科學基礎，及授予特種技術訓練。使其成為一個完善的模範中學部。

四、明年上季恢復小學部（不用代辦方式，經費請貴州省政府補助一部分，本大學補助一部分）注重小

國立中央大學

調查假期以後再定辦法

暫定以前之工程計畫主任再議

學教育內之各種試驗。

五、與貴州省政府合作創辦苗民區域鄉村學校，注重同化教育、人種研究、民俗調查、師資培養、生產教育、及教材、教學方法、心理、管理等各種試驗。

六、建築費

貴陽物價昂貴，工資又高，建築較簡單之房屋，一方丈非百餘元莫辦。實校校舍須有三百方，則建築費至少需三萬元。

照准

與忠溪，但其校計再定

照辦

三、設備費

實校設備係帶出之一部分，關於儀器外，其餘均須添置，約需五千元。

四、遷移費

該校許恪士先生云，由湘遷筑之遷移費七千元，已蒙

鈞長允許，敬乞

批示

五、開學日期

暫定至遲十月一日開學上課

五組

所擬調查室陳情形再說

子儒

六、登報通知教職員限期到校

限定九月卅日前到校，過期解聘。

七、教職員住宿問題

除建築教職員宿舍一所外，以備教職員個人住宿外，另照依大學訂辦法，由校撥地自建住宅。

八、人員之調整

A、擬將寶校教務員調至本大學部，遣職以余傚余補擇任。

B、在寶校建築期內，擬調吳懋認先生往寶校服務。

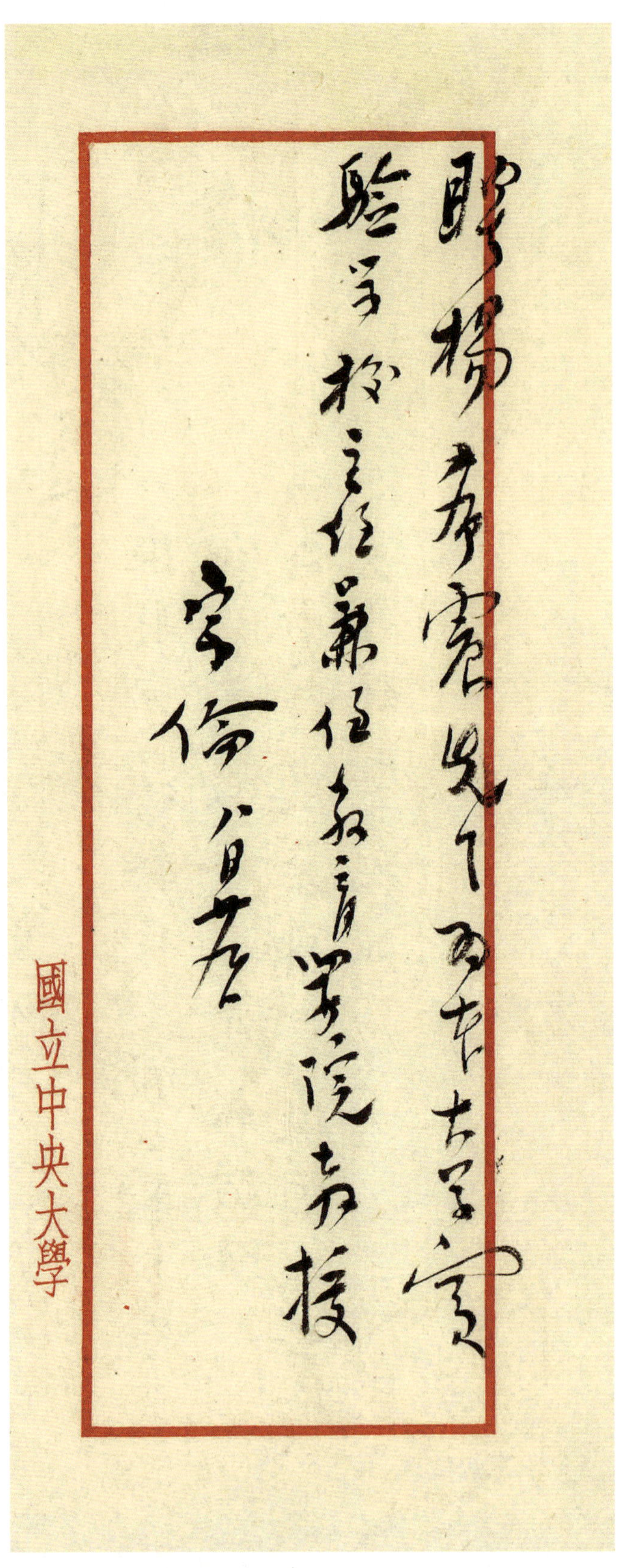
聘楊希震先生爲中央大學實
驗學校主任兼任教育學院教授
家倫 八月廿九

國立中央大學

關于聘請楊希震先生爲實驗學校主任的一組文件

國立中央大學校長羅家倫關于聘楊希震先生爲實驗學校主任兼任教育學院教授及薪金的便箋

（一九三八年八月二十九日）

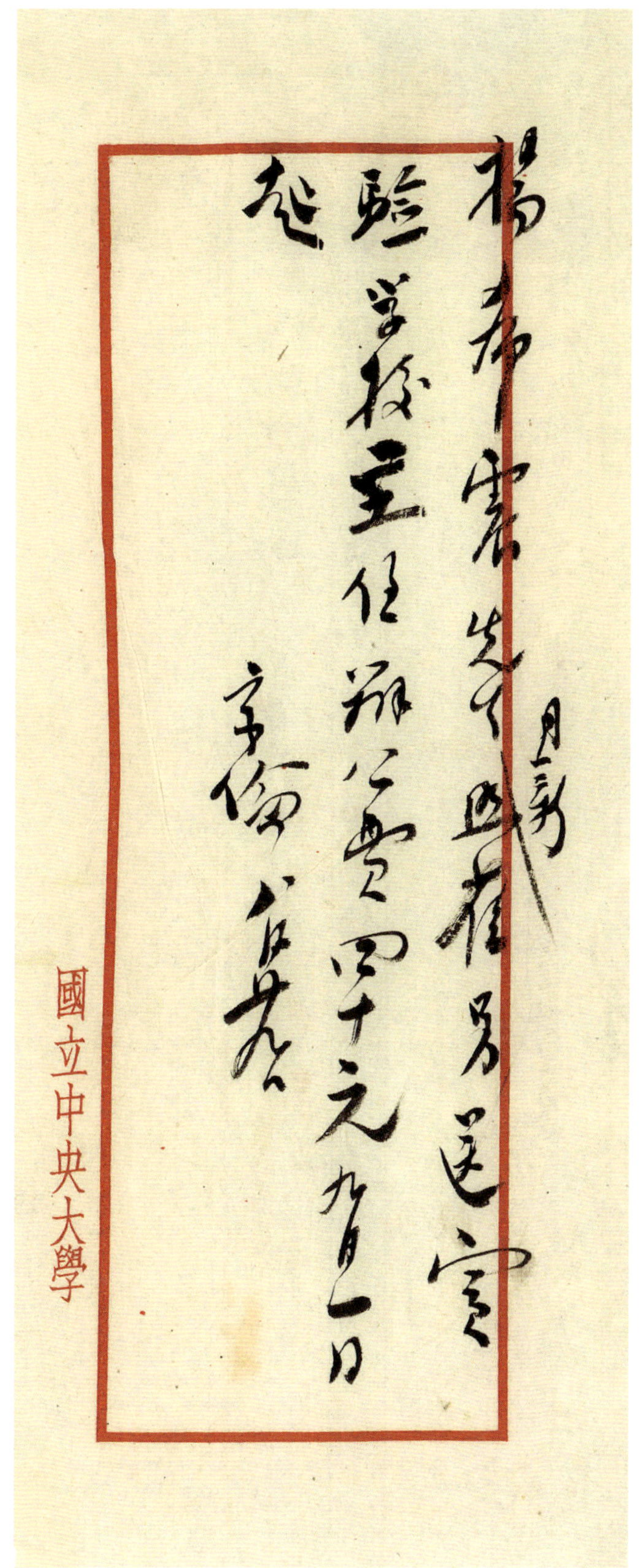

楊希震先生（月薪）照在另選實
驗學校主任職公費四十元九月一日
起

家倫 八月廿五

國立中央大學

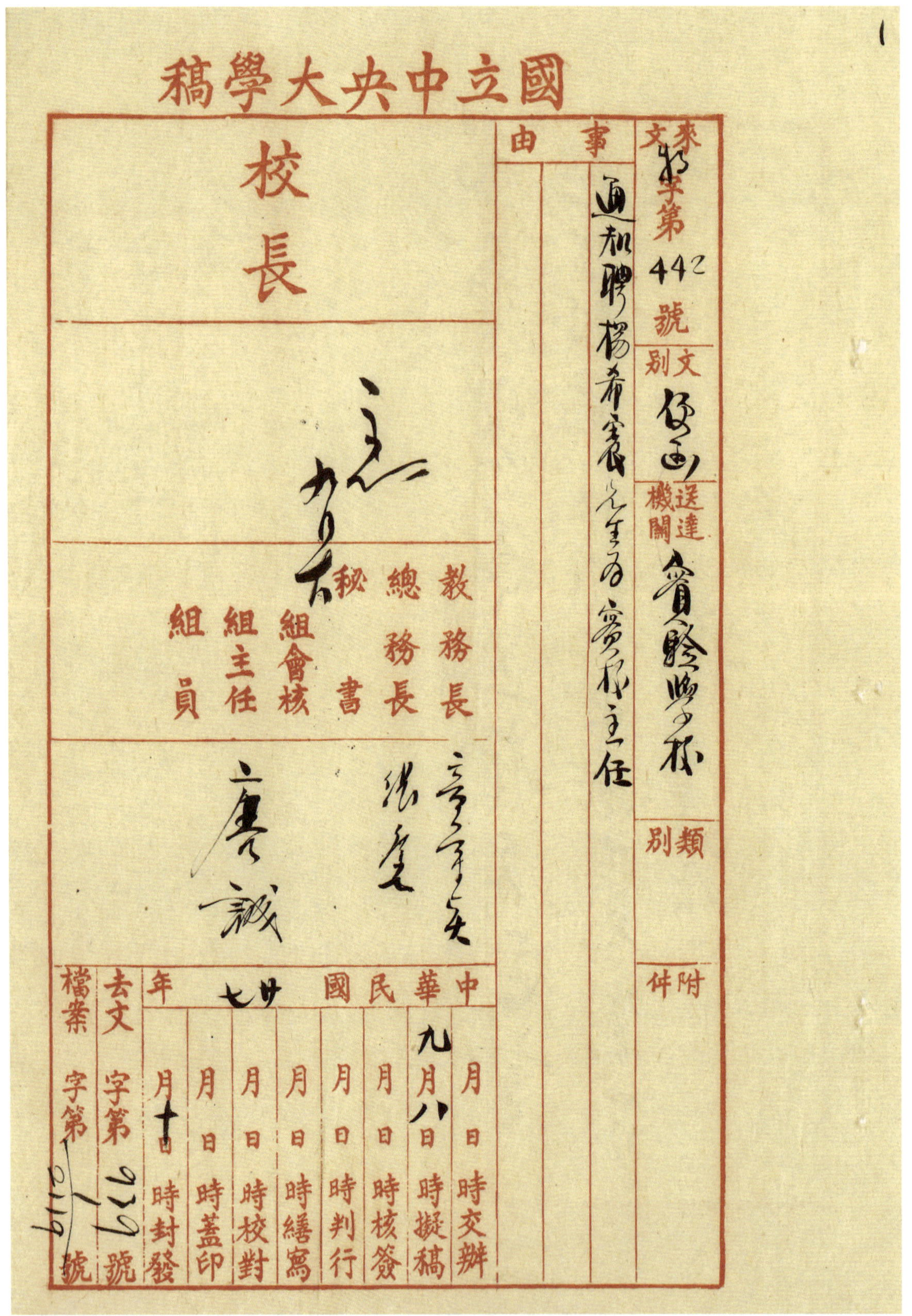

國立中央大學稿

來文 字第 442 號

文別 便函

送達機關 實驗學校

事由 通知聘楊希震先生為實校主任

校長

教務長 總務長 秘書 組會核 組主任 組員

附件

類別

中華民國 廿七 年

交辦	擬稿	核簽	判行	繕寫	校對	蓋印	封發
月 日 時	九月八日 時	月 日 時	月 日 時	月 日 時	月 日 時	月 日 時	月十日 時

去文 字第 號

檔案 字第 號

國立中央大學校長辦公室通知聘楊希震先生爲實校主任給實驗學校的便函（一九三八年九月十日）

徑函

逕啟者：案奉

校長函開聘楊希震先生為教育學院教授

兼實驗學校主任等因，奉此，除發聘外，相應函

達，即希

查照為荷。此致

實驗學校

校長辦公室啟

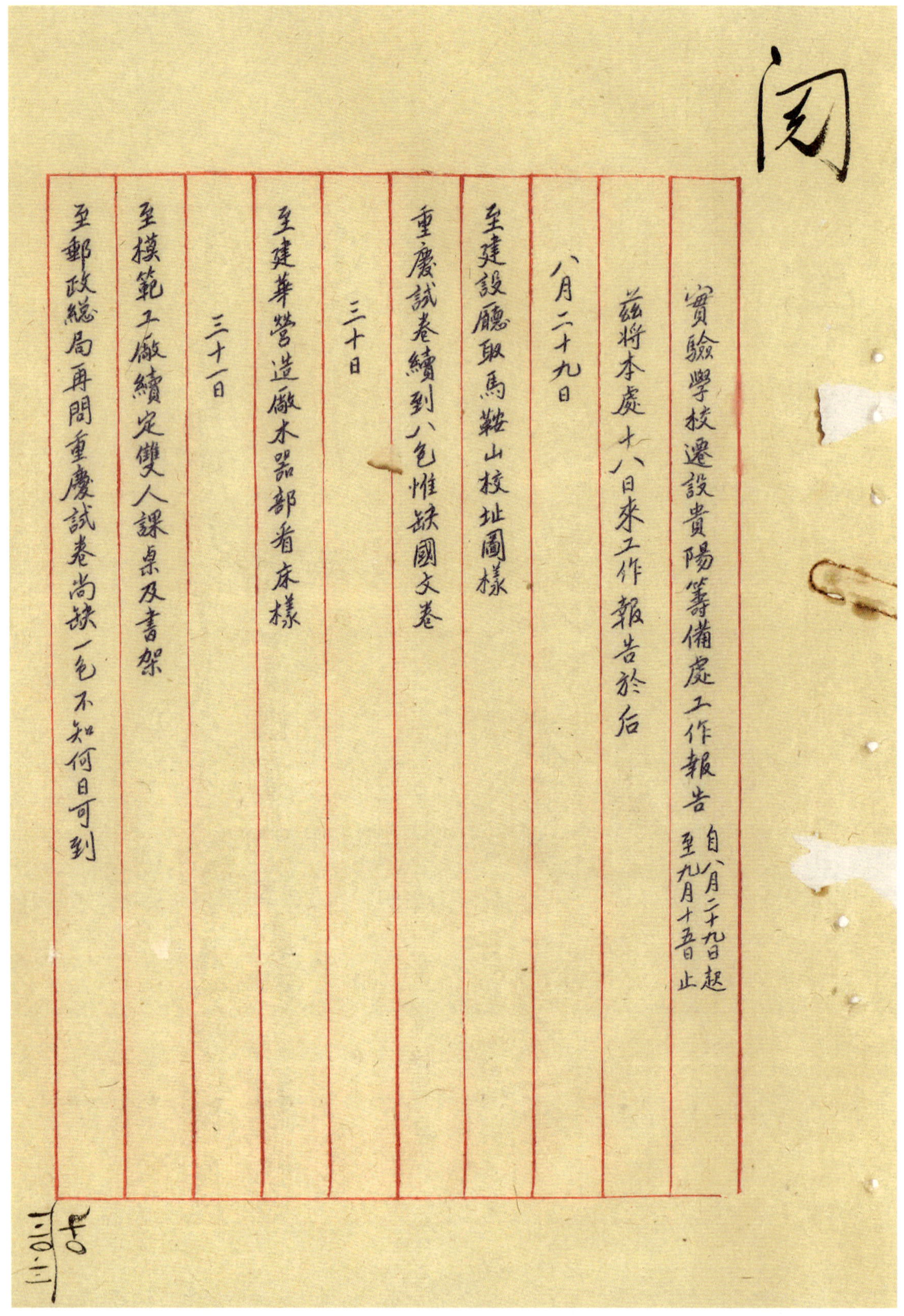
閱

實驗學校遷設貴陽籌備處工作報告 自八月二十九日起至九月十五日止

茲將本處十八日來工作報告於后

八月二十九日

至建設廳取馬鞍山校址圖樣

重慶試卷續到八包惟缺國文卷

三十日

至建華營造廠木器部看床樣

三十一日

至模範工廠續定雙人課桌及書架

至郵政總局再問重慶試卷尚缺一包不知何日可到

三〇·三

實驗學校遷設貴陽籌備處工作報告（自八月二十九日起至九月十五日止）（一九三八年九月十五日）

九月一日

發長沙桑鳳九函一件

繕發工作報告

二日

何北清先生來處報告大學已發表楊希震先生為實校主任並將月

初首途來筑

三日

接楊蓀初先生來函

龔啟昌朱静秋二先生由湘來筑試卷因行李車尚未到故仍在途中

至華蓋建造事務所訪曾同學商建築事

四日
本日為星期日
重慶區指者辦事處之國文入學試卷於晨九時送到
五日
至模範工廠勘定校具尺寸
開始閱卷
至油榨街省立職校交涉學生臨時宿舍結果該校允將會客室一大間借用
六日
下午訪貴陽高級中學胡校長商借臨時宿舍
繼續閱卷

催製校具

七日

接楊主任来電略謂十一日由渝起程

李亞曦范毓琳二先生暨同學十八人到筑

介紹来筑同人及同學至高中借宿

八日

張根宇趙東元二先生及同學十四人到筑

長沙試卷已到

繼續閲卷

九日

朱浩然李日勤王趙韓金鑑黃成之王玉鳳六先生暨男女同學廿餘人到筑

沈慶華先生由渝到筑

重慶區國文史地卷閱畢開始評閱貴陽區試卷

收建華營造廠送來單床二張

接洽女生臨時宿舍

十日

繼續評閱貴陽區試卷

隨何兆清先生往教廳熊科長處接洽女生臨時宿舍問題蒙介紹至時敏小

學

十一日

桑鳳九先生到筑

來筑女生送往中華南路吉祥寺時敏小學内住宿

收建華營造廠單人床二張

十二日

上午何兆清先生來籌備處

至高級中學商借教職員臨時宿舍

至模範工廠商建築校舍事

十四日

繼續閱卷

送女生至大夏大學借宿

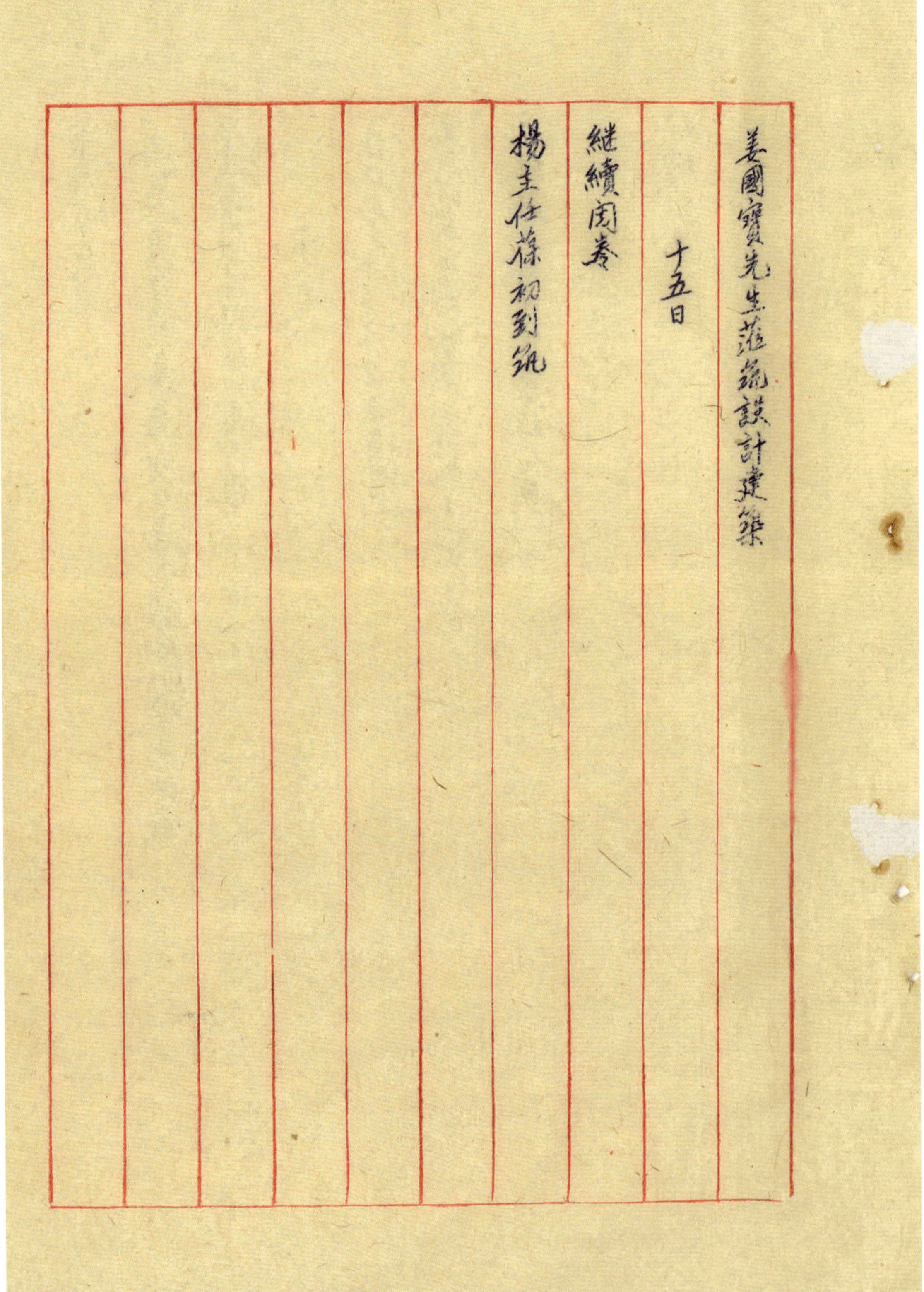

姜國寶先生範錄設計建築

十五日

繼續閱卷

楊主任蓀初到鈍

敬呈者 貴校去夏由湘遷黔 當時以交通不便運輸困難所有全部圖書儀器均堆存沅陵旋以在筑開課已久該項圖書儀器需用迫切故迭向西南公路管理局及商辦車行多方接洽由沅陵陸續運到一部惟以車輛缺乏油價高漲運費奇昂由沅至筑之卡車每輛運費需壹千肆百元已運到圖書儀器三十四箱計付出運費及教職員學生工友由湘來筑路費等共伍千叁百弍拾陸元茲存沅陵者尚有大件念九箱小件念三箱計需運費肆千伍百元前後合計共

國立中央大學實驗學校

楊希震呈報學校圖書儀器等由湘遷黔所需運費給國立中央大學校長羅家倫的箋函

（一九三九年四月十一日）

附：已運築及存沅各箱清單

需運費玖千柒百弍拾陸元因汽油高漲一倍故運費比從前增加五分之二茲特造具已運箱及存沅各箱清單呈請鈞核如長沙常德緊急由沅至箱之車更感困難即有錢亦難運來實校已墊付伍千餘元再無款可以移用至祈早日如數撥滙俾便支付爲感此上

校長羅

職楊希震謹上 四月十一日

附已運箱及存沅各箱清單壹份

國立中央大學實驗學校

一、現尚存沅陵者

1. 圖書　拾四箱　8. 文件　壹箱
2. 簿籍　陸箱　9. 地圖　壹箱
3. 体育用品　壹箱　10. 炊具　壹箱
4. 醫藥用品　壹箱　11. 白鉛皮箱　八隻
5. 鉄櫃　壹隻　12. 竹箱　五隻
6. 事務雜件　壹箱　13. 童子軍蓬帳　拾袋
7. 西樂　兩箱　14. 自行車　壹輛

國立中央大學實驗學校

二、已運至貴陽者

1. 文件 玖箱
2. 賬冊 兩箱
3. 單據 壹箱
4. 儀器 捌箱
5. 圖書 四箱
6. 學籍簿 壹箱
7. 簿籍 壹箱
8. 課本 壹箱
9. 收音機醫箱等 壹箱
10. 汽油燈等件 壹箱
11. 油印機等件 壹箱
12. 打字機簿籍等 壹箱
13. 碗盞 壹箱
14. 事務處另件及課本 貳箱

國立中央大學實驗學校

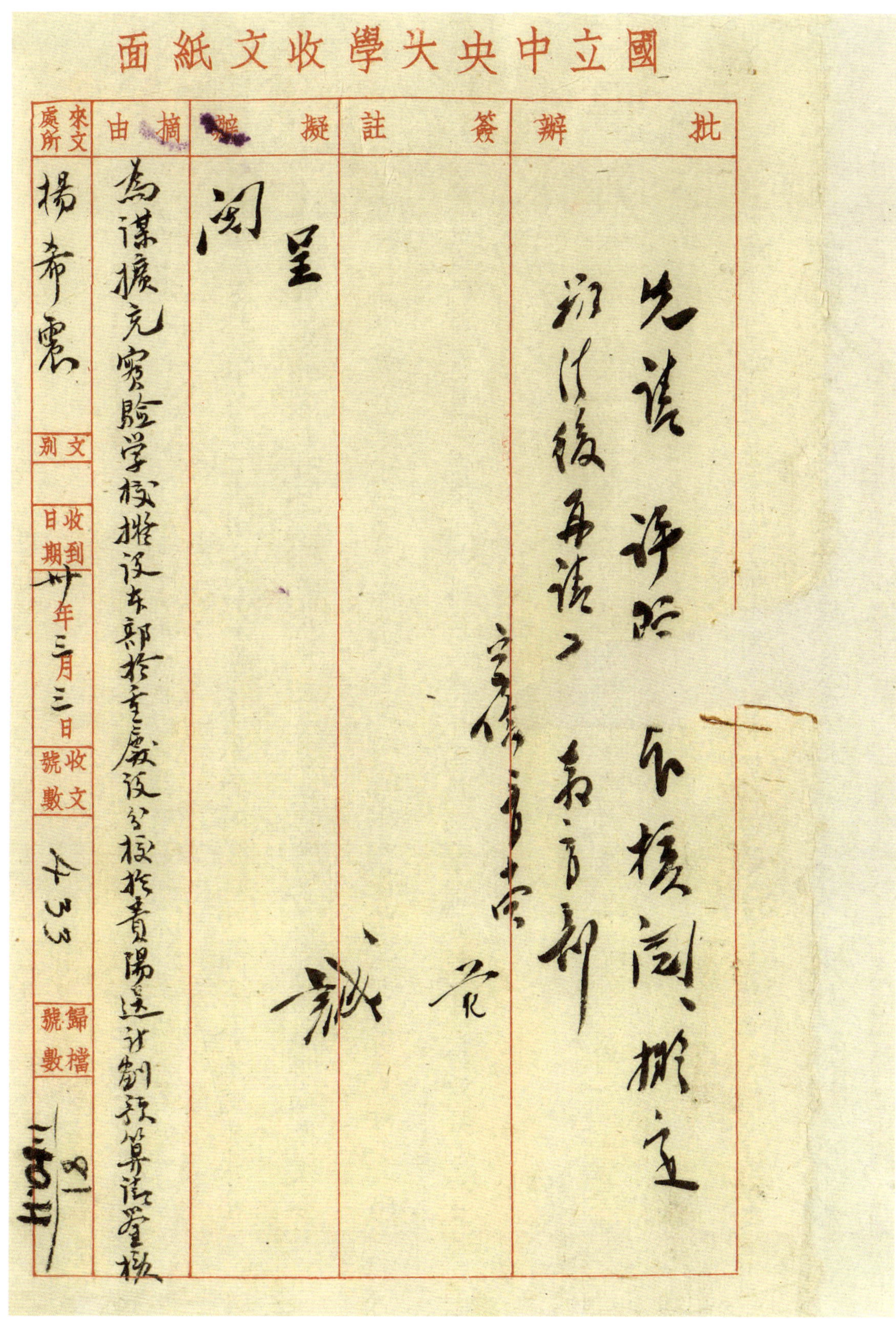

國立中央大學收文紙面

來文處所	摘由	擬辦	簽註	批辦
楊希震	為謀擴充實驗學校擬設本部於重慶設分校於貴陽送計劃預算請鑒核	呈閱		
文別				
收到日期 廿年三月三日				
收文號數				
歸檔號數				

楊希震爲謀擴充實驗學校擬設本部於重慶、設分校於貴陽送計劃預算請鑒核給國立中央大學校長羅家倫的呈文（一九四一年二月二十五日）

國立中央大學實驗學校用箋

字第704號

敬呈者，竊校遷筑倏忽兩年又半，謹將以往情形及將來計劃羅陳如次，敬乞

鈞核：竊校於廿七年八月自長沙西遷來筑，斯時校址初闢，房舍未建，雖云舊校遷來，實無殊另創新校。十月一日先借貴陽師範及貴陽高中兩校校舍開學上課，一面派員督工趕造新校舍，校南門外馬鞍山麓，十二月廿八日新舍一部落成，始行遷入。自斯以後，全部師生更於艱困環境中黽勉從事，慘淡經營，以底於今。細檢過去，皆蒙

鈞長之維護及各教職員之努力，始有現在之成績。舉其要者，敬為

鈞座臚陳之：

一、優点之保持。竊校自南京創立以來，即以功課之認真、師生之融洽、管理之嚴密、學生思想之純正諸優点著名於教界，遷筑以來，師生仍均以此自勵，

國立中央大學實驗學校用

且以校舍遠處鄉僻，環境單純，師生日常生活，更易打成一片，情感益洽，管理益周，學生思想既少雜念之誘，且以師生起居相共，而增誘導之便，故前此實校之所有優点，於今均獲保持。

二、程度之提高，

實校自遷筑以来，生活日漸安定，每學期上課時間，恒在廿三週以上，各課業均較以前提高，如高中數學增設選課，授以微積分大意，英文增設選課，授以時事英文及英美名著，其他各科選用教材，亦均較昔程度提高。

三、教部之嘉獎，

去年一月，陳教育部長巡視黔滇各地學校，於比較之後，許實校為西南一流中學，實校師生蒙此稱許，益深激奮，六月，教部公佈廿八年

國立中央大學實驗學校用箋

度中學畢業生參加統考成績，其名在最前列十校者，由部傳令嘉獎，實校亦與其列，且在最前。又去年教育部公佈中正獎學金，以統一招生投考學生成績為標準，貴陽區只有六名，實校學生佔其四。

四、社会之重視

貴州教育，素較江浙落後，實校之來，功課既緊，管理亦嚴，社会人士，莫不另眼相看待，每屆招生，學生多自其他各校降級來考，甚至有已讀初二而自願降兩級而應考初一者。至若參加社会活動，實校學生未嘗輕出，出則必獲優良結果，如去年雙十節，實校童子軍於數小時之間募得寒衣代款千餘元。十二月十一日，勸儲節約建國儲金，實校學生勸募儲金為貴州各校之冠，業經貴州省節約建國儲蓄團評列第一，社会人士之重視實校，於斯

（四）

國立中央大學實驗學校用箋

可見，

五、双班之完成，

教學實驗，須設兩班，以資比較，如斯所得結果，始為可靠，故各級有設双軌之必要，且實校在筑以學生要求入學者過多，初設初高中八班不敷容納，遂有分年完成十二班之計劃，雖所領經費所差仍鉅，但各同人均体愛校之精神，將應得之津貼移充添班之用，卒於廿九年秋，完成初高中十二班之計劃，

實校兩年半以來之情形，畧如上述，顧念實校之於今日所負使命至為重大，謹分述如次，

一、模範、據國聯調查團之報告，我國教育之最嚴重問題，在於中等教育與高等教育不相啣接，國內教界人士，亦多以中學與大學之如何滙

（3）

國立中央大學實驗學校用箋

通為研究之中心。近年以來，大學程度畧加提高，因以益顯中等教育之落伍。是雖經濟人才多面困難，使中學未能遽尔改良，而全國未有模範中學以資做傚，亦為重要因子之一。環顧東西各國，多以樹立模範中學以為全國中等學校之表率者，如英之Winchester, Eton, Harrow等，日之第一高等學校等，莫不與國中著名大學密切聯繫，而為其他中學之楷式。今日我中央大學既成全國最高學府，則實校自應負起模範中學之使命，以期為大學作初步之訓練。

六、實驗。實驗學校顧名思義，可知應負實驗教育上新制度新方法之責任。前此已有設計教法、彈性制、道尔頓制等大小數十種之實驗，而今除受教育部指定實驗六年一貫制外，复有教學上小問題之實驗數種，故實驗亦為實校

(六)

國立中央大學實驗學校用箋

使命之一，今日之實校，為謀保持已往之光榮歷史，適應國家社会之需要，而期完成其使命計，實有亟謀擴充之必要，謹擬計劃大綱及經費預算，呈請

鈞裁、

一、設校　實校前以環境限制，未能隨大學本部同遷重慶，以致與大學之滴通及師範學院學生之實習，多感不便，故亟應設校於重慶，以增與大學部滴通之利，且與師範學院以實習之便利，而貴筑方面，以社会之需要，亟殷且黔省府極願實校設於貴陽，以為黔省各中學之模範，以促黔省中等教育之進步，故擬設本部於重慶，設分校於貴陽，現在貴陽之實校全不遷移。

16

國立中央大學實驗學校用箋

二、班級：貴陽地較僻塞，而實校初高中十二班尚嫌供不應求，重慶天府之國，人物會萃，需要學校更殷，且師範學院實習需多數班級，故擬渝校初高中至少應有十八班。

三、時期：設校之初，人才物質諸待處籌，故擬於本年暑假之前為籌備時期，暑假後即行開始招生，先招初高中一年級各三班，然後逐年增收六班，至卅二年暑假後完成十八班。

總之，實校在筑已樹基礎，黔省教育素為落後，各校教務多倣實校，近四年來，黔省教育逐漸進步，有實校供其觀摩亦為原因之一，黔省當局累累道之，是實校在黔有相當之作用與貢獻，時值教育部整頓黔省教育之際，不應作遷移之企圖，乃有此擴充之計劃，如能成功，則師範學

（八）

國立中央大學實驗學校用箋

院得暫時實習之場所，貴州教育界有永久觀摩之學校，川黔學生，又得一入優良中學讀書之機会，是鈞長之德，不盡限於中大，而普及於中等教育矣。是否有當，敬乞
鈞核。謹上
羅校長

職 楊希震 謹上
二月廿五日

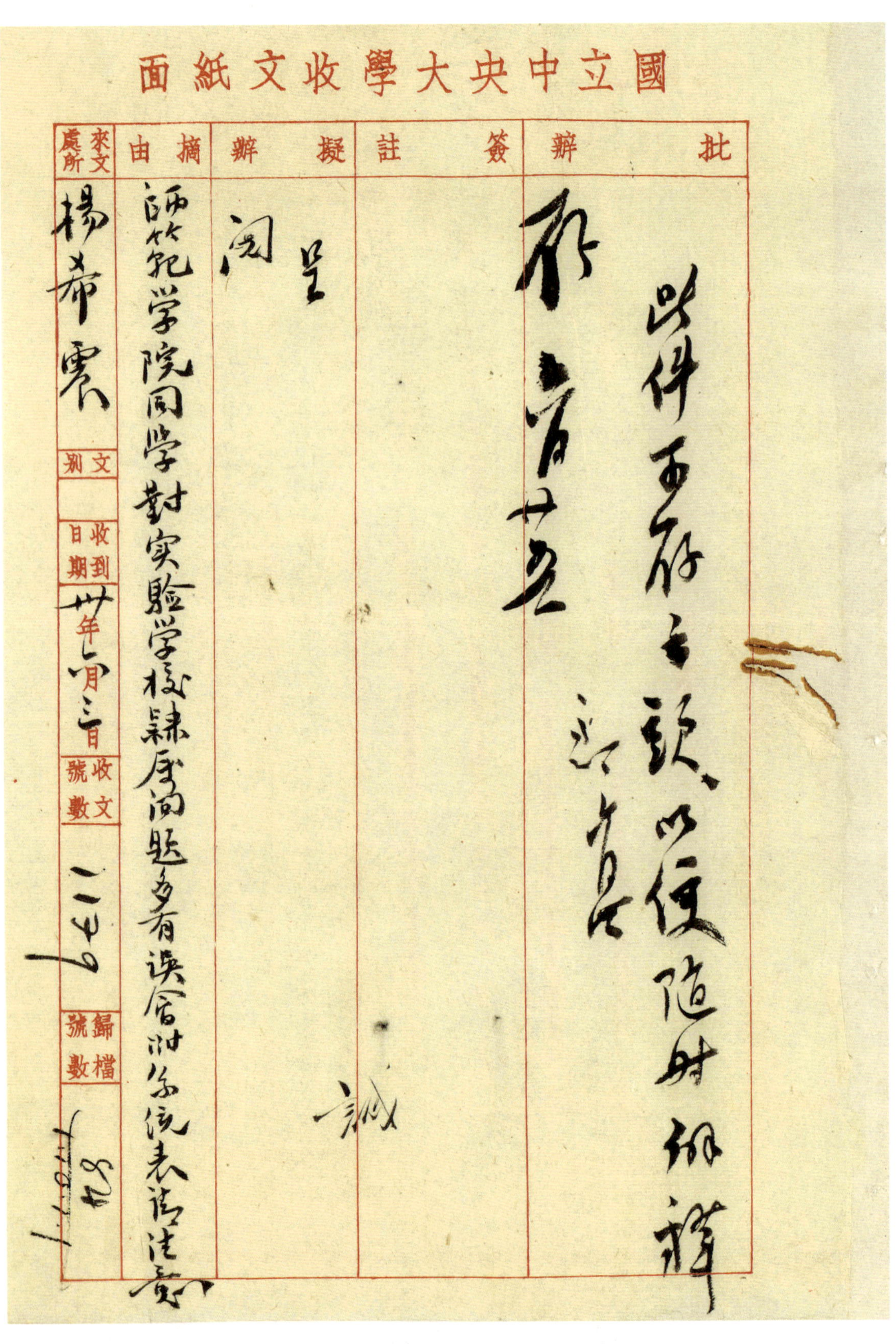

國立中央大學收文紙面

來文處所	摘由	擬辦	簽註	批辦
楊希震	師範學院同學對實驗學校隸屬問題多有誤會附各院表請注意	閱 呈		
文別				
收到日期 卅年六月三日				
收文號數				
歸檔號數				

楊希震爲師範學院同學會對實驗學校隸屬問題多有誤會給國立中央大學校長羅家倫的呈文

（一九四一年五月三十日）

附：各時期組織系統表

敬呈者：職此次赴渝，迭蒙

訓諭，对於實校處理公正，職將

鈞座愛護之德意告之師生，彼等聞之，極為

感戴。職近接師範學院同學會來函，对實校

隸屬問題，多有牽強附會之處。然其進校不

久，於实校歷史多不明瞭，發此謬論，情有可原。

但此錯誤，必須糾正。爰就實校之歷史上說明实

校與師範學院之關係。

國立中央大學實驗學校

[illegible]字第七八六號

實校之前身為東南大學之附中附小，而東大附中附小為南京高等師範之附中附小改組而成。據許恪士先生主持實驗學校時所編國立中央大學實驗學校一覽，其中所載實校沿革甚詳，茲錄於後：

「本校於民國五年秋季籌備，六年春季成立，稱南京高等師範附屬小學，九年春，合併暨南附小，稱南高暨南附屬小學。十年秋，高師改東大，

國立中央大學實驗學校

稱東大南高暨南附屬小學。十二年秋，改稱東南大學附屬小學。十六年秋，東大改為國立第四中山大學，本校改稱國立第四中山大學實驗小學。十七年五月中大改國立中央大學，本校改稱國立中央大學實驗小學。自十七年度起添招中學班，隸中央大學區，改為中央大學區立實驗學校，十八年九月大學區制取消，本校仍直隸中央大學，因改今名。二十年度之始，為繼續初中各種實

國立中央大學實驗學校

驗及完成學制系統，以與大學銜接起見，添招高中普通科。二十一年夏大學改組，奉令停招新生，二十二年夏以後，繼續添辦高中，二十三年夏高中已有第一屆畢業」。

所謂「本校仍直隸中央大學」者也，即是實驗學校直隸

鈞座毫無疑問，此其一。

又據國立中央大學實驗學校一覽中所載

國立中央大學實驗學校

本校行政組織系統表，教育學院與實驗學校之列於平行之地位，同屬於
鈞座，其關係蓋爲顯明。教育學院除指導實驗學校研究系外，其餘毫無關係，換言之是平行而非直屬也，此其二。
實校校名爲「國立中央大學實驗學校」，顧名思義，其直隸
鈞座又毫無疑問也，此其三。

國立中央大學實驗學校

尤有進者，實校之經費，在大學預算中向係獨立，並未列入教育學院。現在如列入師範學院預算，是初步受其控制也。此事關係實校前途甚大，故不得不請

鈞座特別注意。師範學院辦附中，實校單獨存在，此為根本解決之辦法。聞教育部有

命實校在渝設分校，專為師範學院學生實習之說，未知確否？如確有其事，

國立中央大學實驗學校

鈞座之意如何，敬乞

諭知，無任盼感之至。

羅校長。

附系統表三張、

師範學院同学会來函一封。

職楊希震謹上

六月廿日

國立中央大學實驗學校

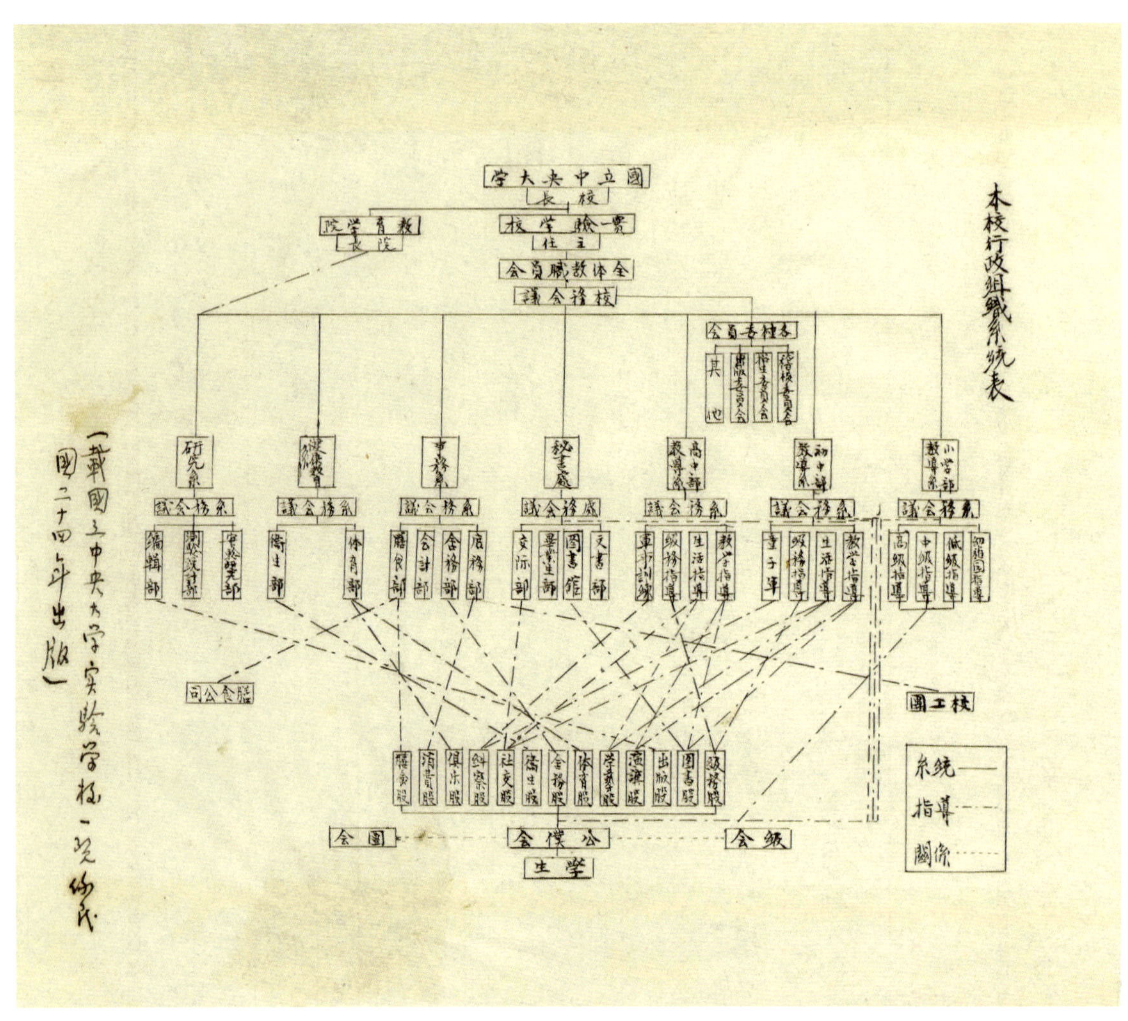
本校行政組織系統表
國立中央大學
校長
教育學院
院長
實驗學校
主任
全体教職員會
校務會議
各種委員會
研究系
事務處
秘書處
高中部教導處
初中部教導處
小學部教導處
系統
指導
關係
（載國立中央大學實驗學校一覽
民國二十四年出版）

國立東南大學附屬中學校組織系統表

國立東南大學
校長
大學校務會議
附屬中學校
主任
附中全體職教員會議

各種委員會議
行政會議
教務會議
分科會議

童子軍
保管股
購置股
會計股
雜務股
市政廳
指導股
教務股
書牘股
圖書股
出版股
推廣股
體育股

全體學生
自治會
總委員會

經濟委員會
膳食委員會
衛生委員會
審理委員會
糾察委員會
社會教育委員會
學藝委員會
實業委員會
出版委員會
體育委員會

（載施行新學制後之東大附中，係中華書局出版）

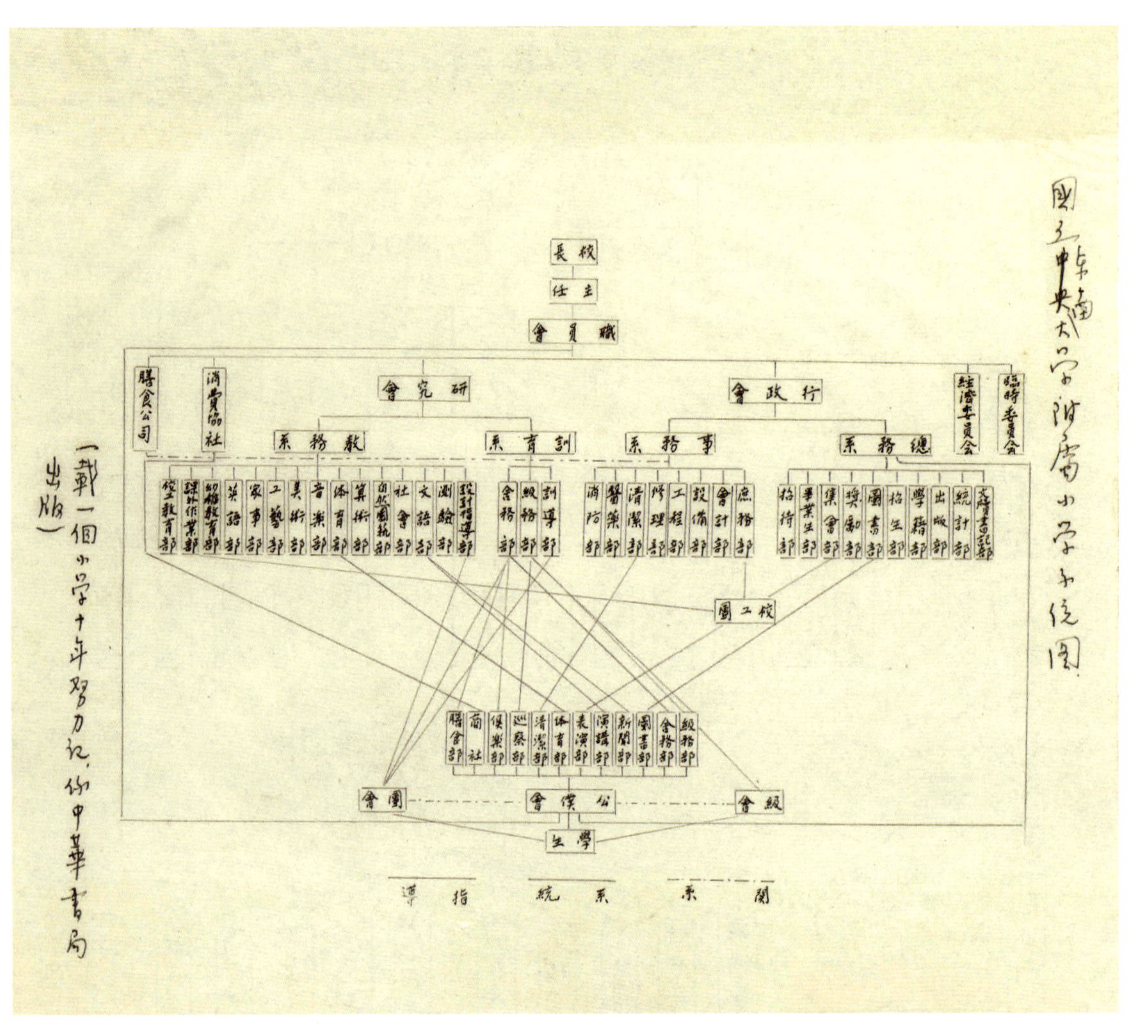
國立東南中央大學附屬小學系統圖
（載一個小學十年努力記，係中華書局出版）
校長
主任
職員會
膳食公司
消費協社
研究會
行政會
經濟委員会
臨時委員会
教務系
訓育系
事務系
總務系
課外作業部
英語部
家事部
工藝部
美術部
音樂部
体育部
算術部
社會部
測驗部
設計指導部
會務部
級務部
訓導部
消防部
醫藥部
清潔部
修理部
工程部
設備部
會計部
庶務部
招待部
畢業生部
集會部
獎勵部
圖書部
招生部
學籍部
出版部
統計部
文牘書記部
校工團
膳食部
商社
俱樂部
巡察部
清潔部
体育部
表演部
演講部
新聞部
圖書部
會務部
級務部
團會
公僕會
級會
學生
指導
系統
關系

國立中央大學收文紙面

來文處所	摘由	擬辦	簽註	辦
教育部	電知將國立第十四中學及中央大學實驗學校改組仰遵照	閱呈	羅家倫	
文別				
收到日期 卅年六月十六日				
收文號數 1291				
歸檔號數				

教育部電知將國立第十四中學及中央大學實驗學校改組仰遵照給國立中央大學的代電

（一九四一年六月十一日）

事由：電知將國立第十四中學及中央大學實驗學校改組、仰遵照

中華民國　年　月　日收文　字　號

教育部代電

國立中央大學：茲將國立中央大學實驗學校改組為國立第十四中學，專以實驗六年一貫制中學為目的，並將原設青木關國立第十四中學改組為國立中央大學師範學院附屬中學，另在沙坪壩、歌樂山之間籌設附中分校一所，供師範學院學生實習之用。茲將改組辦法，分別核示於次：

一、改換名稱：

1、「國立中央大学實驗学校」改称「國立第十四中学」

2、「國立第十四中学」改称「國立中央大学師範学院附屬中学」

二、應設班級：

1、國立第十四中学（改組後之校名，即原中大實驗学校）該校既「專以實驗六年制中学為目的」，其性質異於一般國立中学，其編制無取於龐大。惟六年制中学既尚在實驗期間，倘非兼設三三制中学班級，即無以比較，而資研究改進。但六年制中学甫於上年期實施，該校為負責實驗学校之一，下学年始有二年級，同时該校亦有初中二年級，堪為对照，本年暑假後不再招高一班級，应招初一一班，六年制中学一年級[illegible]

各一班，共三班。原有各年級班次照舊。至小學部應即准自本學年度開始移交貴州省教育廳接辦，當由本部另令該廳知照。

2、中大師範學院附屬中學（改組後之校名，即原國立第十四中學）該校現有高初中十五班、六年制一年級一班，共十六班。暑假前畢業高初中各二班，前令暑假後招收高初一各一班、六年制一年級一班，仍應照前令辦理。該校為專供師範學院五年級學生實習之場所，異於以收容戰區學生為目的之一般國立中學，其編制亦無取於過分龐大。但該校係沿十四中學之舊，仍位於遷建區內，各機關公務員子弟投考者較多，原准設班級，無須減少。至六年制中學，該校原為指定實驗者之一，上年已設有一年級一班，改組為附屬中學後，仍應賡續辦理，以資銜接而與其他師範院附中办法一致。

該校校址分設袁家溝及江家院二部，係為事实所限，应仍照舊辦理。但江家院一部，原以距離市場較近，作為初中通学部，使利兒童就学。現已有一部份学生寄宿，辦法紛歧，不易管訓。又該校男女生合班教学，利少弊多。原有各班男女生人数参差，不易调整。下学期应就新設班次入手，逐漸改革：(1)初中住宿男生併入袁家溝校内，通学生仍留江家院通学部。(2)新設高一、初一男女生各一班，男生分入袁家溝校内，女生分入江家院校舍。(3)江家院宿舍供新舊女生寄宿，男生一概不得寄宿。(4)舊生中男女生能分班而班数不致超出时，应重行編級。

附中分校校址設沙坪壩至歌樂山間，[illegible]設

由附中勘定

分校專供師範學院四年級學生實習，可准設初中班級暫設四級。查中大艾偉教授現辦初中實驗班二班，請部另給經費補助，應由卅中逕與商洽併入分校，仍由艾教授負協助實驗之責。照此辦理，則尚有二班須另招生，應即招初一男女生各一級。

二、應領經費：

1. 國立第十四中學：原中大實驗學校三十年度經費，在中大總經費內分配七二，〇〇〇元，另由部補助臨時費三〇，〇〇〇元，並支給教職員救濟費一四，四〇〇元，全年共支一一六，四〇〇元，所有一至七月份經費應照原預算支用。自八月至十二月，應依准設班級數，照國中經費支給標準（高中照六年一貫制中學，每班每月支九百元，初中每月支八百元），教職員俸薪、校工工餉、辦公、購置特别费等均在内）编拟概标呈核。

2、中大师范学院附属中学：三十年一月至七月份经费仍由原国立第十四中学照核定数目支给。自八月至十二月，应依准设班级数，暨国立中学经费支给标准（高中暨六年一贯制中学每班每月支九百元，初中每月支八百元，含职员俸薪、校工工饷、办公、购置特别费等均在内）编拟概算呈核。至因袁家沟水源缺乏，增雇担水伕应需临时费，仍照案核发。又附中乡校开办暨临时等费，应以三〇、〇〇〇元为度，另编概算，一併呈核。

以上所列办法均自本年八月一日起实施，除分电外，合亟电仰遵照，并转饬该校实验学校遵照。教育部中寒印。

监印 左价
校对 韩幼珊

伍 國立第十四中學及國立中央大學師範學院附屬中學時期

（一九四一年三月至一九四六年十二月）

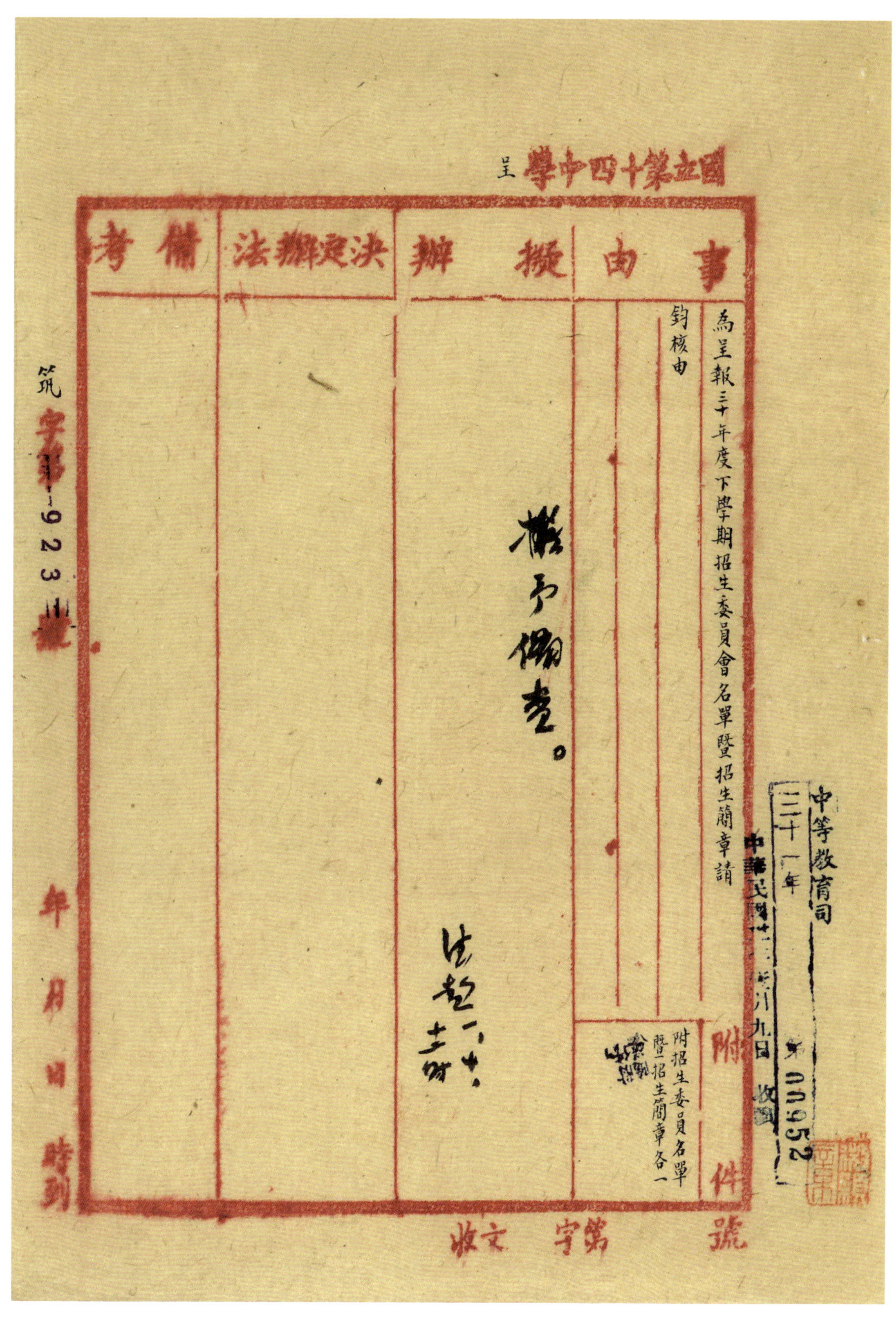
國立第十四中學 呈

事由	擬辦	決定辦法	備考
爲呈報三十年度下學期招生委員會名單暨招生簡章請鈞核由	姑予備查。		
附件：附招生委員名單暨招生簡章各一			

筑字第923號

中華民國三十年 月 日

收文 字第 號

（一）國立第十四中學（貴陽　一九四一年九月至一九四六年十二月）

關于呈報一九四一年度下學期招生委員會名單暨招生簡章的一組文件

國立第十四中學校長楊希震爲呈報一九四一年度下學期招生委員會名單暨招生簡章請鈞核給教育部部長陳立夫的呈文及附件（一九四一年十二月二十七日）

竊職校高初中二年級學生現各有缺額數名擬於本年度寒假期間招收高初中二年級下學期插班生各十五名高初中一年級下學期插班生各十名業經組織招生委員會着手籌備理合造具招生委員會名單並招生簡章呈請

鈞核

謹呈

部長陳

附呈三十年度下學期招生委員會名單並招生簡章各一份

國立第十四中學校長楊希震

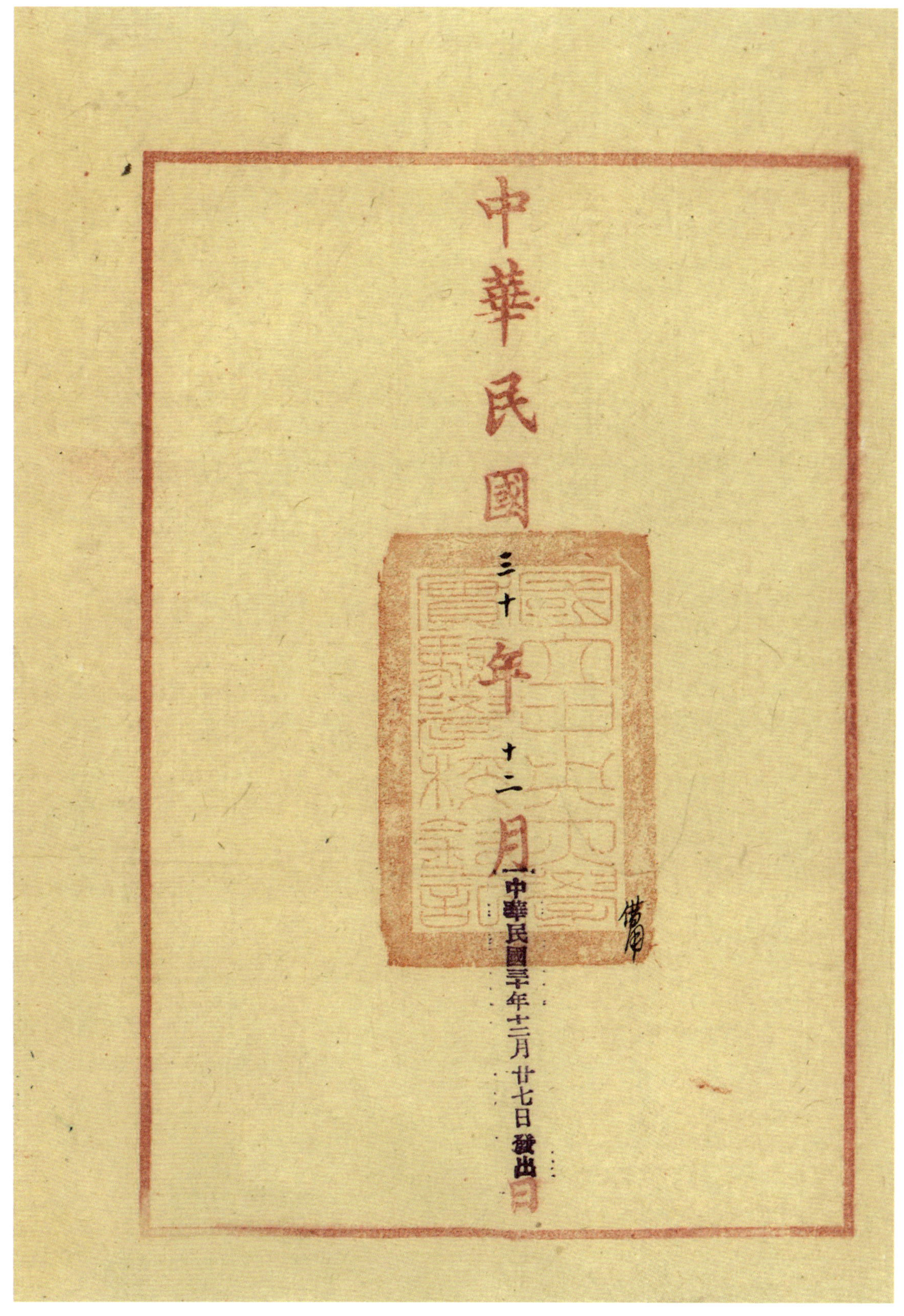

中華民國三十年十二月　日

中華民國三十年十二月廿七日發出

備

國立第十四中學三十年度下學期招收插班生簡章

一、名額：甲、初中一年級下學期插班生十名
初中二年級下學期插班生十五名
乙、高中一年級下學期插班生十名
高中二年級下學期插班生十五名

二、投考資格：(一)投考初一下者須修完初中一年級上學期課程，投考初二下者須修完初中二上學期課程，且須有証明文件者。(二)投考高一下者須修完高中一年級上學期課程，投考高二下者須修完高中二年級上學期課程且須有証明文件者。(三)插班生錄取後入學時必須呈繳過去成績單（初二下及高二下插班生須呈繳三學期成績單）

三、報名日期及地點：二月四、五兩日在貴陽南門外馬鞍山旁本校報名。

附（一）國立第十四中學一九四一年度下學期招收插班生簡章

四、報名手續：(一)填報名單 (二)呈驗証明文件 (三)繳最近二寸的半身相片三張 (四)繳驗體格檢查証書 (五)繳報名費貳元 (六)領取准考証

五、考試日期：筆試及口試定於二月六七兩日在本校舉行。

六、考試地點：貴陽南門外馬鞍山旁本校。

七、考試科目：(一)筆試：初一下 公民、國文、算術、英文、中史、中地、植物、動物。

初二下 公民、國文、算學(初中代數)英文、化學、中史、中地、動物學。

高一下 公民、國文、英文、算學(高中三角)生物、中史、中地、

高二下 公民、國文、英文、算學(高中三角幾何代數)化學、中史、中地、

(二)口試

(三)體格檢查：應攷各生規定先至中央醫院、省立醫院或衛生事務所檢查體格取得合格証書方得報名(其他私人醫院証明者無效)

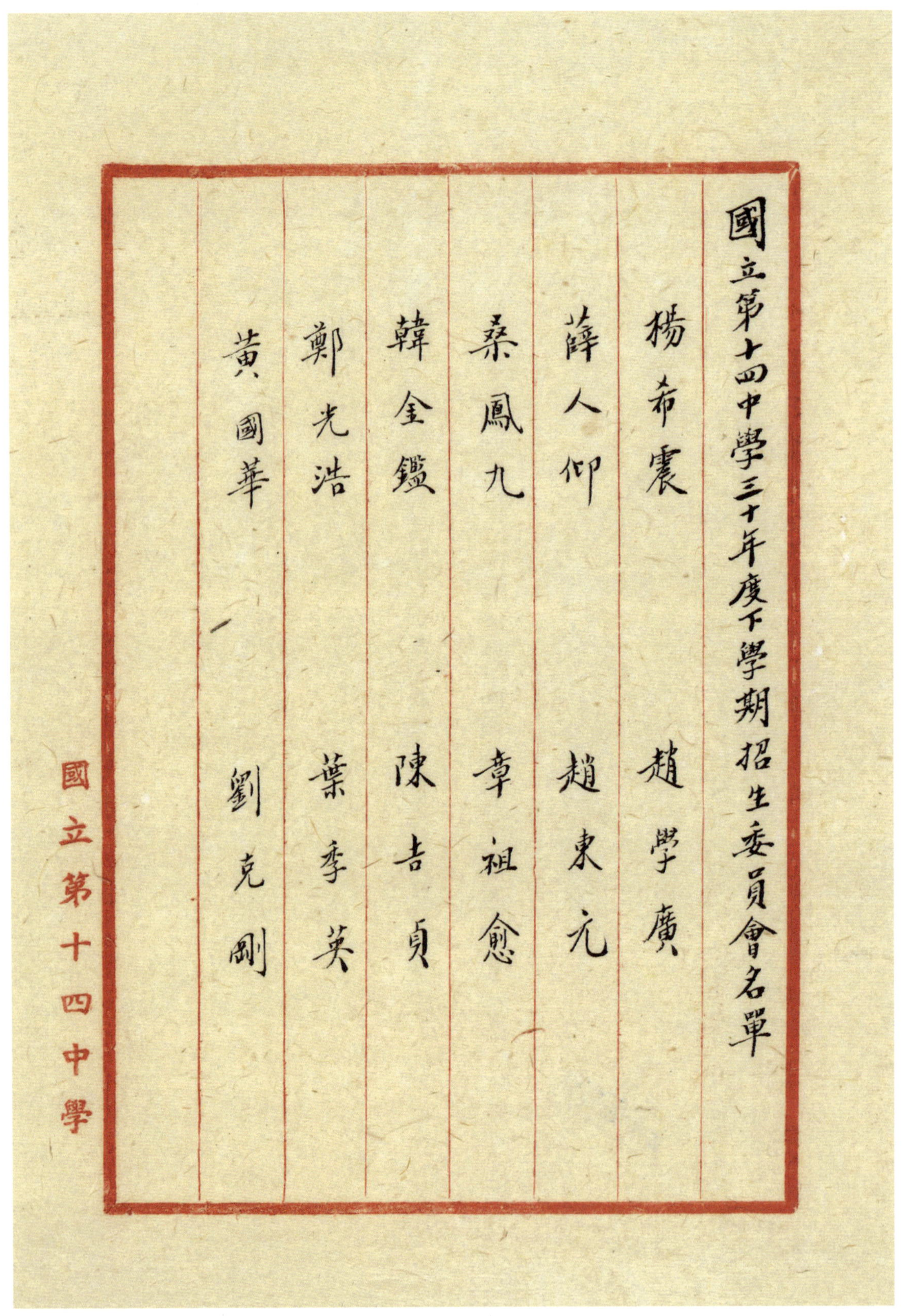

國立第十四中學三十年度下學期招生委員會名單

楊希震　趙學廣
薛人仰　趙東元
桑鳳九　章祖愈
韓全鑑　陳吉貞
鄭光浩　葉季英
黄國華　劉克剛

國立第十四中學

附（二）國立第十四中學一九四一年度下學期招生委員會名單

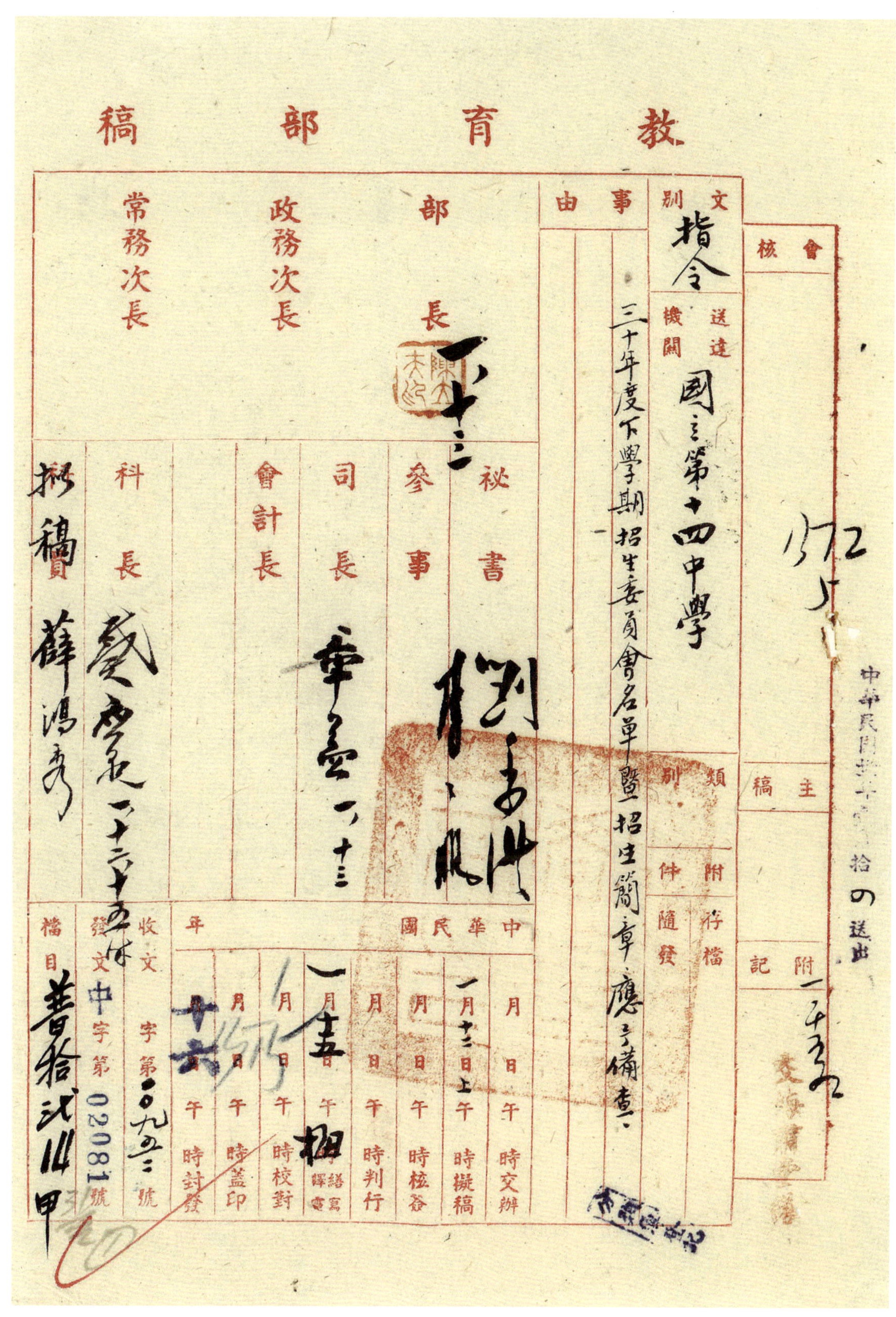

教育部稿

文別：指令

送達機關：國立第十四中學

事由：三十年度下學期招生委員會名單暨招生簡章應予備查。

部長

政務次長

常務次長

秘書 劉季洪

司長 章益 一、十三

擬稿 薛鴻翥

檔目 普發弍Ⅱ甲

發文 中字第 02081 號

收文 字第 〇九五二 號

教育部爲呈件均悉應予備查給國立第十四中學的指令（一九四二年一月十六日）

指令

令國立第十四中學

三十年十二月二十四日呈一件呈報三十年度下學期招生委員會名單暨招生簡章由

呈件均悉。應予備查。件存。此令

校對李仲衡

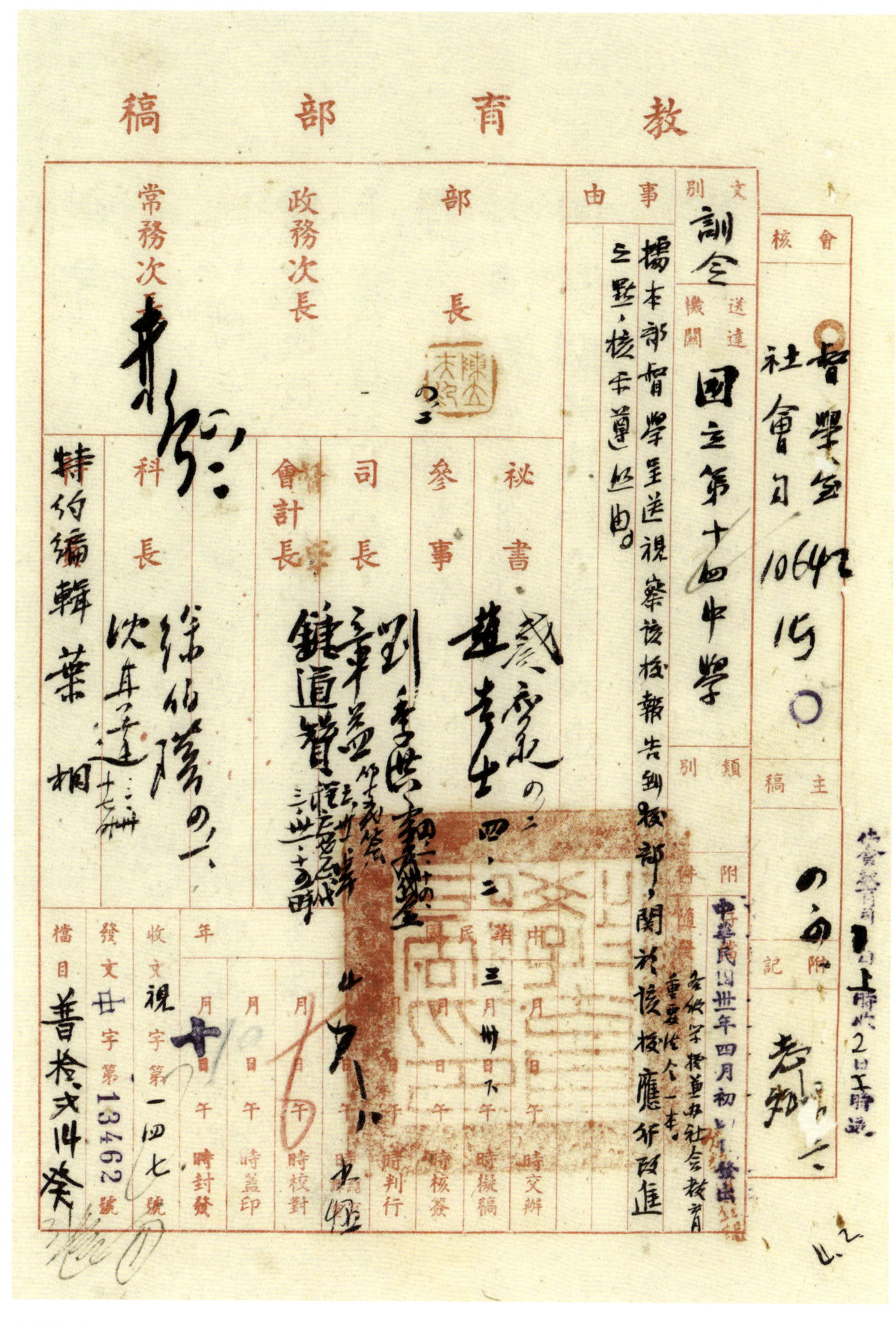

教育部據本部督學呈送視察該校報告到部，關于該校應改進各點，核示遵照給國立第十四中學的訓令
（一九四二年四月十日）

附：視察國立第十四中學校報告

訓令：

令國立第十四中學

據本部督學呈送視察該校報告到部，據稱：該校於七七事變後，西遷貴陽，校長楊希震接辦四載，慘淡經營，規模已具。事務主任桑鳳九，在校任職，繼續已有十三年，辦事勤勞，有條不紊，均應傳令嘉獎，以資激勵。關於該校應行改進之點，茲核示如左：

一、該校除會驗班外，教學科目及時數，[教二、科目及時數表]仍沿用二十五年部頒標準，殊屬不合。應自二十九年秋季所招學生起，一律改用本部二十九年十二月所頒修正課程標準表。

六、該校少數教員，因病請假，未請人代課，有時逾數週者，雖陸續補課，進度殊感遲緩，嗣後教員請假逾一週者，須預請其他教員代課。

三、該校辦理社會教育，未確定經費，亦未指定專人負責，故無顯著之事業表現，嗣後應遵照各級學校兼辦社會教育辦法，各級學校社會教育推行委員會組織綱要，迅予成立社會教育推行委員會，酌量分支經費，切實推行社會教育，並先訂計劃，專案呈核，茲檢發各級學校兼辦社會教育重要法令一本，俾便參考，仰遵照舉辦。

右開各節，統仰遵照辦理為要。此令。

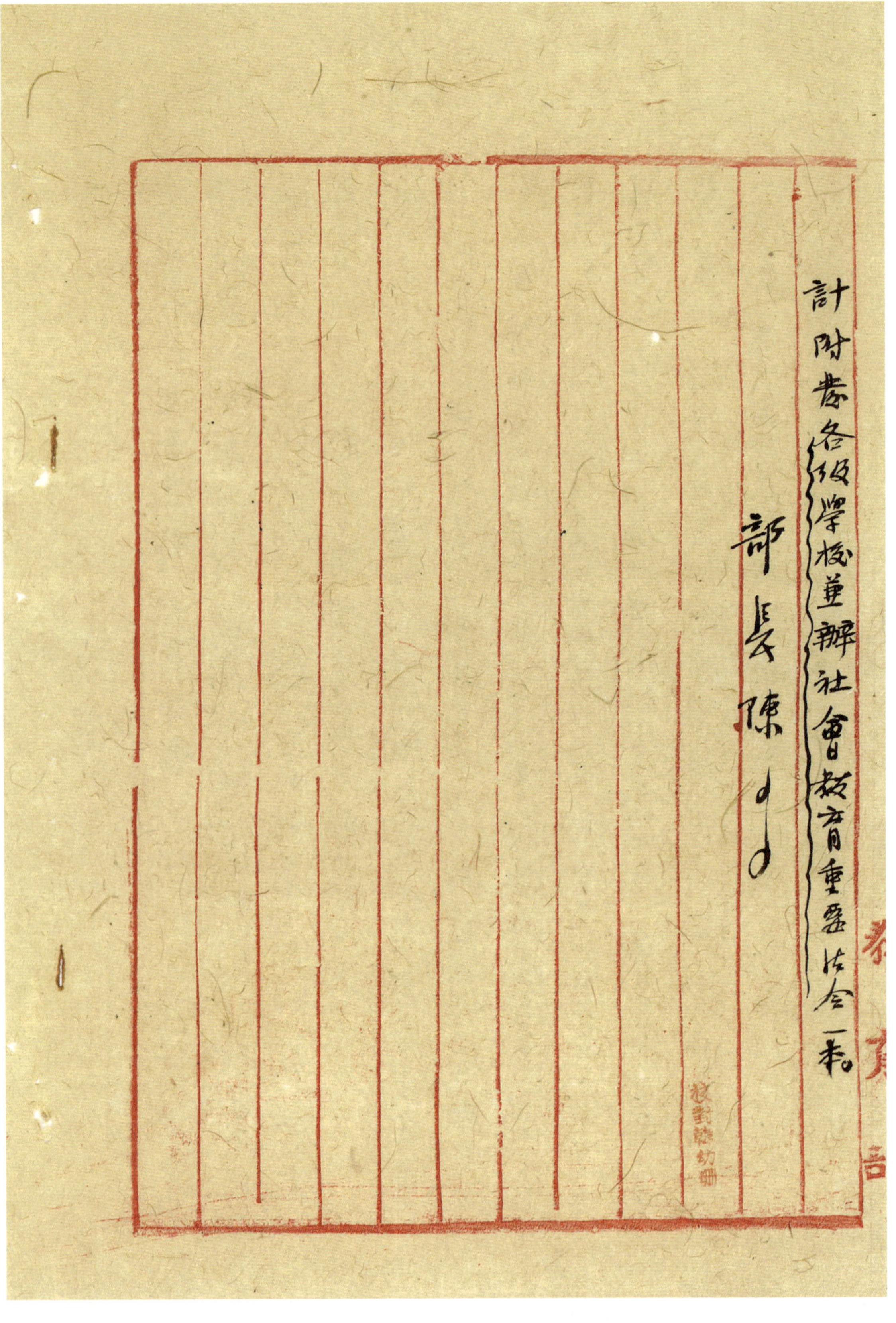
計附發各級學校兼辦社會教育重要法令一本。

部長陳〇〇

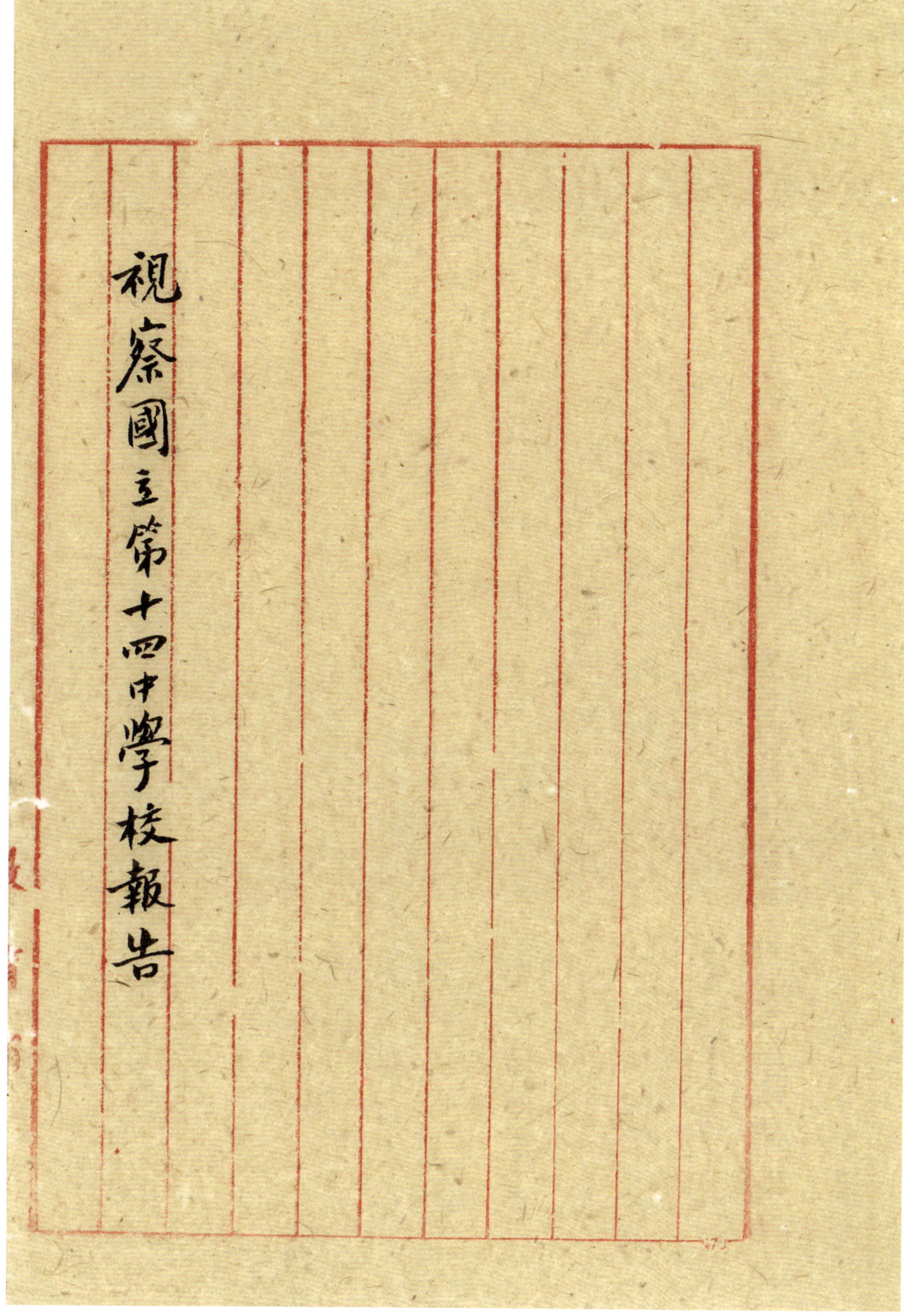

視察國立第十四中學校報告

視察國立第十四中學校報告

甲：視察概況

一、沿革：該校原係國立中央大學附設實驗中學，自抗戰軍興，遷移貴陽復校，三十年秋，奉 令改稱今名—國立第十四中學校。

二、校舍：該校西遷貴陽後，就馬鞍山圈地并購地建築，面積甚廣，臨南明河畔，風景清幽，距貴陽市約四公里，交通亦便，附近電燈廠，全校裝設電燈，學生晚自修，頗為便利，教室宿舍敷用，近正修建理化實驗室，惟無禮堂，暫用膳廳，而膳廳逼仄，學用困膳，同時不能全數容納，校路以山坡高下，修築未能適宜，陰雨泥濘，微識

不便事

三、教職員：校長楊希震，全體教職員五十八人。（該校高中部，初中部均未另設主任，研究處設主任一人。

四、班級及學生數：高中六班，初中六班，全校學生男二九一女一三四共四百二十五人。（該校原附設小學，現尚繼續辦理）

五、設備：圖書一萬二千九百三十五冊，又西文書籍一千一百零一冊，儀器：物理部分一百二十四種，三百十六件，化學部分四十四種，藥品一百十三種，一百八十九瓶；生物部分二十五種，五十五件，（內顯微鏡大小十八架，切片機一架）藥品八種，十三瓶，該校過去設備，尚稍充實，遷移時間，頗多損失，在現時中等學校中，設備比較豐富。

六、教學：該校普通班次，教學科目及時數，仍沿用二十五年部頒標準，實驗班係遵用二十九年頒發修正新標準，每學期上課二十週，該校教員在校任教，多有相當歷史，十年以上者三人，五年以上者六人，三年以上者八人，教學認真，能得學生信仰。

七、訓導：該校實施級任導師制，每級冠以導師名號，輪流值星，平日除批閱日記，參加晨會級會外，並指導學生生產勞動，率能與學生共同生活，內務整潔，在貴州省各學校中，首屈一指。

八、學生生活：該校環境清幽，學生生活安定，生產勞動，以種菜養豬為中心工作，成績頗佳，就校舍隙地，分配各班級種菜，以班級人數之多寡，佔分區之寬仄，區內更分組，樹立木牌，標明班級，復公同飼豕，每班一頭，飼大宰殺後，即補購小豬，遞補遞宰，故以貴陽市物價之高，該校膳食，平均每月每生約五十元，每餐四簋，質量均佳，據該校楊校長云，山地寬濶，擬按年推廣植桐，將來收入可觀，現時種菜飼豕，尚其小焉者也。

乙：視察意見

一、該校於七七事變後西遷，楊校長希震接辦，四載以來，慘淡經營，規模大具，事務主任桑鳳九在校任職繼續已有十三年，辦事勤勞，有條不紊，均擬請傳令嘉獎，以資激勵。

二、該校除實驗班外，教學科目及時數，仍沿用二十五年部頒標準，擬請令知改用二十九年部頒修正標準。

三、該校少數教員，因病請假，未請人代課，有時逾數週者，雖陸續補課，進度殊感遲緩，擬請令知嗣後教員請假逾一週者，須預請其他教員代課。

四、該校辦理社會教育，未確定經費，亦未指定專人負責，故無顯著之事業表現，查該校原辦有小學一所，收容附近民家及該校教職員子弟，頗適應地方與環境之需要，現值推行國民教育，似可就原有小學，改為中心學校，由該校酌定經費，指定員生，切實辦理民教部份，并推行社會教育及各項活動。

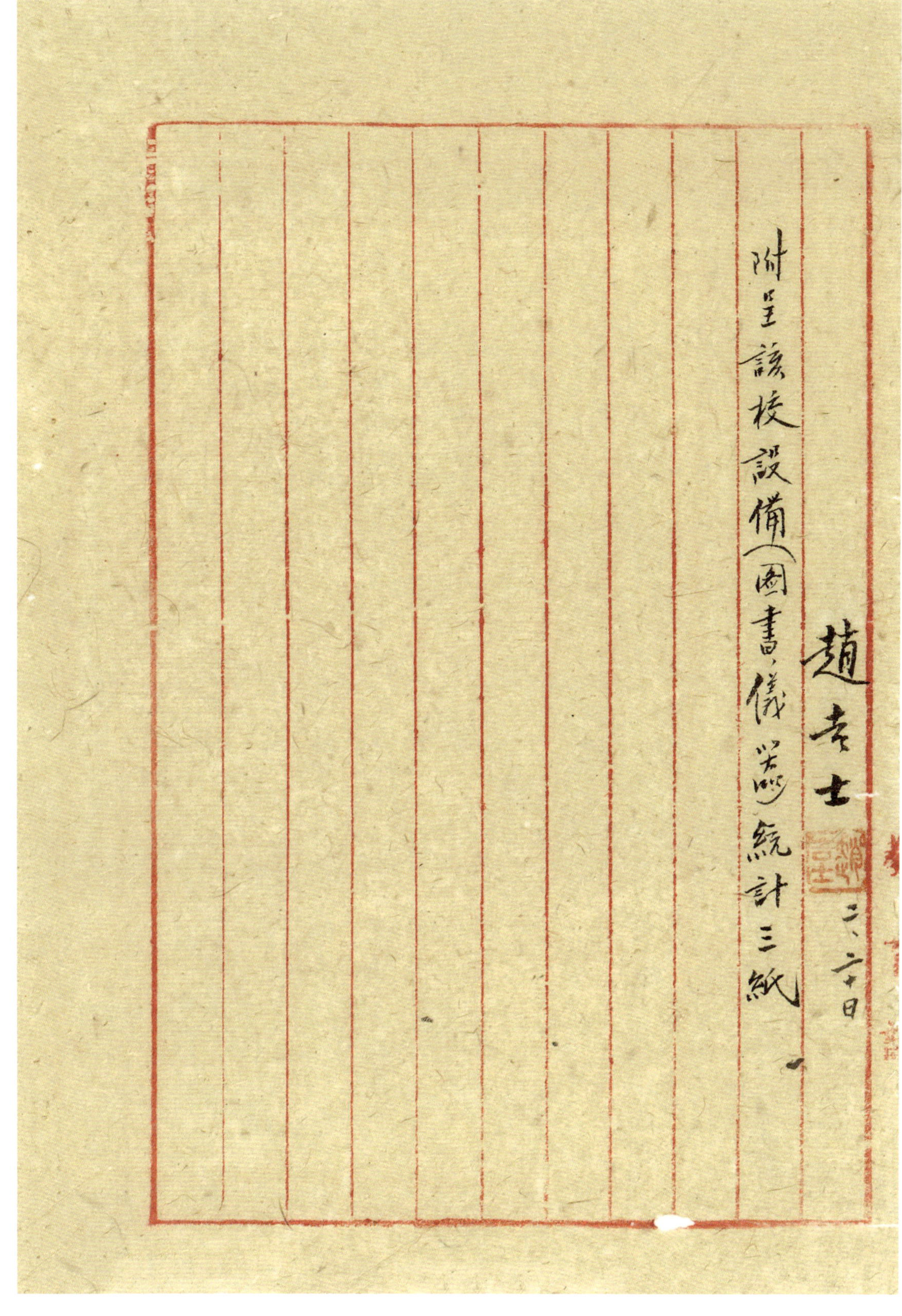
趙聲士
二、二十日
附呈該校設備（圖書、儀器）統計三紙

第十四中學儀器統計

物理部分計　一二四種　三一六件

力學儀器　六六種　一五九件

熱學儀器　一六種　三九件

聲學儀器　四種　一七種

光學儀器　二一種　七四件

電磁學儀器　一七種　二七件

化學部分計

儀器　四四種

藥品　二一三種　一八九瓶

生物部分計

儀器　二五種　五五件（內顯微鏡大中十八架）

藥品　八種　十三瓶

國立第十四中學

国立第十四中學圖書館各種圖及裝訂雜誌統計

類別	册数	備註
總類	1216	
經類	352	
哲學宗教類	233	
史地類	1523	
文學類	1930	
社會科學類	1855	
自然科學類	1338	
應用科學類	556	
藝術類	110	
革命文庫類	168	
萬有文庫(第二集)	2450	
装訂雜誌	519	
小學部圖書	685	
	總計12935	

國立第十四中學圖書館西文統計表

Classification	Number	Note
General Words	15	
Philosophy	8	
Religion	4	
Social Science	115	
Philology	265	
Natural Science	190	
Useful Arts	57	
Fine Arts	127	
Literrature	208	
History & Geography	112	
總計	1101	

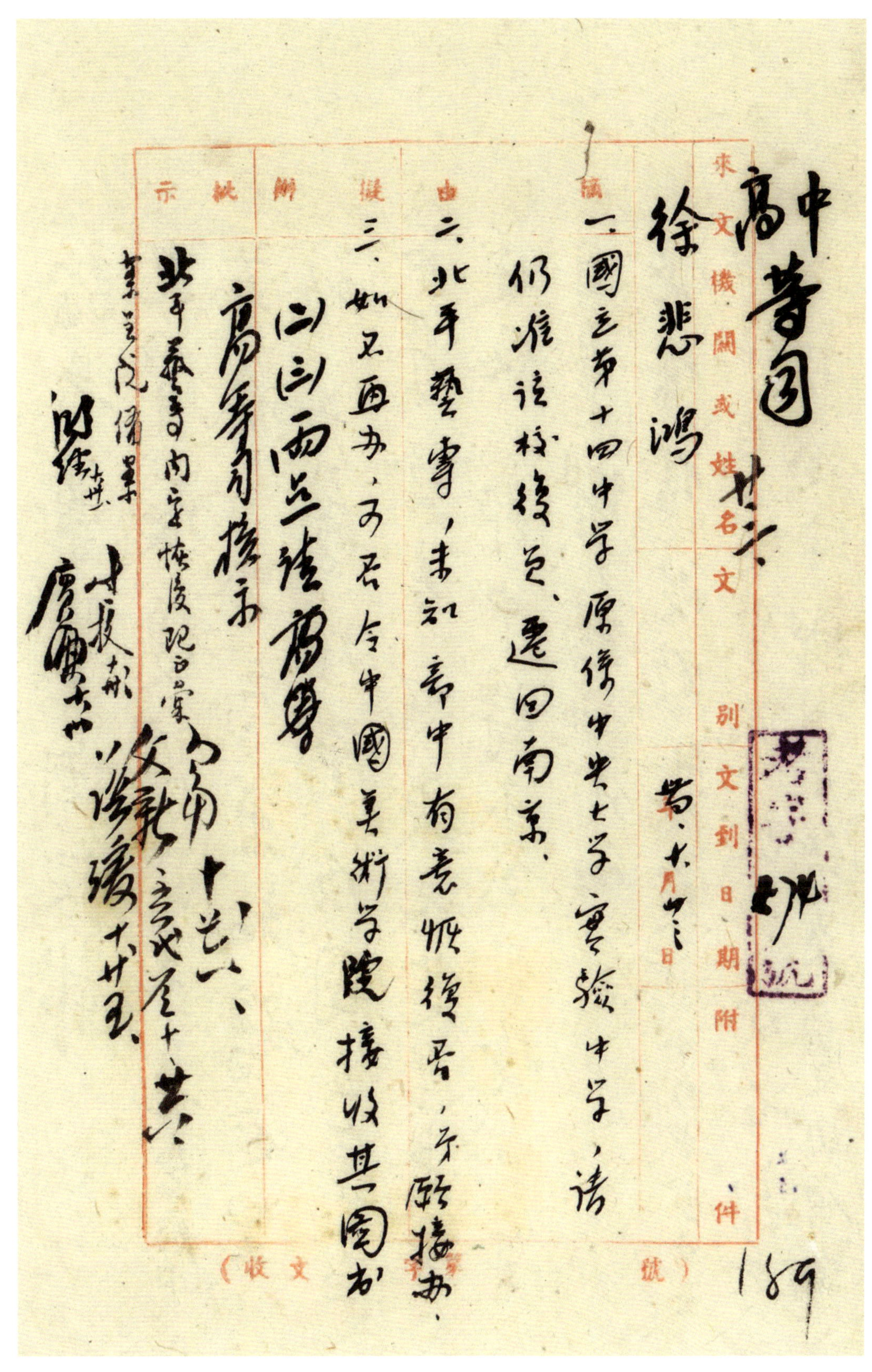
來文機關或姓名　徐悲鴻

摘由
一、國立第十四中學原係中央大學實驗中學，請仍准該校復員、遷回南京。
二、北平藝專，未知部中有意恢復否，乞賜接办。
三、如不再办，可否令中國美術學院接收其同志

擬辦

批示

文別　文到日期　附件

（收文　字　號）　189

關于請將國立第十四中學遷回南京的一組文件

徐悲鴻爲請準國立第十四中學復員遷回南京及北平藝專是否恢復給教育部部長朱家驊的箋函

（一九四五年十月十八日）

中國美術學院用箋

騮兄尊鑒：闊別數載，兄胃疾復發，得不克出席英倫之會云云，未知確否，深願為國珍重。頃國立第十四中學校長趙東之先生來訪，述及部中將不令其校負，深用憂懼，懇切代向兄陳情說明數點：(1)十四中學在卅年由中大實校改為現名，部中曾指令在戰事結束遷回原地。(2)十四中原由南京市遷渝之學校

中國美術學院用箋

與其他國立中學性質不同(3)全校師生百分之九十以上皆為下江人(4)全體同人辛苦八年抗戰勝利不能還鄉將深感痛苦……鑒此校實可稱中國辦理最善（已有廿年歷史）學校之一，懇兄可以愛護維其復員者。再者北平之藝專素知部中有之意（此無意再辦可否），（令中國美術學院即接收其圖書）恢復舊觀有意因可照理想重建一局也。敬請

道安

弟 悲鴻 頓首

十月十八日

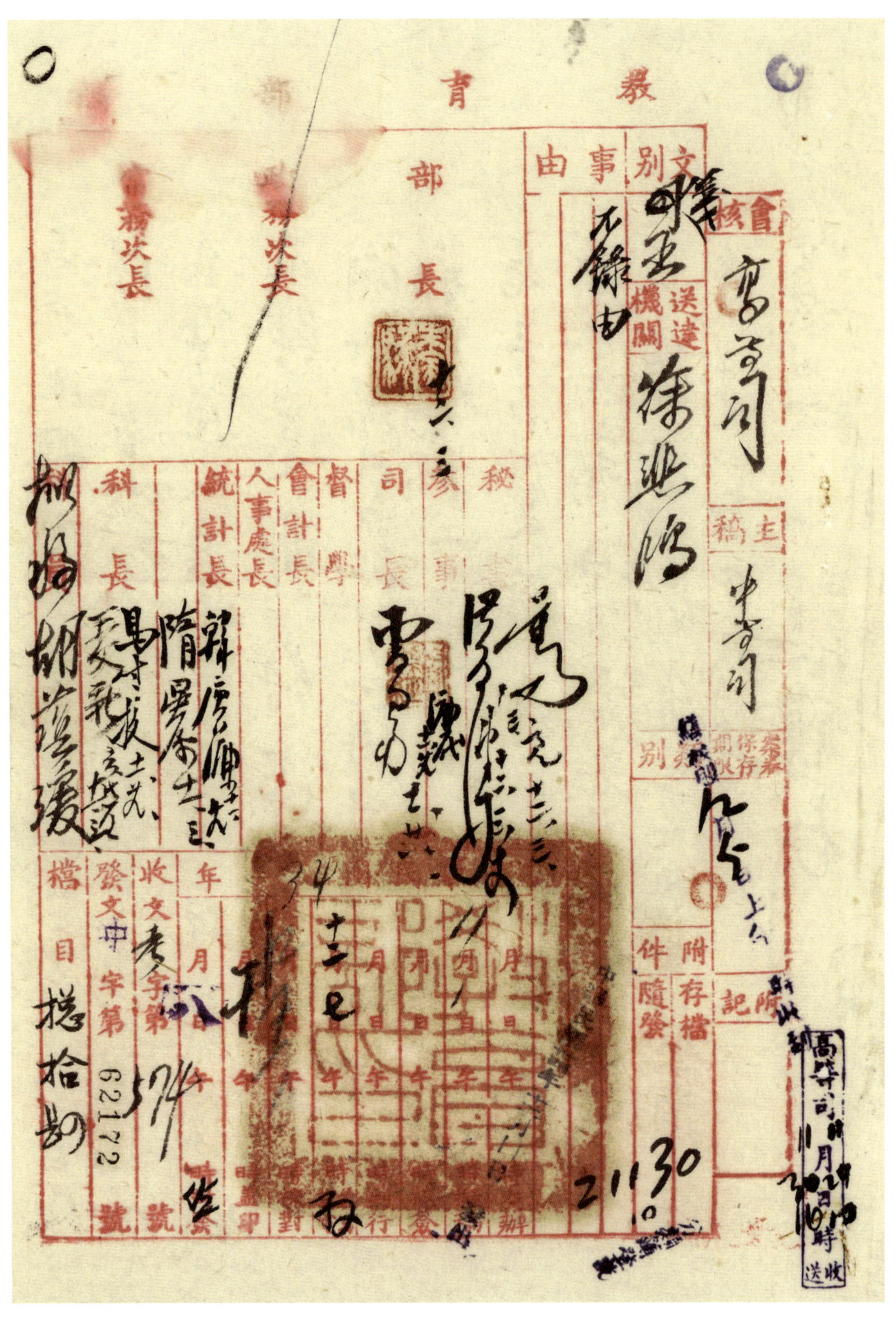

教育部

部長

常務次長

政務次長

文別

事由

會核

送達機關 徐悲鴻

主稿

密級 保存期限 類別

附件 存檔 隨發

附記

秘書 參事 司長 督學 會計長 人事處長 統計長 科長

年 月 日 午 時 辦

年 月 日 午 時 稿

年 月 日 午 時 核

年 月 日 午 時 發

年 月 日 午 時 繕

年 月 日 午 時 校

年 月 日 午 時 對

年 月 日 午 時 蓋印

年 收文 字第 號

發文 中字第 621172 號

檔目

教育部部長朱家驊給徐悲鴻的箋函（一九四五年十二月八日）

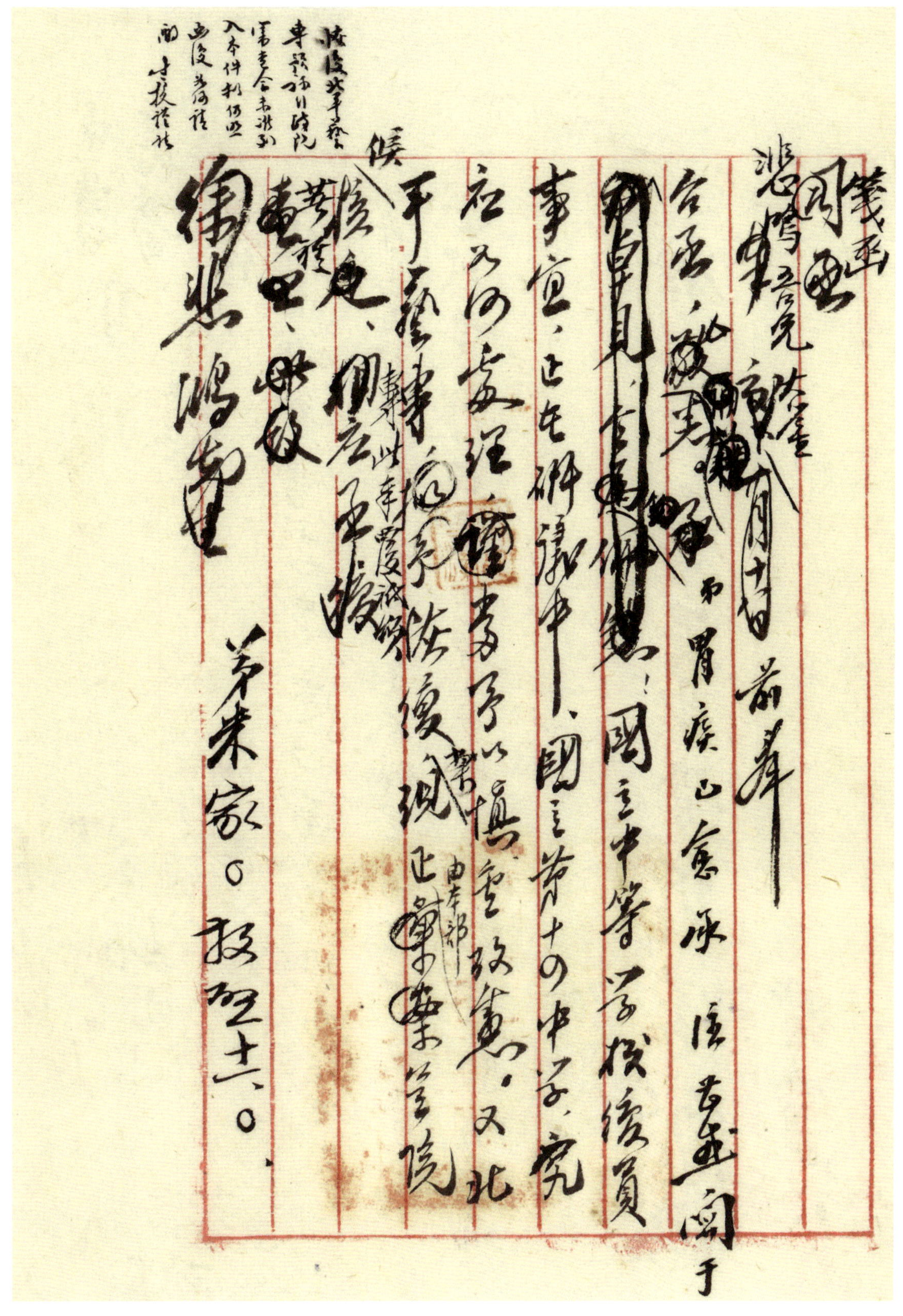

箋函

悲鴻吾兄大鑒：前奉

台函，敬悉一一。弟因胃疾正愈，承 注甚感。關於

國立中等學校復員事宜，正在研議中。國立第十四中學究

應如何安置，自當予以慎重考慮。又北

平藝專事，……

接見、面談。專此奉復，順頌

時祺

弟朱家○啟 [illegible]

[illegible]

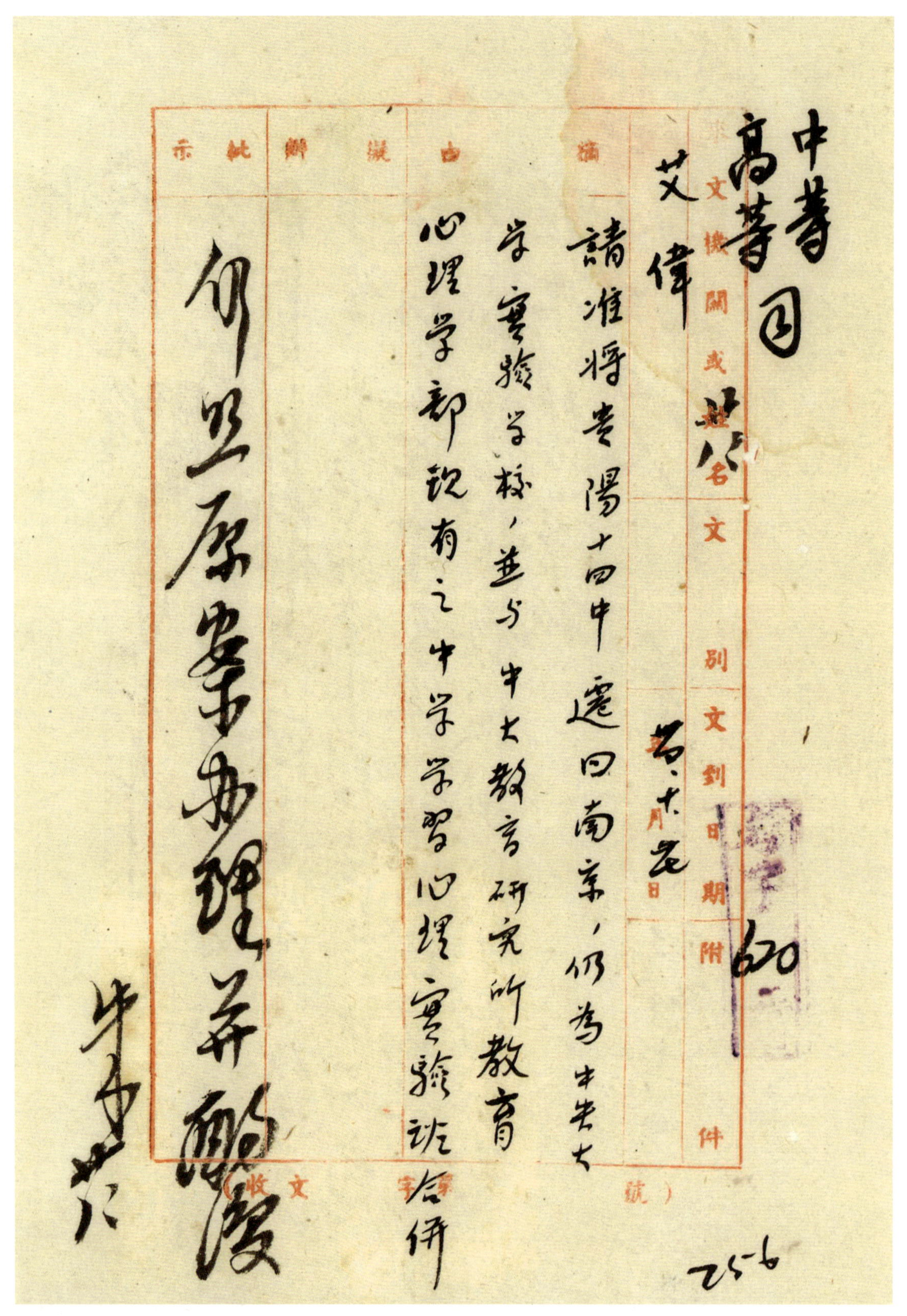

中等
高等 司

艾偉

請准將貴陽十四中遷回南京，仍為中央大學實驗學校，並與中大教育研究所教育心理學部設有之中學學習心理實驗班合併

仰照原案妥理并辦復

艾偉請準將國立第十四中學遷回南京并與中大心理實驗班合并給教育部部長朱家驊的箋函
（一九四五年十月二十四日）

國立中央大學研究院用牋

騮先部長仁兄道席：日昨趨部晉謁，鈞長適值政躬違和，未克面陳一切，殊為悵惘。想吉人天相，早占勿葯矣。茲敬陳者：中大研究院教育心理學部於六年前設有中學學習心理實驗班，所以供研究生作各科學習心理之研究，以冀求得課程改進之客觀的張本。六年來除已畢業一班外，尚餘三班，俟至南京後再行擴充，成為一完全的實驗中學，以備作大規模之研究

（二）

國立中央大學研究院用牋

而加速中學課程之客觀的改進抗戰結束建教乃急圖原中大之實驗中學（即今之貴陽國立十四中）有被貴州省政府請求留筑之說此在黔省多一優良學校以資觀摩固未嘗不可惟竊以學校教育之三要素師資學生居其二現在國立十四中教職員八十餘人中籍隸貴州者只有四人其百分之九十五以上則皆江浙安徽等省人學生五百餘人中籍隸貴

（三）

國立中央大學研究院用牋

若卅六止五十人，故國立十四中師生之大多數因抗戰終了，皆亟欲還鄉，所謂留校以資觀摩者，是皮之不存，毛焉附也。惜今國立十四中教員多半為中大畢業，為中大之舊日門生，由代理校長趙國樑君（字東文）代表來洽談，亦仍回中大實校，並承與中大主持之實驗中學班合併。中大甚以為裨益實驗學校與實習學校性質不同，兩存則效率益宏，缺一則美中不足，此美之奇偏也，亟大學之所以

四

國立中央大學研究院用箋

同時有 Horace Mann High School 及 Lincoln High School 也為此函奉懇敬祈賜予考慮倘蒙早日　頒佈合併指令以便有所準備大為感禱函肅敬頌

勛安

同之點惟中小學現在點有之安收已奉命留點是不足為點有有校之觀摩矣　偉又及

弟艾偉頓首　六月二十四日

附合併辦法數條

（3）

國立中央研究院用牋

一、關於十四中歸還中大與中大教育研究所教育心理學部現有之中學學習心理實驗班合併統稱之為中央大學研究院教育研究所教育心理學部學習心理實驗學校。

二、學習心理實驗學校（簡稱仍為實校）分中學小學二部，中學設十八班，計普通班初中一至高中三男女各六班，分班教授控制班（controlled class 之名稱尚待考慮）一即現

（六）

國立中央大學研究院用牋

社之實驗中學班一年級至六年班（級六）（至明年尚止四班以後每年加增一班至成完全中學止）

中學部六班

三、中大實驗中學原有之設備當經湯君滌將校舍校具及理化儀器圖書責卅有府外縣均運回南京中大學習心理實驗中學

四、中大之本有實中於抗戰前所置之不動產

（七）

國立中央大學研究院用牋

連日抗戰期間偽實中添置之不動產歷由學習心理實驗中學收回備用

五、國立十四中教職員欲返南京服務者由學習心理實驗中學儘量聘用

六、國立十四中學生欲經回南京肄業者學習心理實驗中學得視校舍之容量儘量得甄別並錄取其全部或一部份

七、南京校舍不敷應用時由教育部撥款添建之

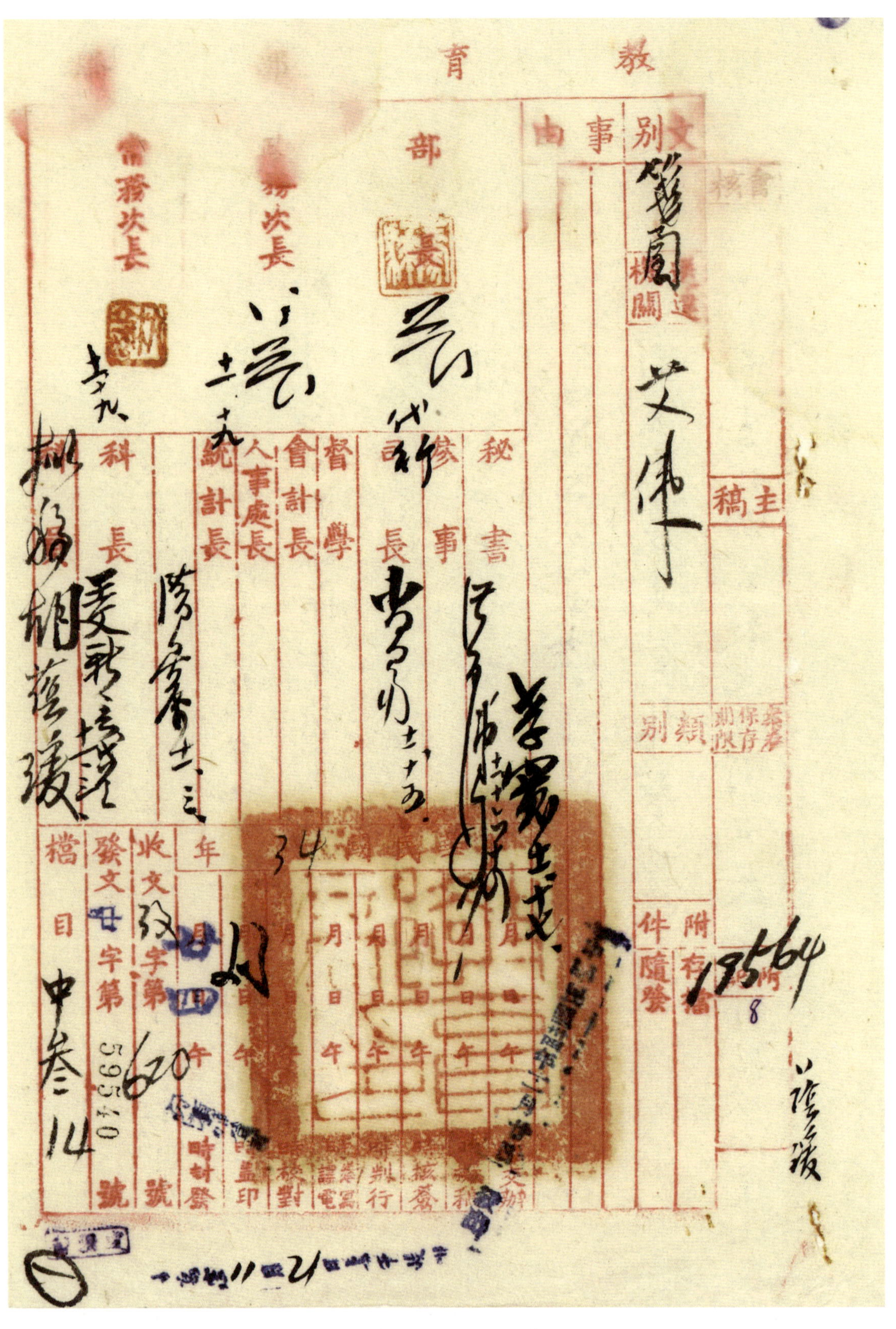

教育部部長朱家驊給艾偉的箋函（一九四五年十一月二十四日）

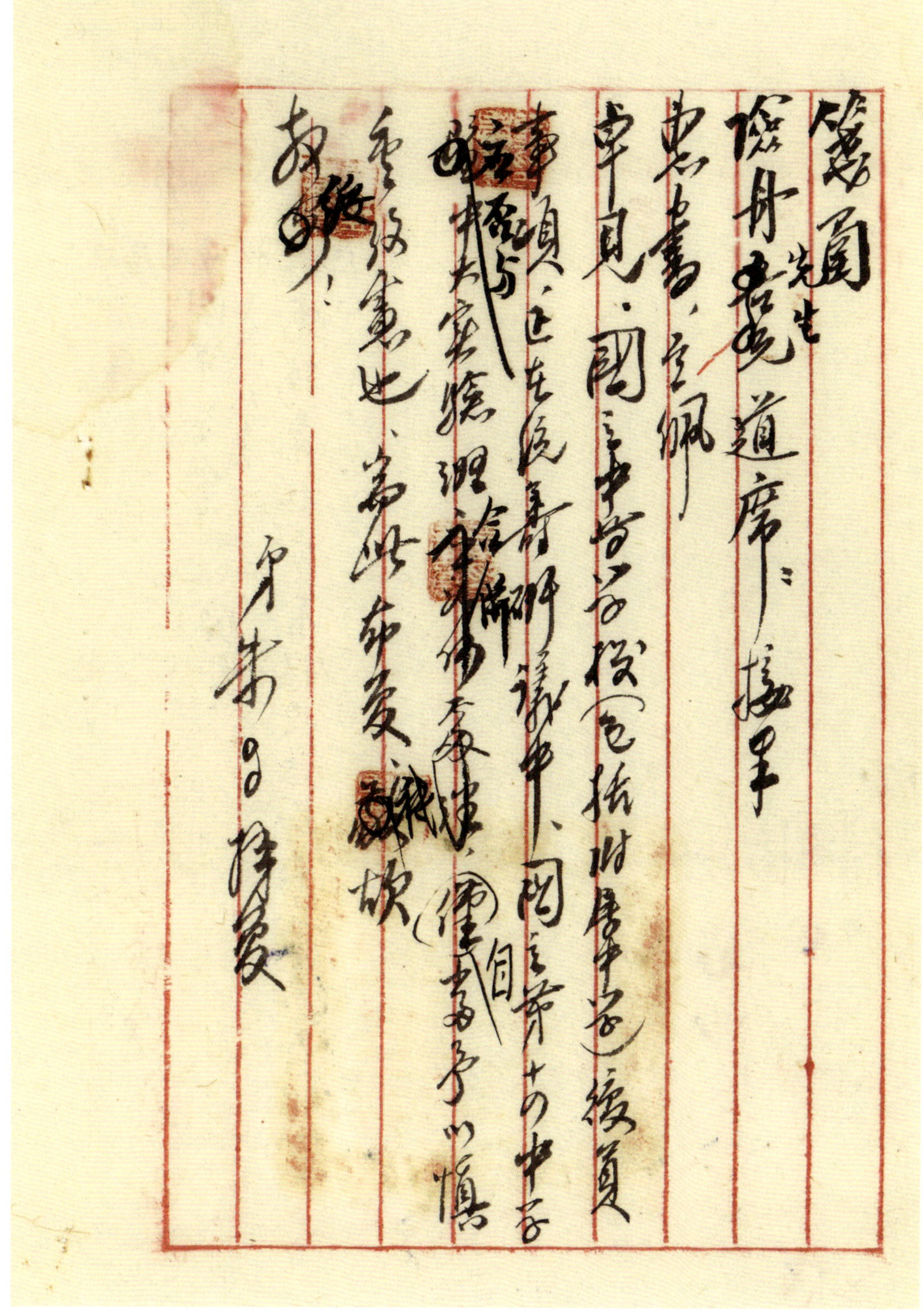

憲圜
瑢舟先生台鑒：道席，接手
惠書，並佩
卓見。関於中學校（包括財產中學）經費
事項，正在提案審議中，関於第十四中學
臨時費事，由本室辦理，合併〔審〕令飭查，以慎
重經費也。萬候示覆，敬頌
教安！
弟 蔡 日 拜復

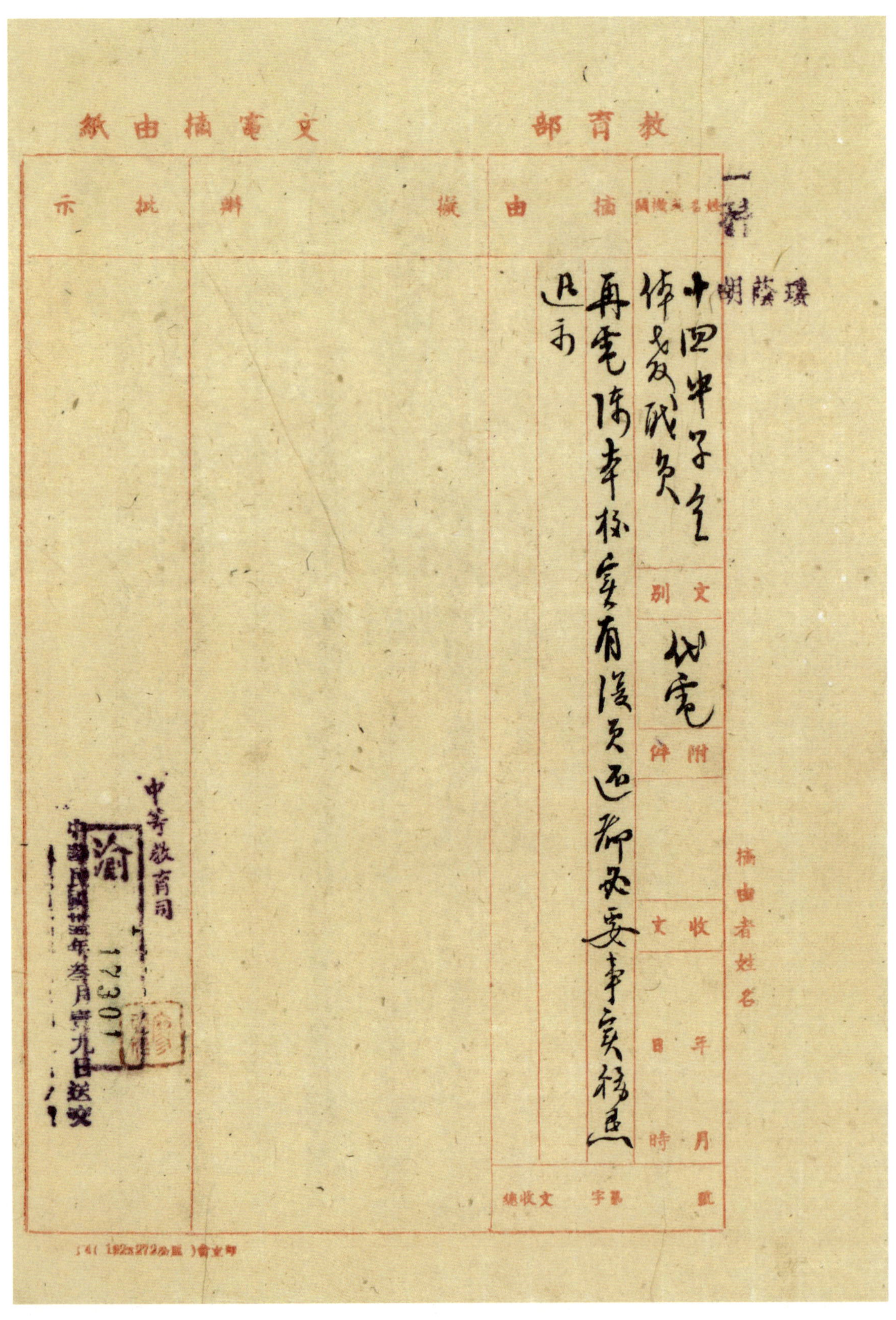

教育部　文電摘由紙

姓名或機關	摘由	擬辦	批示
十四中學全體教職員	再電陳本校實有復員還都必要事實務懇迅示		
文別：代電			
附件			
收文　年　月　日　時			
收文號　字第　號			

摘由者姓名

中等教育司

渝

中華民國卅五年叁月十九日送交

12301

國立第十四中學全體教職員再電陳本校實有復員還都必要事實務懇迅示給教育部部長朱家驊的代電

（一九四六年三月十一日）

代電 三月十一日 于貴陽

重慶教育部部長朱鈞鑒、查本校原係中央大學實驗學校、因抗戰撤退展轉遷移來黔、今勝利已臨、理應復員還都、而總未奉明令、同人等望眼欲穿、憂心如焚、除疊次文電上呈據理要求外、本月二日復有代電縷陳、瞬又經旬、好音仍杳、迫不得已、特再具代電、懇切呼籲、固知鈞長總綰全國教育經緯萬端、近又值二中全會開幕之際、黨國大事、諸待運籌、必少暇晷、惟以利害切身、更關係學校前途、故敢不避唐突、多番饒舌、冀邀眷顧、竊惟本校之必須復員還都、其理由實如歷次所陳、本校自成立以來、已有三十年之悠久歷史、曩在南京、夙負聲譽、播遷來黔、未嘗變質、自宜保持其光榮之傳統、同人等泰半籍隸江浙、九年來仳離家人、背棄鄉土、以服務國家、維護學校、氣節是勵、職守未虧、自宜稍沾餘惠、隨學校之復員而得返里之便、公私庶可兩全、學生多係國府各院部公務員子弟、遠道就讀、原出于對學校之信賴、今其父兄均將隨政府還都、自宜使該子弟等就學得所、方不負國家培育人才之至意、而致影響其前途、且本校于改名為國立第十四中學時、曾呈准鈞部得于抗戰勝利後隨國府遷返首都、去歲又奉令填報還都事項調查表在案、足證鈞長不遺在遠、洞察下情、原已認可本校之應復員還都矣、至于為重視邊疆教育、欲留本校于黔以作示範、則學校精神全寄于教師與學生、本校教職員學生既十九勢須離去、徒存遺蛻、實屬無益、而黔省境內本有黔江中學貴州師範等校、原為發展邊疆教育而設、儘可繼續辦理、于政府之初意、亦無不符也、抑有進者、戰時由首都遷至後方之國立中學，惟有本校，各國立中學，或係數校合併，或係戰後新設，其中亦惟有本校未嘗變質，是本校實最具備復員之條件，今聞二中、四中、六中、八中、九中、十二中、十六中等校，均已決定遷移，而本校反被抹煞，同人等心實不甘，且如學校則強留于此，不予復員，籍隸收復區之教師學生，又另有還鄉轉學之規定，是無異遣散，殊非獎勵忠蓋之道，亦覺未得其平，伏念王前部長于本校遷至長沙遭遇困難之時，尚竭力支持，使能繼其悠久之歷史於不墜，陳前部長于本校奉命改名之時，尚批准在抗戰勝利後得隨國府還返首都，使其復員，有法令上之根據，而我公曾任母校校長，今為直接長官，豈不能俯順輿情，勉慰渴望，以貫澈關切愛護之恩意耶，愚戇之言，諒蒙鑒宥，如何之處，務懇迅示祗遵，實沾大德于

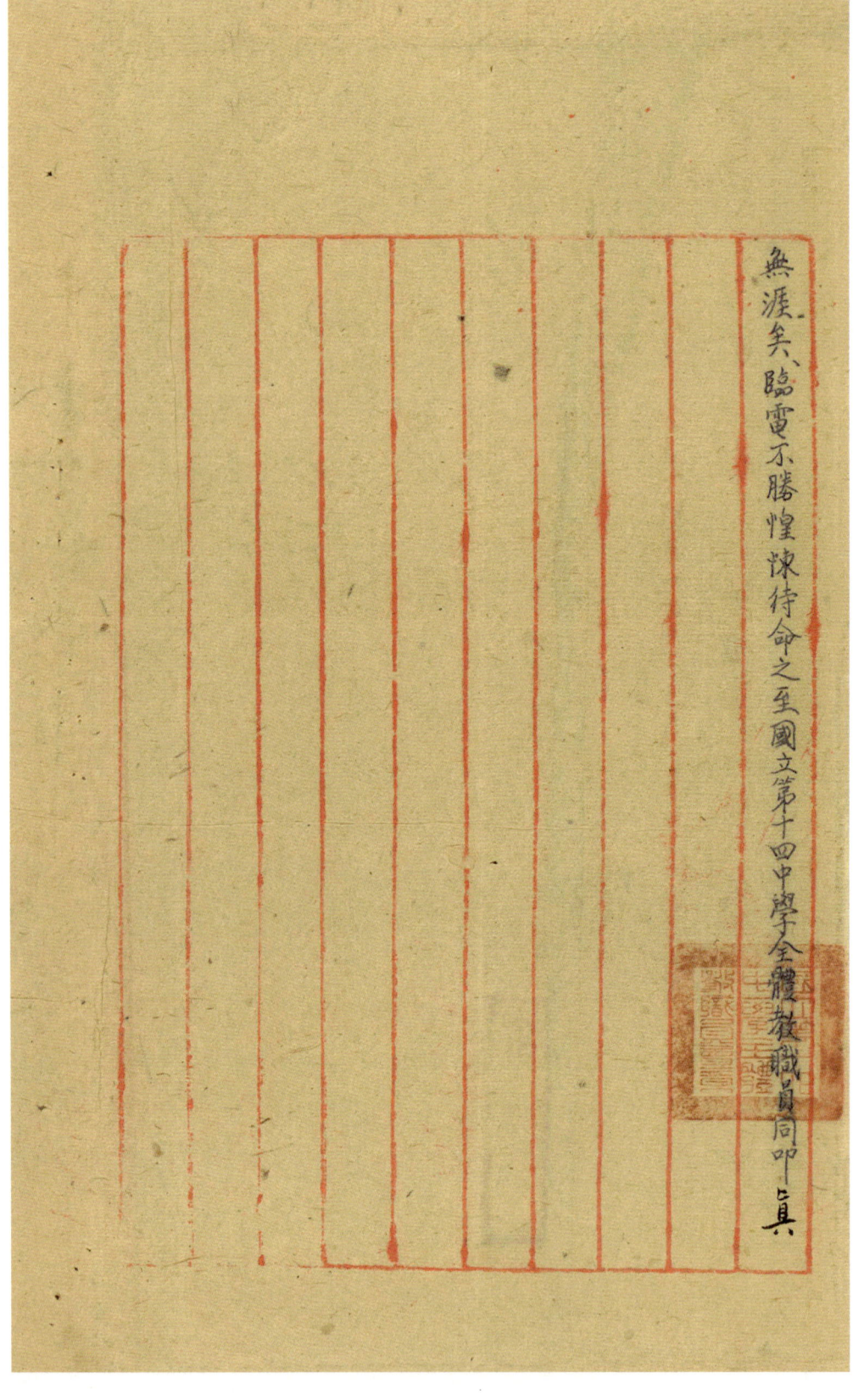

無涯矣、臨電不勝惶悚待命之至國立第十四中學全體教職員同叩真

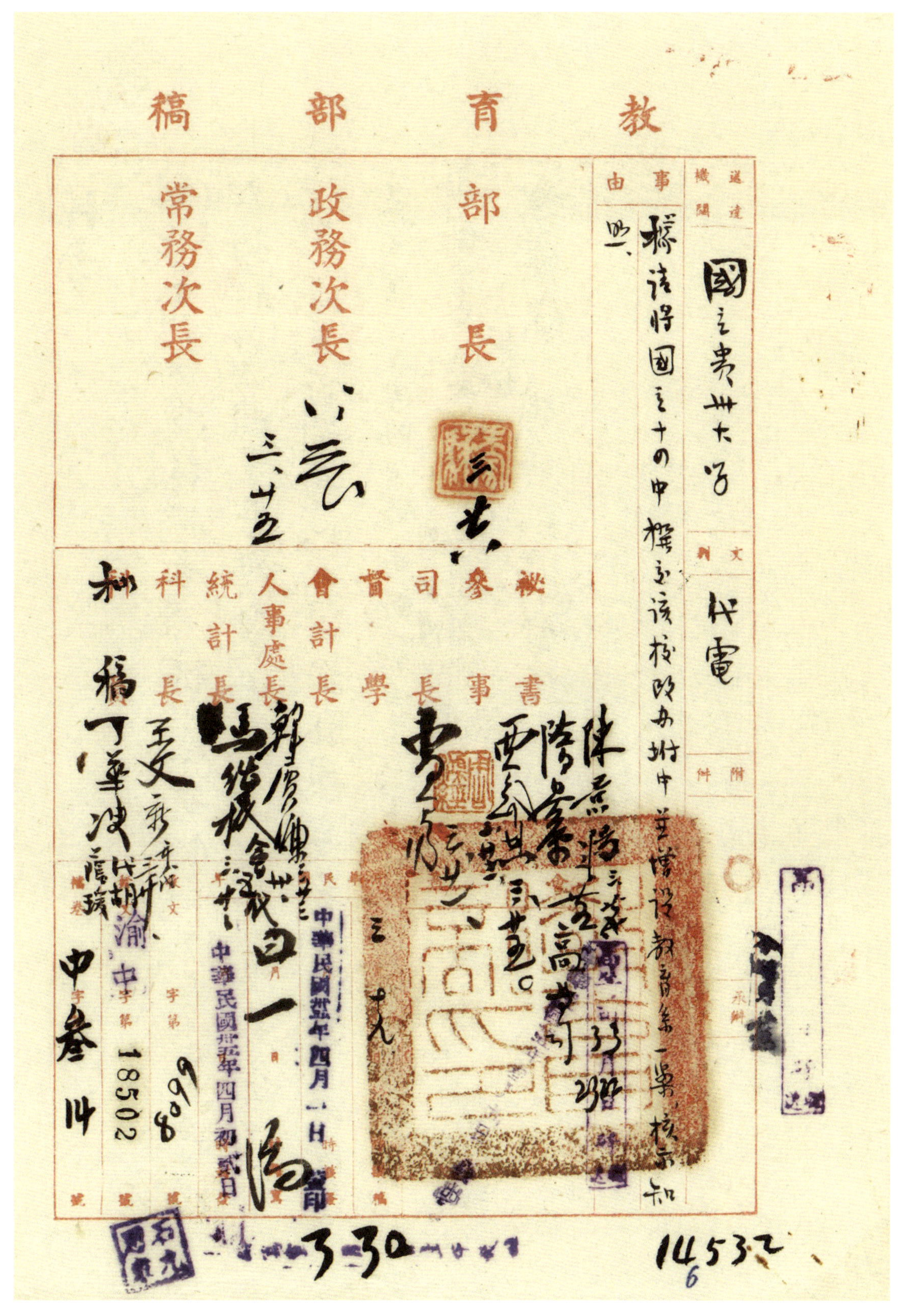
教育部稿

部長
政務次長
常務次長

秘書
參事
司長
督學
會計長
人事處長
統計長
科長
科

送達機關：國立貴州大學
文別：代電
事由：據請將國立十四中撥交該校改辦附中并增設教育系一案，核示知照。

中華民國卅五年四月二日

渝中字第18502號

教育部未準將國立第十四中學交該校改辦附中并增設教育系給國立貴州大學的代電

（一九四六年四月二日）

代電

國立貴州大學張校長：：據簽請將國立第十四中學撥歸該校改名附中并設於文學院增設教育系等情；查值茲復員期間，人力物力，俱極艱困，各方大學以暫不須添設系為宜，且貴州已設有師範學院，亦可培養中學師資，至國立中學仍以交省辦理以資統籌，希轉飭知照。教育部 印

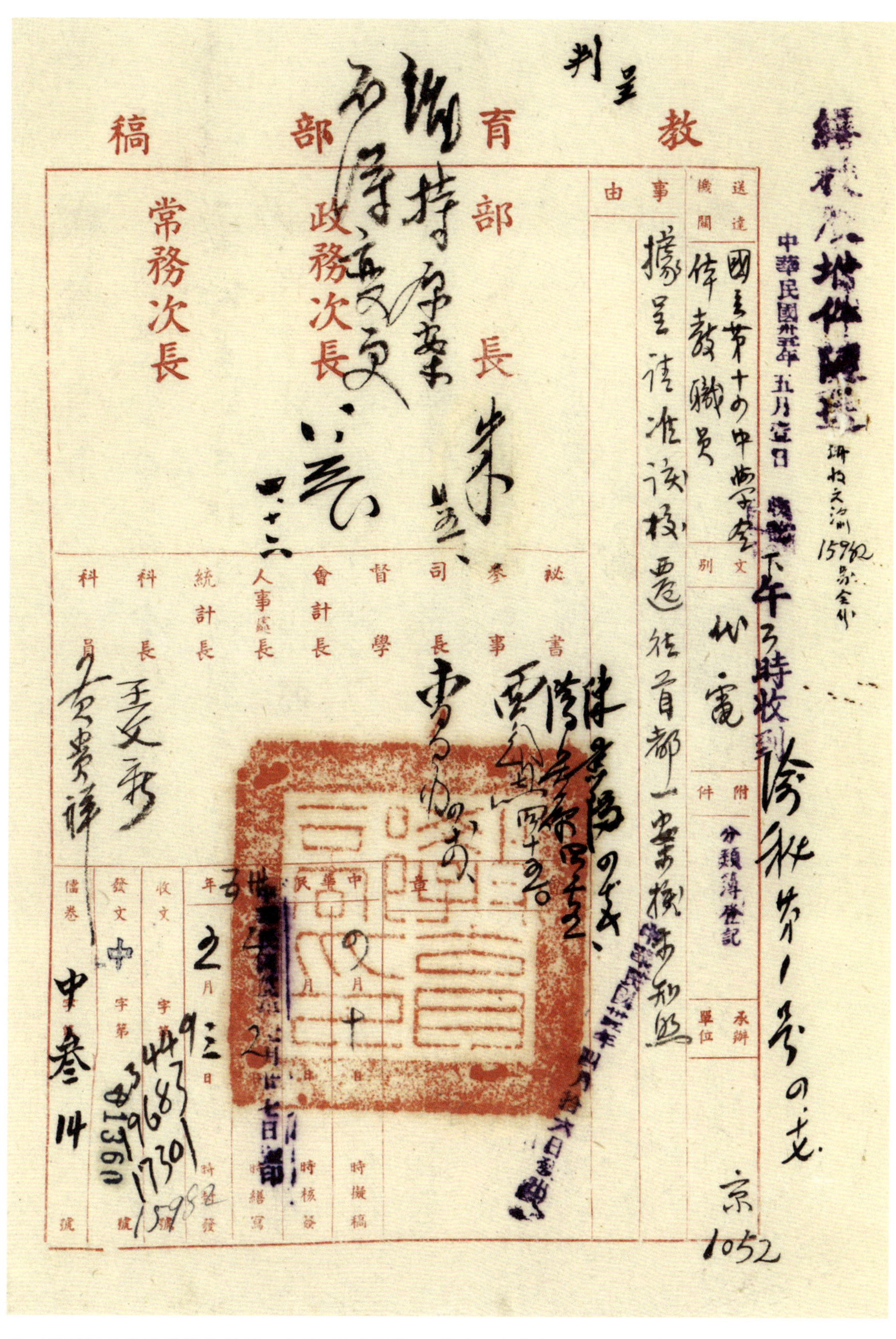
呈判

教育部稿

部長	政務次長	常務次長

秘書	參事	司長	督學	會計長	人事處長	統計長	科長	科員
							王文新	

送達機關：國立第十四中學全體教職員

文別：代電

事由：據呈請准該校遷往首都一案核示知照

附件：

承辦單位：

中華民國　年　月　日　擬稿　時　核簽　時　繕寫　時　發

收文　字第　號

發文　字第　號

檔卷　號

中華民國卅五年五月壹日下午3時收到

分類簿登記

教育部據呈請準該校遷往首都一案核示知照給國立第十四中學全體教職員的代電

（一九四六年五月三日）

代電

國立第十四中學全體教職員：寅真哥電電悉。去秋全國教育善後復員會議，議決中等教育應仍維持由省市辦理之原則，國立中學原為戰時救濟淪陷區中學員生之臨時設施，戰時事結束，國立中學自無繼續辦理之必要，該校在校員生本部已令各省市教育廳局廣為設校收容，俾其回返原籍繼續施教或受教。該校（分別遣返原籍）書經依據前項決議呈行政院核准留黔改省立，非黔籍員生分回原籍，該請（毋庸議）。詳細辦法另令該校知照。[illegible]遞還首都一節，[illegible]原准，仰知照！教育部[illegible]印

一組國立第十四中學照片

國立第十四中學高中第十一屆思俊級金鑑級畢業生全體攝影（一九四四年七月）

國立第十四中學
高中第十四屆
初中第二十屆
小學第六屆
畢業攝影
三十五年五月

國立第十四中學高中第十四屆初中第二十屆小學第六屆畢業攝影（一九四六年五月）

初中教室

初中男生宿舍（前）與高中男生宿舍（後）

厨房（上）與浴室（下）

大禮堂兼飯堂

校舍全景

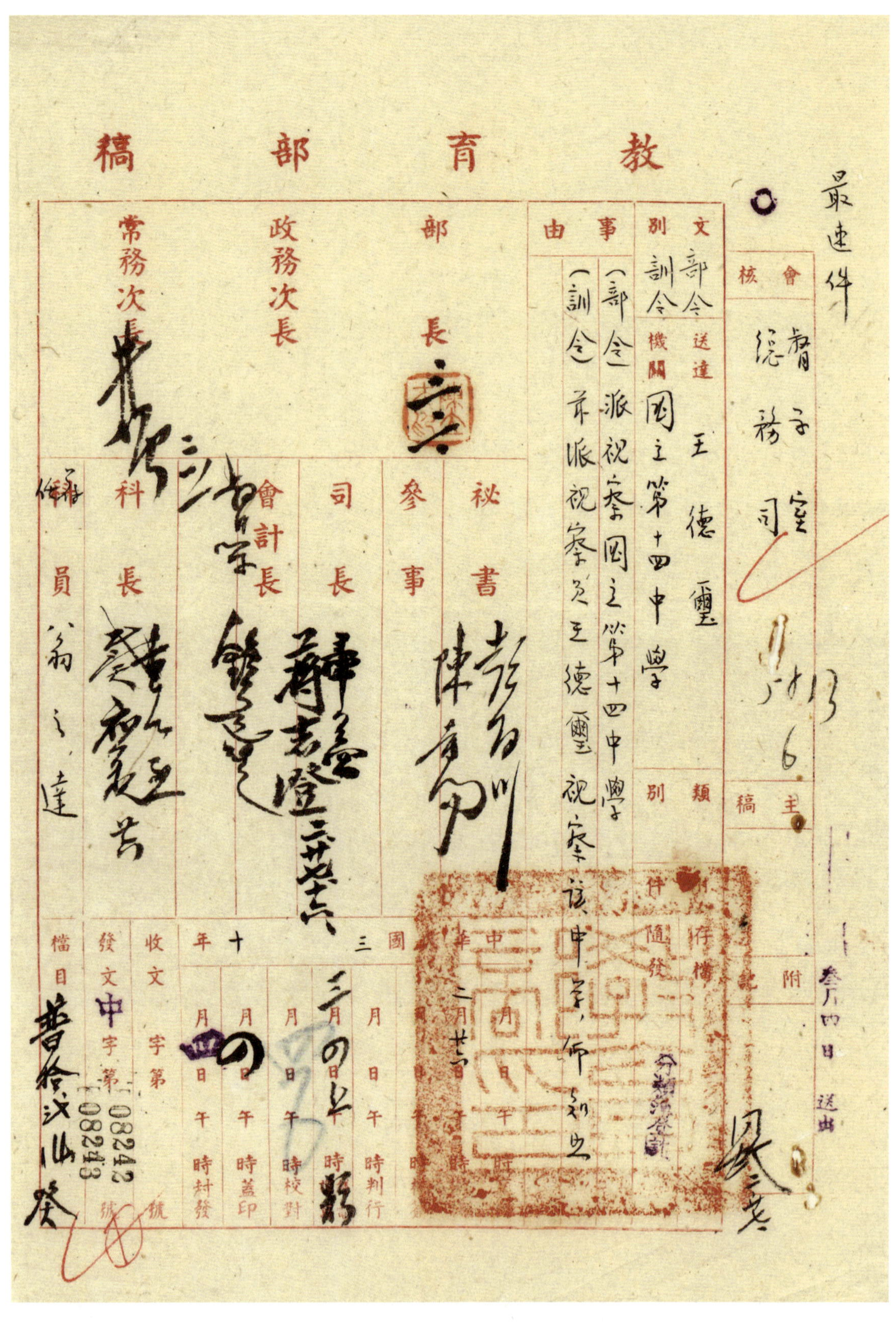

（二）原國立第十四中學（重慶青木關　一九四一年三月至九月）

關于視察國立第十四中學的一組文件

教育部兹派視察員王德璽視察該中學仰知照給國立第十四中學的訓令及給王德璽的部令

（一九四一年三月四日）

部令 第 號

令視察員王德璽

茲派該員視察國立第十四中學。此令。

訓令 第 號

令國立第十四中學

茲派本部視察員王德璽視察該中學，仰知照。此令。

教育部文電摘由紙

來文機關或個人	王德壐
文別	報告
通訊地點	
事由	爲報告視察情形由
附件	
擬辦	視察意見三四五六各點擬令飭遵。巴縣通學部改爲女生及通學生一節,尙可令學校籌劃於下學期實施。
批示	中等教育司
備考	三十年收 第13603號

中華民國三十年叁月廿八日收到

教育部視察員王德壐爲報告視察情形給部長的呈文(一九四一年三月二十八日)

附:視察國立第十四中學報告

教育部簽呈用紙（第　頁）

來文　字第　號

批示

案奉三月四日中字八二四三号

部令內開：「茲派該員視察國立第十四中學」，

等因；奉此，遵於三月八日視察會議開會後開

始前往視察，至三月十三日視察完畢。茲謹繕

具報告呈請

鑒核。

謹呈

部長陳

次長顧　余

視察員王德璽

中華民國　年　月　日

視察員王德璽 呈

視察國立第十四中學報告 三十年三月

目次

一、組織
二、校舍及設備
三、教學
四、訓導
五、事務
六、意見共七項

袁家濤與石家溝兩處既均有初中学級，均有寄宿生，其劃分標準似欠明確，不如以石家溝初分校容女生及通学生，袁家濤初分專收男生，似可就現有男女学生（及通学生）人數等劃之

視察國立第十四中學中學報告

職 王德璽 呈

一、組織

該校現分兩部：通學部係接收前青木關中山中學班並招收新生編組而成，地址在青木關江家院，有初中學生五級，共一八五人，寄宿者僅七十人，餘均通學。校本部在青木關袁家濤，二十九年秋季開辦，有高中六級，初中四級，內六年一貫制實驗班一級，共五一五人，全體寄宿。兩部相距約三里，距重慶六十公里。

通學部於本年二月一日開學，視察時已上課五

週。校本部因新建校舍未成，上學期遲至十一月五日始能開學，故寒假期間，仍舊上課，以資補救。視察時，適值該部停課辦理學期結束，並整理校舍，大部分學生已離校，故訓教實況，未得目睹。

全部行政組織，悉遵　部頒規定：校長之下，設教務訓導體育事務四處，處之下設組，組之下設幹事。處設主任，組設組長。校長主任均任校本部，通學部及實驗班各設主任一人主其事。全校教職六十八人，組織堪稱完備。

二、校舍及設備

全部校舍均係新建，其建築圖樣工料價值及招商承辦合同，均經呈 部有案。戰時校舍，自不能冀其完美，惟工程之進度，頗形迂緩，致不能適時供用。即以防空洞而言，至今尚未完成，而空襲季節已至，即其一例。又校本部大部分建築，地基均甚低下。該處四山環抱，後高前低，山洪暴發，水患堪虞。故四週溝渠工程，應如何加寬加深，以利宣洩，實有注意之必要。校具差堪敷用。圖書儀器早經購辦，最近方可到校。

三、教學

視察時，校本部已停課，適學部照常上課，該部顧教員課初三化學，何教員課初二甲算學，張教員課初二乙國文，皇甫教員課初乙甲地理，彭教員課初一甲算術，全教員課初一乙國文，江教課初一乙英語。各教員教学方法，尚無不合，而以江教員之教法最為穩練，學生反應亦佳。初一乙上國文時，学生秩序不寧，初二乙上國文時，學生精神散漫，教室管理，稍有欠缺。

檢查學生課卷二十七種，察覺該校全部學生程度，過於不齊，低劣者實佔多數。高三理組作文，多半僅具形式，內容貧乏。高三兩級數學優劣懸殊。初二算学一般均劣。以上係就校本部抽查結果。蓋該校学生来自各方，入校時又未能嚴格甄別，自不免有此現象也。

抽查各科記分簿，各教員所記分數，往往僅有「学期考試成績」「学期結成績」兩欄，「日常考查」「臨時試驗」兩欄，多係空白，似於平時考試，未能按期舉行。至於教員缺課情形，校本部記載簿所記甚少，缺課者多半補授。通學部缺課教員甚多，亦未記何時補課。

四、訓導

訓導組織，除訓導主任及幹事等外，各級設級導師組導师各一人。校長教務主任訓導主任均兼任一級導师。校本部級導师与學生同食宿，校長能以身作則，積極領導，殊為难得！通學部因校舍不敷，學生不全住宿。每日早操及升降旗儀式，校本部尚可全體舉行，通學部因学生住處距校遠近不等，只能有一部分参加。

學生週記記載簡單，且缺乏感情思想之記敘。一般學生之態度，缺乏緊張嚴肅之精神，然亦無囂張輕浮之現象，蓋訓育設施，止於消極管理，尚未發生積極領導之作用也。

五、事務

該校因設備不敷，事務多未就緒。各處之清潔事宜与佈置方法，止於暫顧目前，缺少條理。器物房舍之分配，往往顧此失彼，現淩亂之象。現總辦公室已落成，將來當可漸次就緒。學生膳食，最近每人每月須五十一元，每週可食肉二三次，每次每席一斤四兩，餘時僅蔬菜一色而已。每人每日所食猪油，僅一錢三分許，較之適量營養，相差遠甚。膳食管理办法，係派学生輪值採買，學校派員協助，其間手續，於防弊一點甚屬嚴密，但不經濟。膳廳擁擠殊甚，膳具不敷，故學生用種種不同之飯碗盛飯，故秩序與觀瞻均欠優良。

六、意見

(1)該校設在遷建區內，據統計結果，全校學生，百分之八十為公務員子弟。開辦以來，各方要求插級試讀者，紛紛不絕，大半為公務員子弟。學校當局窮於應付，而教學訓育事務被其影响，亦難有通盤之計劃。該校應就事實需要，與擬具通盤計劃，呈請核定。計劃核定後，應即準備校舍校具，物色良師，以免下期招生開学，感受困难。學生級數名額，既經呈　部核定，則中途要求插級試讀者，即可拒绝收録。

(2)學生既經録取入校，無論其為何種人之子弟，均應依據校章，嚴格訓教。程度低劣者降級，操行不良者懲處，每月每學期均應將各生之操行学業體育成績公佈，並通知各生家長。

[似不必公佈]

(3)教務處对於教師缺課補課記載，應每月公佈一次。各学科臨時試驗或月考，應妥為規定，並抽查各級之作文各科筆記及試卷，以驗其是否與規定分

[應詳细記載並隨时通知補課]

量相符合。

(4)訓導處應遵照訓育法令，會同全體級導师，訂定每週訓導事項及实施辦法，分别实行。各級学生訓導成績，应用工作競賽辦法，引起競賽興趣。学生对於各項集会及服務之考勤成績，应統計公佈。学生之日記週記及信件，应酌量抽查，藉以考查学生思想與家庭經济状况。

(5)軍訓教官及童軍教员对於学生禮節訓練，应多注意。学生服装雖不整齊，但鈕扣總应扣好。被单雖不劃一，但鞋襪面盆等件，应置於指定地点。

(6)事務方面，对已經批准之工程，如防空洞蓄水池厕所等，应督促依限完成。四週水溝是否已敷宣洩之用，厕所距蓄水池甚近，对衛生方面有無影响，应向工程师切实研究改善。膳廳内应增置碗橱飯桶，並劃一学生飯碗。学生膳食，应設法躉購柴米油盐等日用品，並促進校園蔬菜生產，庶可节省費用，改進營養。

(7)校本部初二級学生，共有七十六名，編為一級上課，教学極感困难。抽查該級算学試卷，在七十六人中，不及六十分者達二十五名，程度之不齊，亦以該級為最。

似可令將該級學生，加以甄別，擇其程度劣者，另編一春季班（即降級一學期），以便教學。

以上七点，係就視察所及，擬具之改進意見。是否有當，仍候

核奪令飭該校遵行。

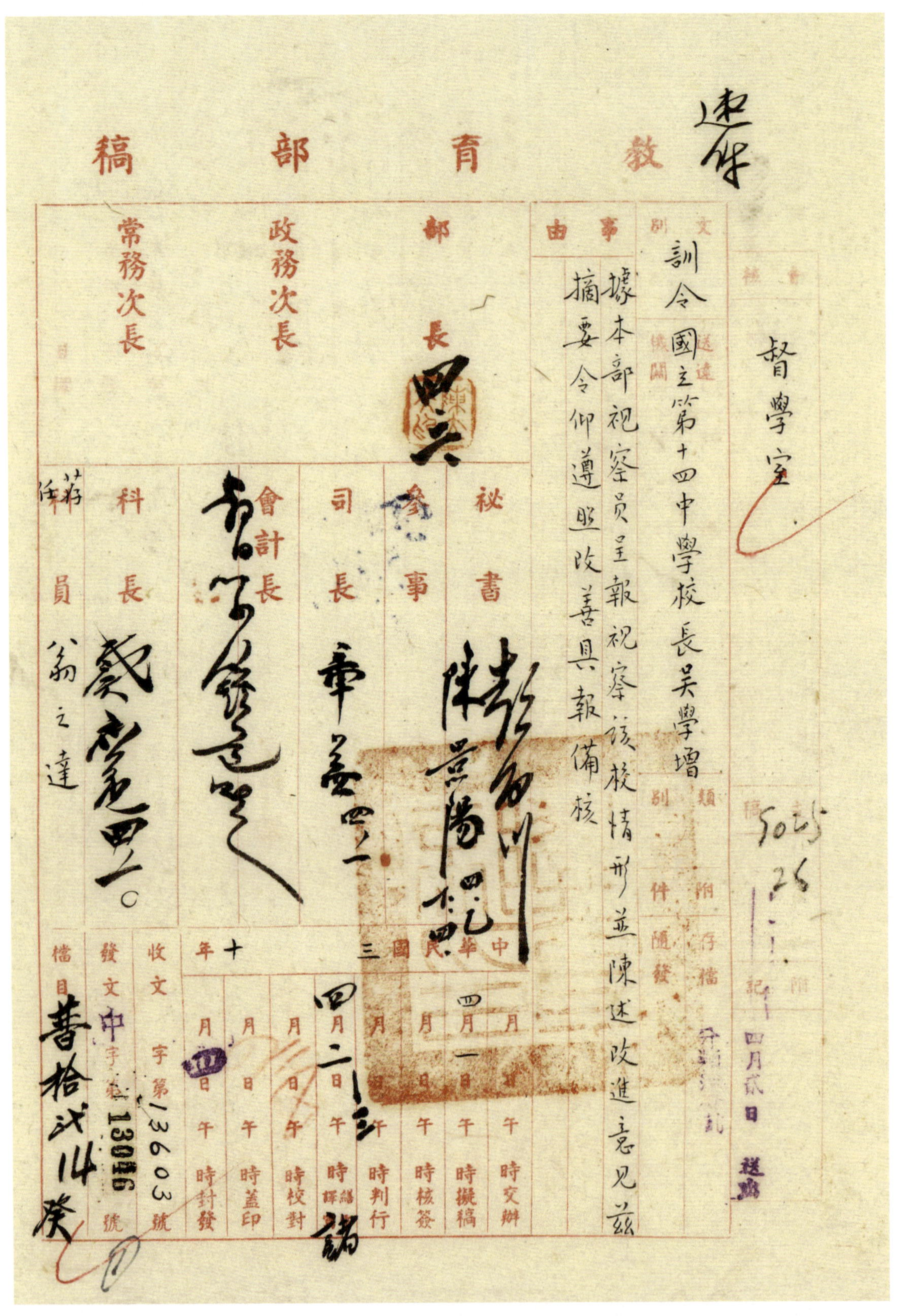

教育部據本部視察員呈報視察該校情形并陳述改進意見兹摘要令仰遵照改善具報備核給國立第十四中學校長吴學增的訓令（一九四一年四月四日）

訓令　第　號

令國立第十四中學校長吳學增

案據本部視察員王德璽呈送視察該校報告並陳述改進意見到部。茲摘要列左：〔經核定該校亟應改進事項如次〕

一、該校教務處對於教師缺課補課，應詳細記載，並隨時通知補課。〔通知該教員缺課過多，應嚴予限制。〕各學科臨時試驗或月考，應妥為規定，並抽查各級之作文、各科筆記及試卷，以驗其是否均按規定分量相符合。

二、訓導處應遵照訓育法令，令同全體級

三、该校一般学生缺乏紧张严肃之精神，亟宜养成紧张之现象，训育设施须积极，更须认真，尤应注意精神锻练等。

導师，订定每週训導事项，及实施办法，分别实行。于级学生训導成绩，应用工作竞赛办法，引起竞赛兴趣。学生对于公役、集会及服务之努勤成绩，应统计公布。学生之日记、週记及自省册，应酌量抽查，精以改正学生思想与家庭情况状况。

四、军训教官及童军教员对于学生礼節训练，应多注意。学生服装及寝室内務，应注意整齐。鞋袜面盆等件，应置于指定地点。

五、事務方面，對已經批准之工程，如防空洞蓄水池廁所等，在積極依限完成。四週水溝早已敷宣洩之用。廁所距蓄水池甚近，對衛生方面有無影響，在向工程師切實研究改善。膳廳內在增置碗櫥飯桶，並劃一學生飯碗。學生膳食，在設法求蓄儲柴米油鹽等日用品，並從速圖蔬菜生產，節省一部費用，改進營養。

又該校袁家溝與石家溝兩處既均有初中學級，均有寄宿生，其劃分標準，頗欠明確，

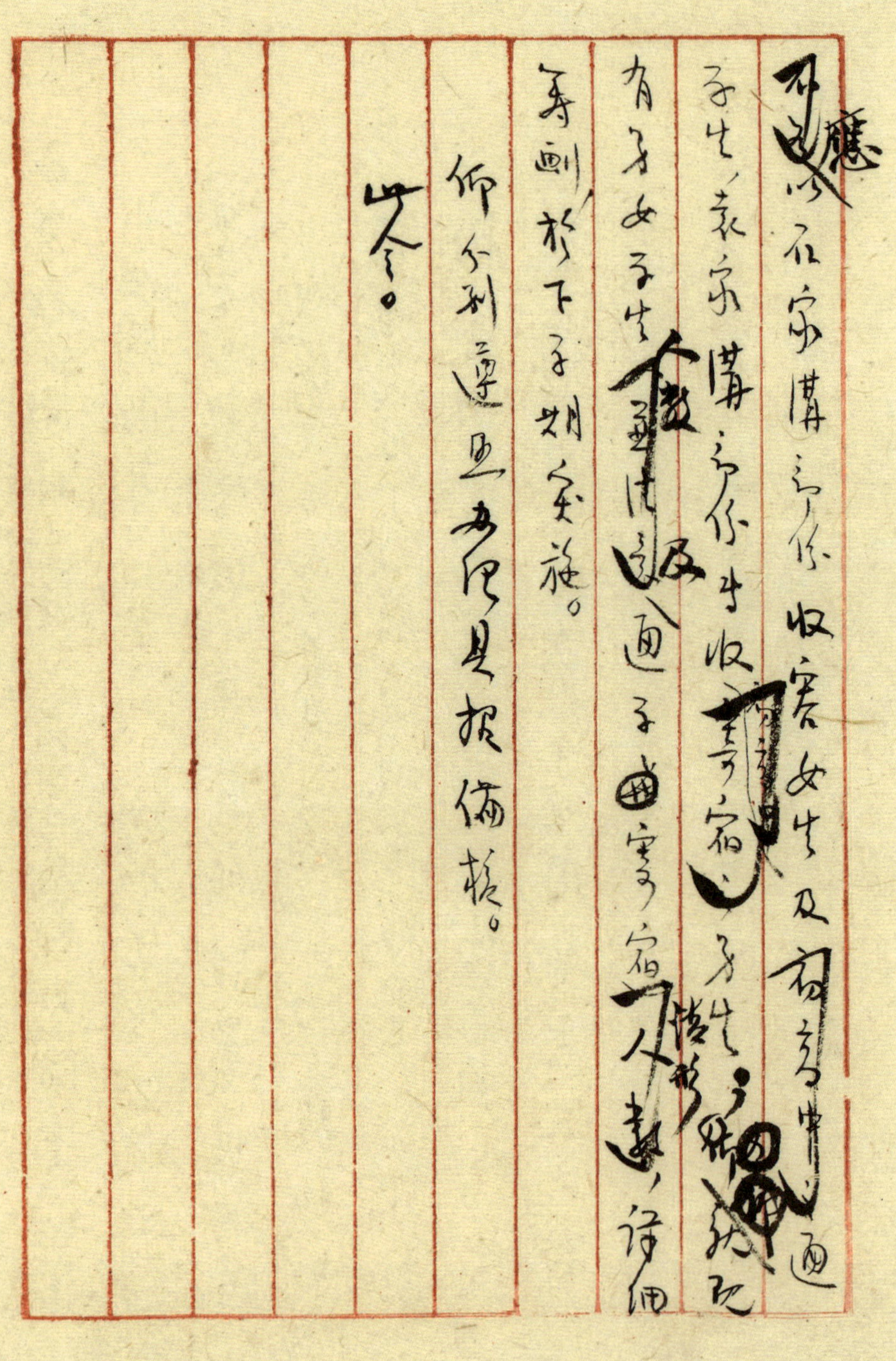

應以在家構之你收容女生及初高中通學生，在家構之你生收容寄宿之學生，……有男女學生……通學及寄宿學生……詳細籌劃，於下學期實施。仰分別遵照辦理具報備核。此令。

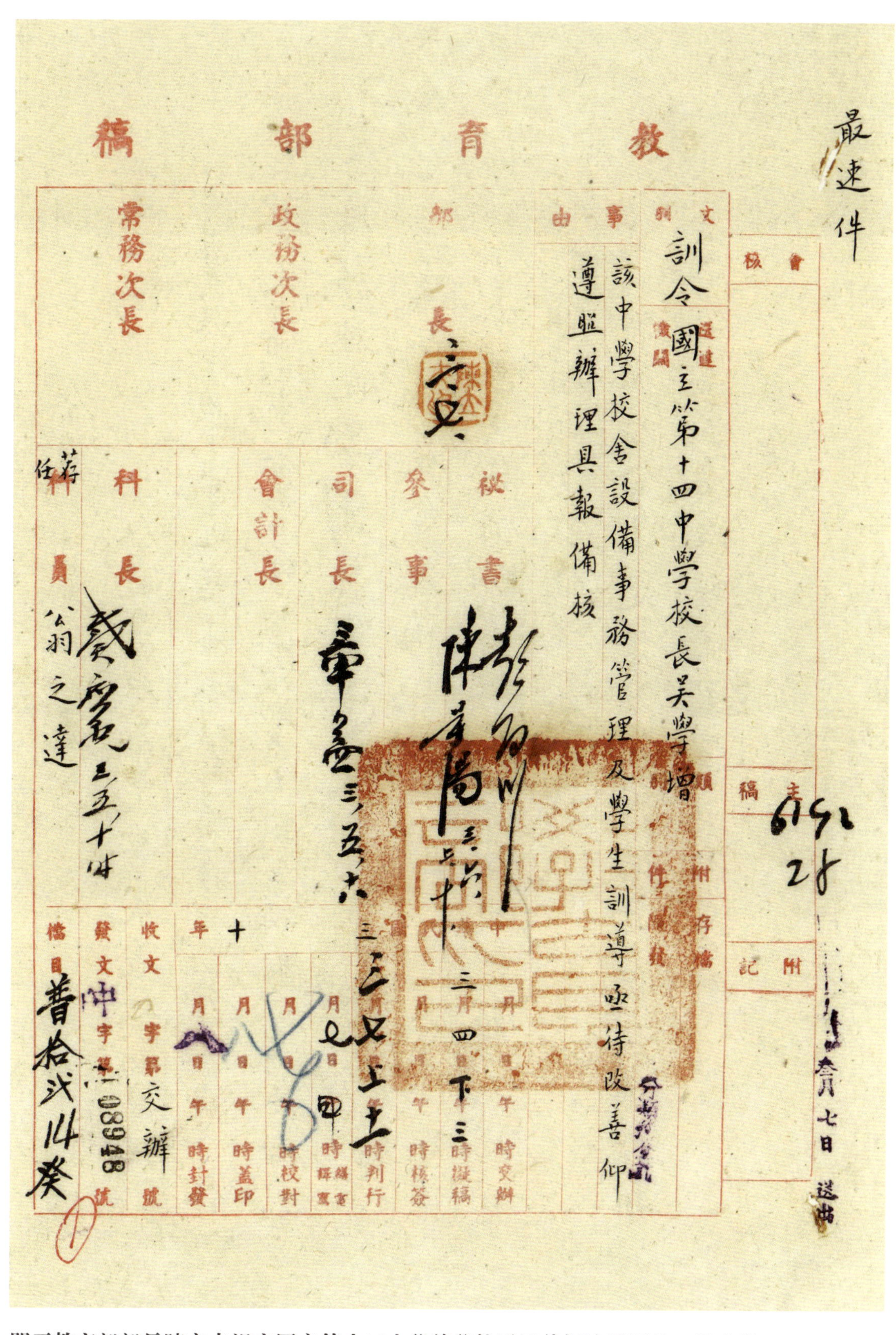
教育部稿
最速件
文別：訓令
送達機關：國立第十四中學校長吴學增
事由：該中學校舍設備事務管理及學生訓導亟待改善仰遵照辦理具報備核

關于教育部部長陳立夫視察國立第十四中學後學校需亟待解決問題的一組文件

教育部爲該中學校舍設備事務管理及學生訓導亟待改善仰遵照辦理具報備核給國立第十四中學校長吴學增的訓令（一九四一年三月八日）

附：教育部部長陳立夫所書國立第十四中學管理方面有待改善之點

訓令　第　號

令國立第十四中學校長吳學增

查該中學最近經本部長前往視察，深覺校舍設備、事務管理、以及學生訓導，頗多未合，亟待積極改進，俾臻完善，茲分别指示如左：

壹、關於校舍設備

一、課室後竹林太盛，且係背山，光線太壞，應將附近之竹伐去一部份。

二、辦公室應建築在校門附近，現在備作辦公室之房屋改充教室，以利管理。

三、上宿舍之階應以石砌之，不宜以土。

四、主要道路，天雨時泥濘不堪，易於傾跌，應從速修理。

五、走廊中之人行道，應早日修好。

六、可編竹簍若干，令學生至山下取沙，以鋪路面。

貳、關於事務管理

一、課室棹櫈排列，殊欠整齊，應予改善。

二、課桌上書籍亂堆，殊欠整齊清潔。每上一課，祇准將需用之書置於桌上，其餘應一律放入抽屜中，或另製一書架，置在課室後，以備放書之用。課室縱兼充自修室，亦應注意整潔。

三、宿舍中之衣箱不宜亂堆，宜闢一角編號儲藏，每日定時開放取物。

叁、關於學生訓導與勞動服務

一、學生尚欠嚴肅之精神，禮貌亦差，應切實予以訓導。

二、上開各項有關工程者均可由高年級學生以勞動服務方式為之，以資鍛鍊。

以上各節，仰即遵照辦理，具報備核為要。

此令。

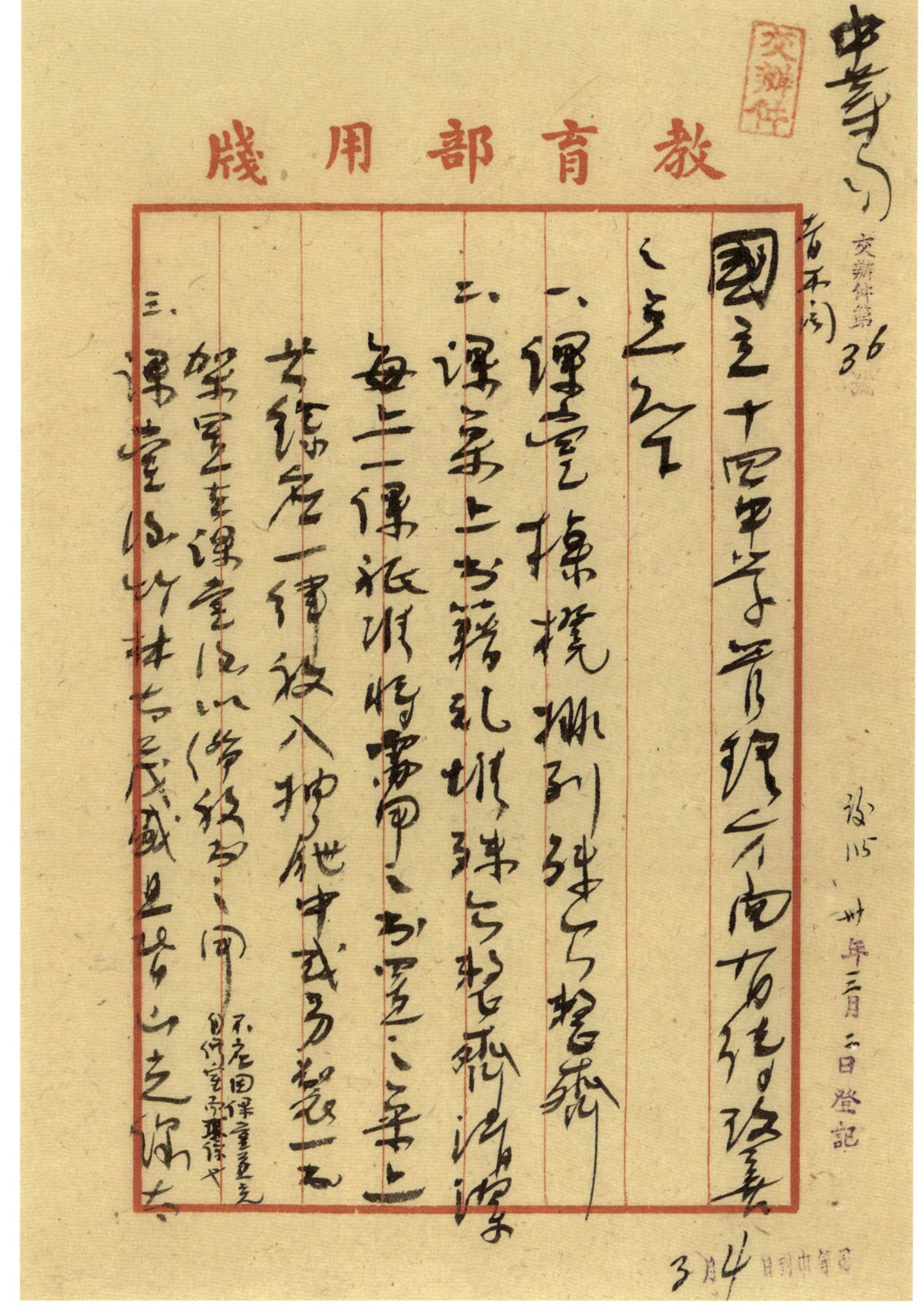

教育部用牋

中等司

交辦件

國立十四中學管理方面有待改善之點

一、課堂桌椅擺列殊欠整齊

二、課桌上書籍亂堆殊欠整齊，每上一課祇將需用之書置之桌上，其餘者一律放入抽屜中或另製一木架置各課室以備放置之用

三、課堂後面竹林茂盛且背山之濕氣

交辦件第36號

卅年三月二日登記

3月4日到中等司

教育部用箋

堀應將附近之竹綫去一部份

四、主要道路天雨時泥濘不堪應予修理者從速修理

五、辦公室應建築在校門附近設備

將辦公室之房屋改充教室以利管理

六、草地花木蔚蔚之精神亂貌無着

七、上禮堂去之階應以石砌之不宜以土

八、禮堂中之箱子不宜亂堆宜置一面

教育部用牋

編著儲藏之隨時開放展覽。

九、走廊中之人行道應早日修好。

十、可編組學生每星期至山下取沙以鋪路面。

以上各項有關工程者均可由高年級學生以勞動服務之方式為之。

杰 七、八

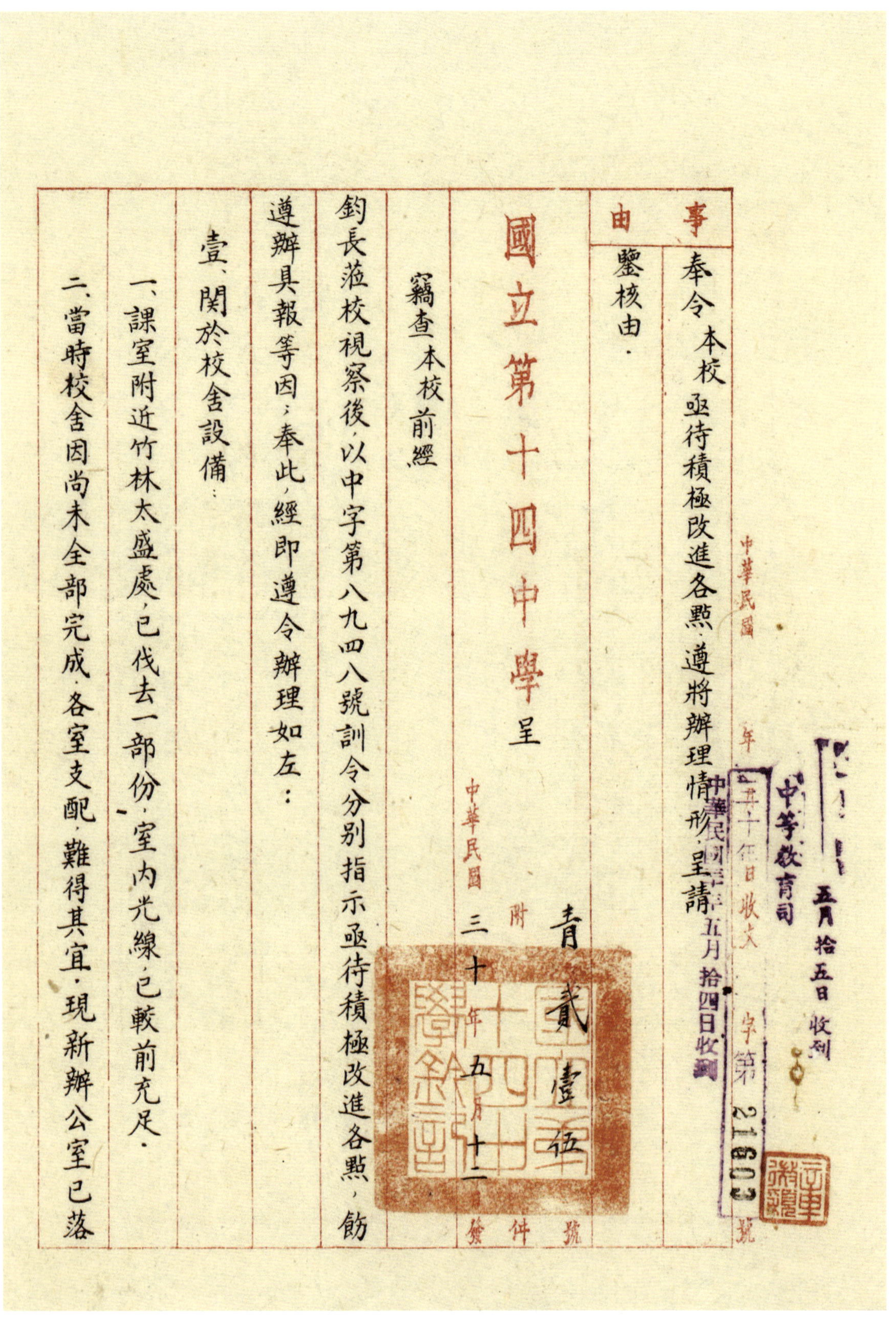

事由
奉令本校亟待積極改進各點，遵將辦理情形，呈請
鑒核由。

國立第十四中學　呈

附件
中華民國三十年五月十二日發
青貳壹伍號

竊查本校前經
鈞長蒞校視察後，以中字第八九四八號訓令分別指示亟待積極改進各點，飭遵辦具報等因；奉此，經即遵令辦理如左：

壹、關於校舍設備：

一、課室附近竹林太盛處，已伐去一部份，室內光線，已較前充足。

二、當時校舍因尚未全部完成，各室支配，難得其宜，現新辦公室已落

國立第十四中學校長吳學增奉令本校亟待積極改進各點遵將辦理情形呈請鑒核給教育部部長陳立夫的呈文

（一九四一年五月十二日）

成，位於教室之旁，前對大門，後對操場，早經遷入辦公，頗利管理。
三、宿舍前之土階，原係臨時急用所築，業用大石砌成，觀瞻尚美，亦便上下。
四、主要道路，已完全改修，前後通暢，現正逐步擴修支路，使各室縱横聯絡。
五、走廊中之人行道，一月前已由華中營造廠用三合土修好。
六、勞作課及勞動服務，現已由訓導處擬定辦法，按時勞動，運石砂築路，鋤土平場。

貳、關於事務管理：

一、課室棹櫈排列，已由訓導處切實負責，並逐日檢查，務使整齊。
二、各級教室後牆，已裝置書架二層，可敷放置書籍之用，課桌上已嚴禁堆積書籍，除由訓導處逐日檢查外，並責成各級級會整潔股，負責保持課室內之清潔整齊。

三、各級宿舍，現已全部完成，每級均於宿舍一端，闢有儲藏室，室內裝置大木架三層，由管理組及各級級導師限將學生所有箱籠等件，均須編號儲藏，並由學生管理，按期開放。

至關於學生訓導與勞動服務，除已編定訓練德目切實訓導，排定時間分組勞動外，並組織生產勞動委員會負責推行，奉令前因，理合將辦理情形，具文呈請

鑒核。

謹呈

教育部部長陳

國立第十四中學校長吴學增

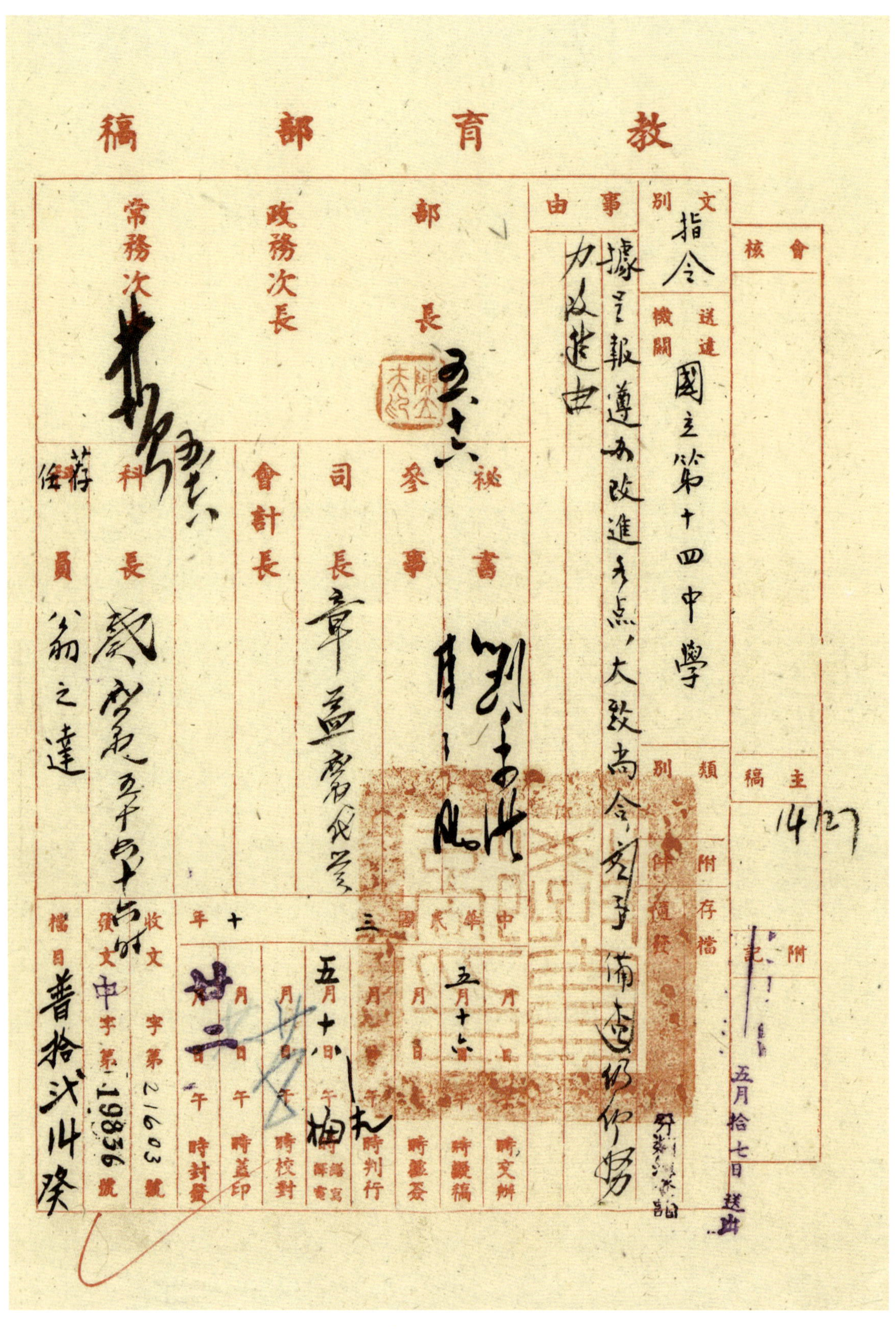

教育部據呈報遵辦改進各點大致尚合仍仰努力改進給國立第十四中學的指令

（一九四一年五月二十二日）

指令 第 號

令國立第十四中學

民國卅年五月十二日呈一件——奉令本校亟待積極改進各点遵將辦理情形呈請鑒核由。

呈悉，查該校遵辦各点，大致尚合，着仍繼續努力，以策進展。

備查！此令。

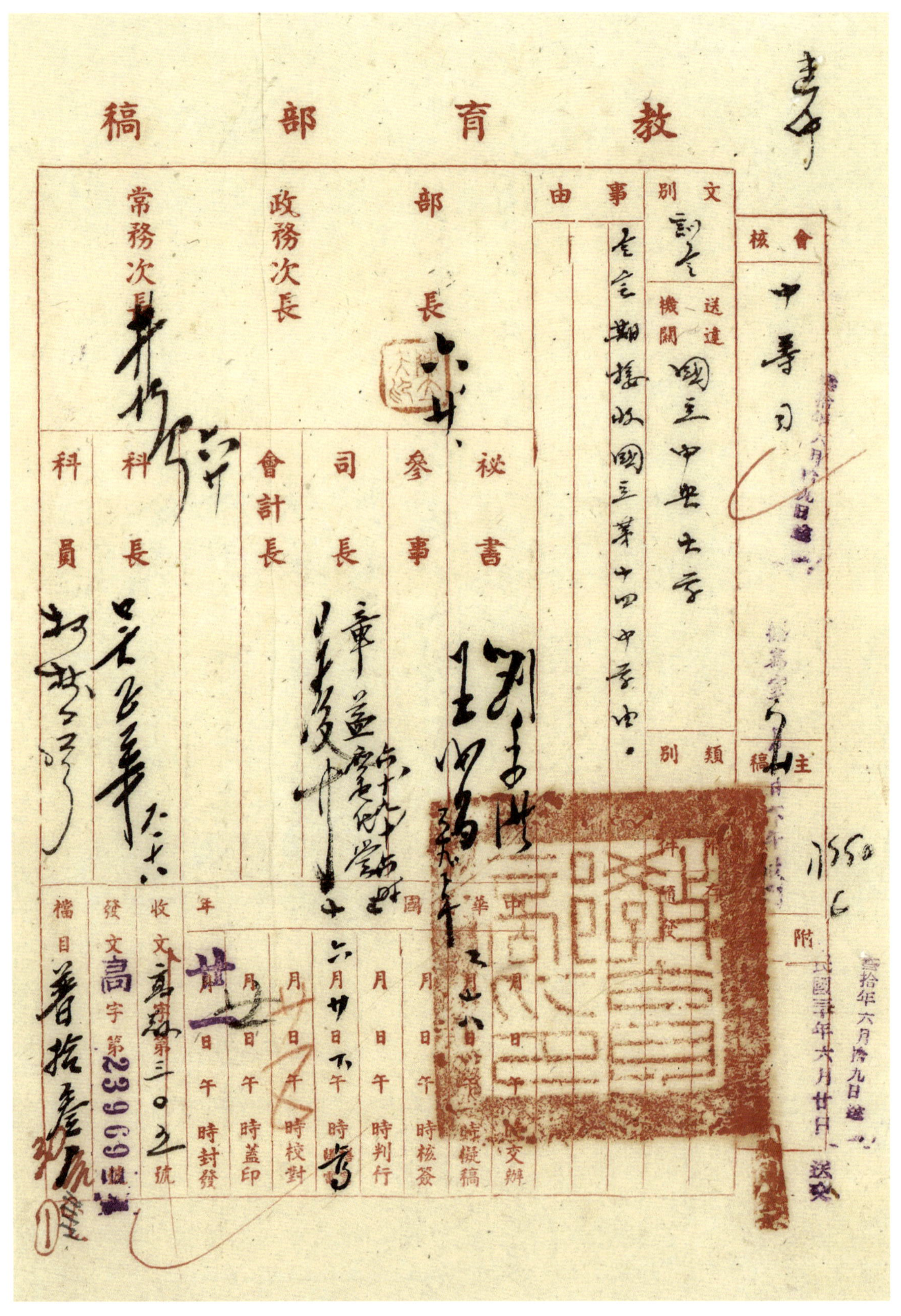

教育部稿

文別	訓令
送達機關	國立中央大學
事由	
類別	
附件	

部長　政務次長　常務次長

秘書　參事　司長　會計長　科長　科員

會核　主稿　附

檔目　發文 高字第23969號　收文 高字第 號

中華民國　年　月　日　午　時 文辦　擬稿　核簽　判行　校對　蓋印　封發

教育部令定期接收國立第十四中學給國立中央大學的訓令及部長陳立夫的批示

（一九四一年六月二十一日）

訓令

令國立中央大學

查現設青木關國立第十四中學改組為該校師範學院附屬中學，業經本部以真代電飭知在案。該校應即定期接收。合行令仰轉飭遵照。此令。

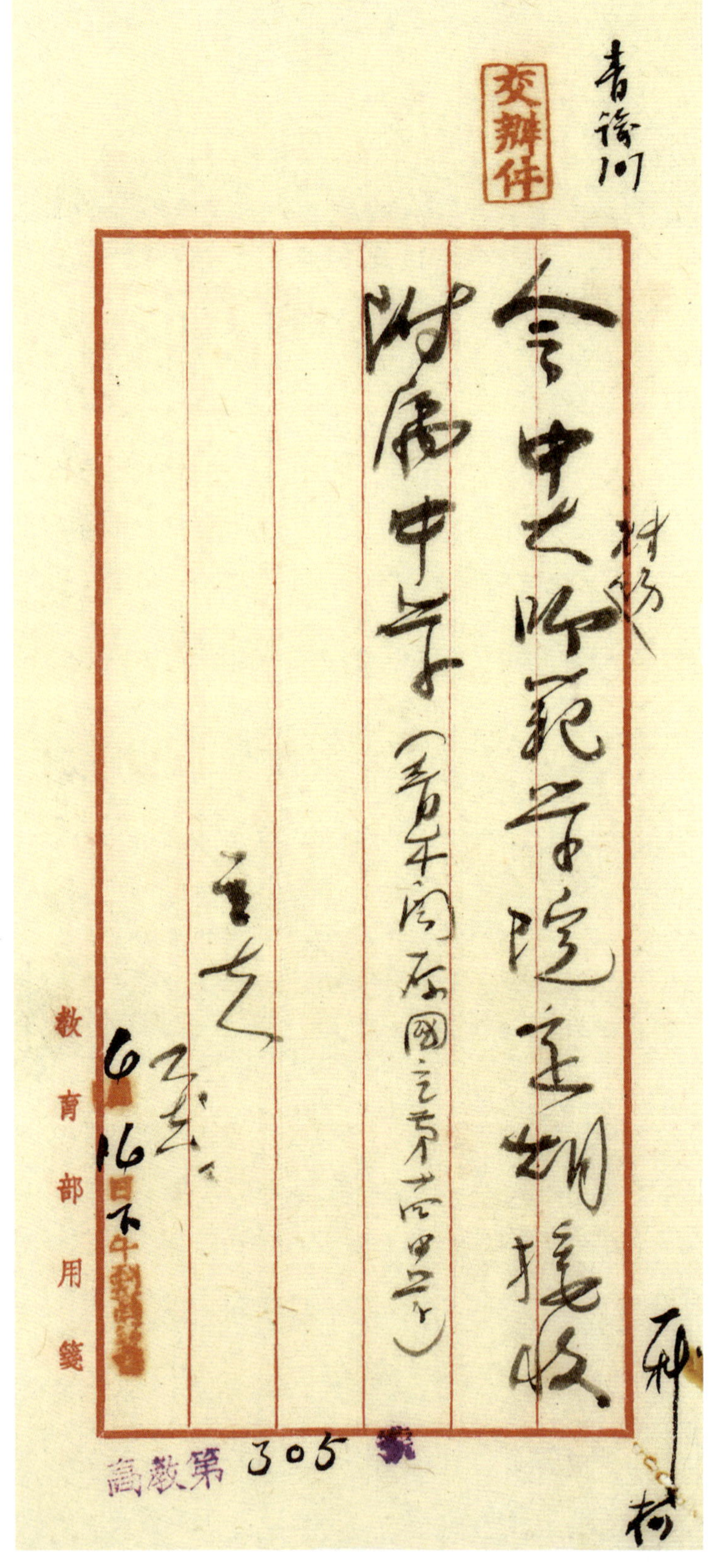

交辦件

令中大師範學院定期接收附屬中學（[illegible]）

教育部用箋

高教第305

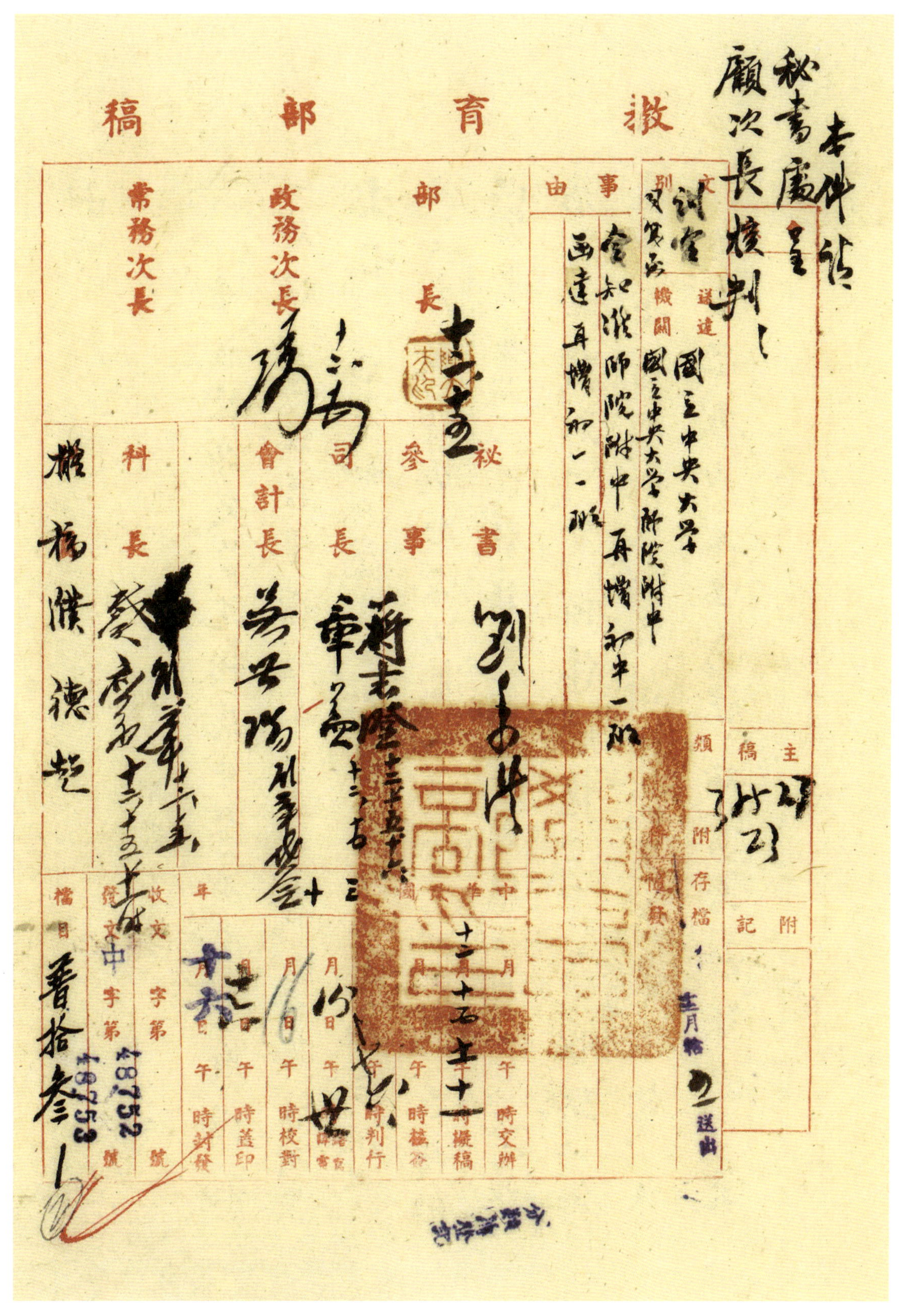

（三）國立中央大學師範學院附屬中學（重慶青木關　一九四一年九月至一九四六年十二月）

教育部令知準師範學院附屬中學再增初中一班給國立中央大學的訓令及中等教育司給國立中央大學師範學院附屬中學的箋函（一九四一年十二月十六日）

訓令

令國立中央大學

查該校師範學院附屬中學本學期應增初一班級，原經核定增設初一上三班。近據該附中報稱以投考初一學生人數過多，已錄取三班學生之名額，僅及投考人數百分之一，請求增班收容者甚眾，兹經核定仍准增設一班，以資選錄前次擇取以外，成績較優之學生（計四十名），惟應以能適學者為限，即就該附中開送名表收錄。該班在本學期內應速上課補習各科課程。

俾得遵照办理。因该附中所送名表所列投考成绩在三十分以下之学生，亦准随班附读。除饬即遵照该附中呈册外，合亟令仰遵照。此令。

计发函

径启者：

贵校本学期广增初一班级，原经核定增设初一上三班。近据报投考初一学生人数过多，已录取三班学生之名额，仅及报考人数三分之一，请求增班收容者甚众，兹查准仍增一班，以资遴录。第次择取以外，成绩较优之学生，计四十七名，惟应以能适学者为限，即就该附中所送名表收录。该班在本学期内应速上课並补习各科課程。
貴校開送各表所列教學成績在三十分以下之學
生，除准隨班附讀，除由部令知國立中央大學
外，希
論照行函達
查照辦理。此致
國立中央大學師範學院附屬中學
中等司　啟

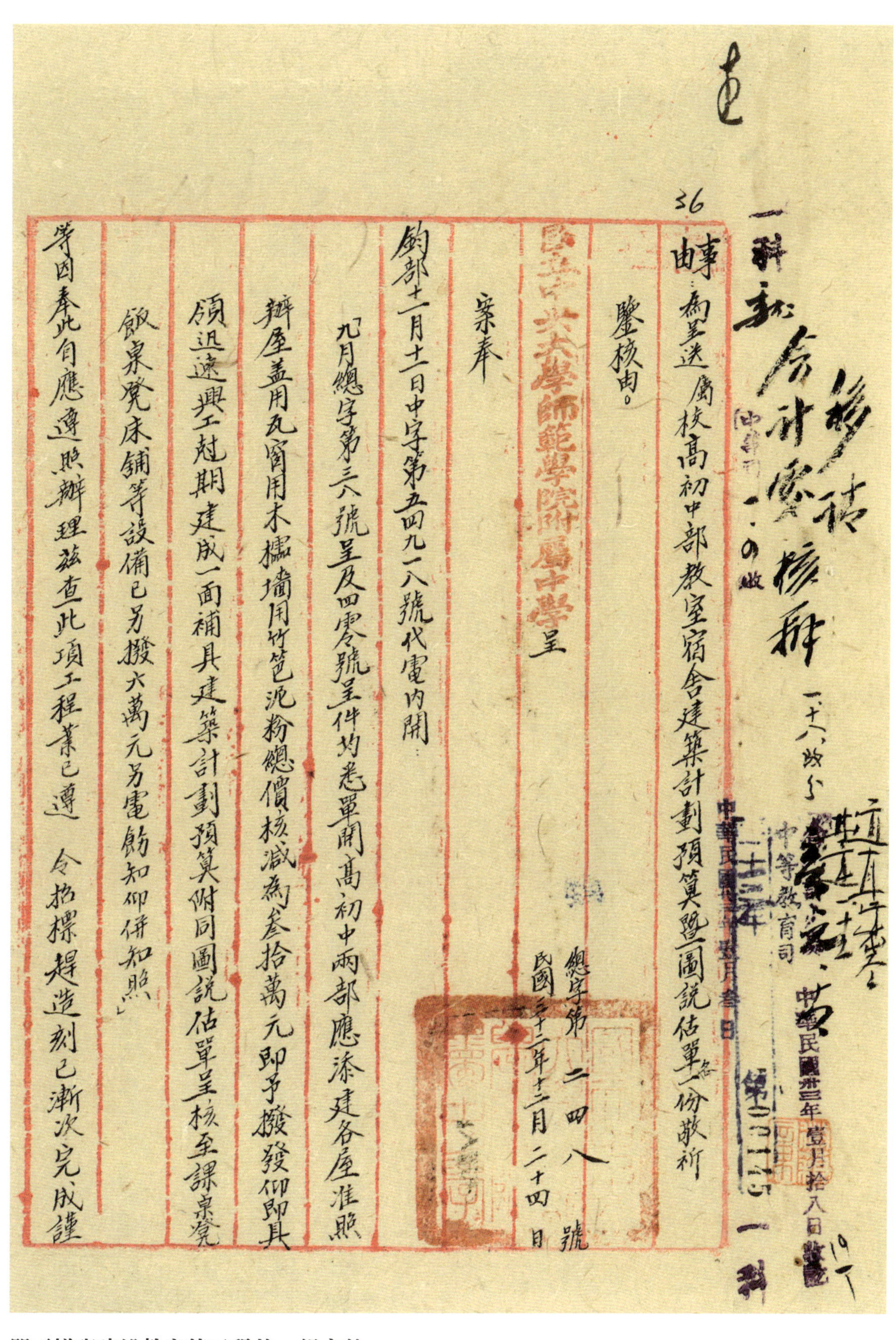

事由：爲呈送屬校高初中部教室宿舍建築計劃預算暨圖説估單各一份敬祈
鑒核由。

國立中央大學師範學院附屬中學呈

案奉
鈞部十一月十二日中字第五四九一八號代電内開：「九月總字第三八號呈及四零號呈件均悉。單開高初中兩部應添建各屋准照辦，屋蓋用瓦，窗用木，牆用竹笆泥粉，總價核減爲叁拾萬元，即予撥發，仰即具領，迅速興工，尅期建成。一面補具建築計劃預算，附同圖説估單呈核。至課桌凳、飯桌凳、床鋪等設備已另撥六萬元，另電飭知，仰併知照。」等因。奉此，自應遵照辦理。茲查此項工程業已遵令招標趕造，刻已漸次完成，謹

總字第二四八號
民國三十二年十二月二十四日

關于增班建設教室等工程的一組文件

國立中央大學師範學院附屬中學校長周明頤爲呈送屬校高初中部教室宿舍建築計劃預算暨圖説估單敬祈鑒核備查給教育部部長陳立夫的呈文及附件（一九四三年十二月二十四日）

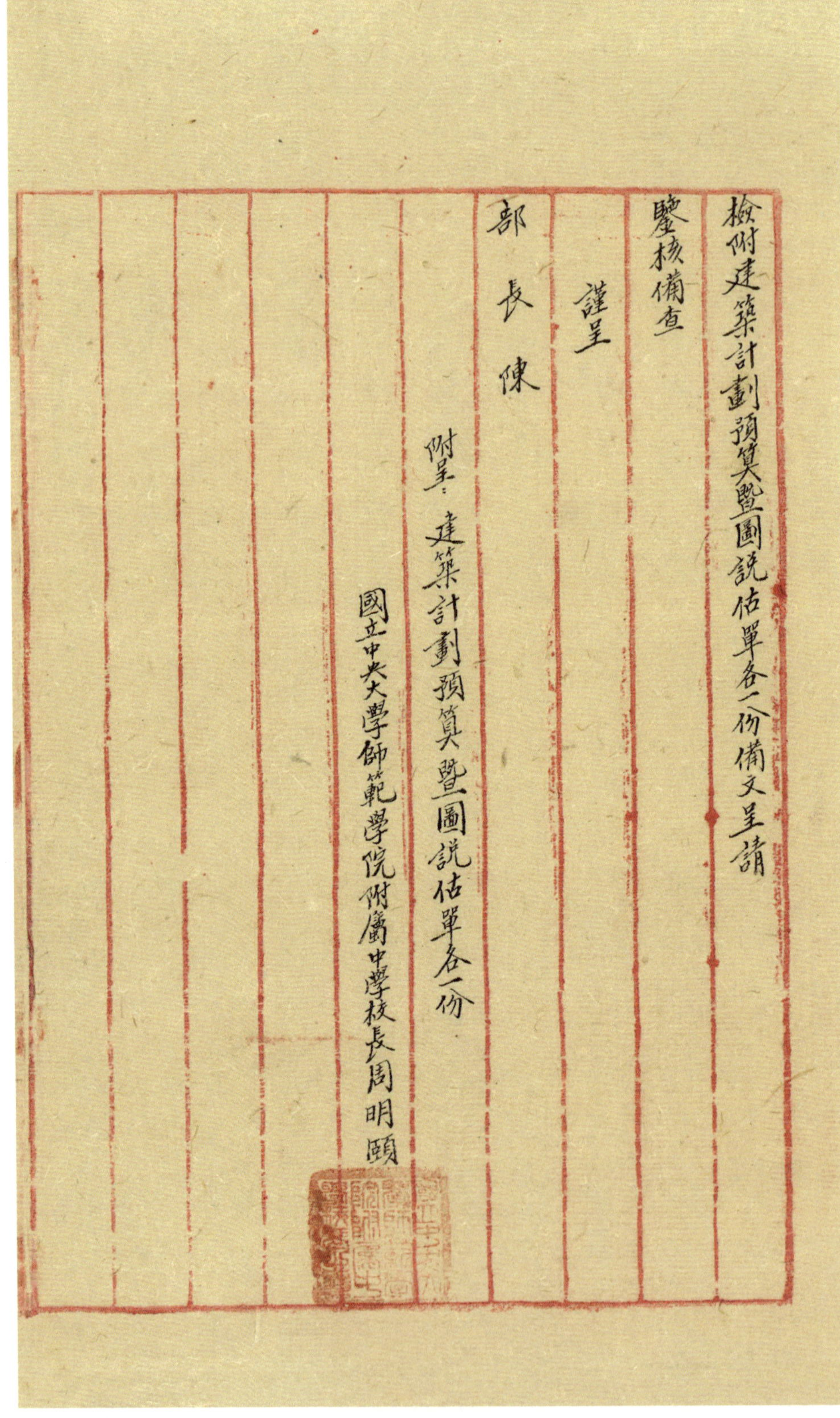
檢附建築計劃預算暨圖說估單各一份備文呈請
鑒核備查
謹呈
部長陳
附呈：建築計劃預算暨圖說估單各一份
國立中央大學師範學院附屬中學校長周明頤

（一）建築計劃

青瓦屋面木格条窗單開板門單竹笆墻三合土地四週明溝高中部三連間宿舍一幢四連間宿舍一幢初中部二連間教室一幢六連間宿舍一幢（估價繪圖時原係三連間二幢因基地關係地主不允租借建築時改為六連間一幢）二連間宿舍一幢遵照

鈞部十一月十一日中字第54918號代電先行招標估價興工

（二）建築預算

此項建築預算原請發給叁拾叁萬貳仟壹佰餘元遵奉54918號代電核減為叁拾萬元現全部工程費用共用去貳拾玖萬玖仟零叁拾元整

附（一）建築計劃及建築預算

估價單

中大附中高中部添建教職員宿舍等工程　32年3月18日

項目	數量	單位	單價	共價	說明
教職員宿舍12'×16'三連間					改為12'×16'三連間
平基土方	12.00	英方	140.00	1,680.00	30'×20'×1'
磉岩	20.00	個	150.00	3,000.00	
三合土地	10.60	英方	350.00	3,710.00	39'×23'
大柱架	4.00	排	2,400.00	9,600.00	
廚房柱架	5.00	"	700.00	3,500.00	
單竹墻	25.00	英方	850.00	21,250.00	212'×10'+48'×8'
青瓦屋面	12.10	"	1,900.00	22,990.00	39'×27'+1.6
木格板窗	6.00	樘	520.00	3,120.00	3'-6"×5'
廚房木格窗	3.00	"	220.00	660.00	3'×3'
大單開板門	9.00	"	600.00	5,400.00	3'×8'
廚房單開板門	3.00	"	400.00	1,200.00	2'-6"×6'-6"
石級	6.00	塊	120.00	720.00	
明溝	148.00	呎	15.00	2,220.00	
小計			共	79,050.00	
單身教職員宿舍12'×16'四連間					加做一間改為四連間
平基土方	8.00	英方	140.00	1,120.00	40'×20'×1'
磉岩	12.00	個	150.00	1,800.00	
三合土地	7.40	英方	350.00	2,590.00	39'×19'
柱架	4.00	排	2,000.00	8,000.00	
單竹墻	20.00	英方	850.00	17,000.00	
青瓦屋面	8.60	"	1,900.00	16,340.00	39'×22'
木格窗	6.00	樘	300.00	1,800.00	3'×4'
單板門	6.00	"	520.00	3,120.00	3'×7'
明溝	116.00	呎	15.00	1,740.00	
小計			共	53,510.00	

新森記營造廠　經理　地址：重慶青木關老街

重慶市第四八號甲等執照

電報掛號二五四〇

附（二）估價單

估價單

中大附中初中部添建教室及教員宿舍等工程　五年　9 月 18 日

項目	數量	單位	單價	共價	說明
教室13'x24'二連間					
平基土方	18.00	英立方	140.00	2,520.00	30'x30'x2
磉岩	11.00	個	150.00	1,650.00	
三合土地	7.80	英平方	350.00	2,730.00	29'x27'
柱架	3.00	排	2600.00	7,800.00	
單竹墻	11.00	英平方	850.00	9,350.00	
青瓦屋面	8.70	"	1900.00	16,530.00	29'x30'
單板門	2.00	樘	650.00	1,300.00	3'x8'-6"
大木格窗	2.00	"	800.00	1,600.00	5'x7'
小木格窗	2.00	"	440.00	880.00	3'-6"x5'
明溝	112.00	呎	15.00	1,680.00	
小計				$46,040.00	
教員宿舍12'x16'三連間					
平基土方	16.00	英立方	140.00	2,240.00	40'x20'x2'
磉岩	12.00	個	150.00	1,800.00	
三合土地	7.40	英平方	350.00	2,590.00	39'x19'
柱架	4.00	排	2,000.00	8,000.00	
單竹墻	15.20	英平方	850.00	12,920.00	
青瓦屋面	8.60	"	1900.00	16,340.00	39'x22'
單板門	3.00	樘	520.00	1,560.00	3'x7'
木格窗	6.00	"	300.00	1,800.00	3'x4'
明溝	116.00	呎	15.00	1,740.00	
小計				$48,990.00	[illegible]
工友宿舍10'x10'二連間					
平基土方	3.00	英立方	140.00	420.00	14'x24'x1'
磉岩	9.00	個	150.00	1,350.00	

新森記營造廠　經理　地址：重慶青木關老街

重慶市第四八號甲等執照

電報掛號二五四〇

估價單

接上頁　　　　32年　9月　18日

項目	數量	單位	單價	共價	説明
三合土地	3.00	蔴方	350.00	1,050.00	13'×23'
柱架	3.00	排	1300.00	3,900.00	
單竹墻	7.00	蔴方	850.00	5,950.00	
青瓦屋面	3.40	〃	1900.00	6,460.00	15'×23'
單板門	2.00	樘	520.00	1,040.00	3'×7'
木格窓	4.00	〃	300.00	1,200.00	3'×4'
明溝	72	呎	15.00	1,080.00	
小計				$22,450.00	
總估價單					
高中部教職員宿舍	1	幢		79,050.00	改為12'×16'
單身教員宿舍	1	〃		53,510.00	加做一間改為四連間
初中部教室	1	〃		46,040.00	
教員宿舍	2	〃	48,995.00	97,990.00	
工友宿舍	1	〃		22,450.00	
共計				$299,030.00	

新森記營造廠　經理　地址：重慶青木關老街

重慶市第四八號甲等執照

電報掛號二五四〇

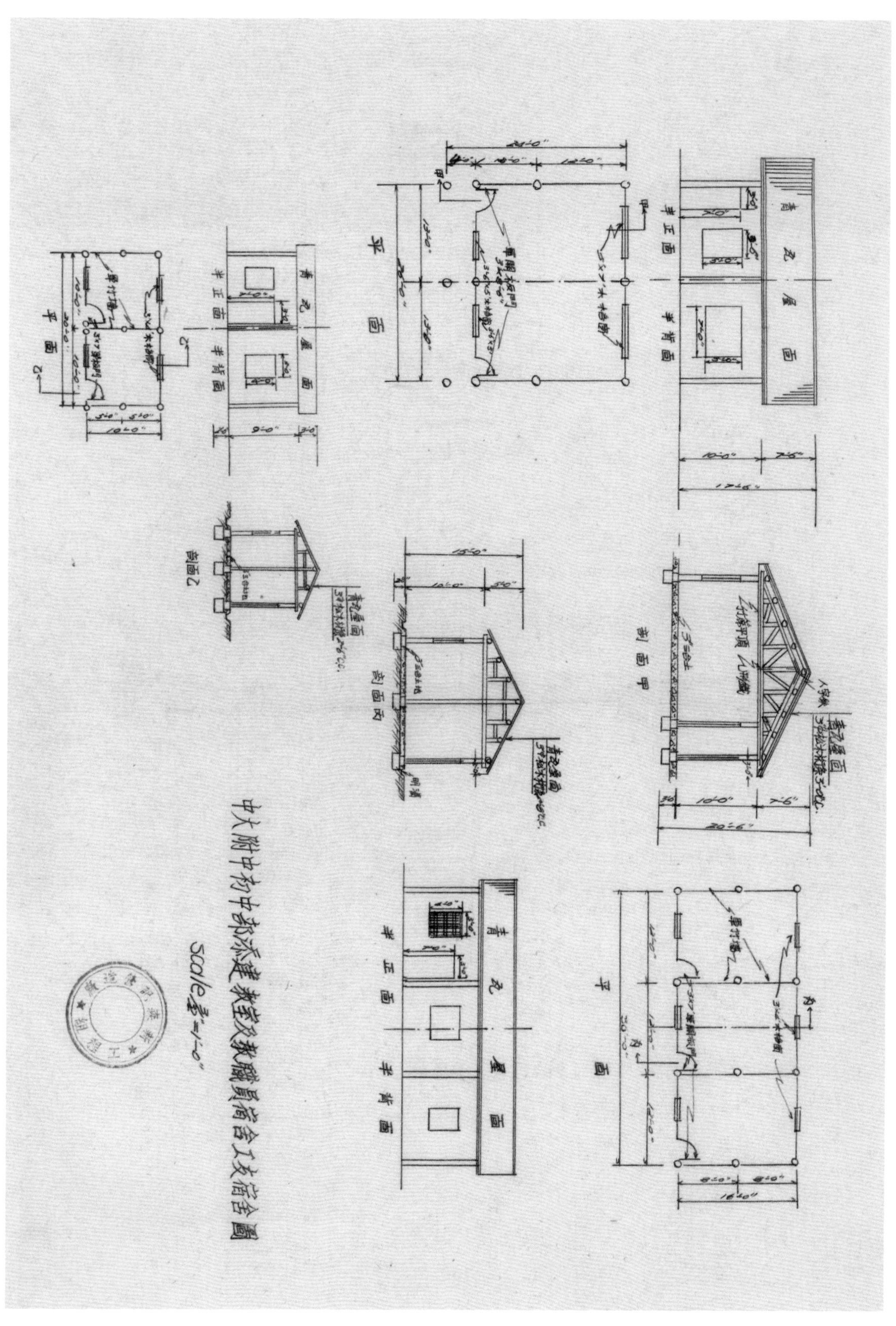

附（三）建築圖說

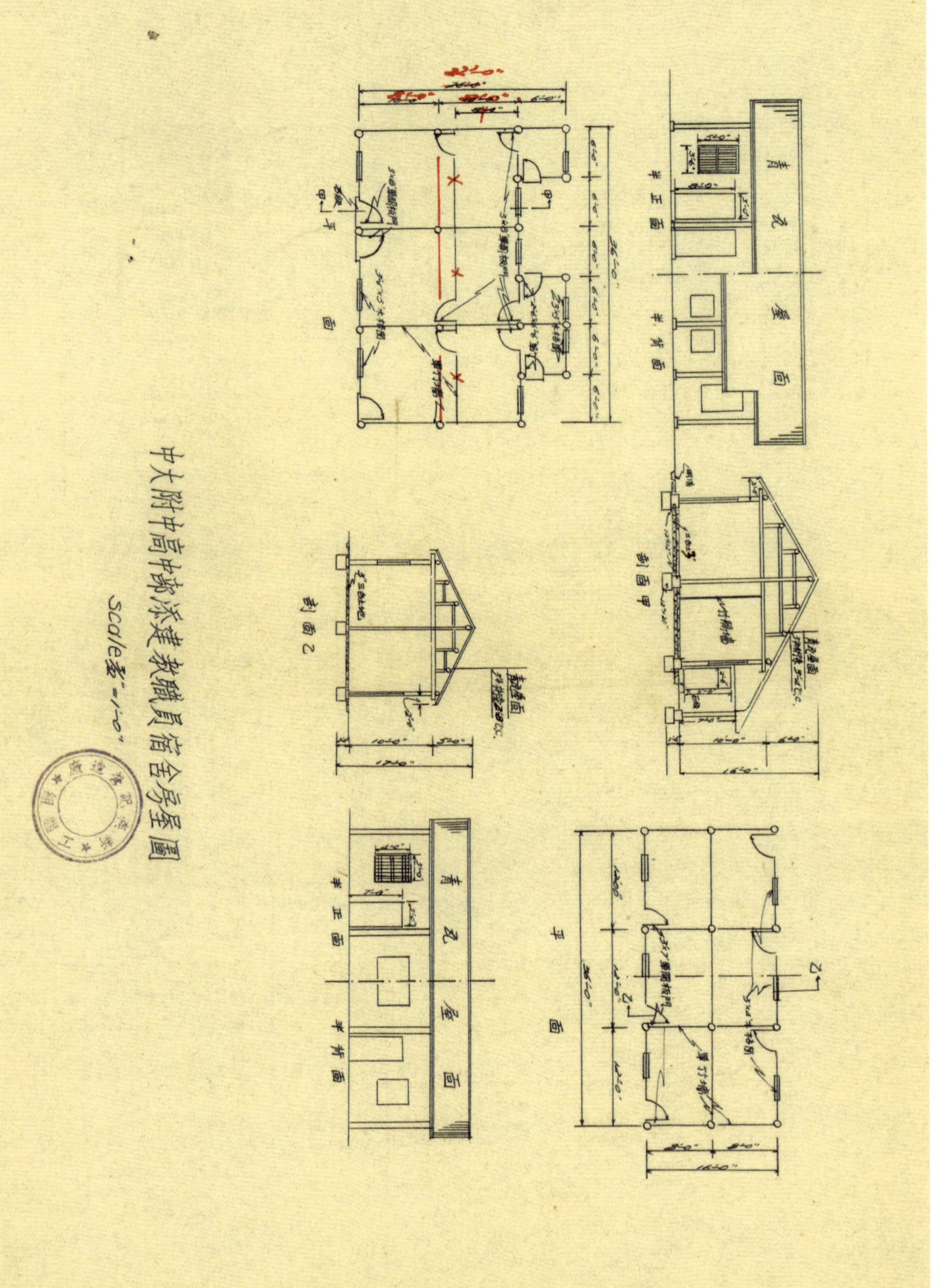
中大附中高中部添建教職員宿舍房屋圖
Scale 1/8"=1'-0"
平面
剖面甲
剖面乙
半正面
半背面
青瓦屋面

附（四）建築合同

立合同人國立中央大學師範學院附屬中學、新森記營造廠（以後簡稱甲、乙方）雙方協定各條如下：

一、甲方需建築教室及教職員宿舍等房屋工程，交由乙方承包。

二、全部工程總包價計國幣貳拾九萬九仟另叁拾元（建築工程地点圖樣單價詳附設計圖及估價單）

三、本項工程由乙方照估價單及圖樣承造，並遵從甲方監督人員之指揮，

四、本合同簽定後，雙方均不得異議，因非常時期，惟工人工資一項估價時係照中等米價（每老斗　元）估計，如以後米價漲落，按照米價比例增減之（以全部工程價值百分之　計算）

五、本工程自三十二年十月二十五日起開工，限四十個晴天完工，不得逾限，如逾限每遲延一天應繳納罰金叁百元、

因風雨空襲及人力不能抗禦之事不能工作之日由甲方簽字證明者得除外不計。

六、本工程造價分四期付款：第一期訂立合同時付總價百分之二十，第二期屋頂木架付百分之三十，第三期屋面完成付百分之三十，第四期——工竣後全數結清。

七、本工程簽定後倘乙方延不開工以及進行遲滯、工料不合、不服從甲方工程負責人員指揮監督致發生意外時，由甲方用書面通知乙方，於三日後答復，如不答復時得由甲方另行雇人續造完竣，所有場內器材概由甲方沒收作備工項器材，及已成工程所存工款仍不足抵償此項停頓誤工之一切損失時，不敷之數均由乙方負責清償之。如甲方無故通知乙方停工者，亦須賠償乙方因停工所受一切損失。

八、本工程之一切人工材料器具及一切設備均由乙方自備，乙方所雇用之員工應絕對服從甲方工程人員之指揮，如係

服從約束者由乙方即時革除之

十、本工程進行中如遇人力不能抵抗之災禍（如兵災敵機轟炸等）乙方已成工程及存放場地之材料遭受損毀得由乙方報請甲方查驗照價付給工款料款

十一、本工程在進行時乙方得申請甲方給與在工程上一切便利免除阻礙

十二、本合同簽定同式四份甲方執三份乙方執壹份分別保存。

十三、本合同附件如下：圖樣貳張估價單叁份

十四、本工程自完工之日起保固壹年為限。

十五、本合同自訂立簽字蓋章之日起發生效力至工程告竣經甲方驗收後為止

立合同人 國立中央大學師範學院附屬中學

負責代表

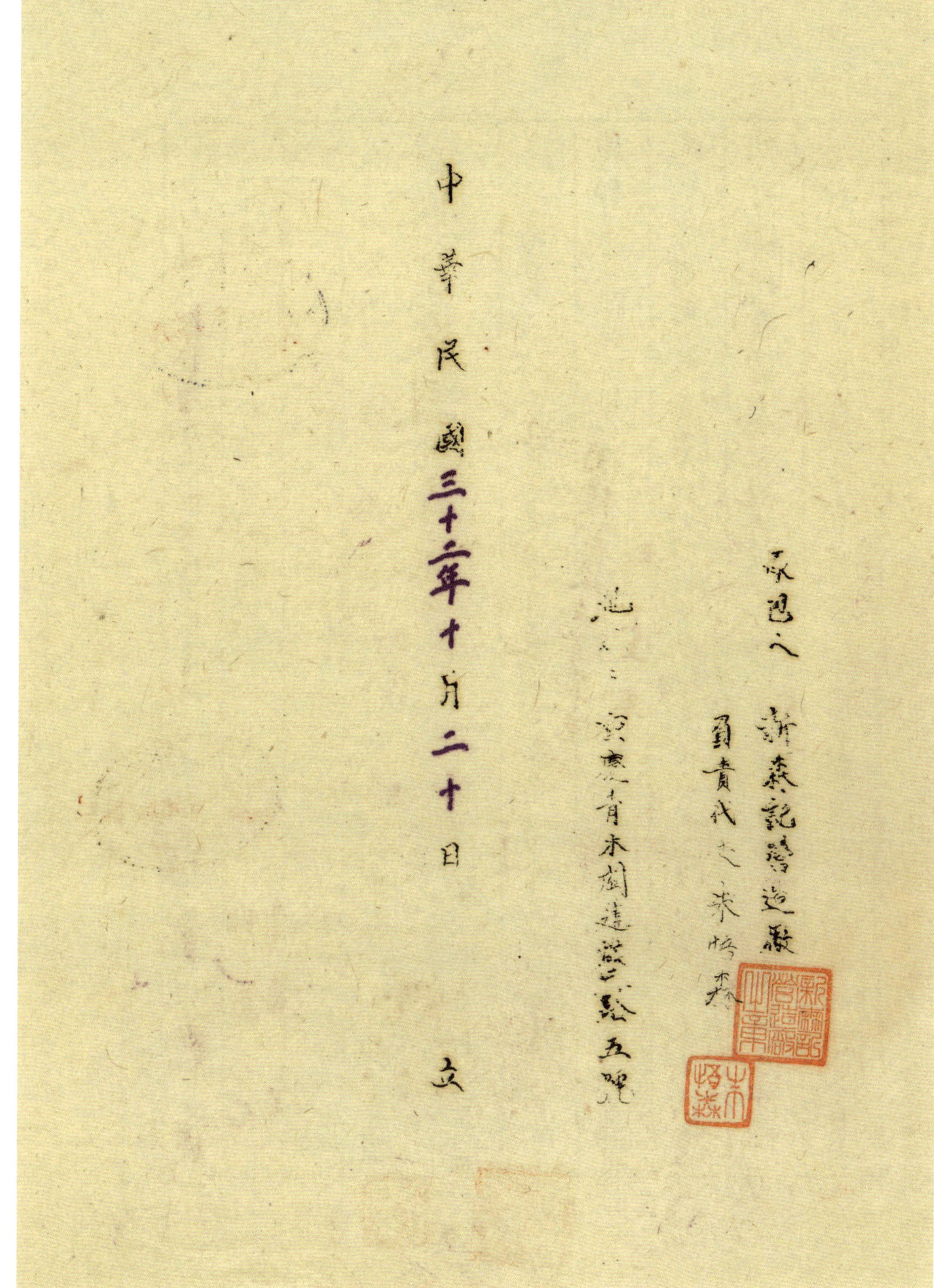
承包人 謝森記營造廠
負責代表 朱恪森
地址 [illegible]五號

中華民國三十二年十月二十日 立

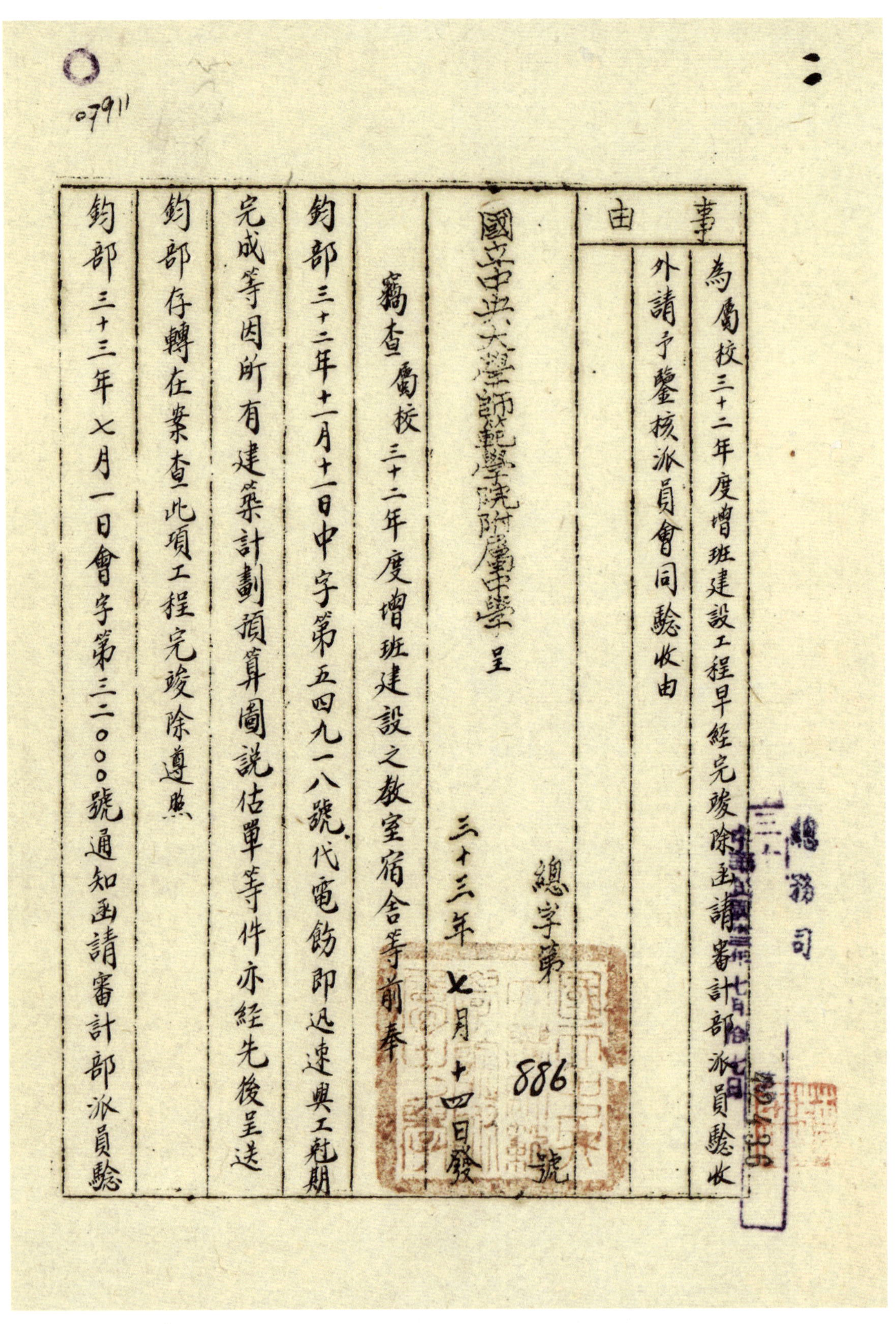
07911

事由
為屬校三十二年度增班建設工程早經完竣除函請審計部派員驗收外請予鑒核派員會同驗收由

國立中央大學師範學院附屬中學 呈
總字第886號
三十三年七月十四日發

竊查屬校三十二年度增班建設之教室宿舍等前奉
鈞部三十二年十一月十一日中字第五四九一八號代電飭即迅速興工剋期完成等因所有建築計劃預算圖說估單等件亦經先後呈送
鈞部存轉在案查此項工程完竣除遵照
鈞部三十三年七月一日會字第三二〇〇〇號通知函請審計部派員驗

總務司

國立中央大學師範學院附屬中學校長周明頤爲屬校一九四三年度增班建設工程早經完竣除函請審計部派員驗收外請予鑒核派員會同驗收給教育部部長陳立夫的呈文（一九四四年七月十四日）

收外理合備文呈請

鑒核俯予派員會同驗收以資結束謹呈

部長陳

國立中央大學師範學院附屬中學校長周明頤

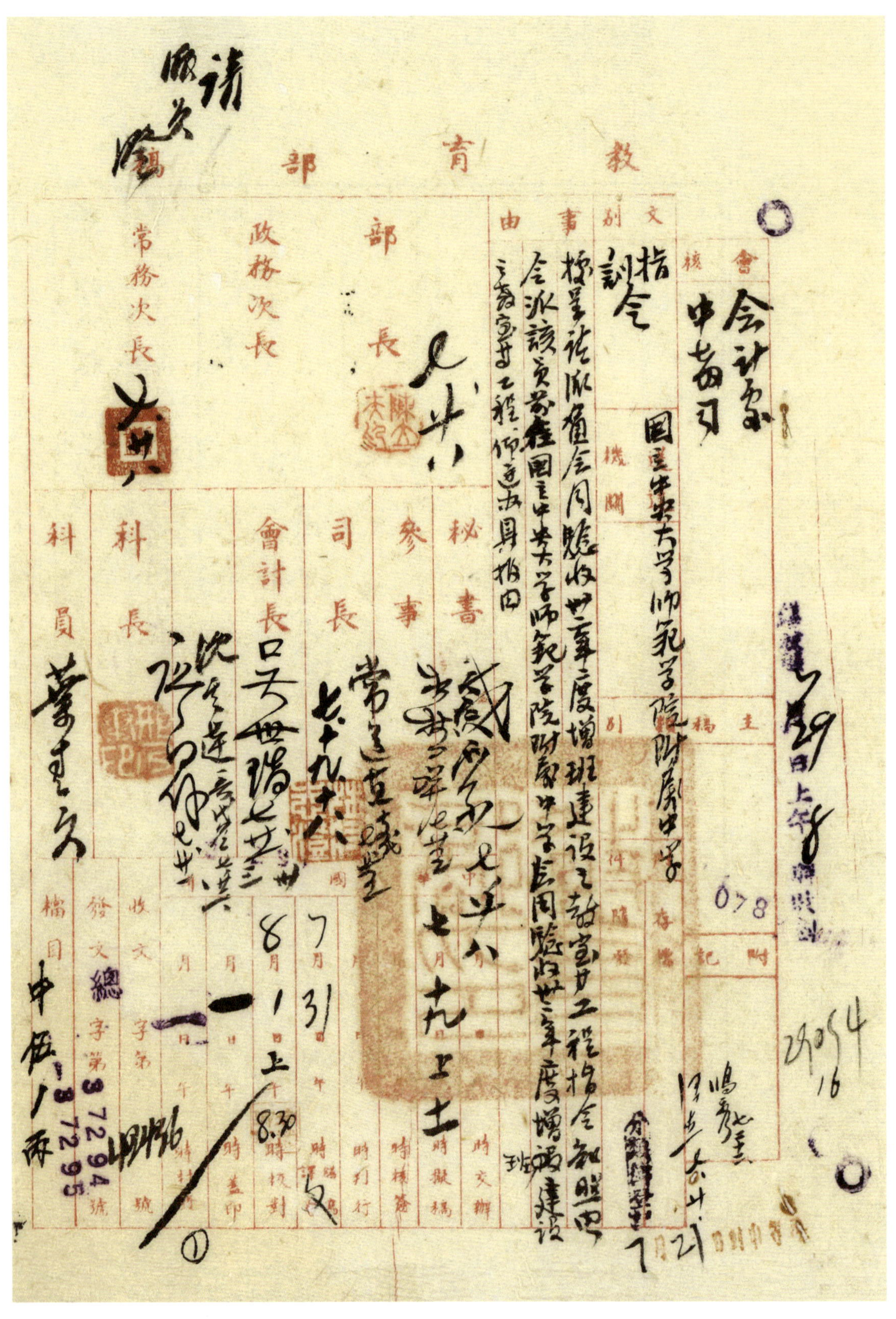

教育部

部長　政務次長　常務次長

文別：指令、訓令

機關：國立中央大學師範學院附屬中學

事由：據呈請派員會同驗收卅三年度增班建設之教室等工程指令知照由；令派該員前往國立中央大學師範學院附屬中學會同驗收卅三年度增班建設之教室等工程仰遵照具報由

秘書　參事　司長　會計長　科長　科員

主稿　附記

收文　字第　號

發文　總字第 372294、372295 號

檔目

教育部據呈請派本部陳宗英會同驗收一九四三年度增班建設之教室等工程給國立中央大學師範學院附屬中學的指令及給陳宗英的訓令（一九四四年八月一日）

请派员

指令

令国立中央大学师范学院附属中学

卅三年七月十四日总字号呈一件——为卅三年度增班建设工程完竣请

派员会同验收由

呈悉。经派本部督学陈宗英前来会同监验收，仰

即知照。此令。

训令

令本部督学陈宗英，

案据国立中央大学师范学院附属中学卅三年七月十四日总字第八

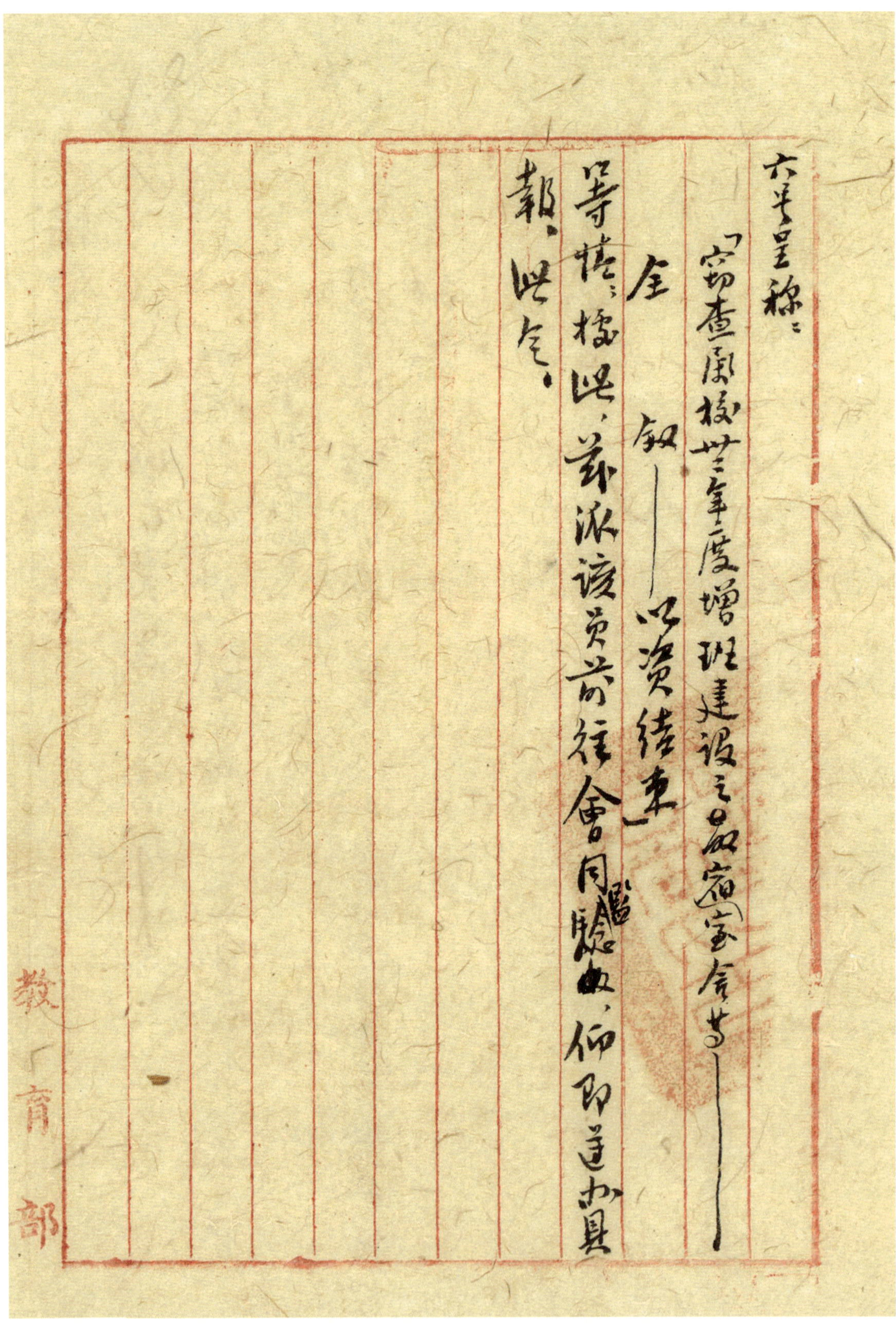

六年呈稱：
「竊查國校卅三年度增班建設之教宿室舍等——
全
叙——以資結束」
等情，據此，兹派該员前往會同驗收，仰即遵办具
報，此令。

教育部

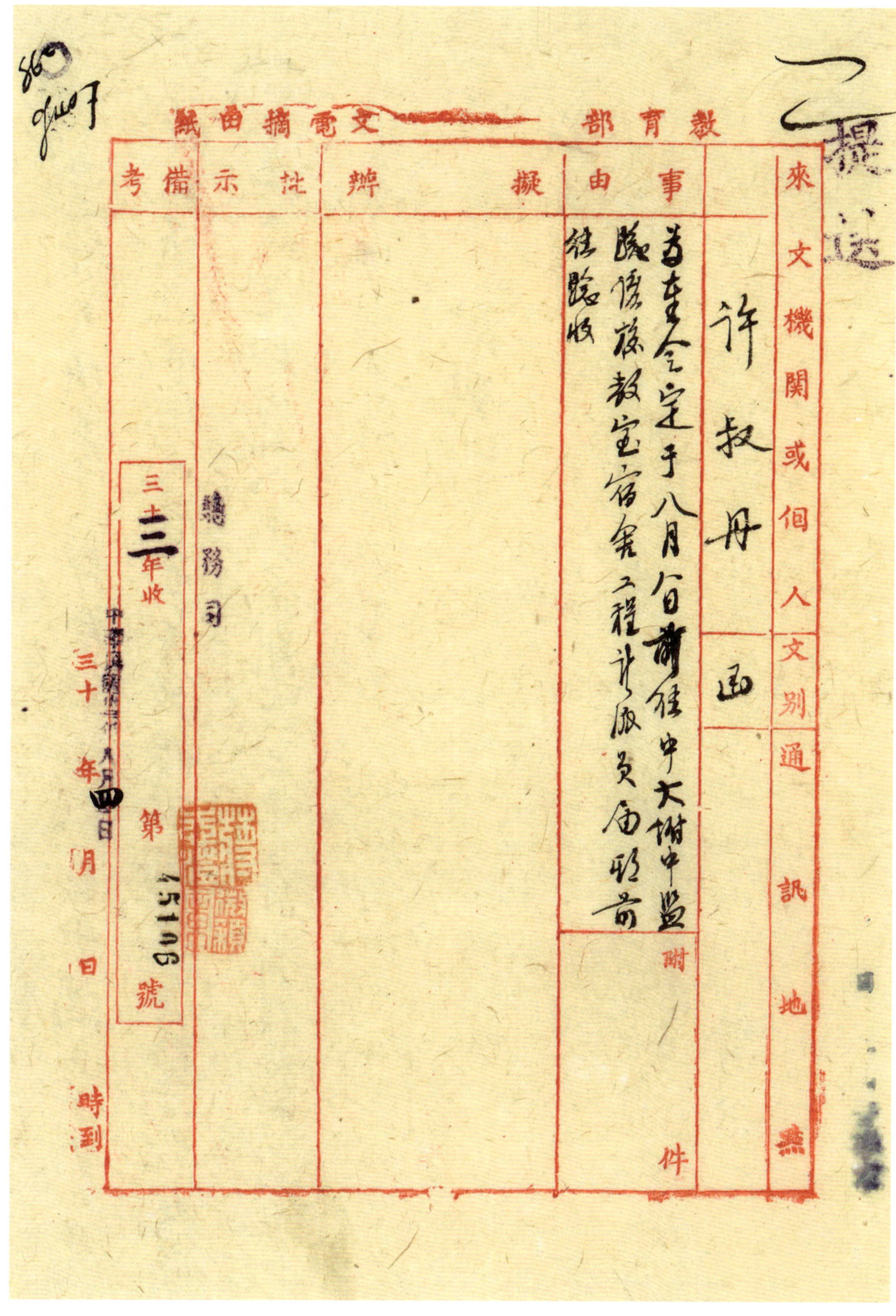

教育部文電摘由紙

來文機關或個人	許叔丹
文別	函
通訊地點	
事由	為奉令定于八月八日前往中大附中監驗該校教室宿舍工程請派員屆時前往監收
附件	
擬辦	
批示	總務司
備考	三十三年收第45106號

三十年八月四日時到

審計部稽察許叔丹爲奉令定于八月八日前往中大附中監驗該校教室宿舍工程給教育部的函

（一九四四年八月一日）

逕啟者：頃奉部令派本人監驗國立中央大學師範學院附屬中學卅三年度增班建設之教室宿舍等工程，茲定於本月八日（星期二）上午十時前往辦理驗收，派員準期前往驗收為荷。

此致

教育部

審計部稽察 許秉丹 謹啟

卅三年八月一日

審計部用箋

審計部稽察許秉丹章

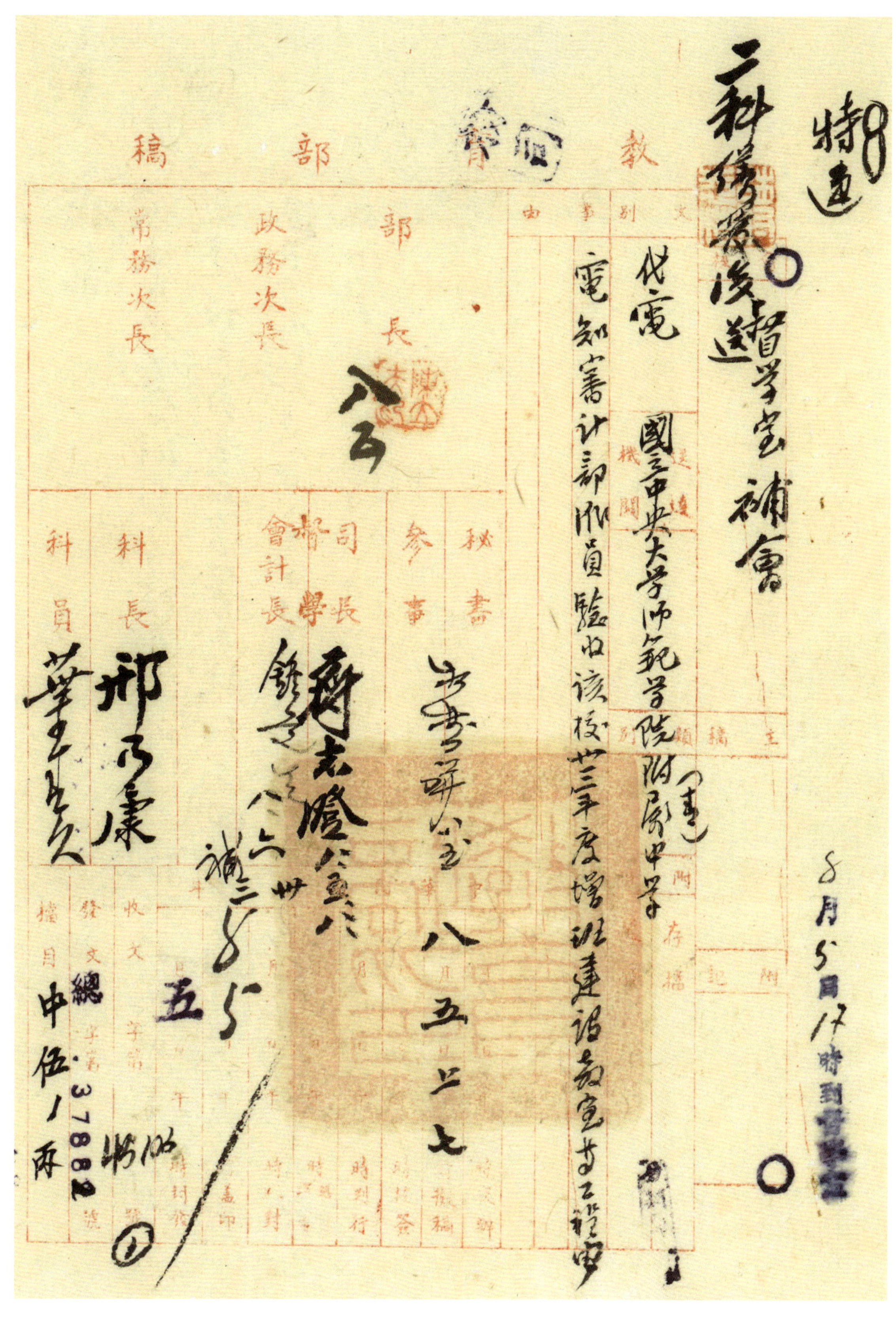

教育部稿

部長

政務次長

常務次長

文別：代電

事由：電知審計部派員驗收該校卅三年度增班建設教室等工程由

受文機關：國立中央大學師範學院附屬中學

二科繕發後送督學室補會

特速

教育部電知審計部派員驗收該校一九四三年度增班建設教室等工程給國立中央大學師範學院附屬中學的代電（一九四四年八月五日）

代電

國立中央大學師範學院附屬中學：（汪校）關於該校卅二年度增班建設之教室宿舍等工程一案，經函請審計部派員監驗，茲據審計部稽察許拟丹函復，稱定於八月八日上午十時前來驗收，特電知照。教育部

徵

印

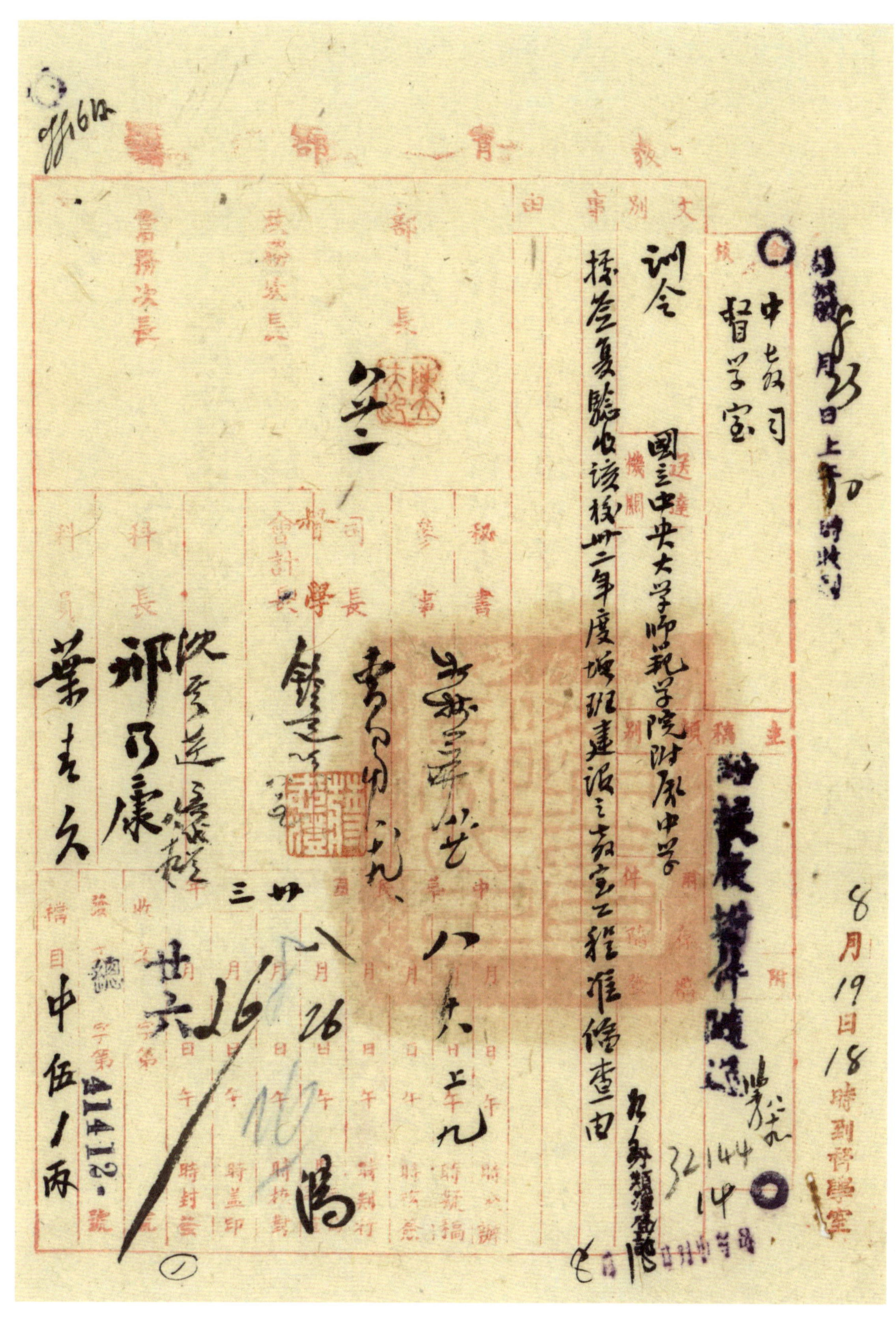
教育部

文別：訓令

事由：據簽復驗收該校卅二年度增班建設之教室工程准備查由

送達機關：國立中央大學師範學院附屬中學

主稿：中教司　督學室

部長

政務次長

常務次長

秘書　參事　司長　督學　會計長　科長　科員

教育部據簽復驗收該校一九四三年度增班建設之教室工程準備查給國立中央大學師範學院附屬中學的訓令及附件（一九四四年八月二十六日）

訓令

令國立中央大學師範學院附屬中學

前據該校呈請派員驗收卅二年度增班建設之教室等工程一案，經派本部督學陳宗英會同審計部許稽察所派人員前往監驗。茲據陳督學簽復略稱：「遵於八月八日會同審計部━紅至━呈請察核」等情，附驗收證明書五紙、結算表一紙。據此，除該項工程驗收證明書准加印并留一份存查，並將所呈結算表函存部備查外，仰即知照。此令

計發驗收証明書四份

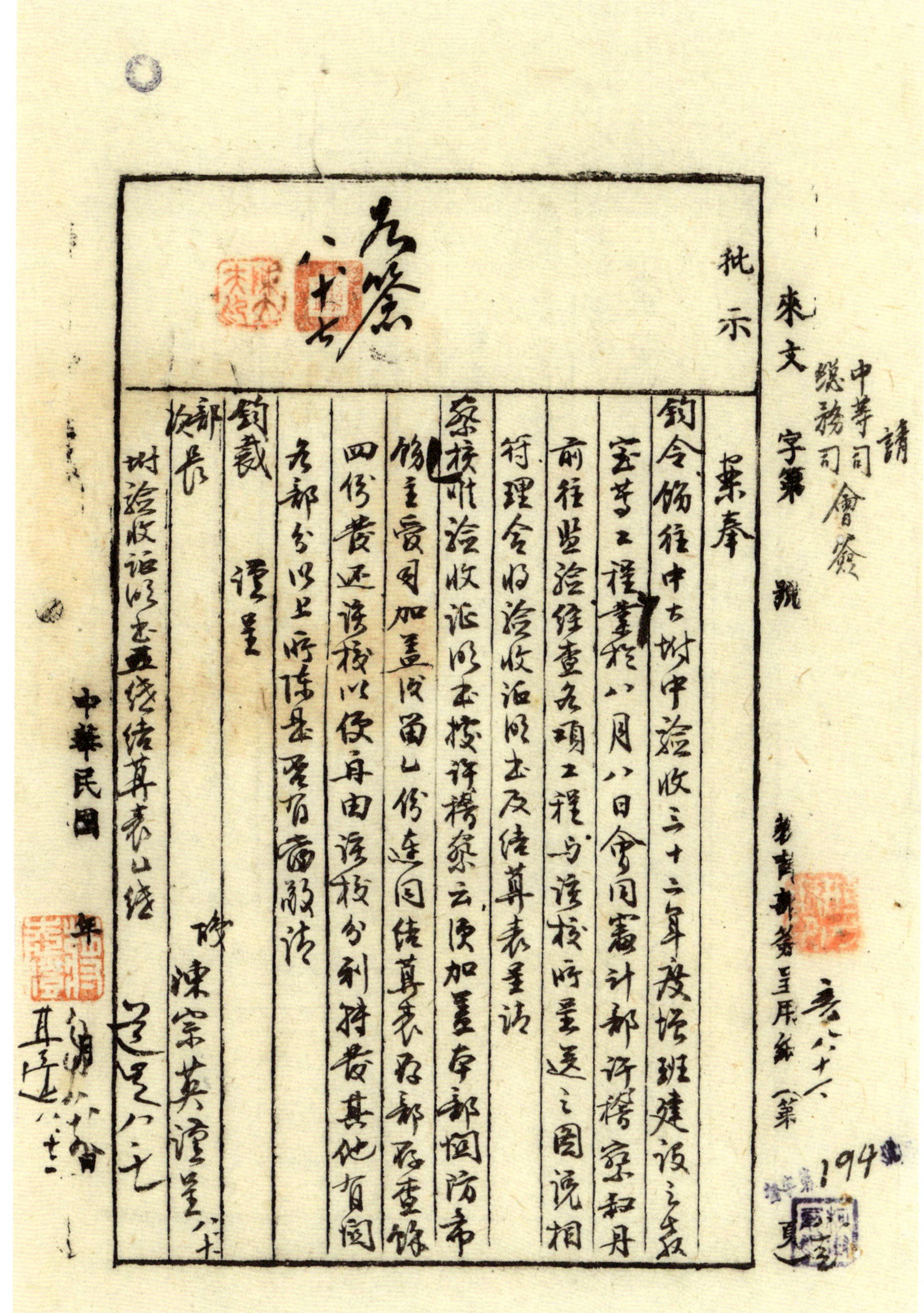

請中等司、總務司會簽

來文　字第　號

批示

案奉

鈞令飭往中大附中驗收三十二年度增班建設之教室等工程，業於八月八日會同審計部許稽察和丹前往監驗，經查各項工程與該校所呈送之圖說相符，理合將驗收證明書及結算表呈請

察核。此驗收證明書本校許稽察云須加蓋本部關防，希飭主管司加蓋後留一份連同結算表存部存查，餘四份發還該校，以便由該校分別轉發其他有關方面。以上所陳是否有當，敬請

鈞裁。謹呈

部長

職 陳宗英謹呈 八廿

附驗收證明書五份、結算表一份

中華民國　年

附（一）陳宗英給部長的呈文

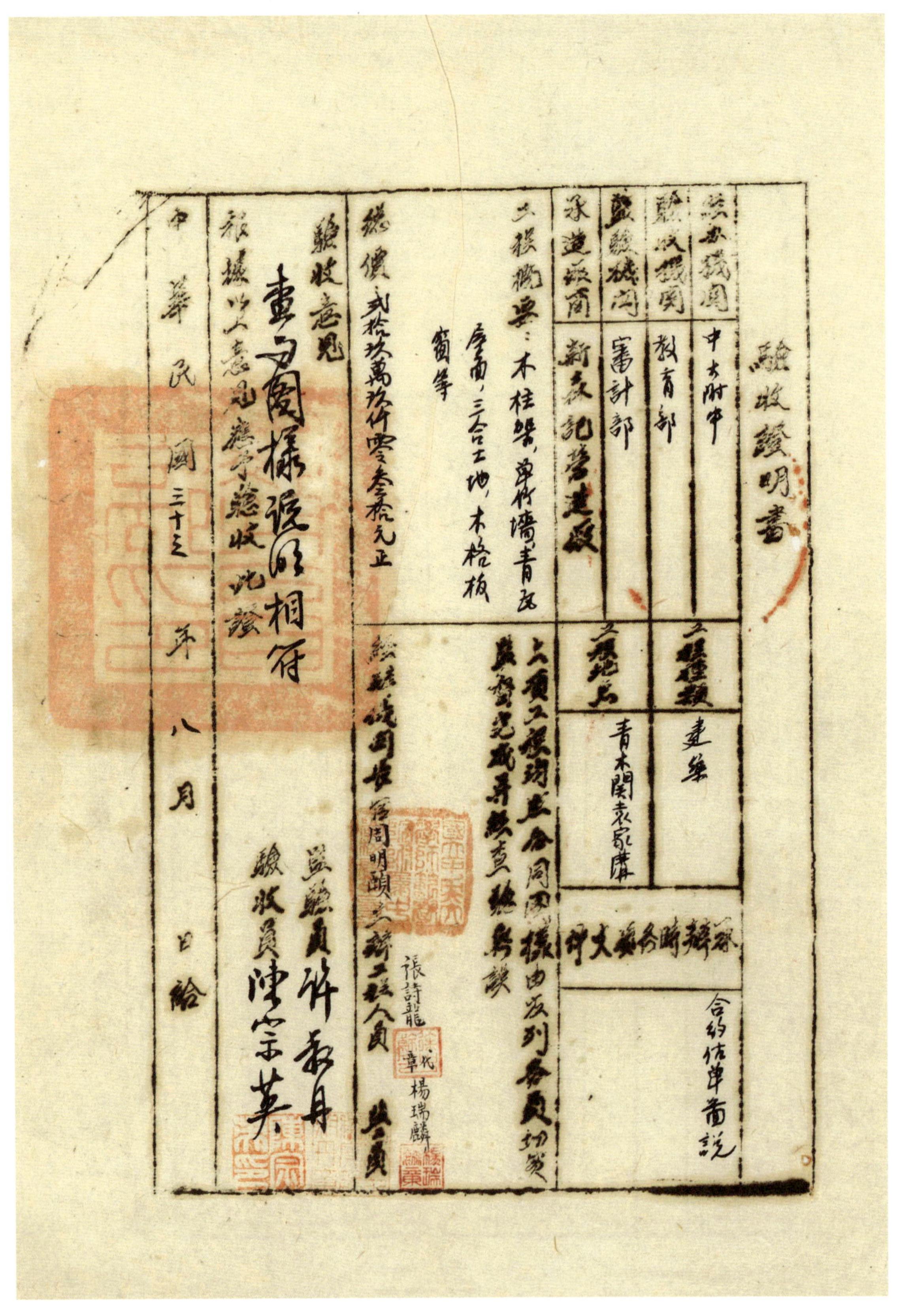

驗收證明書

經辦機關：中大附中

驗收機關：教育部

監驗機關：審計部

承造廠商：新亥記營造廠

工程種類：建築

工程地點：青木關袁家庵

承辦時合約文件：合約估單圖説

工程概要：木柱架，竹篾牆，青瓦屋面，三合土地，木格板窗等

總價：貳拾玖萬玖仟零叁拾元正

上項工程現照合同圖樣由左列各員切實監驗完竣並無不符

經辦機關長官 周明頤

主辦工程人員 張詩龍 代 楊瑞麟

驗收意見：査與圖樣設計相符

根據以上意見應予驗收此證

監驗員 許叔丹

驗收員 陳宗英

中華民國三十三年八月 日給

附（二）驗收證明書

國立中央大學師範學院附屬中學 結算表

工程名稱	中大附中
工程名稱	建築教室宿舍
工程地點	青柳閣秦家[illegible]
承攬廠商	[illegible]
監工姓名	[illegible]
廠商地點	[illegible]

工程說明：
高中部教職員宿舍三連間1幢
單身教職員宿舍四連間1幢
初中部教室二連間1幢
教員宿舍三連間2幢（四連間1幢）
工友宿舍二連間1幢

規定期限	40晴天
開工日期	卅二年十月廿五日
完工日期	卅四年十二月廿日
扣除日數	二十天
逾延日數	二十天
逾期日數	無

原價			加帳			減帳			扣款		
說明	價格	摘要									
高中部教職員宿舍	79,050.00										
單身宿舍	63,510.00										
初中部教室	46,040.00										
教員宿舍	97,980.00										
工友宿舍	22,450.00										
合計 299,030.00			合計			合計			合計		
總計											

主辦機關主管 周明頤　主辦工程人員 張詩龍　監工員 楊瑞麟　卅三年八月　日

附（三）結算表

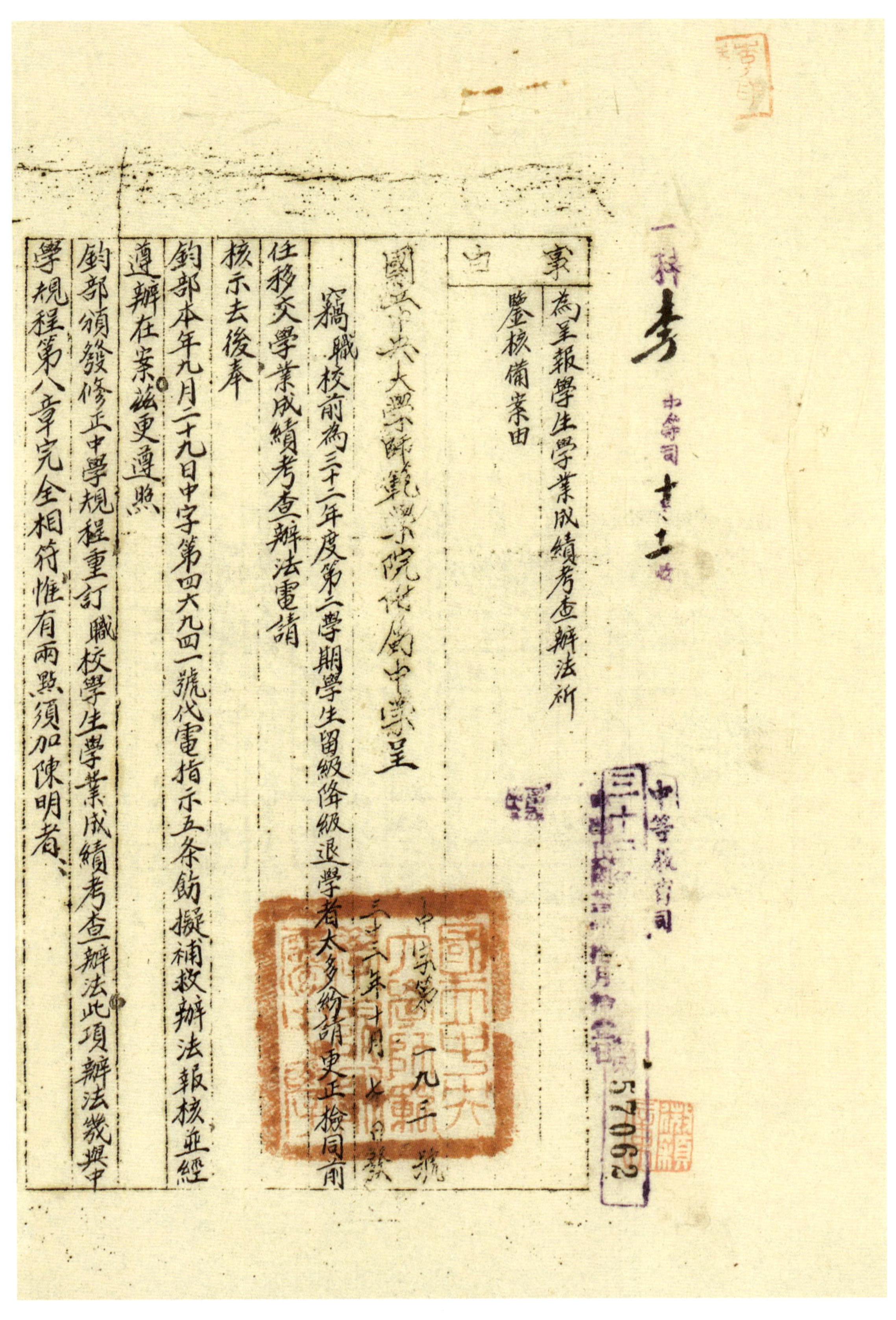

事由：為呈報學生學業成績考查辦法祈鑒核備案由

國立中央大學師範學院附屬中學呈　中字第一九五號　三十三年十月七日發

竊職校前為三十二年度第二學期學生留級降級退學者太多，紛請更正，檢同前任移交學業成績考查辦法電請核示去後，奉鈞部本年九月二十九日中字第四六九四一號代電指示五条，飭擬補救辦法報核，並經遵辦在案。茲更遵照鈞部頒發修正中學規程重訂職校學生學業成績考查辦法，此項辦法幾與中學規程第八章完全相符，惟有兩點須加陳明者、

國立中央大學師範學院附屬中學校長魏紹舜爲呈報學生學業成績考查辦法祈鑒核備案給教育部部長陳立夫的呈文（一九四四年十月七日）

附：國立中央大學師範學院附屬中學學生學業成績考查辦法

一、中學規程第六十二条「……在高中為國文英文數學物理化學五科中之任何二科之學生……」如勞作視為與國文等科同等重要之科目則此条應增「勞作」二字「五科改為六科」。第六十四条「……在高中為國文英文數學物理化學六科中之任何二種之學生……」因勞作為一年級學程既經三年修業期滿准予進級參加畢業考試且畢業考試或畢業會考亦未列入該科則在畢業時期該科萬無不及格之理。此条「六科」似為「五科」之誤故擬法第七九兩条即本此旨擬訂須陳明者一。

二、中學規程第六十二条「……均應留級一學期無相當學級可發給轉學證書」第六十四条「……均應留級一學年（有春季始業班級之學校得留級一學期）……」細讀兩条立法精神，前者重理論上之學期制後者重事實上之學年制而留級以一學期為原則留級一學年亦可。誠以我國中等學校向多秋季始業，按年編級而能兼採春季始業完成學期升級制度者甚少果留級不得多於一學期，則不但本校無級可留，甚至他校或亦無學可轉。規程有兼顧理論與事實規定伸縮餘地以適應此過

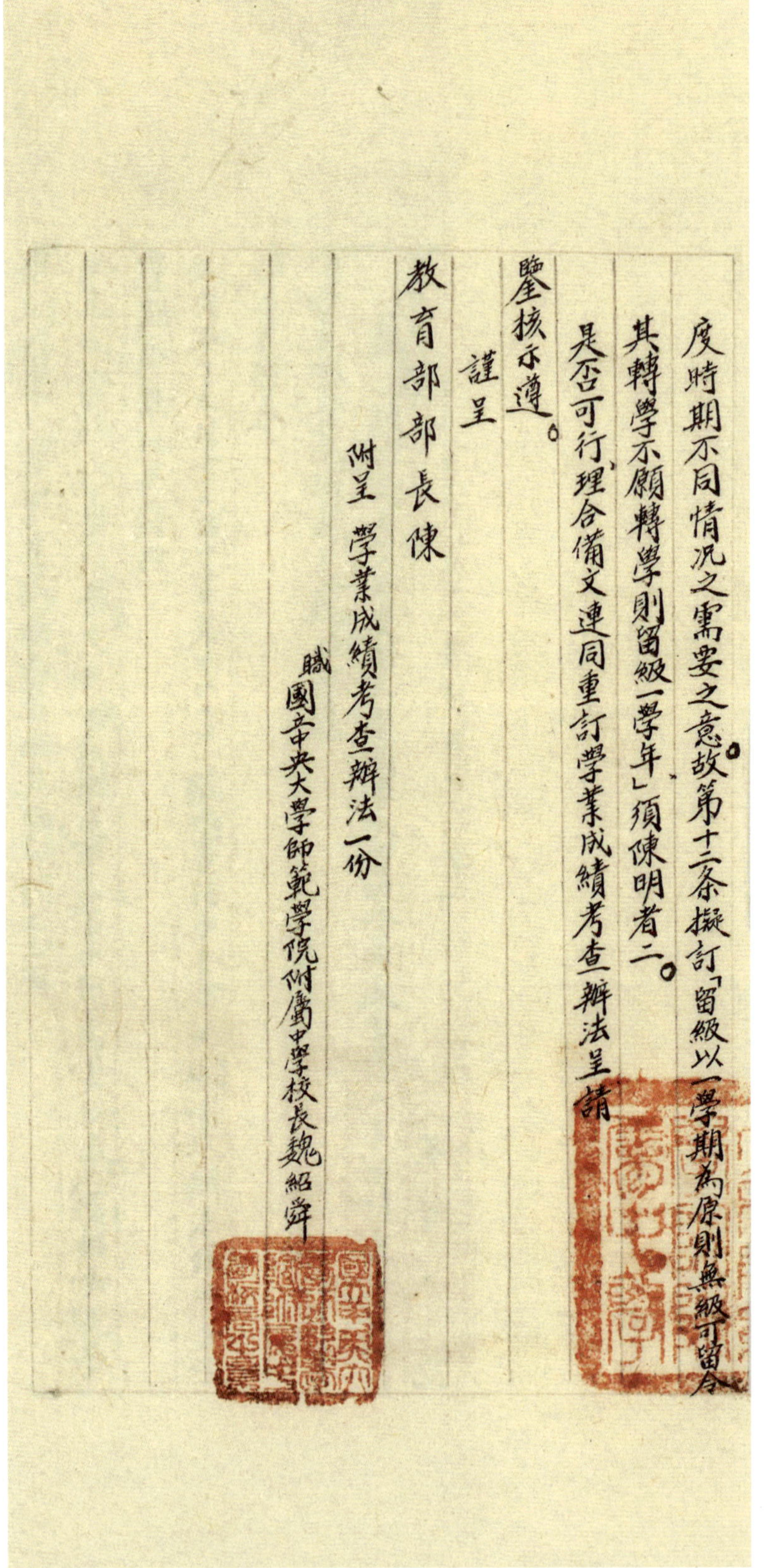
度時期不同情況之需要之意。故第十二条擬訂「留級以一學期為原則無級可留令其轉學不願轉學則留級一學年」須陳明者二。是否可行，理合備文連同重訂學業成績考查辦法呈請

鑒核示遵。

謹呈

教育部部長陳

附呈　學業成績考查辦法一份

職　國立中央大學師範學院附屬中學校長魏紹舜

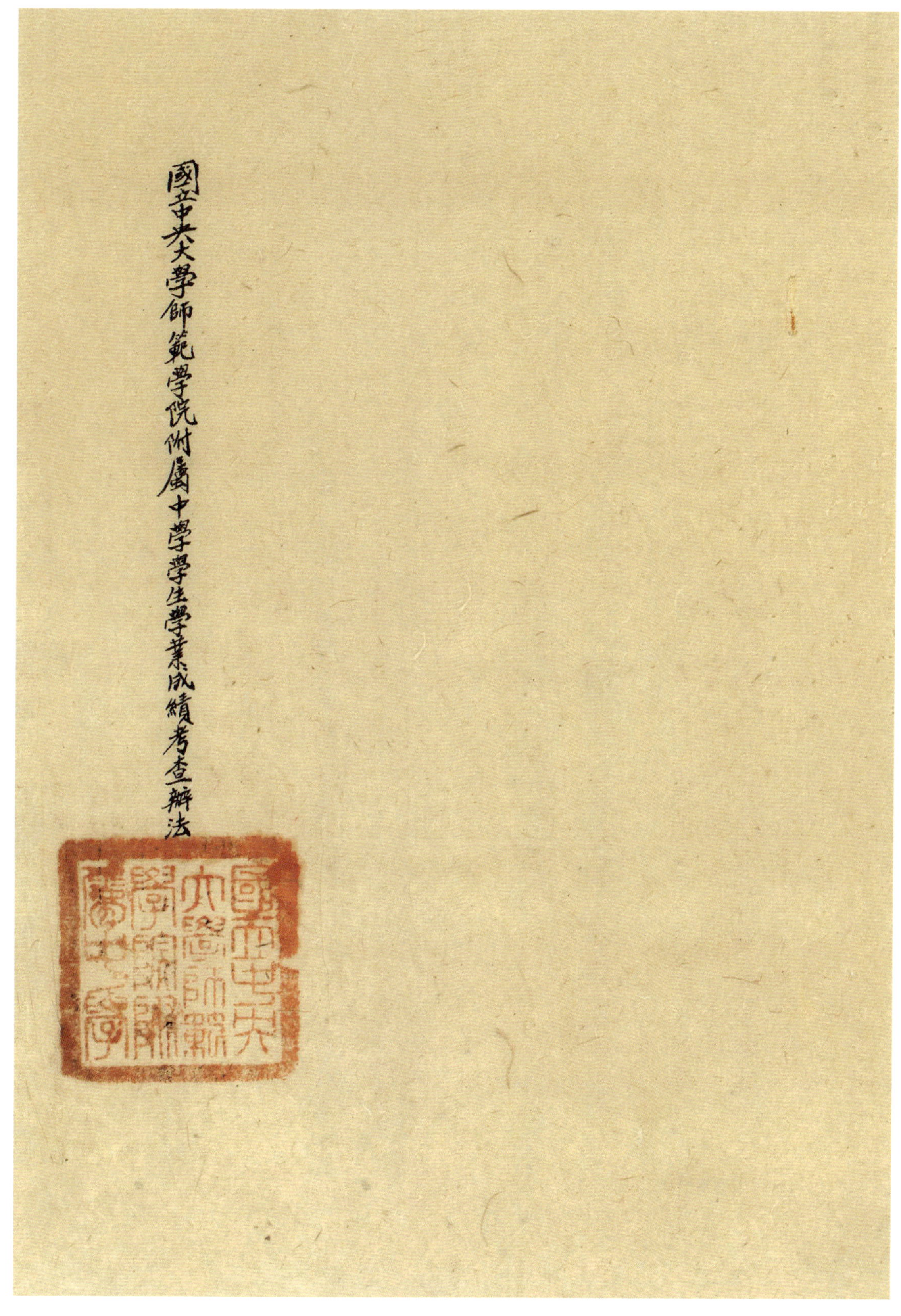

國立中央大學師範學院附屬中學學生學業成績考查辦法

國立中央大學師範學院附屬中學學生學業成績考查辦法

第一條：本校學生學業成績之考查分左列四種：

一、日常考查—包括口頭問答、演習練習、實驗實習、讀書報告、作文測驗、調查採集報告、勞動作業及其他工作報告由各科担任教師隨時評定之。

二、臨時試驗—由各科教師隨時於教學時間內舉行之，舉行次數按照各該科每週授課時數多寡定之，每週授課一小時至二小時者，舉行二次，每週授課三小時以上者，至少舉行三次。

三、學期考試—於學期終各科教學完畢時就一學期內所習課程停課考試之。

四、畢業考試——於三學年修滿後就初中或高中所習全部課程考核之。其參加畢業會考之學生得免除畢業考試。

第三條：各科平時成績與學期考試成績，合為各科學期成績，平時成績在學期成績內佔五分之三，學期考試成績佔五分之二。

第三學年第二學期得免除學期考試，而以各科平時成績作為學期成績，但參加畢業會考之學生，仍須舉行最後學期考試。

第四條：每學生各科學期成績之平均，為該生之學期成績，每學年一二兩學期學期成績之平均，為該生之學年成績。

第五條：每學生各學年成績平均與其畢業考試成績，合為該生之畢業成績，各學年成績平均在畢業成績內佔五分之三，畢業考試績佔及分之二。

第六條：每學期各科缺習時數及該科教學總時數三分之一以上之學生，不得參與該科之學期考試。

第七條：無學期成績之學科或成績不及格之學科，在三科以上之學生，或僅二科無學期成績或不及格，但其科目在初中為國文、英語、數學，勞作四科中之任何二科，在高中為國文、英語、數學、物理、化學，勞作六科中之任何二科之學生，均應留級。

第八條：無學期成績之學科或成績不及格之學科，僅有一科之學生或雖有二科無學期成績或不及格，但其科目如非前条規定者之學生，均應令於次學期仍隨原學級附讀，一面設法補習各該科目，經補行學期考試成績及格後，准予正式進級，如仍不及格，應於次學年仍留原學級肄業，此項補考以二次為限。

第九條：畢業考試成績內不及格學科在三科以上，或僅二科不及格，但其科目在初中為國文、英語、數學、勞作等四科中之任何二科，在高中為國文、英語、數學、物理、化學等五科中任何二科之學生，均應留級。

第十條：畢業考試成績內有一科不及格或雖有二科不及格，但其科目非前條所規定者之學生，均應令其補行考試二次，如仍不能及格，應照前條辦法辦理。

第十一條：臨時試驗不及格者不得補考。無故曠考者不得補考，其曠考科目之成績為零分，不參加補考者亦不得再請求

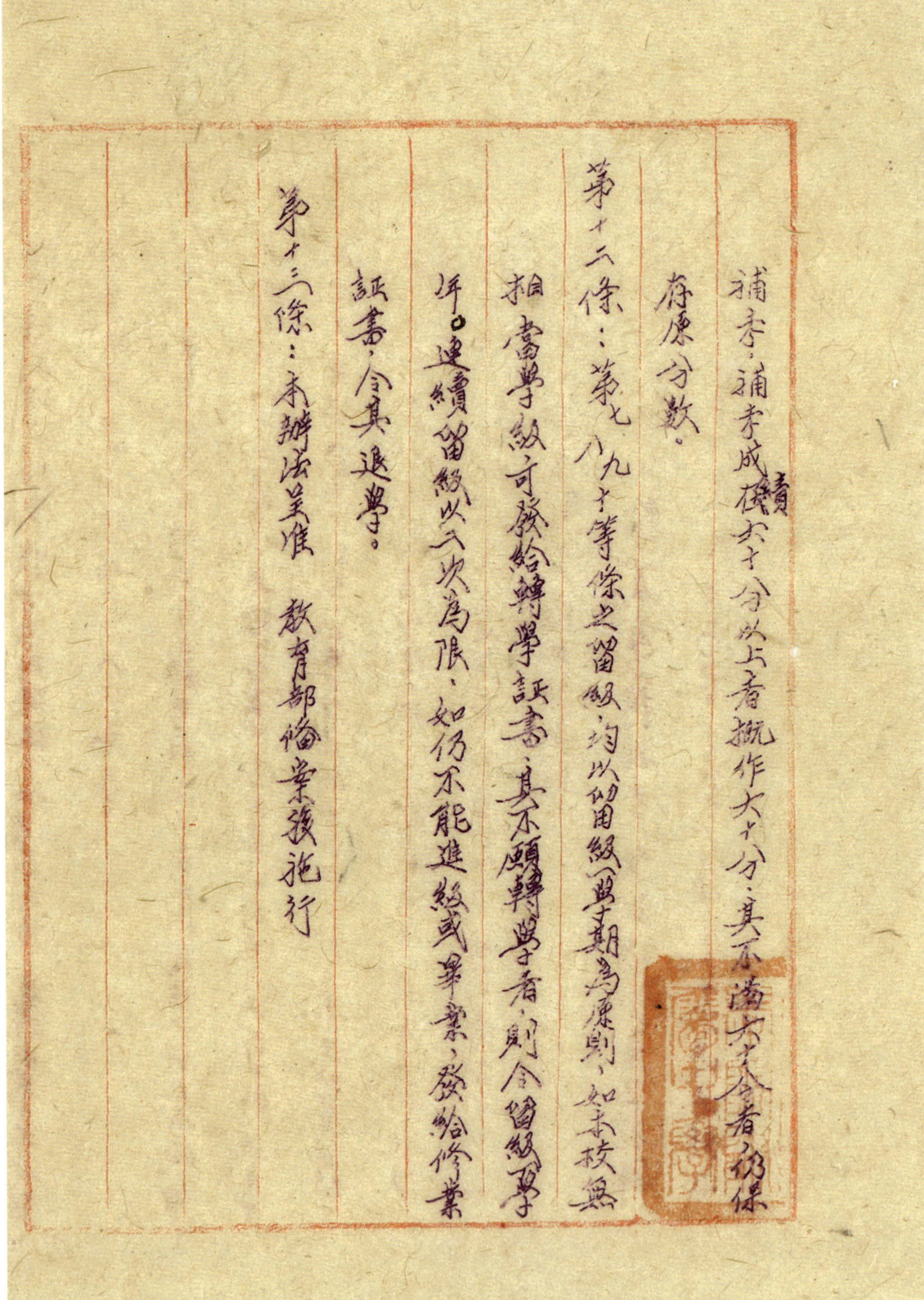

補考，補考成績六十分以上者概作六十分，其不滿六十分者仍保存原分數。

第十二條：第七、八、九、十等條之留級，均以留級一學期為原則，如本校無相當學級可發給轉學証書，其不願轉學者，則令留級學年。連續留級以二次為限，如仍不能進級或畢業，發給修業証書，令其退學。

第十三條：本辦法呈准　教育部備案後施行

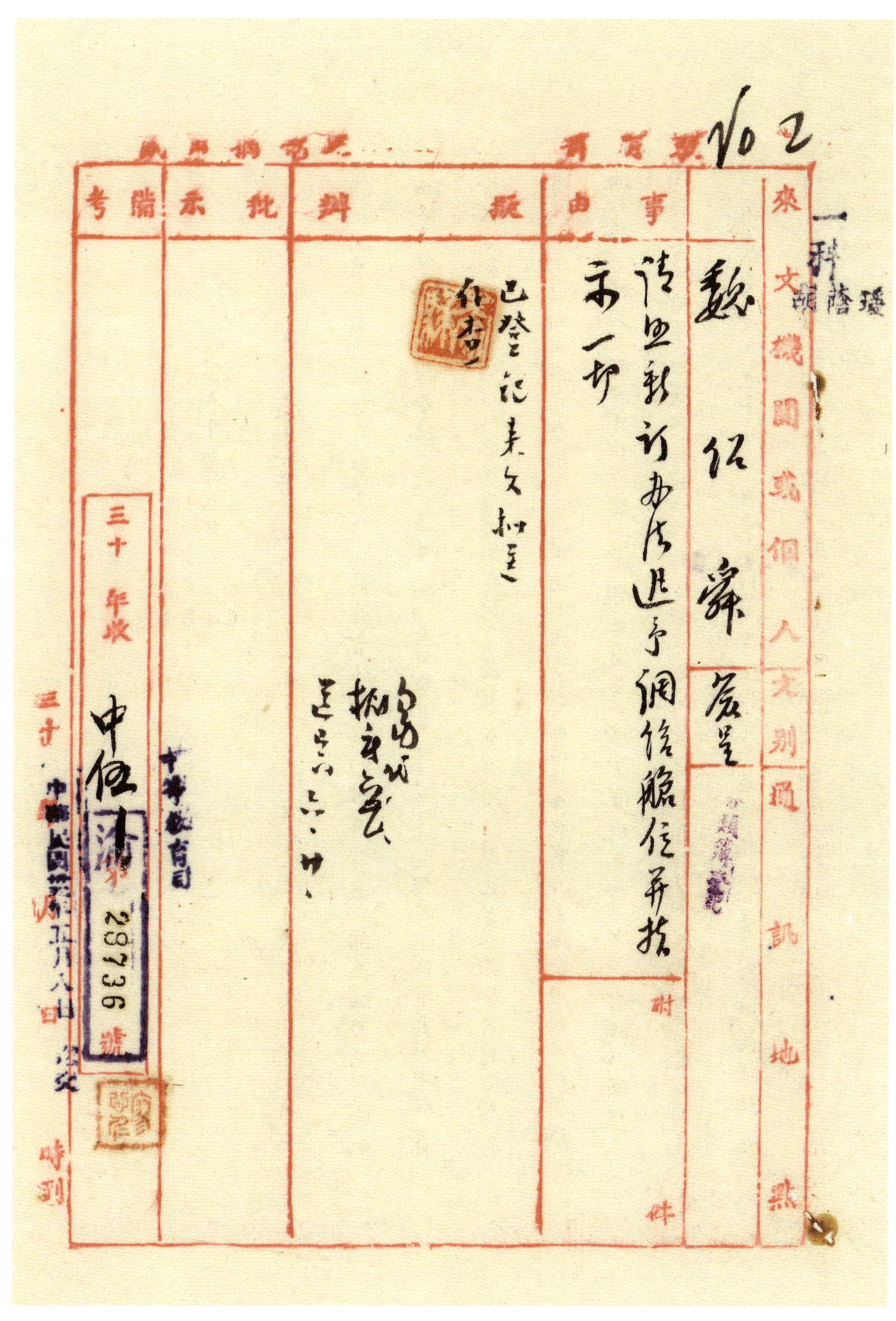

關于中大附中青校復員運輸的一組文件

國立中央大學師範學院附屬中學校長魏紹舜請照新訂辦法迅予調給船位并指示一切給教育部部長朱家驊的呈文（一九四六年五月三日）

簽呈　三十五年五月三日

據本校復員委員會交通組長王公武在渝來函稱：關於本校復員運輸經與全國船舶調配委員會公運課趙[illegible]長洽談，據稱該會雖曾接到教育部通知請其按照次序分配船位，該會以不明瞭各校實際情形與人手不够，曾簽請行政院關於學校復員仍由教育部統籌分配，並已經行政院核准，亦已據實函復教育部，現該會已照此辦法實行，隨時將學校復員應有之船位及船名、船期通知教育部，而後再由教育部分配於各校，各校得到通知後，可持公函向該會接洽購票及繳運費等一切事宜，現中大正在該會按此辦法洽購船票，經商請趙課長先撥一批船位，而後再按新辦法實行，未蒙採納，究應如何處理，請予裁奪等由。查本校復員次序列為首位，現校內各部均已結束，員生咸盼亟亟返鄉，如本校未能依次先行，勢將影響次於本校復員各校之行期，理合簽請

丁4（192×277公厘）會印

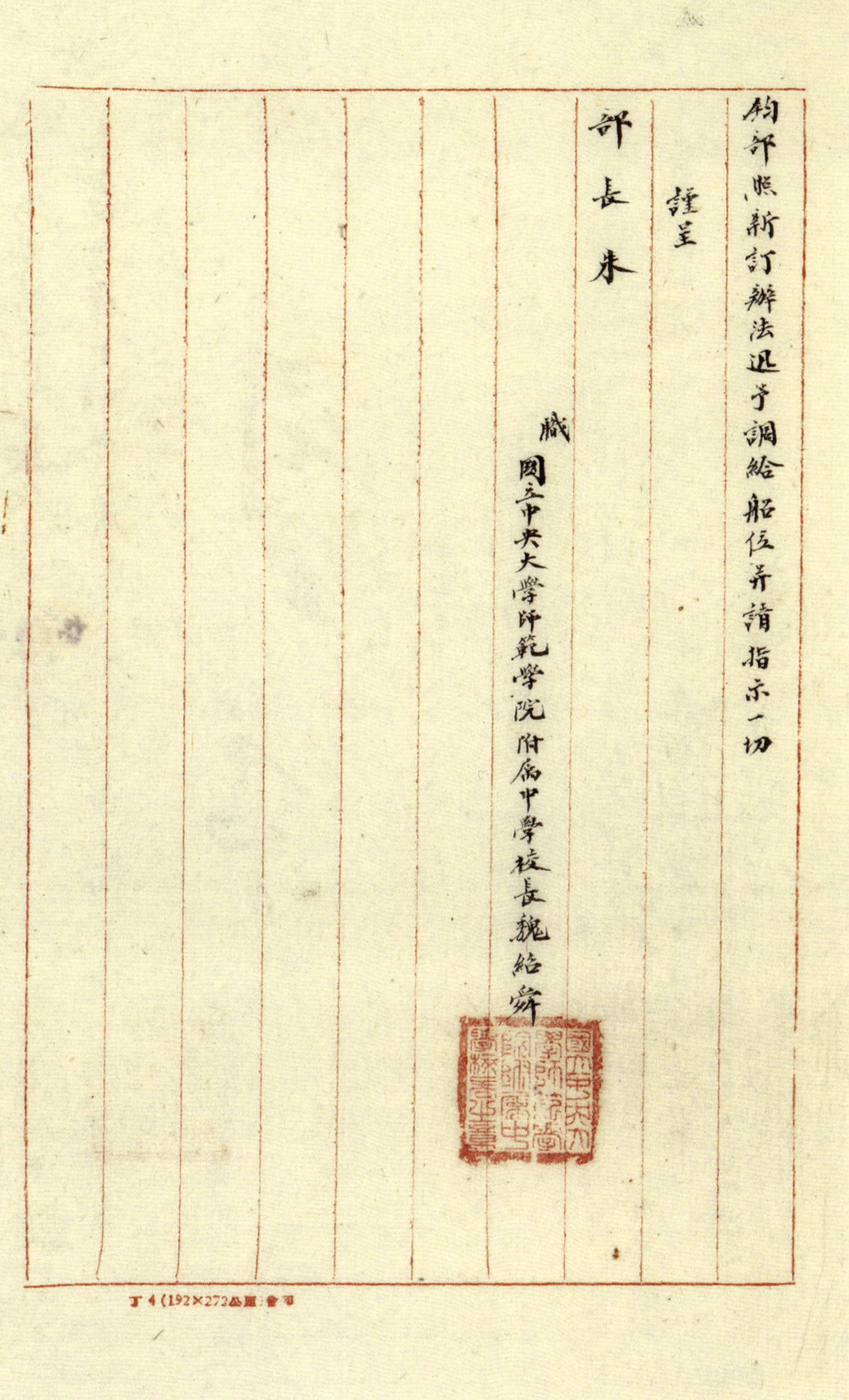
鈞部照新訂辦法迅予調給船位并請指示一切
謹呈
部長朱
職
國立中央大學師範學院附屬中學校長魏紹舜
丁4（192×272公厘）會节

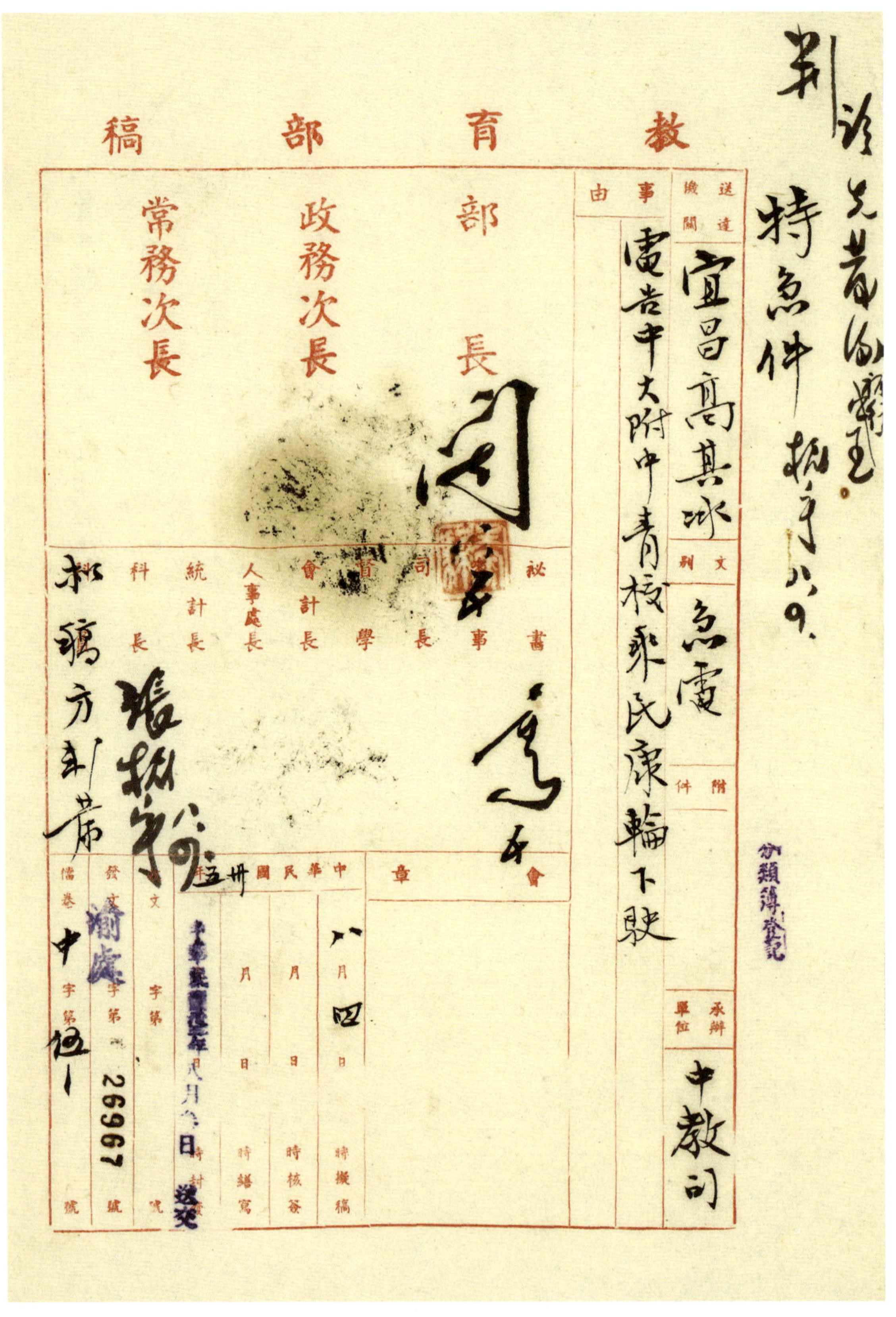

教育部稿

特急件

送達機關：宜昌高其冰

事由：電告中大附中青校乘民康輪下駛

文別：急電

附件

承辦單位：中教司

部長

政務次長

常務次長

秘書　司長　督學　會計長　人事處長　統計長　科長

會

章

中華民國　年　八月四日　時擬稿

月　日　時核簽

月　日　時繕寫

卅五年八月五日　時封發　送交

發文　字第 26967 號

收文　字第　號

檔卷　中字第　號

教育部留渝辦事處爲電告中大附中青校乘民康輪下駛給宜昌省立第三中學督學高其冰的急電

（一九四六年八月五日）

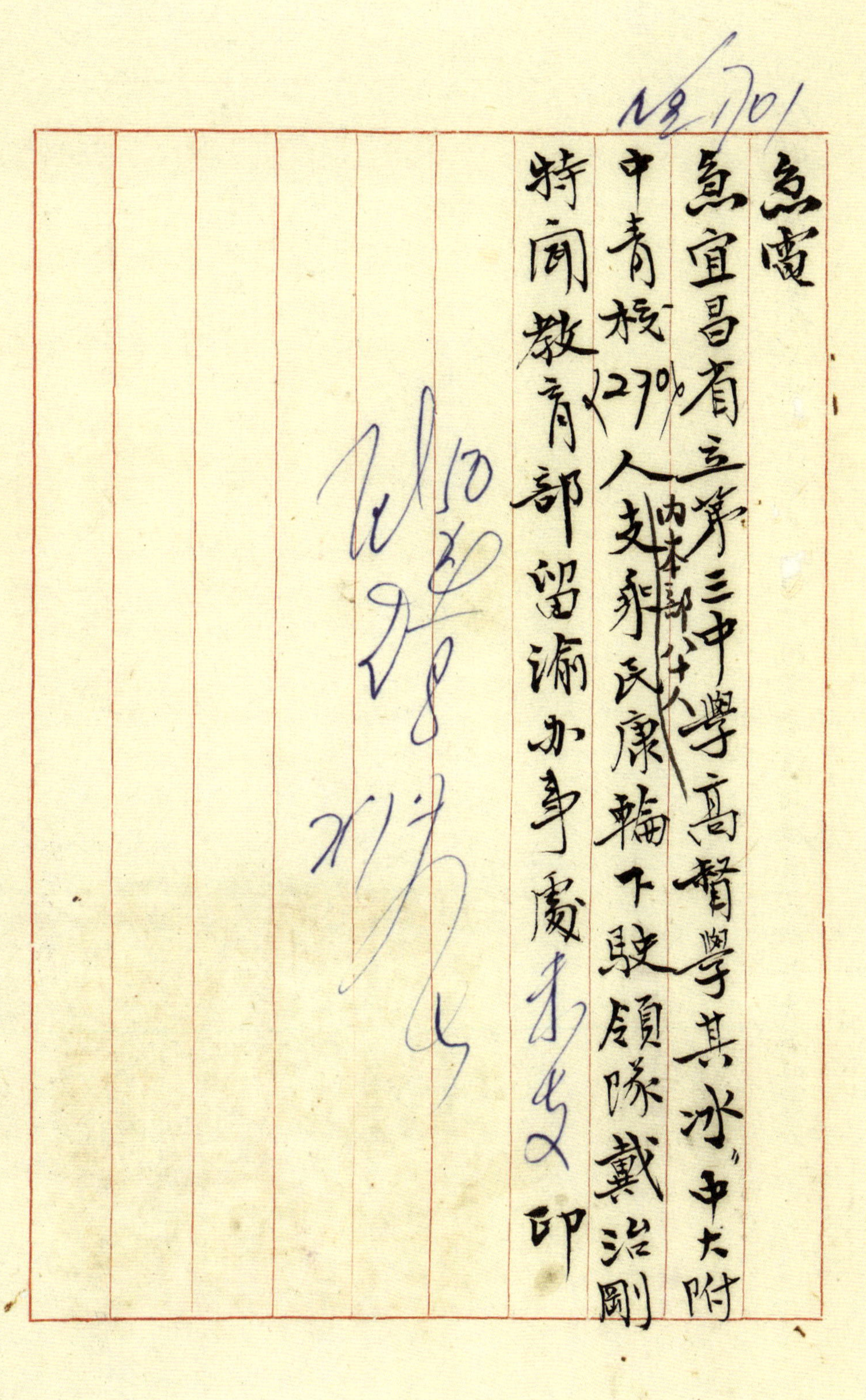

No.1701

急電

急宜昌省立第三中學高督學其冰、中大附中青校12370人（內本部八十人）支乘民康輪下駛領隊戴治剛

特聞

教育部留渝辦事處未支 印

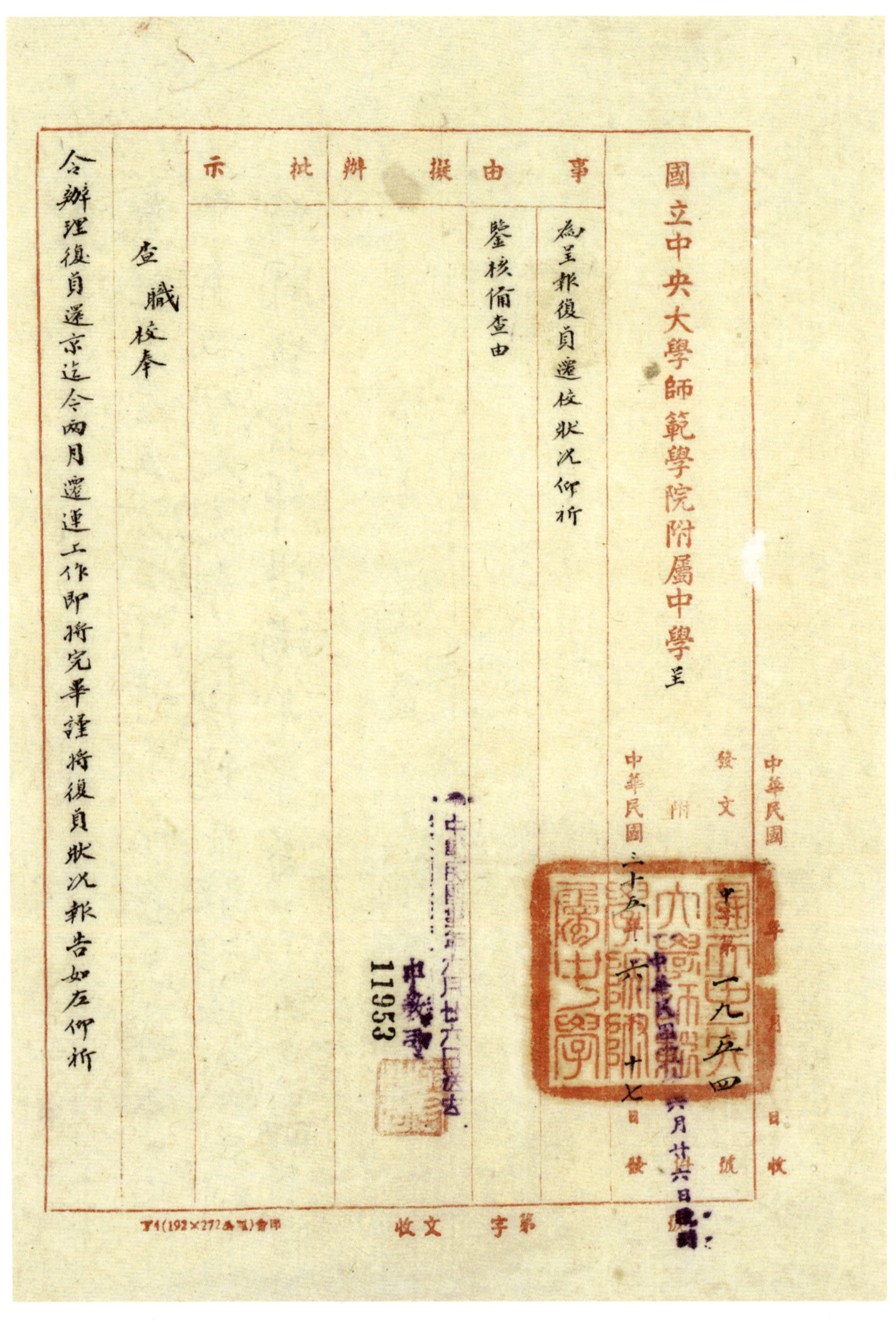

國立中央大學師範學院附屬中學呈

事由：爲呈報復員還校狀況仰祈鑒核備查由

中華民國三十五年六月十七日發

令辦理復員還京迄今兩月遷運工作即將完畢謹將復員狀况報告如左仰祈

查核

職 校奉

國立中央大學師範學院附屬中學校長魏紹舜爲呈報復員還校狀況仰祈鑒核備查給教育部部長朱家驊的呈文（一九四六年六月十七日）

鑒核備查

一、四月三十一日學期考試完畢

二、五月一日復員開始

三、員生運輸以川湘川陝等公路陸運為主長江水運為輔現已運輸十分之九約於本月底可全部離川各還家鄉僅有一部份到京住校

四、保教生及無家可歸者函送榮昌師範重慶市立中學青木關中學等校住各校尚未收容前墊發膳費留住學校等候

五、擬於學生全部離校後即將校舍校具移交地方政府已請 鈞部留渝辦事處核示并派員監交

六、文卷及一部份圖書儀器等公物運京者已裝箱運渝候船

監印 校對

丁4·392×272公厘|會印

七、復員有關文件其笨重者帶京呈送

八、復員經費旅運費部份因車船增價初感不敷後多方節約控制大概不至超出預算

九、職離青後擬派職員兩人留青設辦事處處理在川未完校務並候押運公物

謹呈

教育部部長朱

職 國立中央大學師範學院附屬中學校長魏紹舜

丁4(192×272公厘)會印

一組國立中央大學師範學院附屬中學照片

國立中央大學師範學院附屬中學一九四三届高三乙班合影

國立中央大學師範學院附屬中學女子部初二上導師暨全體同學合影（一九四六年四月）

國立中央大學師範學院附屬中學高中第六屆畢業紀念（一九四六年五月）

組字第一號

國立中央大學師範學院附屬中學沙校籌備概況

本大學爲應便於師範學院各系學生實習並實驗教育問題，特聘請教育學系專任教授魏子容先生担任本校籌備主任，於去年十二月間開始積極進行，租定沙坪壩附近之趙家花園爲校址，占地共約十畝，並得地主之贊助，對於地租房租自願捐助半年數，故本校每年僅出房租二千四百元，租穀五萬石，租約期限訂明可至抗戰勝利後之半年，惟自該園去年被炸後，現有房屋震毀甚多，不敷應用，故除一部分修葺外，尚須建築教室

（四）國立中央大學師範學院附屬中學分校（重慶沙坪壩　一九四二年三月至一九四六年十二月）

國立中央大學師範學院附屬中學沙校籌備概況（一九四二年）

二座，学生宿舍一座，以及其他新建筑设备等，共计开办费尚须十余万元，教育部补助十一万元，其余由本大学经费内筹划。本年四月开办招初中一年级上下二班，普通师范一年级一班，遵照校历，可于三月间开学上课矣。

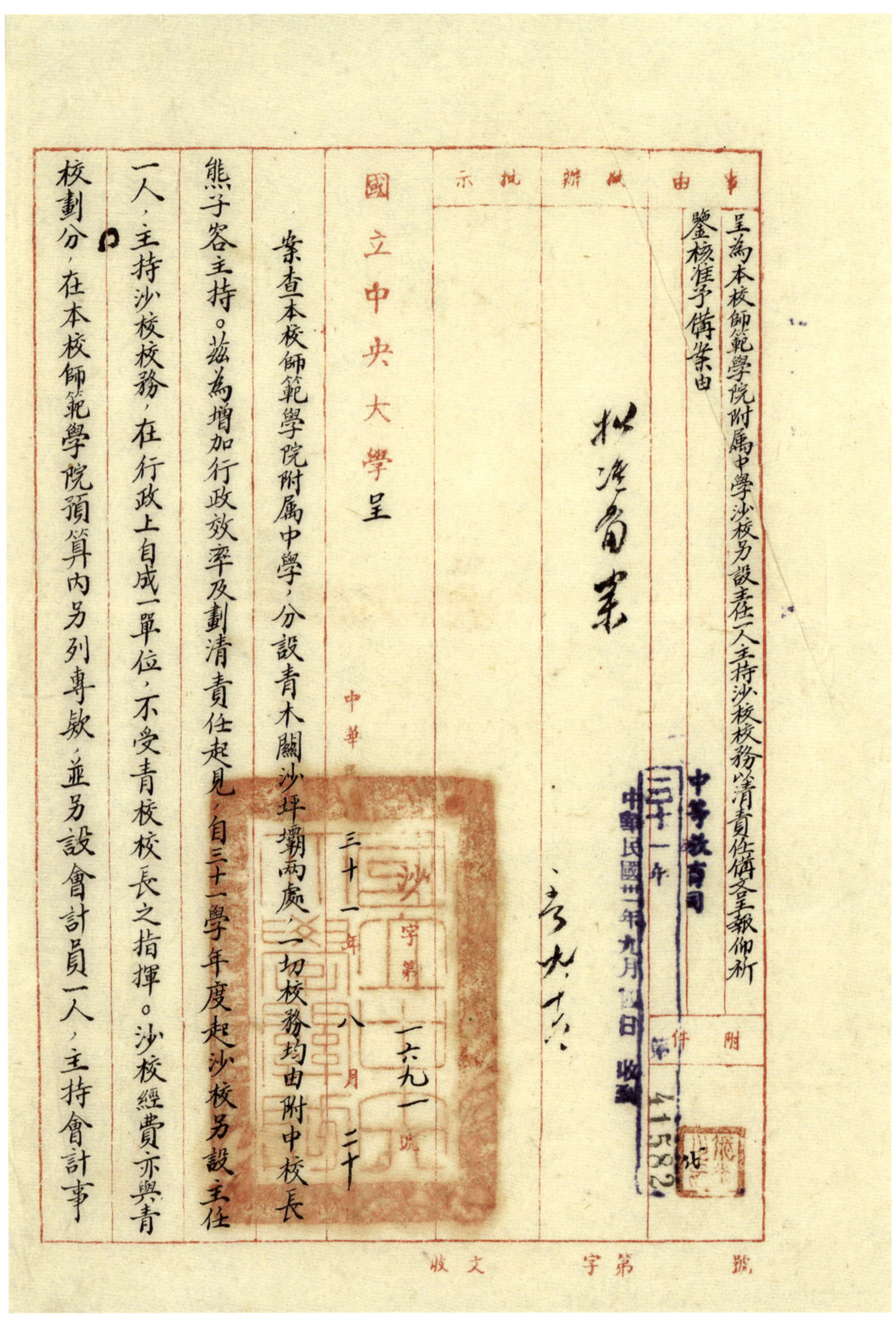

事由　呈為本校師範學院附屬中學沙校另設主任一人主持沙校校務以清責任備文呈報仰祈鑒核准予備案由

擬辦

批示　准予備案

國立中央大學呈

案查本校師範學院附屬中學，分設青木關沙坪壩兩處，一切校務均由附中校長熊子容主持。茲為增加行政效率及劃清責任起見，自三十一學年度起沙校另設主任一人，主持沙校校務，在行政上自成一單位，不受青校校長之指揮。沙校經費亦與青校劃分，在本校師範學院預算內另列專款，並另設會計員一人，主持會計事

中華民國三十一年八月二十　沙字第一六九一號

中等教育司　三十一年　中華民國卅一年九月四日收到　41582

附件

收文　字第　號

關于國立中央大學師範學院附屬中學沙校另設主任一人主持沙校校務的一組文件

國立中央大學校長顧孟餘呈爲本校師範學院附屬中學沙校另設主任一人主持沙校校務以清責任備文呈報仰祈鑒核準予備案給教育部部長陳立夫的呈文（一九四二年八月二十日）

宜。聘請教職員即由師範學院院長及沙校主任聘請，不由青校校長署名。呈部文件，統由師範學院報由本校核轉，亦不由青校轉報。理合備文呈報，仰祈

鑒核准予備案，實爲公便！

謹呈

教育部部長陳

國立中央大學校長顧孟餘

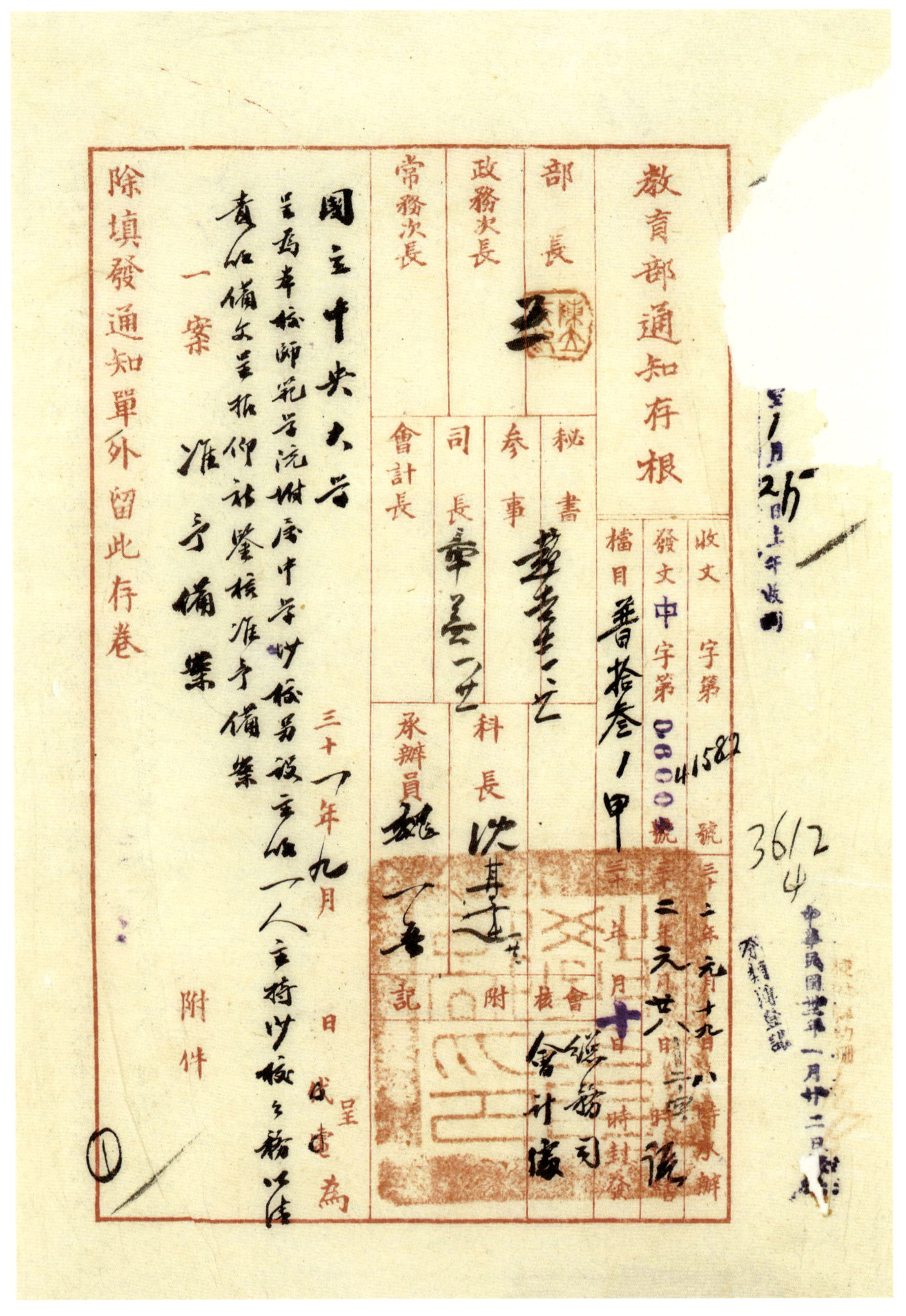

教育部通知存根

部長 三

政務次長

常務次長

秘書

參事

司長 章益 二.十一

會計長

收文 字第 號 三十二年元月十九日八時收辦

發文 中字第 0800 號 三十二年元月廿八日

檔目 普拾叁／甲

承辦員

科長 沈其達

國立中央大學

呈為本校師範學院附屬中學沙校易設主任一人主持沙校校務請准

查核備文呈報仰祈鑒核准予備案

一案 准予備案

三十一年九月 日 成字 呈為

附件

除填發通知單外留此存卷

教育部準予備案的通知存根（一九四三年二月十日）

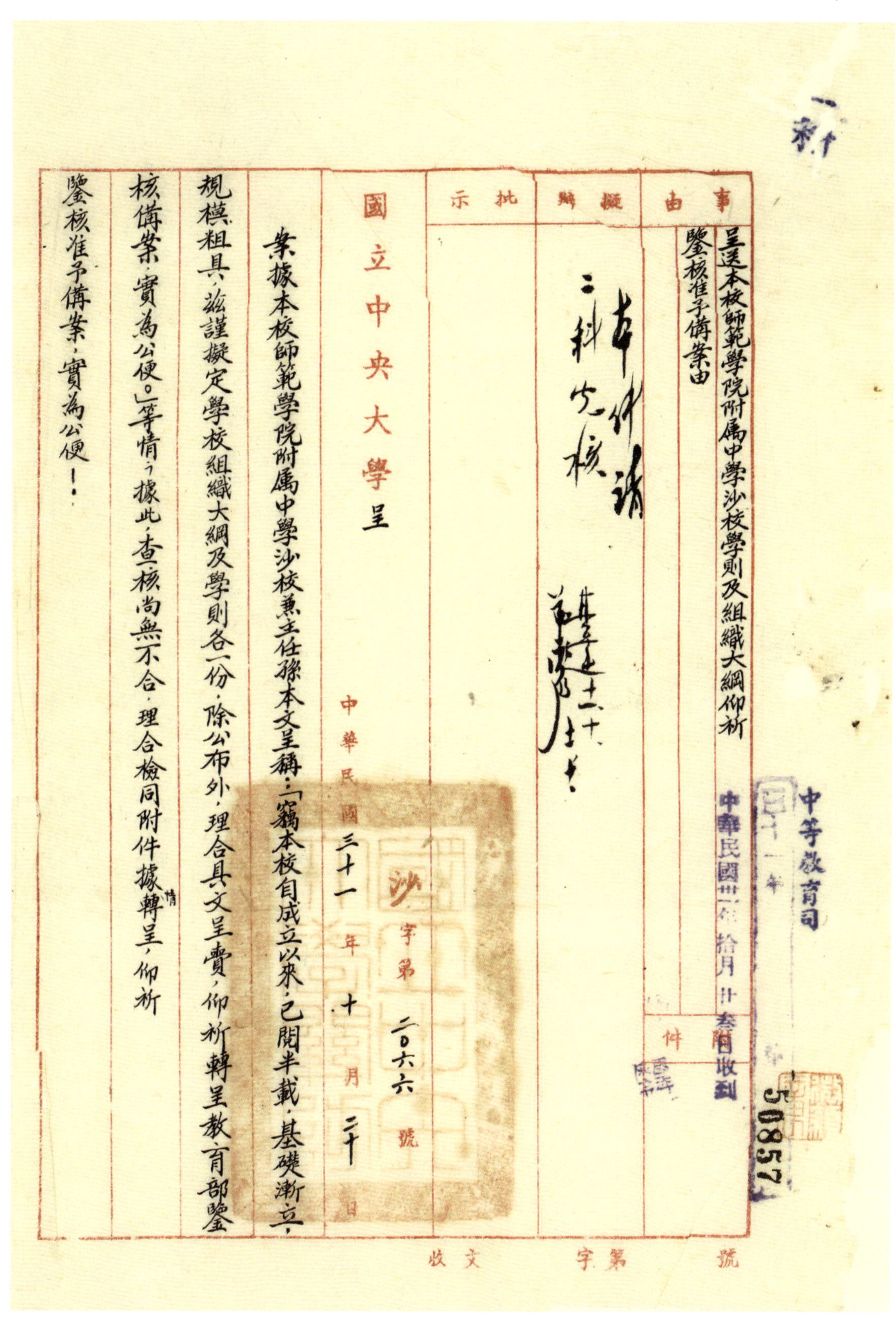

事由：呈送本校師範學院附屬中學沙校學則及組織大綱仰祈鑒核准予備案由

擬辦：本件請二科先核

批示：

附件：

國立中央大學呈

案據本校師範學院附屬中學沙校兼主任孫本文呈稱：「竊本校自成立以來，已閱半載，基礎漸立，規模粗具，茲謹擬定學校組織大綱及學則各一份，除公布外，理合具文呈賫，仰祈轉呈教育部鑒核備案，實為公便。」等情。據此，查核尚無不合，理合檢同附件據情轉呈，仰祈鑒核准予備案，實為公便！

中華民國三十一年十月二十日

沙字第二〇六六號

關于呈送國立中央大學師範學院附屬中學沙校學則及組織大綱的一組文件

國立中央大學校長顧孟餘呈送本校師範學院附屬中學沙校學則及組織大綱仰祈鑒核準予備案給教育部部長陳立夫的呈文及附件（一九四二年十月二十日）

謹呈

教育部部長陳

計呈學則一份 組織大綱一份

國立中央大學校長顧孟餘

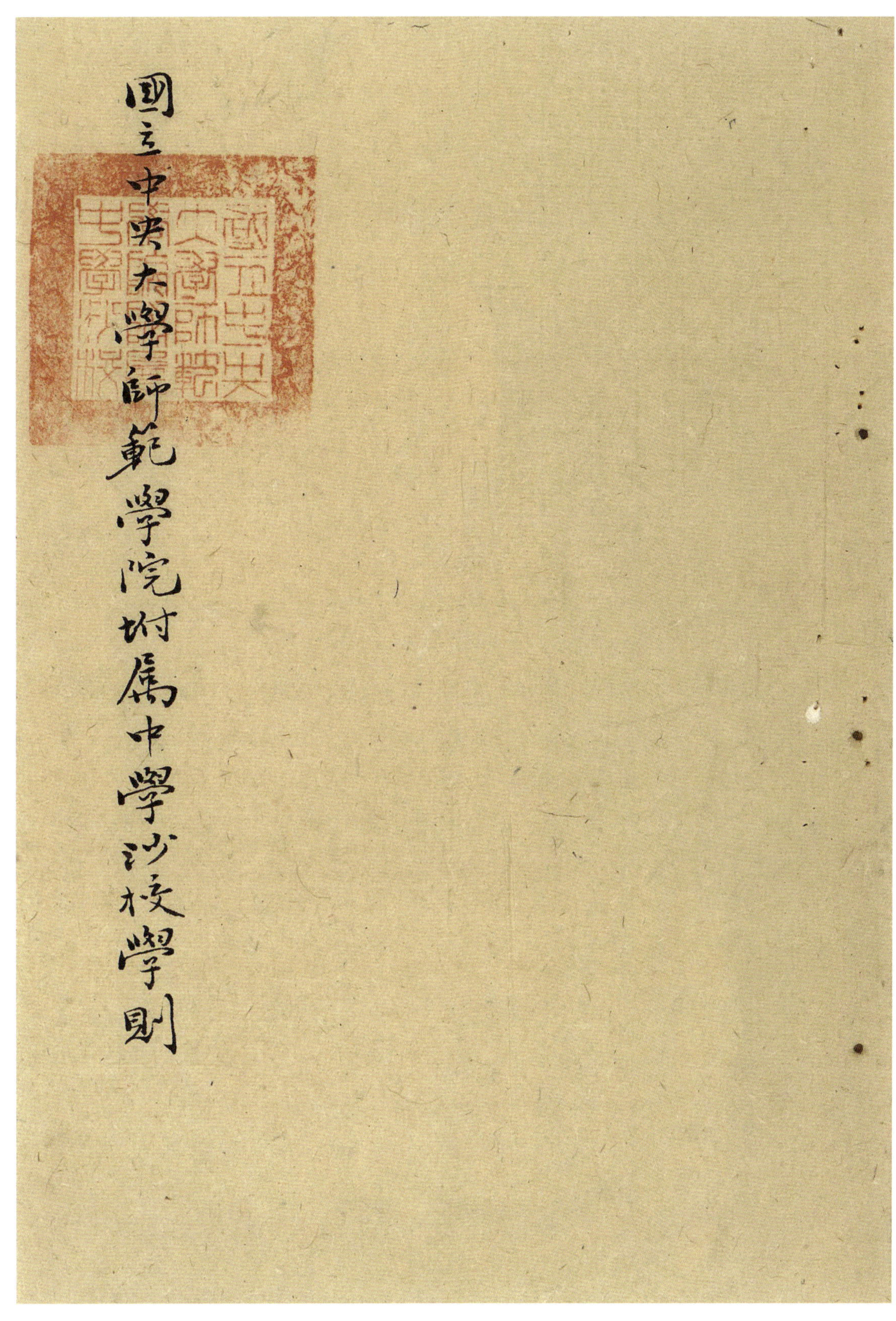

國立中央大學師範學院附屬中學沙校學則

附（一）國立中央大學師範學院附屬中學沙校學則

國立中央大學師範學院附屬中學沙校學則

第一章 總則

第一條 本校遵照中華民國教育宗旨及其實施方針繼續小學之基本訓練以發展青年身心培養健全國民達成抗戰建國并供師範學院教學實習與實驗為宗旨

第二條 本校設初級中學部高級中學部及師範部

第三條 本校初級中學部以繼續小學之基礎訓練平均發展青年各種興趣鑑别青年性能并分别培養升學之知能及從事各種職業之預備為宗旨

第四條 本校高級中學部繼續初級中學之教育以發展青年身心培養健全國民并為研究高深學術及從事各種職業之預備為宗旨

第五條 本校師範部以嚴格之身心訓練養成小學之健全師資為宗旨

第六條 本校初級中學部高級中學部及師範部修業年限各三年

第二章 編制

第七條 本校初級中學部高級中學部及師範部各依課

一

程進度分為一年級二年級三年級

第八條 本校各班以五十人為度但得視事實上之需要酌為變通

第九條 本校各級男女生暫行合班編制

第十條 本校初級中學部各級學生年齡自十二歲至十五歲高級中學部各級學生年齡自十五歲至十八歲師範部各級學生年齡自十五歲至二十二歲

第三章 課程

第十一條 本校初級中學部高級中學部及師範部各學科每週各科教學時數遵照部定規程辦理

初級中學部各科每週教學時數表
高級中學部各科每週教學時數表
師範部各科每週教學時數表

第十二條 初級中學部自第五學期起高級中學部及師範部自第三學期起酌設選修科目依部定規程辦理

第四章 成績考查及補考

第十三條 本校成績考查分學業操行體育三項

第十四條 學科成績分(一)日常考查(二)平時試驗(三)學期

驗(四)畢業試驗等四種

第十五條 日常考查方式由各科教員就各科性質酌用一、口頭問答 二、練習 三、實驗 四、實習 五、作文 六、測驗 七、筆記 八、讀書報告 九、調查報告 十、採集報告 十一、其他工作報告 十二、勞動作業

第十六條 平時試驗由各科教員按照教導處規定之週次于各該科教學時間內舉行之試驗次數隨學科教學時數而定每週一小時之學科每學期舉行一次每週二小時者舉行二次每週三小時以上者舉行三次

第十七條 學期試驗按照學校曆之規定時間舉行之

第十八條 畢業試驗于修業期滿後按照學校曆之規定時間舉行之最後學年之第二學期須免除學期試驗而以各科日常考查与平時試驗成績作為學期成績但如參加畢業会考則仍須举行學期試驗

第十九條 學期試驗就一學期之全部教材試驗之畢業試驗就三年之全部教材試驗之

第二十條 各科日常考查成績平時試驗成績与學期試驗成績各佔三分之一合併為各科學期成績

二

第二十一條　各科畢業成績以畢業試驗成績為百分之四十各學期成績之平均為百分之六十各學期成績總和除以學期總數和之商數為各學期之平均成績

第二十二條　學生之學期平均成績係各學科學期成績之總平均其計算方法則以各學科學期成績分數與該科每週教學時数乘積之總和除以各科每週教學時数之和所得之商即為学生之学期平均成績其計算公式如下：

設A為學生學期平均成績 a、b……為各科名稱 t_1、t_2為各科每週教學時数

$$A=\frac{a\times t_1+b\times t_2+\cdots n\times t_n}{t_1+t_2+\cdots t_n}$$

第二十三條　學科成績考查採計分法以一百分為滿分分為優甲乙丙丁五等九十分以上者為優等八十分以上者為甲等七十分以上者為乙等六十分以上者為丙等六十分以下者為丁等丁等不及格

第二十四條　學生每學期請假達教學日数三分之一者不得參加学期試驗每學期各科缺席時数達該科教学

總時數三分之一者無論已否參加學期考試該科概不給學期成績其不及三分之一者按照缺席時數扣入缺席扣分辦法另定之

第二五條　學生每學期所修學科有三門不及格或主要學科有二門不及格者應予留級

第二六條　初級中學部及高級中學部主要學科為國文英文算學　師範科主要學科為國文及各必修教育學科

第二七條　學生學期平均成績不及格雖未達第二十五條之規定者仍予留級

第二八條　學生每學期所修學科有五門不及格或四門不及格而有三門為主要學科者應予退學

第二九條　平時試驗學期試驗如有因親喪大故或嚴重疾病經請假核准而缺考者得向教導處申訴理由請求補考補考成績在六十分以上者概以六十分計算

第三〇條　各科學期成績有不及格而未達第二十四條及第二十五條情形之一者得于次學期開學後規定時間參加補考補考成績在六十分以上者概以六十分計算不滿六十分者仍以原分數為該科成績

三

第三一條　補考不得請假缺席者概以放棄論不得再請補考

第三二條　學期試驗補考後仍不及格之學科若為一學年之學程得以原分數與下學期成績平均如滿六十分即為及格但各學科下學期不及格之成績不得與上學期之成績平均

第三三條　不及格學科無論為一學期或一學年補考後如仍不及格均作一門計算同一學科繼續兩學期不及格者以兩學科論

第三四條　應行留級之學生如無當年級可留時得酌予降級或由其家長或保證人具函申請休學一學期否則以自行退學論

第三五條　凡學生繼續留級二次者即發給休業證書令其退學

第三六條　操行成績考查依據下列標準

一、勤學——百分之十五　五、公德——百分之十五

二、思想——百分之十五　六、衛生——百分之十五

三、服務——百分之十五　七、態度——百分之十五

四、紀律——百分之十五　八、社交——百分之十五

第三七條　体育成績依據下列標準

一、技能測驗一百分之五十

(1)百公尺（女生五十公尺）　(2)推鉄球

(3)急行跳遠　(4)引体向上　(5)擲壘球

二、体育正課一百分之三十

(1)球類運動　(2)器械運動　(3)体育常識

三、精神訓練一百分之二十

四、健康檢查

第三八條　各學期成績考查之結果繕製成績報告单報告各生家長

第五章　懲戒及獎勵

第三九條　本校學生有下列情形之一者得權其輕重分別懲處之

一、不遵守校規及各項公約者

二、不假外宿者

三、不服從訓導者

四、有不良行為或嗜好者

五、無故缺席者

四

六、破壞公物者
七、引誘或唆使他人作不良行爲者
八、犯其他重大過失者

第四〇條 懲戒分下列各種
一、訓誡 二、禁假 三、警告
四、記過 五、停學或勒令退學

第四一條 本校學生有左列情形之一者得酌情形分別獎勵之
一、學期中不缺課不遲到不早退及各种集合不缺席者
二、課外作業有特殊成績者
三、學業成績在甲等以上者
四、學期操行成績列入優等者
五、熱心公共事業者

第四二條 獎勵分下列各種
一、嘉獎 二、記功 三、頒發獎狀或獎旗

第六章 學年學期及休假

第四三條 一學年分兩學期自八月一日至次年一月三十一日爲上學期自二月一日至七月卅一日爲下學期

第四四條　除星期日休業外所有暑假年假春假及紀念假日悉照部定規程辦理

第七章　入學及轉學

第四五條　凡高級小學畢業經本校入學試驗及格者得入本校初級中學一年級凡初級中學畢業或簡易師範畢業而服務滿期者經本校入學試驗及格者得依其志願入本校高級中學部或師範部一年級

第四六條　凡未經高級小學或初級中學畢業而一年前在小學讀完五年以上或初級中學讀完二年以上或初級職業學校畢業者得分別以同等學力應本校新生入學試驗惟錄取人數不得超過全体百分之五

第四七條　本校初級中學部高級中學部及師範部除最高年級外其他各年級遇有缺額时得酌量招收轉學生以所習學科學力相符相等并有原校發給之轉學證書經入學試驗及格者為限

第四八條　本校招收新生及轉學生須經下列手續

一、查驗證書成績單

二、呈繳相片及報名費

三、筆試
四、口試
五、体格檢查

第四九條 凡經本校錄取之新生或轉學生必須完備下列手續方得列入學籍
一、繳足規定各費
二、填具志願書
三、呈繳保証書
四、办理註冊手續

第五十條 本校各級遇有缺額時得酌收大學及本校教職員子女為轉學生或旁听生办法另訂之

第八章 休學及退學

第五一條 本校已取得學籍或已繳合格証件之學生如因身体或家庭特殊情形得由其家長或保証人備具簽名蓋章信件檢同医生証明文件請求休學

第五二條 開學後因病因事請假超過一月者不給學期成績得令其休學

第五三條 請求休學學生須經校主任或教導主任許可

領取休學許可書

第五四條　休學以兩學期為限

第五五條　休學期滿之學生須于招致新生或開學前兩星期內具函并附原休學許可書呈請本校教導處准予復學

第五六條　休學學生逾期不復學者取消其學籍

第五七條　本校學生有下列情形之一者得令其退學

一、違反校規屢戒不悛者

二、思想不純正有礙團体生活者

三、學力遲鈍連續留級二次者

四、品性不良或有精神病者

五、入學繳驗證件發現偽造者

六、發生特殊重大事故者

第五八條　凡因品行不良而勒令退學之學生概不發給轉學証書

第五九條　本校學生若因重病或要事不能繼續肄業時得具家長或保証人簽名蓋章信件請求退學因病退學者須呈驗醫生証明書

第六十條 本校學生學期操行成績列入丁等者勒令退學

第六一條 本校學生學期學業成績已達退學之規定者勒令退學

第六二條 本校學生于開學後兩週內未到校註冊而又未經請假者以自動退學論

第六三條 本校學生在學期間違反政府禁令及發生特別嚴重事件經校務會議決應令退學

第九章 納費免費及獎學金

第六四條 本校初級中學部高級中學部學生不收學費其他費用得斟酌情形徵收之師範部學生除第一學期繳納保証金十元外其餘一切均受公費待遇

第六五條 本校戰區學生及家境清寒之非戰區學生得酌設清寒獎學金若干名其辦法另訂之

第六六條 戰區學生及家境清寒之非戰區學生得遵照部定國立中等以上學校學生貸金暫行規則分別代為請求貸金或補助金

第十章 學生生活

第六七條　本校初級中學部實施童軍管理高級中學部及師範部實施軍事管理

第六八條　本校學生在現行法令範圍之内及教師指導之下得組織學生自治會

第十一章　附則

第六九條　本校各項規程細則及實施辦法另訂之

第七十條　本學則如有未盡事宜由校務會議議决修正之

第七一條　本學則經校務會議通過施行並呈報師範學院轉呈大學呈報教育部備案

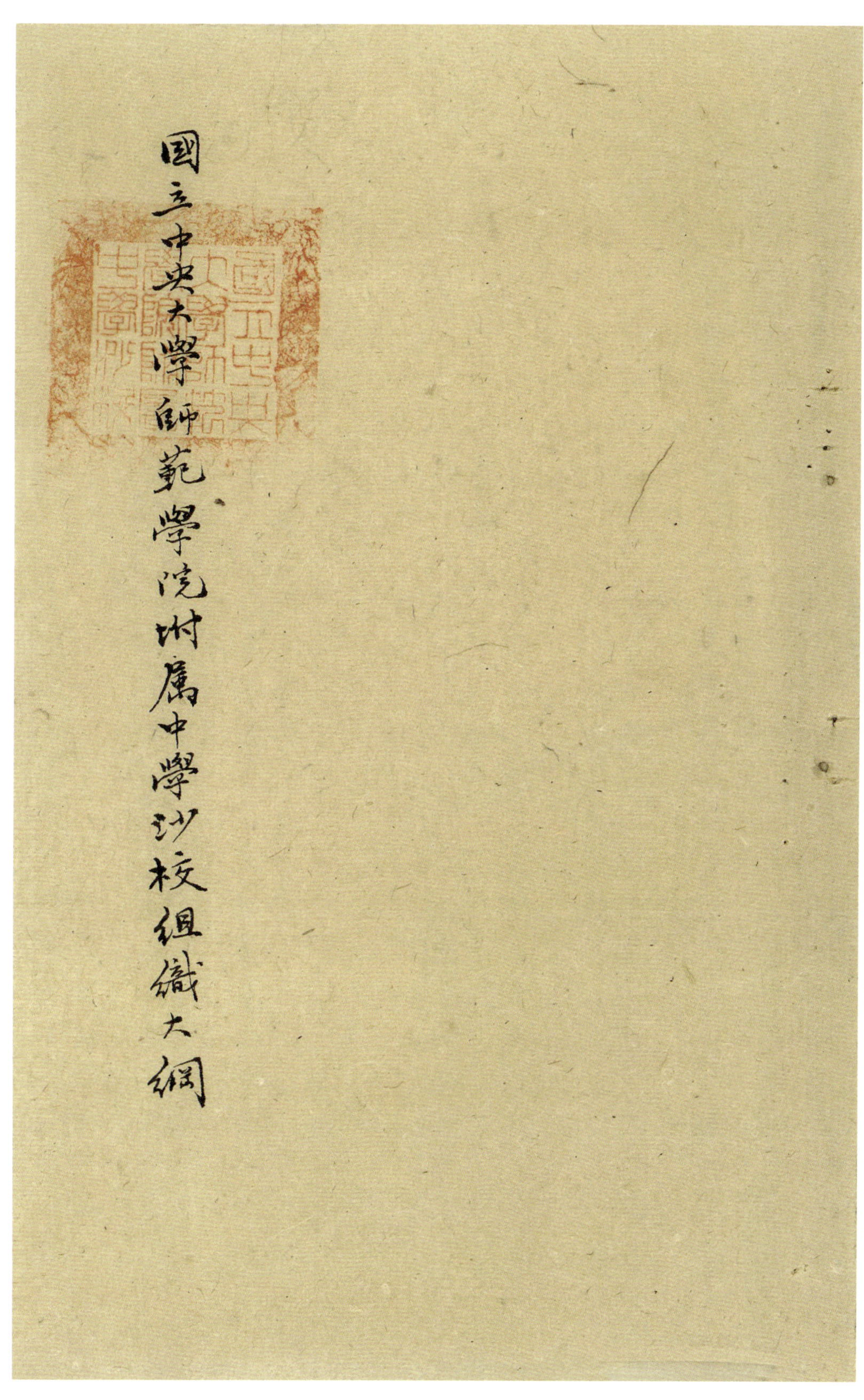

附（二）國立中央大學師範學院附屬中學沙校組織大綱

國立中央大學師範學院附屬中學學校組織大綱

一、總綱

第一條 本大綱根據中學法及部頒修正中學規程并參酌本校實際情况訂定之

第二條 本校設初級中學部高級中學部及師範部修業年限各三年

第三條 本校課程遵照部頒課程標準辦理

第四條 本校行政設施以學校行政要点六條為準則

二、組織

第五條 本校設主任一人綜理校務由中央大學校長聘任之

第六條 本校各科教員由師範學院院長與本校主任会商聘任之教員以專任為原則遇必要時得聘兼任教員但其人數不得超過教員總數四分之一

第七條 本校設教導事務兩處各設主任一人由師範學院院長與本校主任会商聘任之

第八條 教導主任秉承本校主任主持全校教導事宜

第九條 教導處分教務訓導兩組設幹事若干人受教導

主任之指導分任教務訓導事宜必要時各組得設組長一人

第十條　本校設女生導師一人由本校長就專任教員中聘任之商承教導主任辦理女生訓導事宜

第十一條　各級設級導師一人商承教導主任處理各該級訓導事宜導師為專任制兼任各該級教學

第十二條　事務處主任秉承本校主任主持全校事務事宜

第十三條　事務處分文書庶務兩組各設組長一人幹事若干人分掌全校文書及庶務事宜設書記若干人掌理繕寫事宜

第十四條　本校設軍訓教官童軍教練及体育指導各一人商承教導主任主持全校軍訓童訓及体格訓練各事宜

第十五條　本校設校医一人主持全校衛生医藥事宜

第十六條　本校設會計員一人主持全校會計事宜

三、會議

第十七條　本校舉行左列兩種會議

一、校務會議　以本校主任教導主任事務主任各級導師女生導師全体教員代表若干人及文書組長庶務組長校医會計員等組織之本校主任為主席討論全校一切兴革事項常會每學期举行二次臨時參得由本校主任隨时召集之

二、教導會議　以本校主任教導主任各級導师女生導師軍訓童訓体育教練及其他專任教員組織之本校主任為主席本校主任缺席时得由教導主任為主席討論一切教導事項每月開会一次

四委員会

第十八條　本校設置左列各委員会

一、校舍建築委員會　由師範學院院長聘請該师範学院教授三人大学土木工程系主任事務組主任工務組主任本校主任教導主任事務主任或庶務組長及專任教員二人組織之必要时由本校主任召集之

二、經費審核委員會　由專任教員公推三人至三人組織之委員輪流充当

主席負審核收支賬目及單據之責每月開会一次

三、貸金審核委員会

由本校主任擬聘教導主任及各級々任導師呈請教育部長聘任組織之審核學生貸金事宜每學期開会一次

四、學生制服委員会

由本校主任教導主任事務組主任或庶務組長軍訓教官童訓教練体育指導組織之每学期開会一次

五、師範學院學生實習指導委員會

由本校主任教導主任各科首席教員及師範學院教學實習指導教授組織之

六、校政與教學研究委員會

由師範學院々長聘任對於學校行政與教學方法有興趣之教授若干人組織之

第十九條 本校各種委員会除依法令及校務会議之決議組織外本校主任得參酌實况組織之

五、附則

第二十條 本大綱經校務會議通過施行并呈報師範學院轉由大學呈報教育部備案

第二十一條 本大綱如有未盡事宜得由校務會議修正之

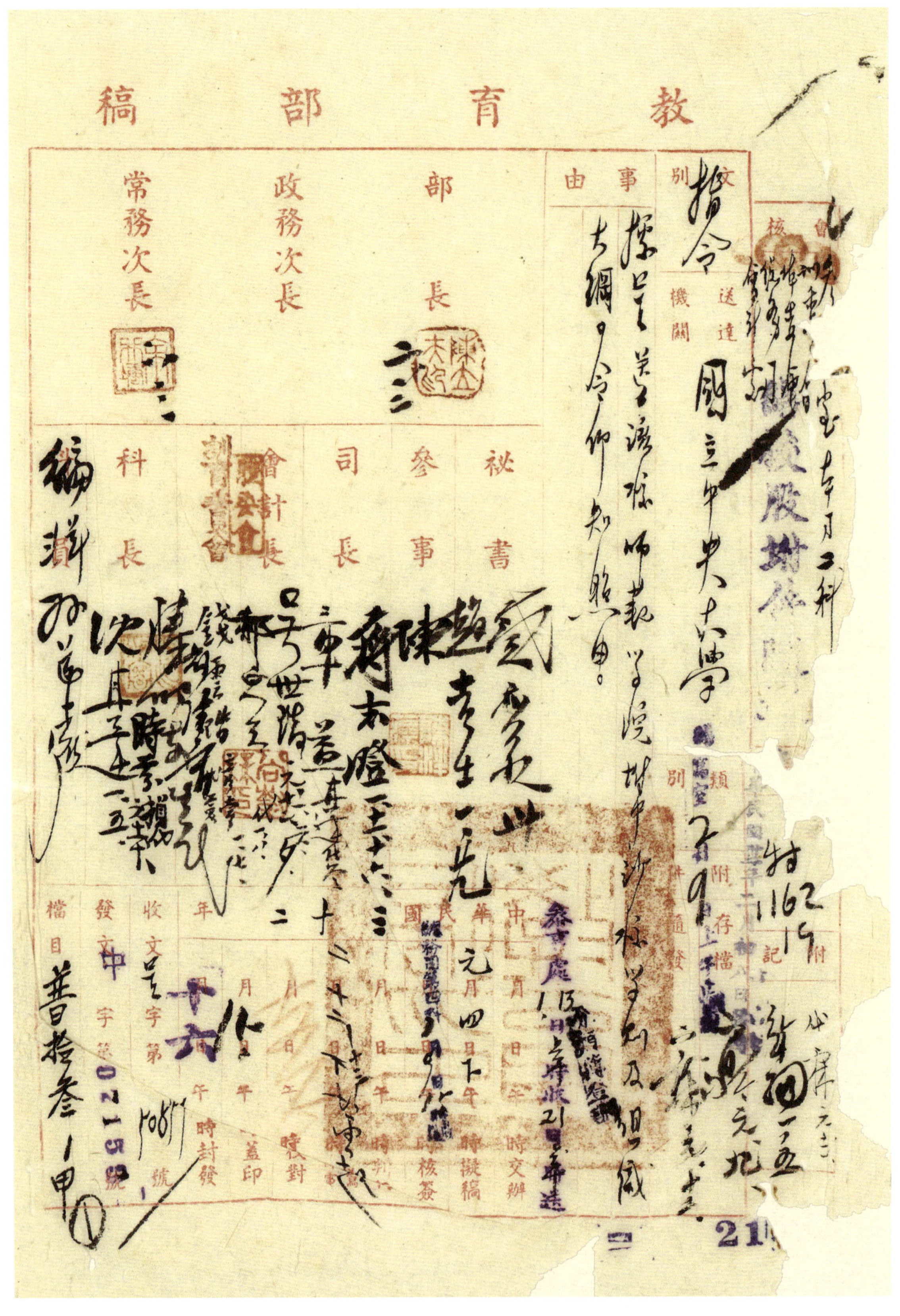
教育部稿

文別：指令

送達機關：國立中央大學

事由：據呈送該校師範學院附屬中學沙校學則及組織大綱准予備案令仰知照由

部長 常務次長 政務次長 秘書 參事 司長 會計長 科長

教育部據呈送該校師範學院附屬中學沙校學則及組織大綱准予備案令仰知照給國立中央大學的指令

（一九四三年二月十六日）

指令

令國立中央大學

卅一年十月廿三日呈乙件，為呈送本校師範學院附屬中學沙校章則及組織大綱，仰祈核准予備案由。

呈件均悉。該校師範學院附屬中學沙校，應准名稱改為國立中央大學師範學院附屬中學分校，在目前分設兩地，學校分立組織，姑准分别設置。各項章則內「本校」字樣，均改為「本分校」，「主任」應改稱「校長」。組織大綱第四條應刪，第六條應改為「本分校之歲計會計事宜由中央大學會計室派駐

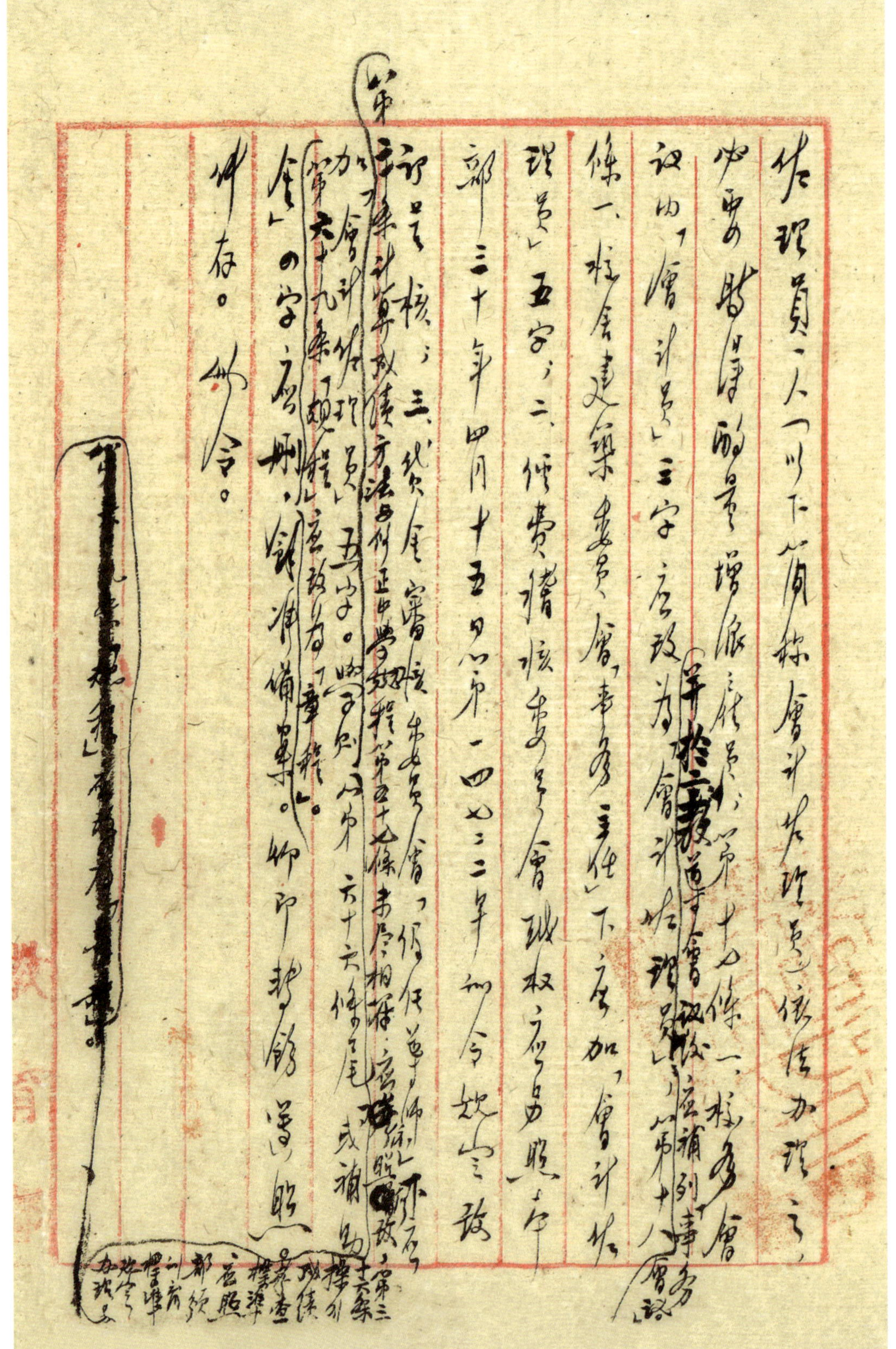

佐理員一人」以下，前稱「會計佐理員」，依法加理之，
必要時得酌量增派佐理員；第十九條一、校務會
議內「會計員」三字，應改為「會計佐理員」；第廿八
條一、校舍建築委員會，事務「主任」下應加「會計佐
理員」五字；二、經費稽核委員會職權，應另照第
部三十年四月十五日第一四七二二號訓令改
訂「經費稽核」；三、經費審核委員會……
加「會計佐理員」五字。此外，第六十六條……或補助……
第六十九條「規程」應改為「章程」。
會」之字應刪，餘准備案。仰即抄錄遵照。
件存。此令。

已照改了，请签发。
修改
孝嵘 一、廿二
一、廿六

石□
陈□ 一、廿六

关于中大附中分校组织大纲部份
一、第四条无须列入组织大纲内，且该校行政系定六条而来拟附送。本条删。
二、二、组织部份，八十部份中与该校行政组织全未尽相符，应否全文照改。请酌。
三、会议似缺事务会议，拟令补入。
关于规则部份
一、第二十条计算成绩方法与第四十条与本校规第五十七条未尽相符。
二、第二十六条操行成绩等第标准，似应照部颁训育标准拟定办法。

三、第六九條「校經」擬今改為「年報」。

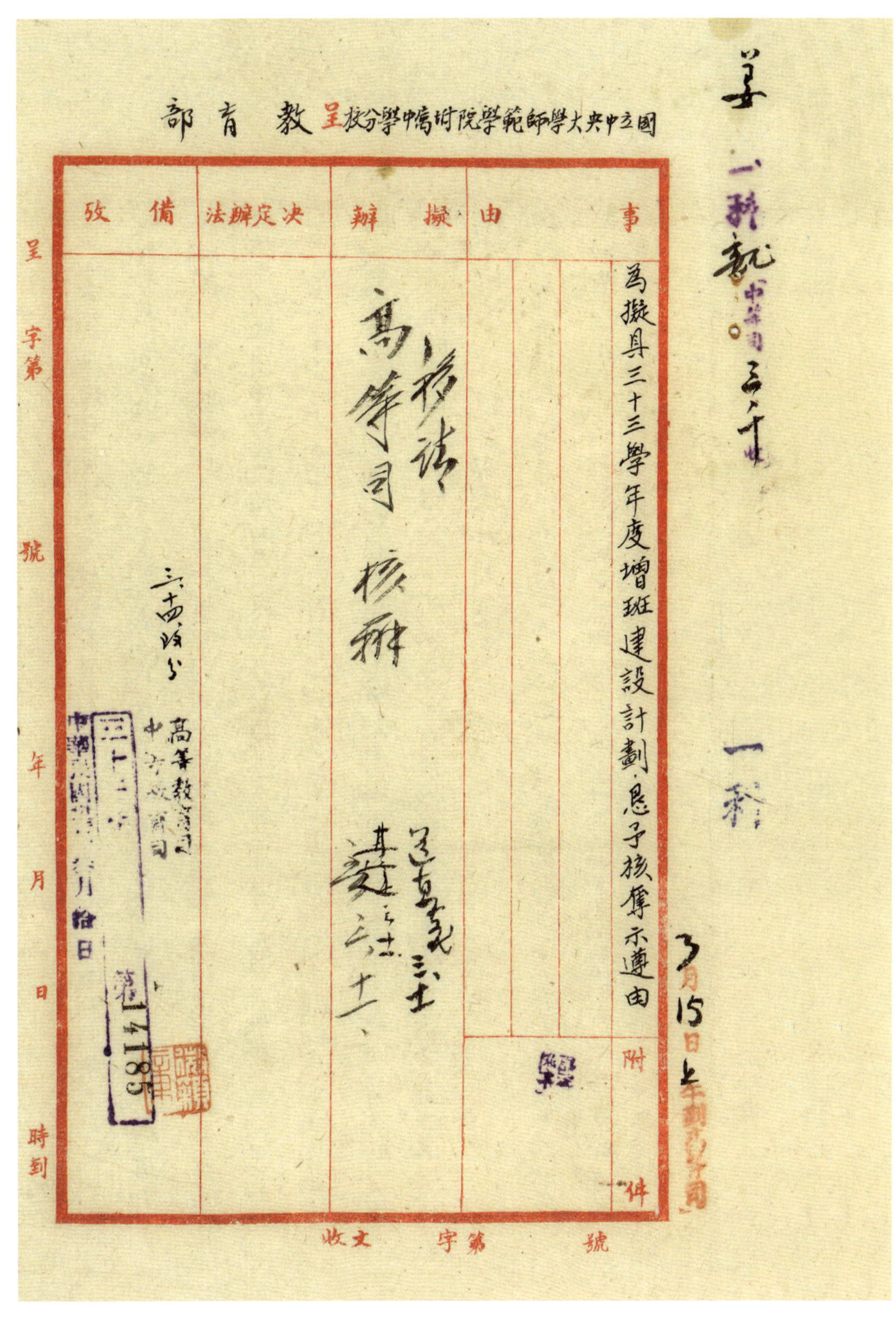

國立中央大學師範學院附屬中學分校呈教育部

事由	擬辦	決定辦法	備攷
為擬具三十三學年度增班建設計劃，懇予核奪示遵由	高等司核辦		

附件

呈　字第　號　年　月　日　時到

收文　第　字　號

關于擬具一九四四學年度增班建設計劃的一組文件

國立中央大學師範學院附屬中學分校爲擬具一九四四學年度增班建設計劃，懇予核奪示遵給教育部的呈文及附件（一九四四年三月八日）

查興滅繼絕，百年樹人，端賴教育。自戰烽西指，政府預為長期抗戰大計，乃增設師範學院，旨在造就師資，普訓全國人民，養育英才，儲備建國。中大以規模夙具，首即設院開班，然既設師院，又不可無實習場所，於是因地制宜，本校乃受命成立。創校以來，幾經艱苦，設備簡陋，固無足論，而最大缺點，在規模太小，班次不全。（本校原有班次為初中四班（三上甲、三上乙、二下、一下），高中一班（一下），師範三班（三上、二下、一下），班次不全，則研究不便，升降困難，課程零落，延師不易。規模太小，則實習維艱，時間有限，教材各異，進度不齊。本校處此進退維谷之際，欲維持現狀，恐違政府提倡師範教育意見；欲擴充班次，又非獨力所可克成。雖有兩陳計劃，瀝呈

鈞部，恩予核察。竊查沙坪壩為文化區域，每年考生之衆，洵屬驚人。其中尤以投考初中，恒在二千以上。本校校舍狹仄，每年祇收一年（四十人），未錄各生，每多望洋興

嘆，甚至來函指斥，責以何不增加一班，審情度理，論亦至當，得天下英才而教育之，乃
教育本旨，故本校於三十三學年第一期擬增招初中新生二班，高中限於經費，仍擬
增招新生一班，庶學級編制，不致發生困難，其餘師範新生一班，更應增招以符
政府推動師範教育旨意，綜計本年秋季擬增招新生四班，準此計劃，應添
建教室四間（圖甲）（又三十二學年本校增招高中一班 鈞部未撥教室宿舍建
築費，致教室不敷，擬多建一間，共計五間）大飯堂（禮堂合用）一間（圖丙）男
女生宿舍各一間（圖丁）而圖書儀器勞作音樂實驗等專用教室暨教職員
宿舍亦應隨之增建（圖乙）其餘教職員學生應用床榻桌几黑板等設備
亦應增置，所有建築設備詳細計劃費用悉載預算書圖說估計單內
為此瀝陳各由，編造增班建設計劃書加繪圖說連同預算書估價單並文

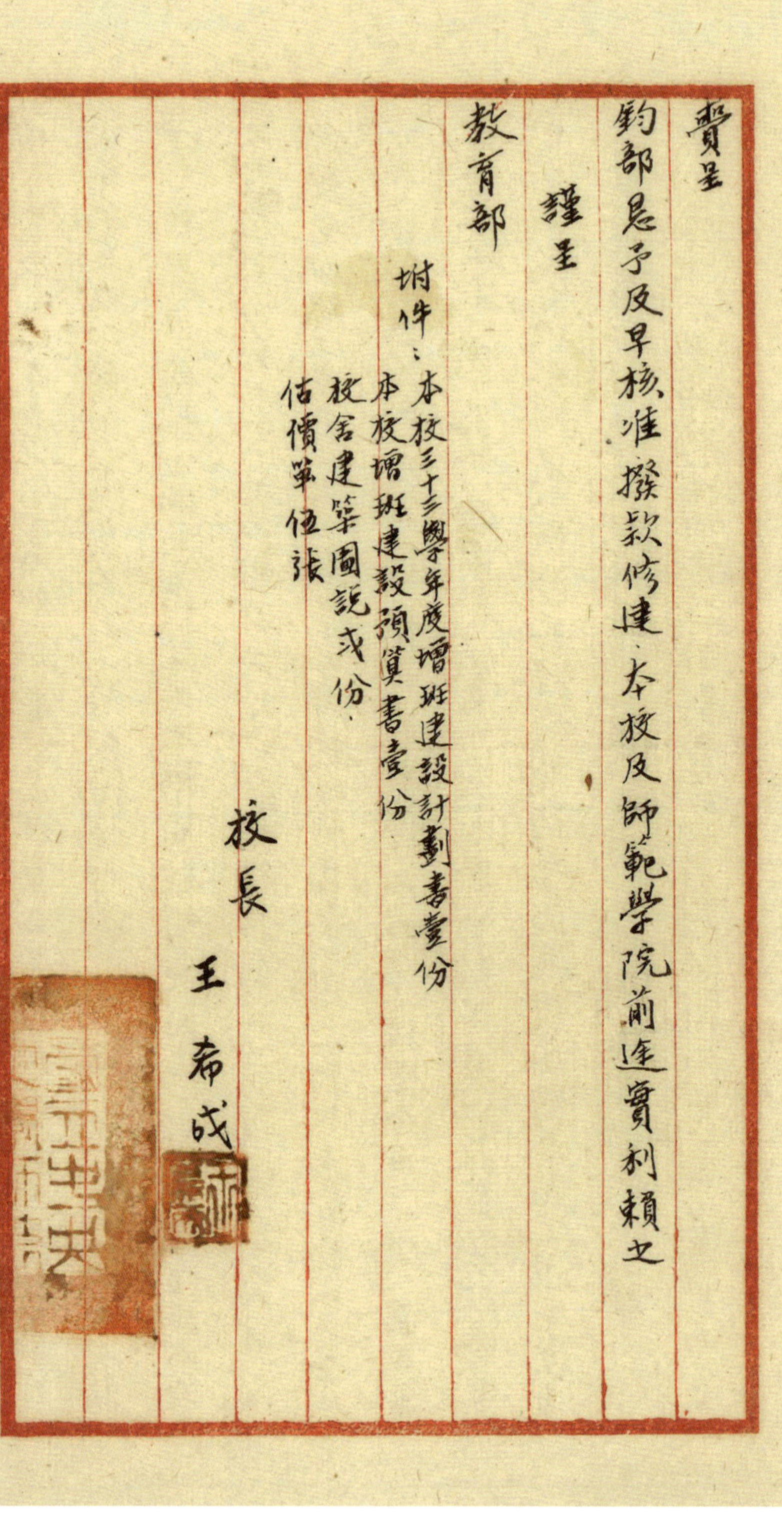
賚呈
鈞部悬予及早核准撥款修建本校及師範學院前途實利賴之
謹呈
教育部
附件：本校三十三學年度增班建設計劃書壹份
本校增班建設預算書壹份
校舍建築圖說弍份
估價單伍張
校長　王希成

中華民國三十三年三月八日

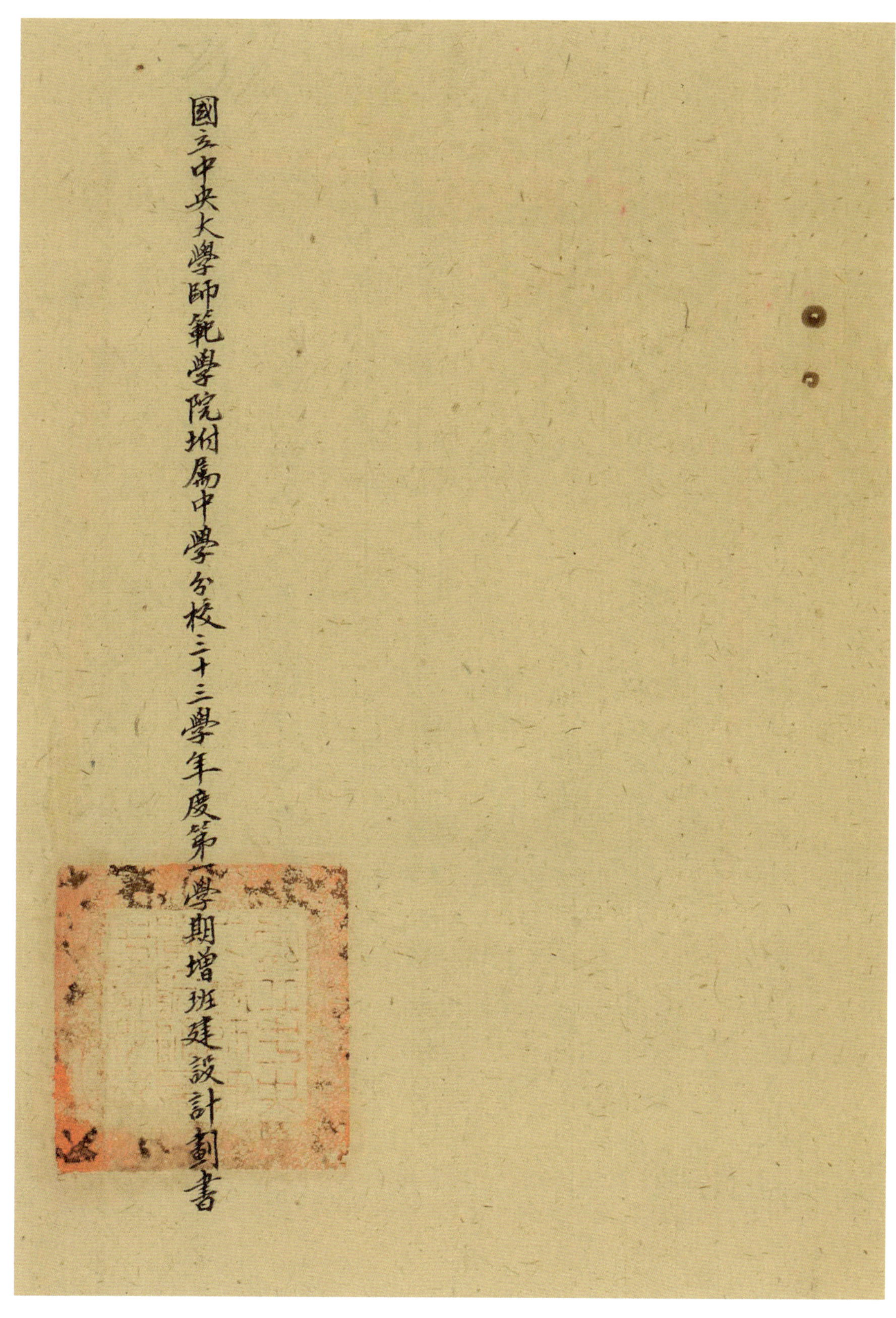
國立中央大學師範學院附屬中學分校三十三學年度第一學期增班建設計劃書

附（一）國立中央大學師範學院附屬中學分校一九四四學年度第一學期增班建設計劃書

國立中央大學師範學院附屬中學分校三十三學年增班建設計劃書 三十三年三月製

(一)增班——共計四班(為實習研究便利計,應班次開設完全、亟需增班)

(甲)初中新生二班(沙坪壩考生極多,招收兩班至為需要)

(乙)高中新生一班(繼續上年招收,編級不致困難)

(丙)師範新生一班(為策進師範教育,應招收一班)

(二)建設:(班次增加,校舍設備亦應力求充實)

(甲)建築

(1)教室五間:(三十二學年招收高中新生無教室,應多建一間)

(2)男生宿舍一間

(3)女生宿舍一間
(4)大飯堂(禮堂)一間(原有飯廳不敷亟宜添建)
(5)圖書室一間(閱書室在内)
(6)儀器室一間
(7)實驗室一間
(8)音樂教室一間(勞作合用)
(9)男女教職員宿舍各一間
(乙)設備
(1)雙人床一百間(每班五十人合計二百人)
(2)雙人桌一百張

(3)雙人攏一百張
(4)黑板四塊
(5)單人床拾張（教師用）
(6)書棨拾張（教師用）
(7)單人几拾張

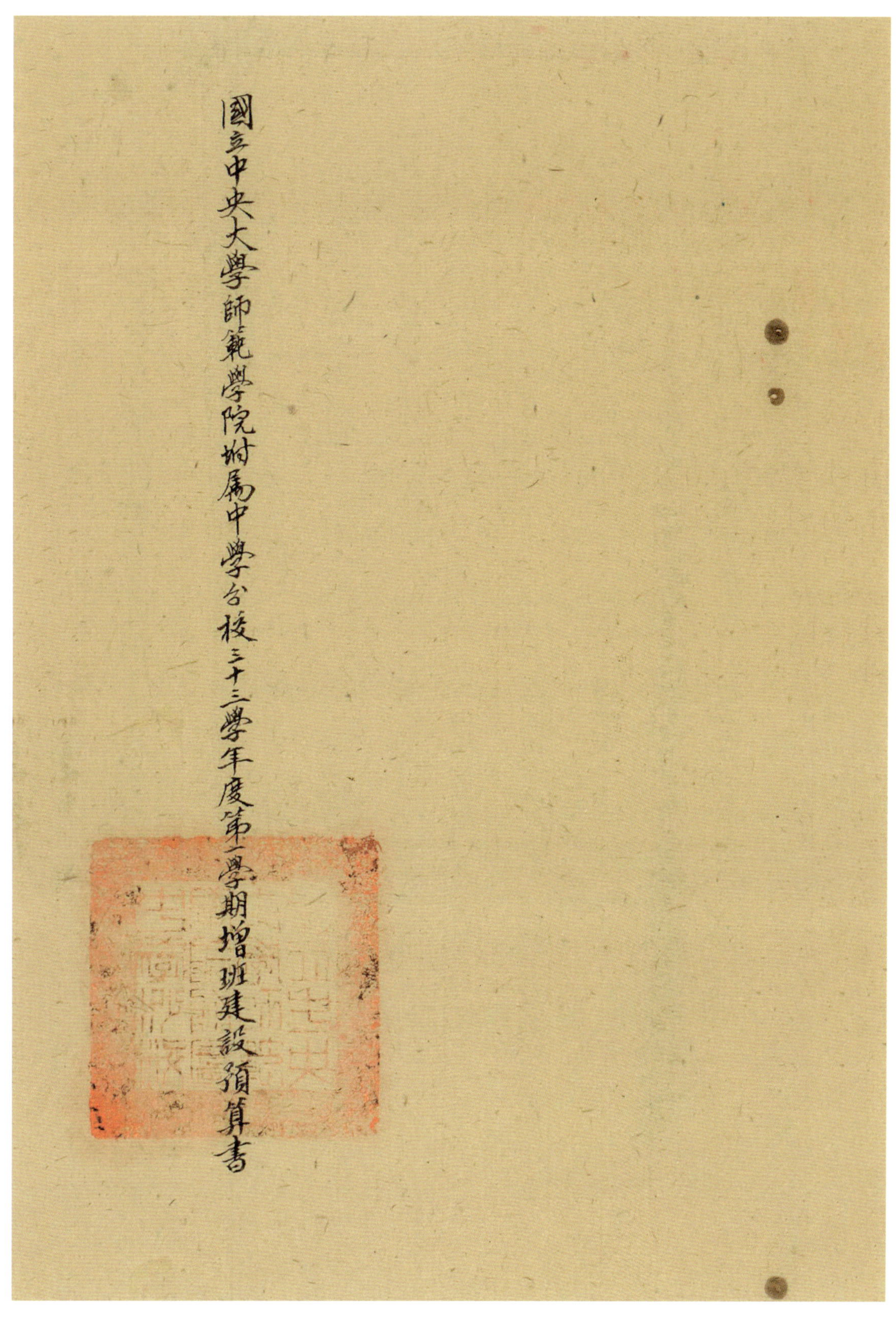
國立中央大學師範學院附屬中學分校三十三學年度第一學期增班建設預算書

附（二）國立中央大學師範學院附屬中學分校一九四四學年度第一學期增班建設預算書

國立中央大學師範學院附屬中學分校三十三學年度增班建設預算書 三十三年三月製

項目	量數	單價	總價	備考
教室	五間		三八三二八〇.〇〇	圖甲
男生宿舍	一間		二九九三二〇.〇〇	圖丁
女生宿舍	一間		二九九三二〇.〇〇	圖丁
大飯堂	一間		五五〇五二〇.〇〇	圖丙
圖書儀器實驗音樂教職員宿舍	四間		四五四三二〇.〇〇	圖乙
雙人床	一百間	一六〇〇.〇〇	一六〇〇〇〇.〇〇	四班每班五十人共二百人用
雙人桌	一百張	一五〇〇.〇〇	一五〇〇〇〇.〇〇	四班每班五十人共二百人用

雙人櫈	一百張	二五〇	〇〇	二五〇〇〇	〇〇	四班每班五十人共二百人用
黑板	四塊	二〇〇〇	〇〇	四四〇〇〇	〇〇	每班一塊
單人床	十張	一〇〇〇	〇〇	一〇〇〇〇	〇〇	教師用
書案	十張	四〇〇〇	〇〇	四〇〇〇〇	〇〇	教師用
單人几	十張	三八〇	〇〇	三八〇〇	〇〇	教師用
總計				二五三九五六〇	〇〇	

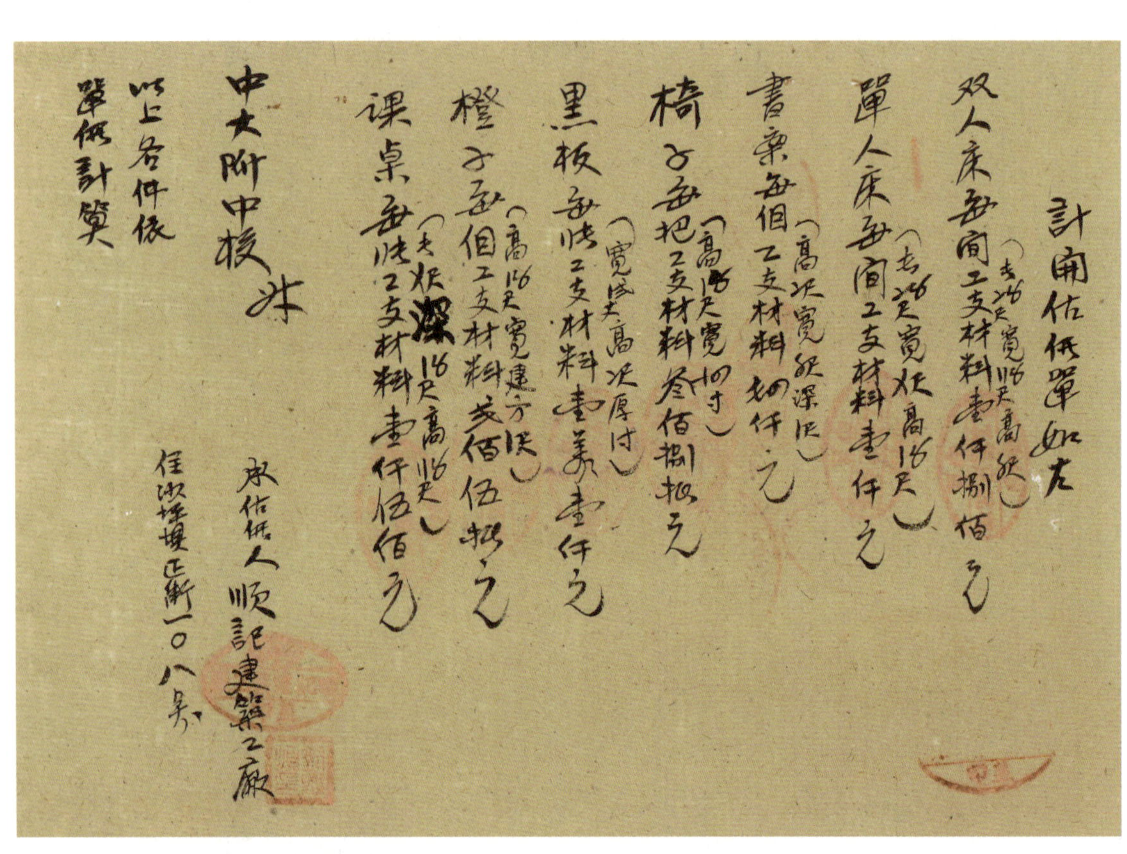

計開估價單如左

双人床每間工友材料壹仟捌佰元（長〦尺寬〤尺高〥尺）

單人床每間工友材料壹仟元（長〦尺寬〢尺高〤尺）

書桌每個工友材料捌仟元（高〢尺寬〥尺深〢尺）

椅子每把工友材料叁佰捌拾元（高〤尺寬〡〇寸）

黑板每塊工友材料壹萬壹仟元（寬〥尺高〢尺厚寸）

櫈子每個工友材料柒佰伍拾元（高〤尺寬建方尺）

課桌每塊工友材料壹仟伍佰元（長〢尺深〤尺高〤尺）

中大附中校 鑒

以上各件依單價計算

承估價人 順記建築工廠

住淤埠堤正街一〇八號

附（三）估價單

33.3.7. ~~市立中学~~ 中大附中分校

甲教室估價單

項目	工程名稱	數量	單位	單價		總價		備註
1	房盖屋頂	14.4	每方	4,800	00	69,120	00	連椽子瓦嵌子在内
2	杉木窗子	8个	〃个	2,000	00	16,000	00	用杉木做
3	雙扇大門	2个	〃个	4,000	00	8,000	00	用杉木做
4	排列瓜同	6排	〃排	25,000	00	150,000	00	每排用柏木柱头尖子6"
5	單竹笆墻	28.8	〃方	2,700	00	77,760	00	代十方竹子石灰在内
6	石脚砌子下脚	24个	〃个	1,400	00	33,600	00	下脚在内
7	三合土地	14.4	〃方	2,000	00	28,800	00	小三合煤灰石灰在内
	總共合計 383,280.00							

說明 甲教室全面一個占地面1公方木柱头尖子6寸走廊柱尖子7寸門窗大小用杉木高7尺宽二尺八寸耳門大门宽四尺高7尺窗子用玻璃四塊高3尺宽二尺房盖嵌子用松方口及四週用松木寸方椽子用松木用中圆瓦面三合土厚1寸半石灰1分煤灰二分並無碎石

順記營築工廠

33.3.7. 市立中大附中学校

乙四间估价单

项目	工程名称	数量	单位	单价	总价	备注
1	房盖屋顶	12方	每方	4,800.00	57,600.00	连椽子瓦片
2	窗子玻璃	12个	〃个	2,000.00	28,000.00	
3	双扇大门	2个	〃个	4,000.00	8,000.00	
4	单扇耳门	8个	〃个	2,000.00	16,000.00	
5	排列	5排	〃排	25,000.00	125,000.00	
6	篱竹笆墙	63方6	〃方	2,700.00	171,720.00	
7	石脚磉子	20个	〃个	1,400.00	28,000.00	
8	三合土地	12方	〃方	2,000.00	28,000.00	
	总共合计$454,320元					

说明：乙四间全面八千五百公方，杉木柱头尖子6寸，檐柱尖子七寸，门用杉木高七尺宽二尺八寸，耳门大门宽四尺高七尺，窗子玻璃四块片高五尺宽三尺，房盖椽子桁子用松木，中国瓦盖，以及四周竹笆墙，打用松木，三合土厚1寸半，石灰以及煤灰三分八分，并新砖瓦做成

顺记建筑工厂

33.3.7.

~~市立中学~~中大附中分校、西飯堂估價單一分

工程名稱	數量	單位	單價	總價	備註
房蓋瓦頂	21.6	每方	4800.00	103680.00	連椽子桁子在內
玻璃窗子	16个	〃个	2000.00	32000.00	
双扇大門	2个	〃个	4000.00	8000.00	
排列	8个	〃排	30000.00	240000.00	
竹笆墻	29.2	〃方	2700.00	78840.00	
石脚礅子	32个	〃个	1400.00	44800.00	
三合土	21.6	〃方	2000.00	43200.00	

總共合計洋559520元

說明 此飯堂石礅一个有一公方柏木柱二尺六寸證柱头子七寸门用杉木高七尺宽二尺八寸双门大門宽四尺高七尺玻璃窗子四塊每高五尺宽三尺房蓋椽子桁子用杉木中段在內以及四圍竹笆每方用松木三合土一寸半厚石灰煤屑三分一并包碎石做底

順記建築工廠

33.3.7 ~~市立中学~~ 中大附中分校 丁男女生宿舍同样估价单

项目	工程名称	数量	单位	单价	总价	备注
1	房盖瓦顶	8.7	每方	4,800,00	41,760,00	
2	玻璃窗子	10个	〃个	2,000,00	20,000,00	
3	双扇大门	2个	〃个	4,000,00	8,000,00	
4	耳门	6个	〃个	2,000,00	12,000,00	
5	排列	4排	〃排	25,000,00	100,000,00	
6	单竹笆墙	28.8	〃方	2,700,00	77,760,00	
7	石脚磉子	16个	〃个	1,400,00	22,400,00	
8	三合土	8.7	〃方	2,000,00	17,400,00	

男生宿舍 总共合计$299,320元

女生宿舍 总共合计$299,320元

〃 〃 〃 〃 二共总计$598,640元

顺记建筑工厂

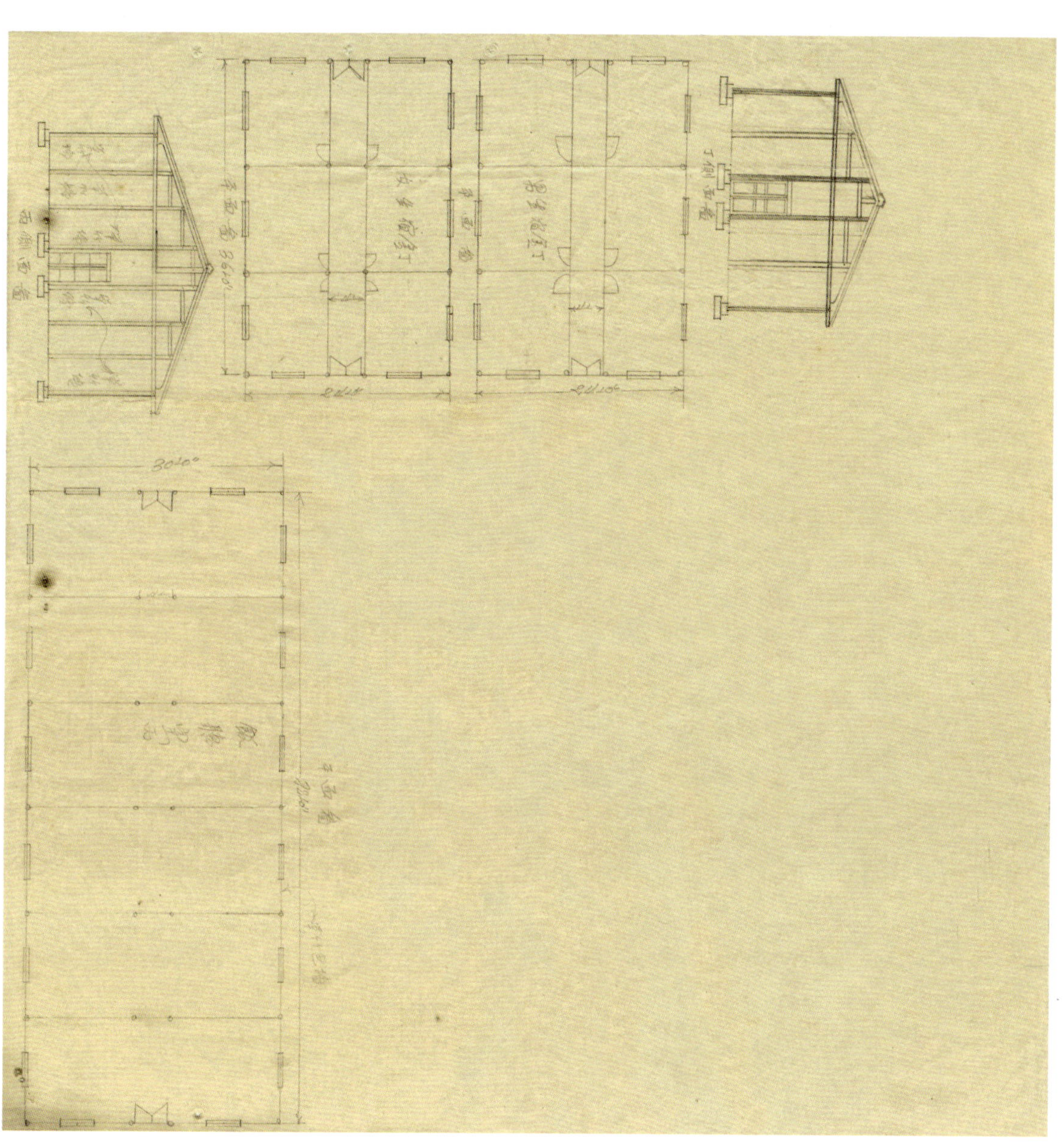

附（四）建築圖樣

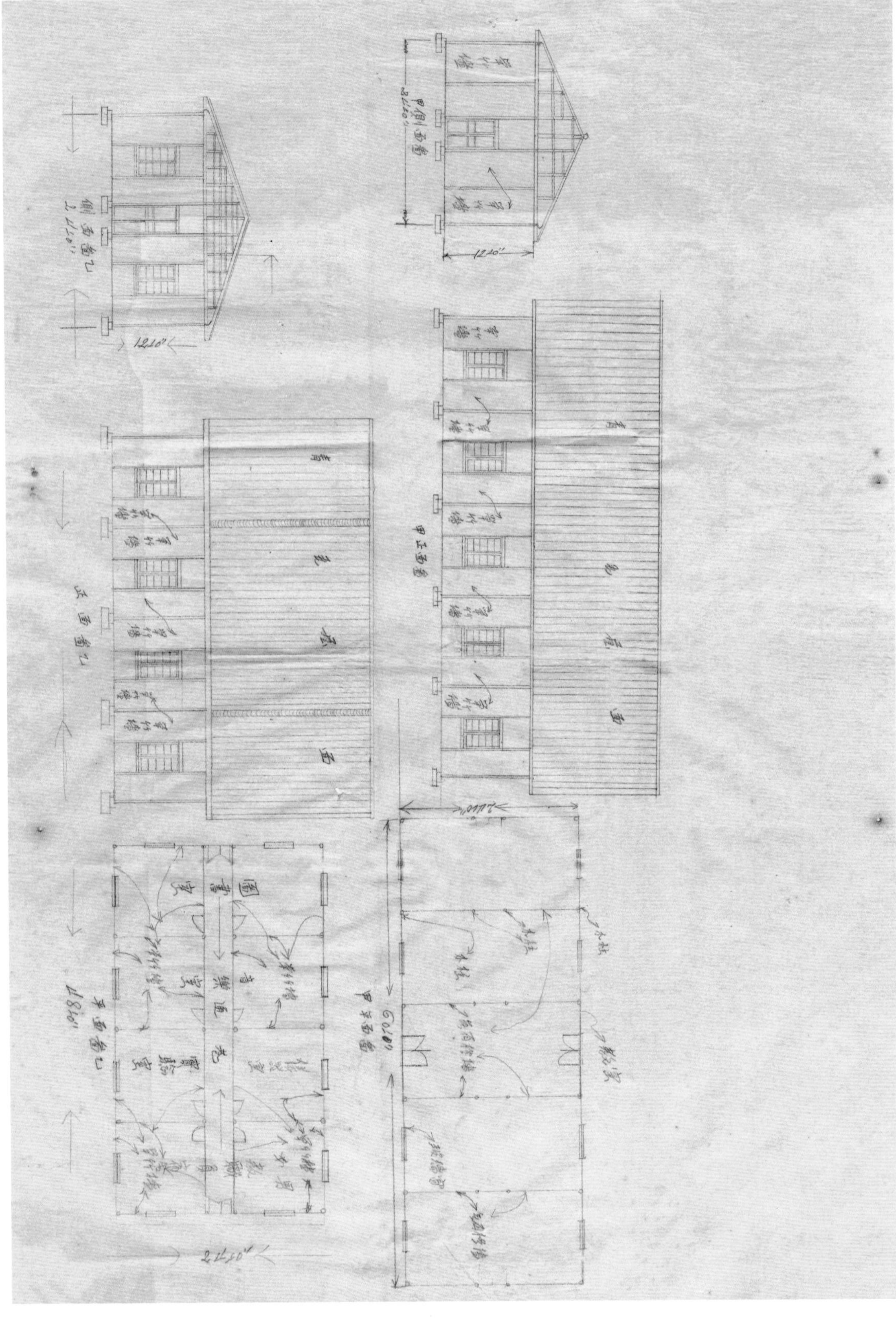

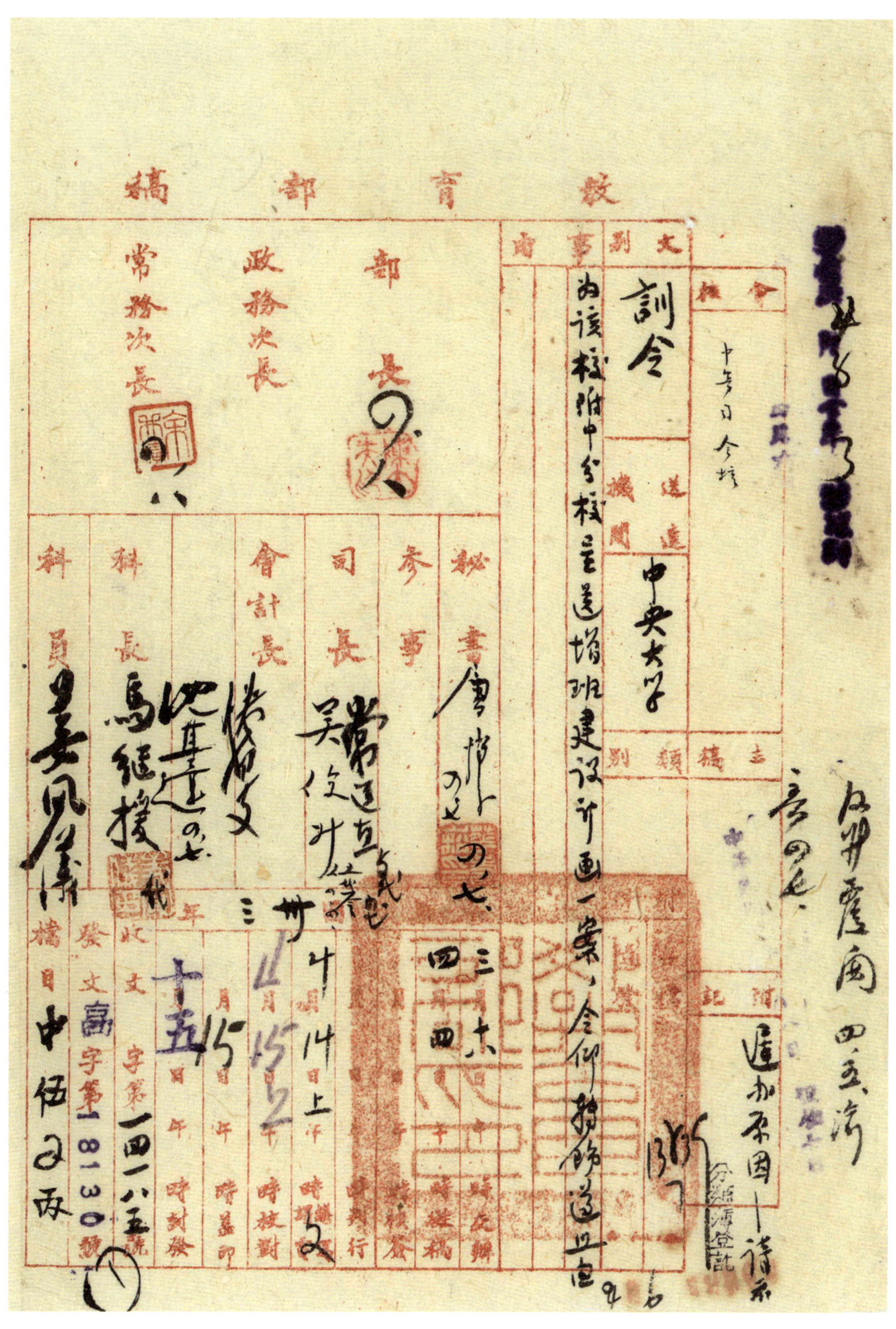

教育部稿

文別：訓令

送達機關：中央大學

事由：為該校附中分校呈送增班建設計畫一案，令仰轉飭遵照由

教育部爲該校附中分校呈送增班建設計劃一案令仰轉飭遵照給國立中央大學的訓令

（一九四四年四月十五日）

訓令

令國立中央大學

據該校師範學院附屬中學分校本年三月八日呈，為擬具卅三學年度增班建設計畫，請鑒核示遵等情；據此，查該附中分校原為該校師範學院學生實習而設，不必再予擴充。惟班級不相銜接，應自行調整。下學年可招初中一班、高中一班，師範部分暫不招生。所需經費，應在原有經費內支配。仰即轉飭遵照！

此令！

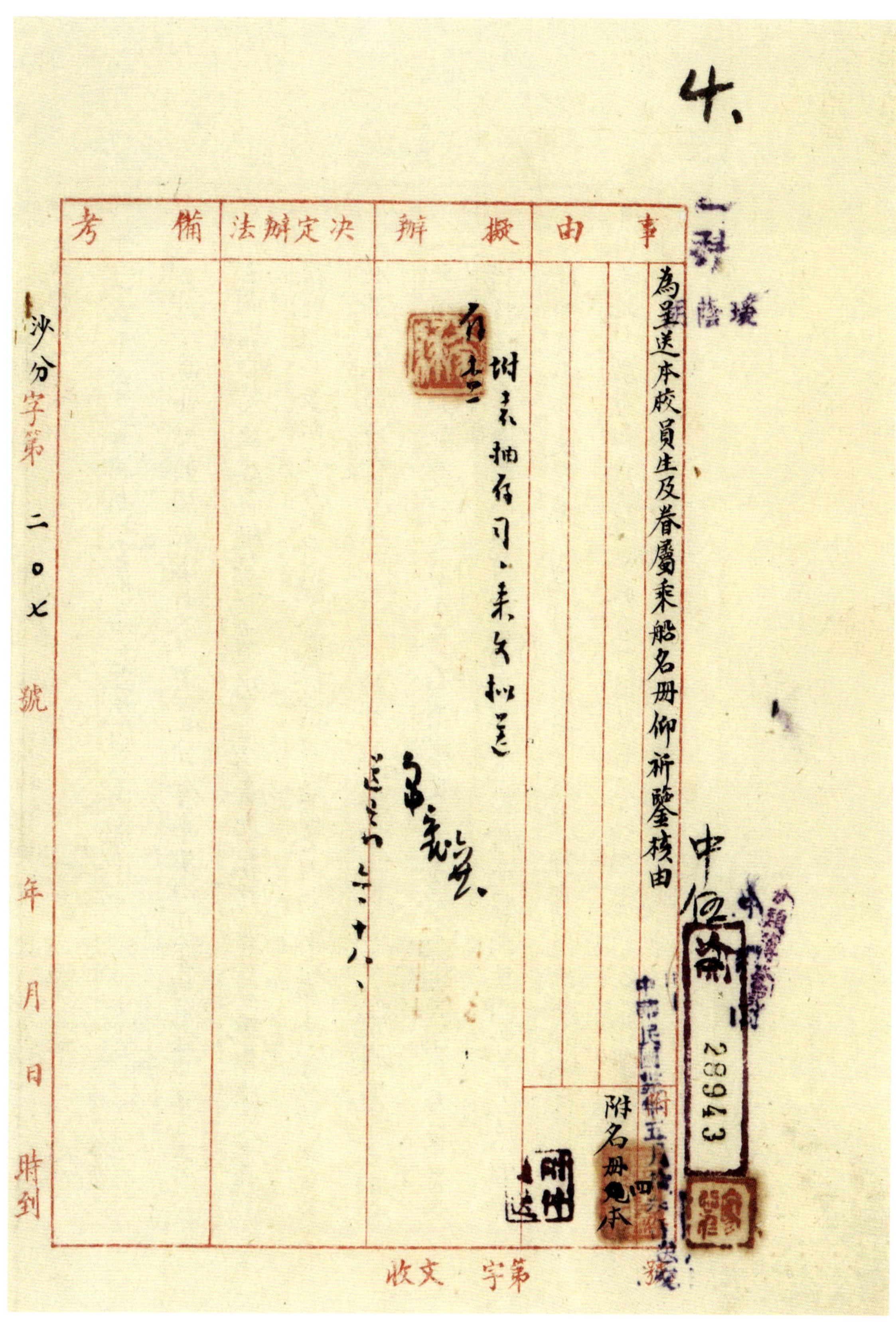
4.

事由	擬辦	決定辦法	備考
為呈送本校員生及眷屬乘船名冊仰祈鑒核由			

附名冊一本

沙分字第二〇七號　年　月　日　時到

收文　字第　號

國立中央大學師範學院附屬中學沙校校長董德鑑爲呈送本校員生及眷屬乘船名冊仰祈鑒核給教育部部長朱家驊的呈文（一九四六年五月十五日）

案奉

鈞部三十五年五月二日渝高字第二四〇七一號訓令內開、

「案准交通部船舶調配委員會重慶分會本年四月二十四日運字第一三六三號

函開『關於各校復員船位之分配仍應請貴部根據每月分配額核定各該校

優先次序及配運各校實際人數於每月之前五日列表送由本會以憑配運並

祈將各校詳細人數另表見示以備查核』等由准此查各校院復員業已開始

所有自渝乘船遷移之員生眷屬亟應按照實際人數翔實開列名單呈部

備核（乘車遷移及自行設法者不列）並應於遷移期近時酌派代表駐渝

隨時與本部取得聯繫以利進行除分令外仰即遵照辦理為要」

等因奉此自應遵辦茲造具本校教職員及眷屬請購船票人數清冊呈本高初中

畢業生復員還鄉名册一本高中學生復員還鄉名册一本初中學生復員還鄉名册

一本隨文呈送仰祈

鑒核謹呈

部長朱

附教職員及眷屬請購船票人數清册 一本

高初中畢業生復員還鄉名册 一本

高中學生復員還鄉名册 一本

初中學生復員還鄉名册 一本

國立中央大學師範學院附屬中學沙校校長董德鑑

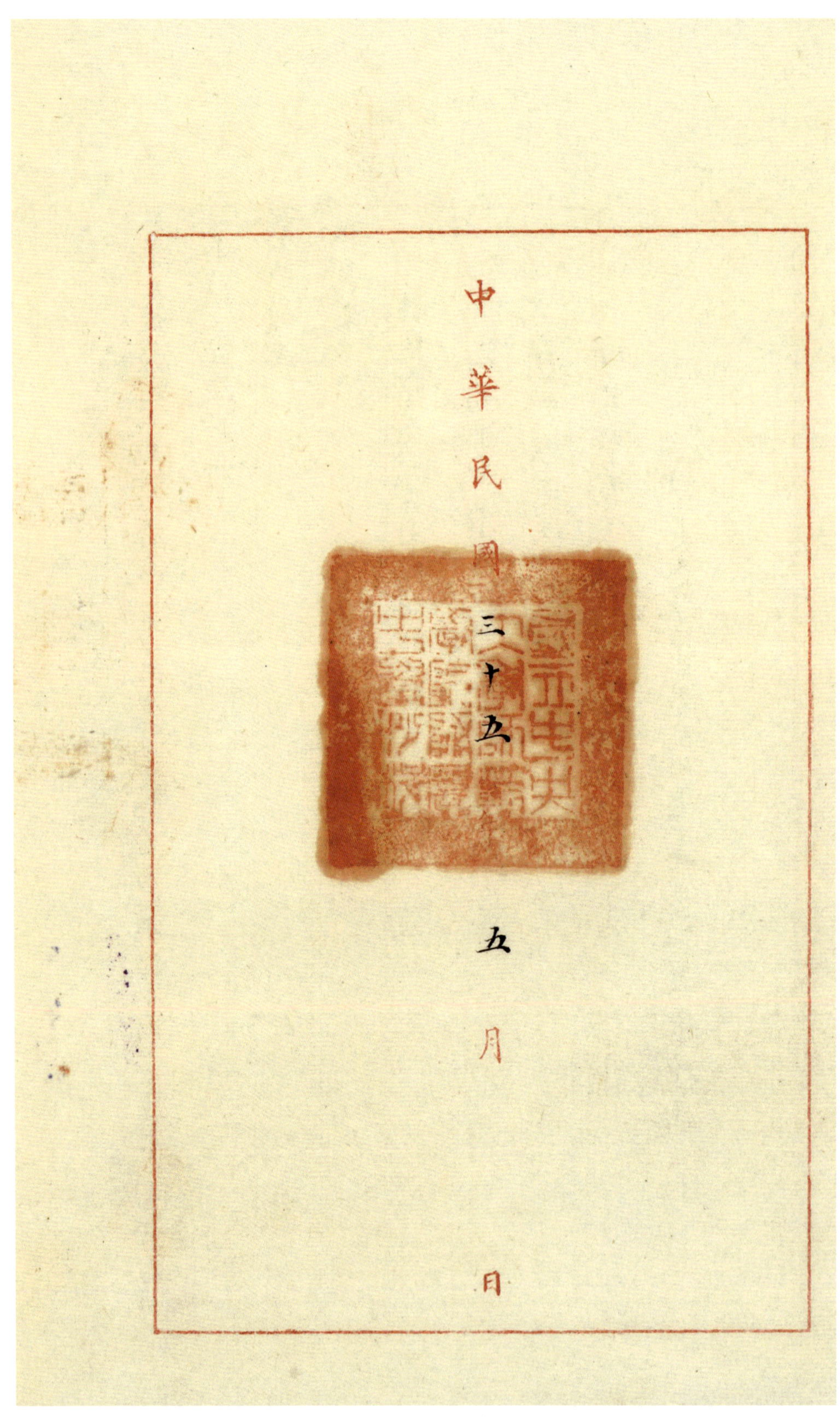
中華民國三十五年五月日

陸 國立中央大學師範學院附屬中學時期

（南京三牌樓 一九四六年九月至一九四九年八月）

中大附中遷三牌樓籌備誌

國立中央大學實驗中學戰前執京市中等學校之牛耳、極負盛名、戰時曾先後遷至屯溪長沙貴陽等地辦理、中大嗣於三十年在重慶青木關沙坪壩兩地改設附中、成績均著、抗戰勝利後、中大隨國府還都、青沙兩校經中大校務會議決定歸併一校、聞已聘定教部聘任督學彭百川先生為籌備主任、另行着手籌備、至大石橋原實中校址已由大學部收回、另撥本市三牌樓校門口中大農學院房屋為附中校舍、該處佳木葱蘢、風景清幽、環境尤勝於大石橋舊址、現已積極修理房舍、購備用具、約本年十月初可以開學云、

中大附中遷三牌樓籌備誌（一九四六年）

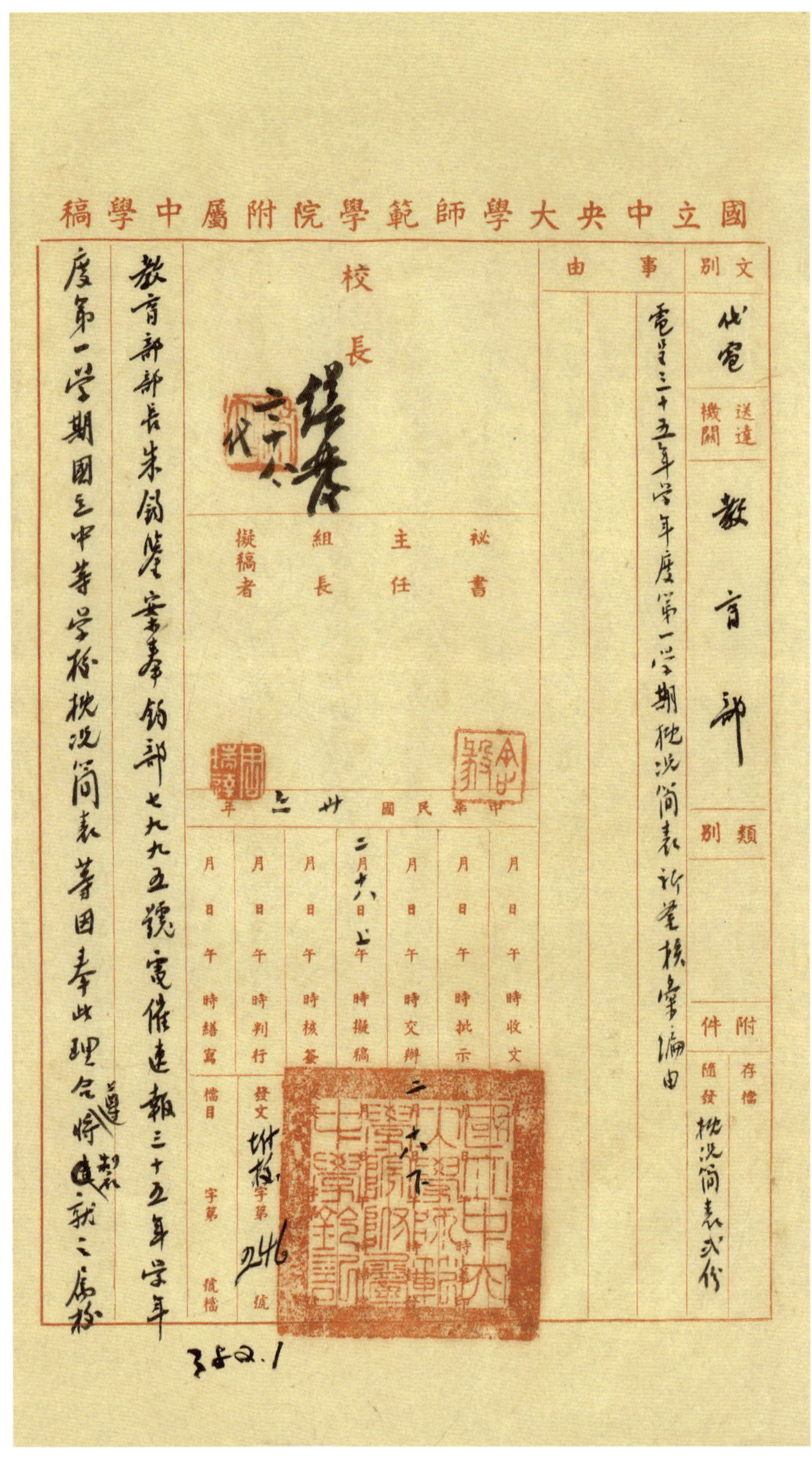
國立中央大學師範學院附屬中學稿

文別：代電
送達機關：教育部
事由：電呈三十五年學年度第一學期概况簡表祈鑒核彙編由
附件：随發 概况簡表式份

校長 張○○ 六·十八 代

教育部部長朱鈞鑒：案奉鈞部七九九五號電催速報三十五年學年度第一學期國立中等學校概况簡表等因，奉此，理合將遵製就之原表……

發文 卅校字第246號

國立中央大學師範學院附屬中學鈐記

3582.1

國立中央大學師範學院附屬中學電呈一九四六年度第一學期概况簡表祈鑒核彙編給教育部的代電及附件（一九四七年二月十八日）

三十五年學年度第一學期概況簡表繕呈弍份仰祈鑒核彙編附

呈三十五年學年度第一學期概況簡表弍份國立中央大學師範學院

附屬中學校長歐〇〇叩丑　印

三十五學年度第一學期國立中央大學師範學院附屬中學概況簡表　　第一頁

班級與學生數

部科與年級		班級數 計	班級數 男女合班	班級數 男	班級數 女	學生數 計	學生數 男	學生數 女	入學年月	應屆畢業年月
總計		30	10	14	6	1304	834	470		
高級	小計	13	15	6	2	566	380	186		
	科三年級二期	1	1			46	23	23	33年3月	36年3月
	科三年級一期	3	2	2	1	135	90	45	33年9月	36年7月
	科二年級二期	2	2			64	50	14	34年2月	37年2月
	科二年級一期	3	2	1		152	98	54	34年9月	37年7月
	科一年級一期	4	3	3	1	169	119	50	35年11月	38年7月
	科年級期									
	科年級期									
初級	小計	14	10	7	4	592	351	241		
	科三年級二期	1	1			47	25	22	33年3月	36年3月
	科三年級一期	3	2	2	1	103	64	39	33年9月	36年7月
	科二年級二期	2	1	1	1	97	53	44	34年3月	37年2月
	科二年級一期	3	2	2	1	130	72	58	34年9月	37年7月
	科一年級二期	1	1			50	29	21	34年[illegible]月	38年[illegible]月
	科一年級一期	4	3	2	1	165	108	57	35年11月	38年7月
	科年級期									
中學六年一貫制	小計									
	科年級期									
	科年級期									
	科年級期									
	科年級期									
	科年級期									
	科年級期									
中等技術科	小計									
	科年級期									
	科年級期									
	科年級期									
	科年級期									
補習班	小計	3	3	1		146	103	43		
	高中補習班	1	1			47	36	11	35年12月	36年7月
	初中補習班	2	2	1		99	67	32	〃	〃
	科年級期									

新生入學資格

一、高級

科別	共計 計	共計 男	共計 女	初中畢業 小計 計	小計 男	小計 女	上學期畢業者 計	男	女	以前各年度畢業者 計	男	女	同等學力 計	男	女	與初中學校畢業生 計	男	女
總計	165	117	48	128	88	40	117	82	35	11	6	5	37	29	8	16	12	4
高中	〃	〃	〃	〃	〃	〃	〃	〃	〃	〃	〃	〃	〃	〃	〃	〃	〃	〃
師範																		
鄉師																		
高職																		
中等技術科																		

二、初級

科別	共計 計	共計 男	共計 女	小學畢業 小計 計	小計 男	小計 女	上學期畢業者 計	男	女	以前各年度畢業者 計	男	女	同等學力 計	男	女
總計	147	94	53	121	76	45	68	47	21	53	29	24	26	18	8
六年制中學															
初中	〃	〃	〃	〃	〃	〃	〃	〃	〃	〃	〃	〃	〃	〃	〃
簡師															
簡鄉師															
短期師資訓練班															
初職															
[illegible]															

經費數（元）

收入	
$560,567,900.00	
支出	
總計	$[illegible]228,150.00
俸給費	$8,875,150.00
辦公費	$1,464,000.00
特別費	$560,567,900.00
特殊門支出費	$550,000,000.00

應屆畢業生數

部科別		計	男	女
高級	小計	46	23	23
	普通科	〃	〃	〃
	科			
初級	小計	47	25	22
	普通科	〃	〃	〃
	科			
中等職業學校小計				
	科			
	科			
各種短期職業訓練班小計				
	科			
	科			
中學六年一貫制				

教職員數

職別		計	男	女
總計		122	86	36
教員	專任	86	61	25
	兼任	2		2
職員		34	25	9

校長及主任姓名

本校	校長	彭百川	分校	校長或主任	
	教導主任			教導主任	
	教務主任	陳謙夫		教務主任	
	訓育主任	周華		訓育主任	
	總務主任	徐毅		總務主任	

中華民國三十六年二月十八日　　國立中央大學師範學院附屬中學校長彭百川

辦理統計人員

附（一）一九四六學年度第一學期國立中央大學師範學院附屬中學概況簡表

三十五學年第一學期國立中央大學師範學院附屬中學概況簡表　第二頁

地域別	學生籍貫														
	共計			高中		初中		師範		簡師		高級職業		初級職業	
	計	男	女	男	女	男	女	男	女	男	女	男	女	男	女
總計	1158	731	427	380	186	351	241								
江蘇	275	183	92	85	36	98	56								
浙江	167	109	58	57	29	52	29								
安徽	154	89	65	45	24	44	41								
湖北	92	55	37	32	21	23	16								
湖南	101	73	28	45	10	28	16								
四川	9	9	0	5	0	4	0								
西康															
河北	28	14	14	7	7	7	7								
山東	39	24	15	15	6	9	9								
山西	12	7	5	4	1	3	4								
河南	33	21	12	10	7	11	5								
陝西	2	2	0	0	0	2	0								
甘肅	1	0	1	0	0	0	1								
青海	1	1	0	1	0	0	0								
福建	26	14	12	4	7	10	5								
廣東	37	18	19	10	11	8	8								
廣西	3	1	2	1	0	0	2								
雲南	4	2	2	2	1	0	1								
貴州	5	2	3	0	1	2	2								
察哈爾															
綏遠	1	1	0	1	0	0	0								
寧夏															
新疆															
熱河															
遼寧	7	4	3	2	2	2	1								
吉林															
黑龍江	1	0	1	0	0	0	1								
安東															
遼北															
松江															
合江															
嫩江															
興安															
台灣															
南京	89	56	33	33	11	23	22								
上海	8	5	3	2	1	3	2								
北平	16	10	6	4	3	6	3								
天津	6	4	2	1	3	3	0								
青島	0														
重慶	1	1	0	1	0	0	0								
~~哈爾濱~~蒙古	2	1	1	1	1	0	0								
大連															
西藏															
江西	35	22	13	11	5	11	8								
外籍(韓國)	3	3	0	1	0	2	0								

註：尚有補習班，男生一〇三人，女生四三人，共計一四六人，因無學籍，故未列入。

中華民國三十六年二月十八日填報　　國立中央大學師範學院附中學校長彭百川

辦理統計人員

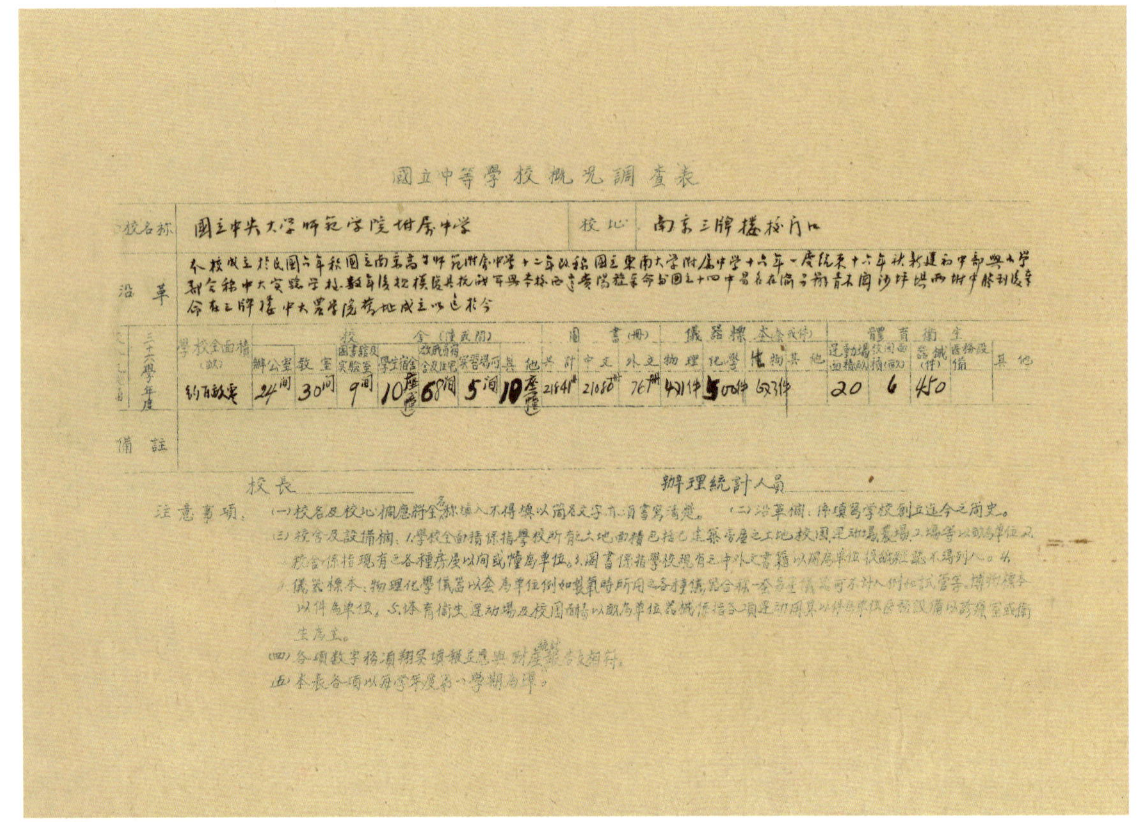

國立中等學校概況調查表

校名稱	國立中央大學師範學院附屬中學	校址	南京三牌樓校門口
沿革	本校成立於民國六年秋國立南京高等師範附屬中學十二年改稱國立東南大學附屬中學十六年一度停辦十六年秋新建初中部與大學部合稱中大實驗學校數年後校務發展抗戰軍興奉令西遷貴陽旋奉命改國立十四中易名在渝沙坪壩……奉命在三牌樓中大農學院舊址成立以迄於今		

學年度	學校全面積(畝)	校舍(幢或間)							圖書(冊)			儀器標本(套或件)				體育衛生				
		辦公室	教室	圖書館及實驗室	學生宿舍	教職員宿舍及住宅	實習場所	其他	共計	中文	外文	物理	化學	生物	其他	運動場面積(畝)	校園面積(畝)	器械(件)	醫務設備	其他
三十六學年度	約百畝零	24間	30間	9間	10座	68間	5間	10座	21841冊	21080冊	761冊	431件	500件	603件		20	6	450		
備註																				

校長＿＿＿＿＿＿　　辦理統計人員＿＿＿＿＿＿

注意事項：(一)校名及校址欄應將全名稱填入不得填以簡名文字亦須書寫清楚。(二)沿革欄：係填寫學校創立迄今之簡史。

(三)校舍及設備欄：1.學校全面積係指學校所有之土地面積包括已建築房屋之土地校園運動場農場工場等以畝為單位。2.校舍係指現有之各種房屋以間或幢為單位。3.圖書係指學校現有之中外文書籍以冊為單位，報紙雜誌不得列入。4.儀器標本：物理化學儀器以套為單位例如製氧時所用之各種儀器合稱一套，易損儀器可不計入，例如試管等。博物標本以件為單位。5.體育衛生：運動場及校園面積以畝為單位，器械係指各項運動用具以件為單位，醫務設備以診療室或衛生室為主。

(四)各項數字務須翔實填報並應與財產統計報告表相符。

(五)本表各項以每學年度第一學期為準。

附（二）國立中等學校概況調查表

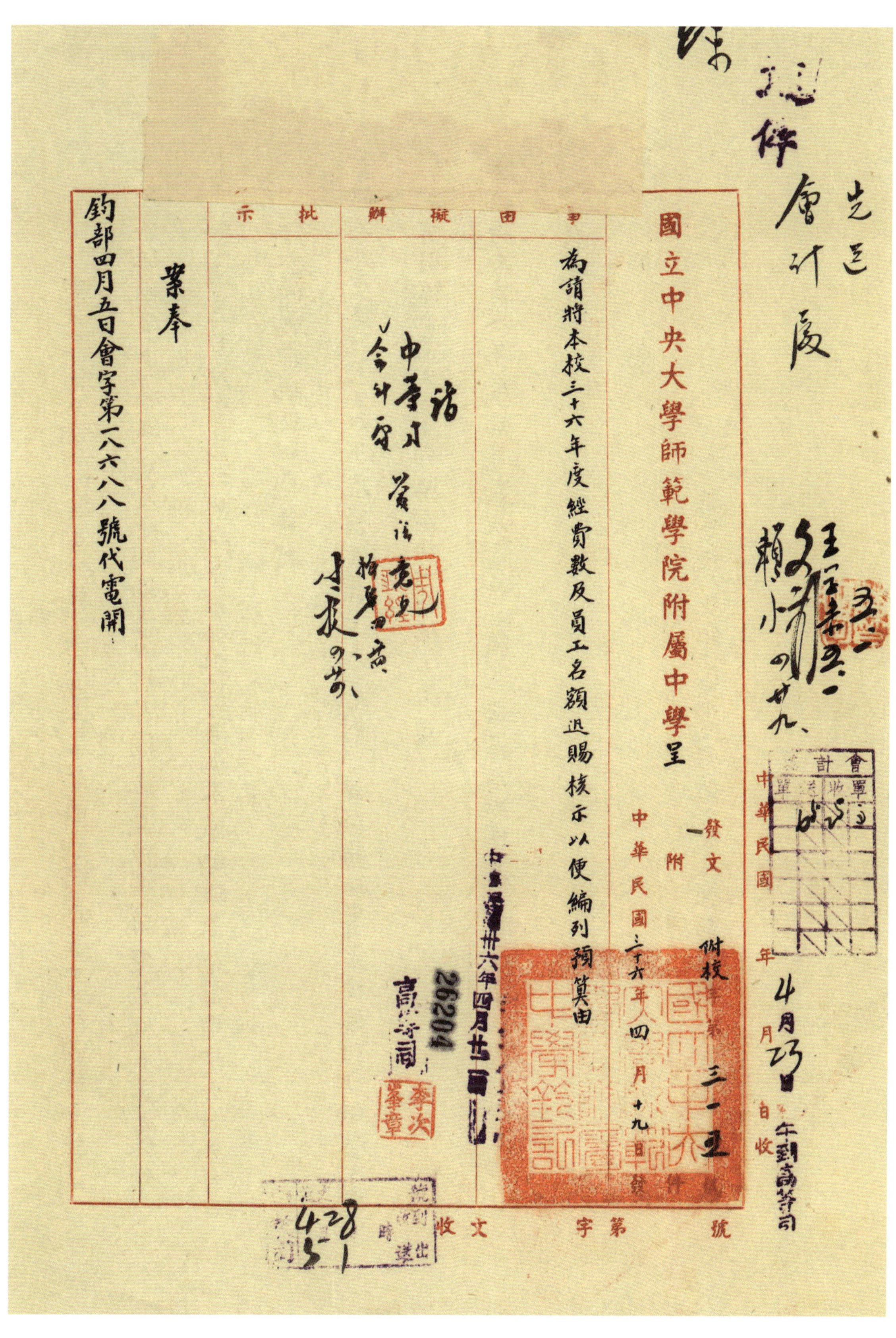

國立中央大學師範學院附屬中學呈

事由：為請將本校三十六年度經費數及員工名額迅賜核示以便編列預算由

鈞部四月五日會字第一八六八八號代電開

……

謹呈

中華民國三十六年四月十九日

國立中央大學師範學院附屬中學校長彭百川為請將本校一九四七年度經費數及員工名額迅賜核示以便編列預算給教育部部長朱家驊的呈文（一九四七年四月十九日）

案奉 行政院令以准審計部函以三十六年度國家總預算業經頒行各機關分配預算應依照規定如期編送以利審核飭遵照等因查該校本年度經費預算業經電飭知照在案惟分配預算迄未據編送奉令前因除分行外合行電仰迅即編送以憑核轉

等因奉此查本校三十六年度預算數迄未奉到 部令飭知實無從編列分配預算奉電前因除分呈大學部核示外理合備文呈請

鑒核將本校本年度經費數及員工名額迅賜核示以便遵辦

謹呈

部長朱

國立中央大學師範學院附屬中學校長彭百川

彭百川

監印

校對

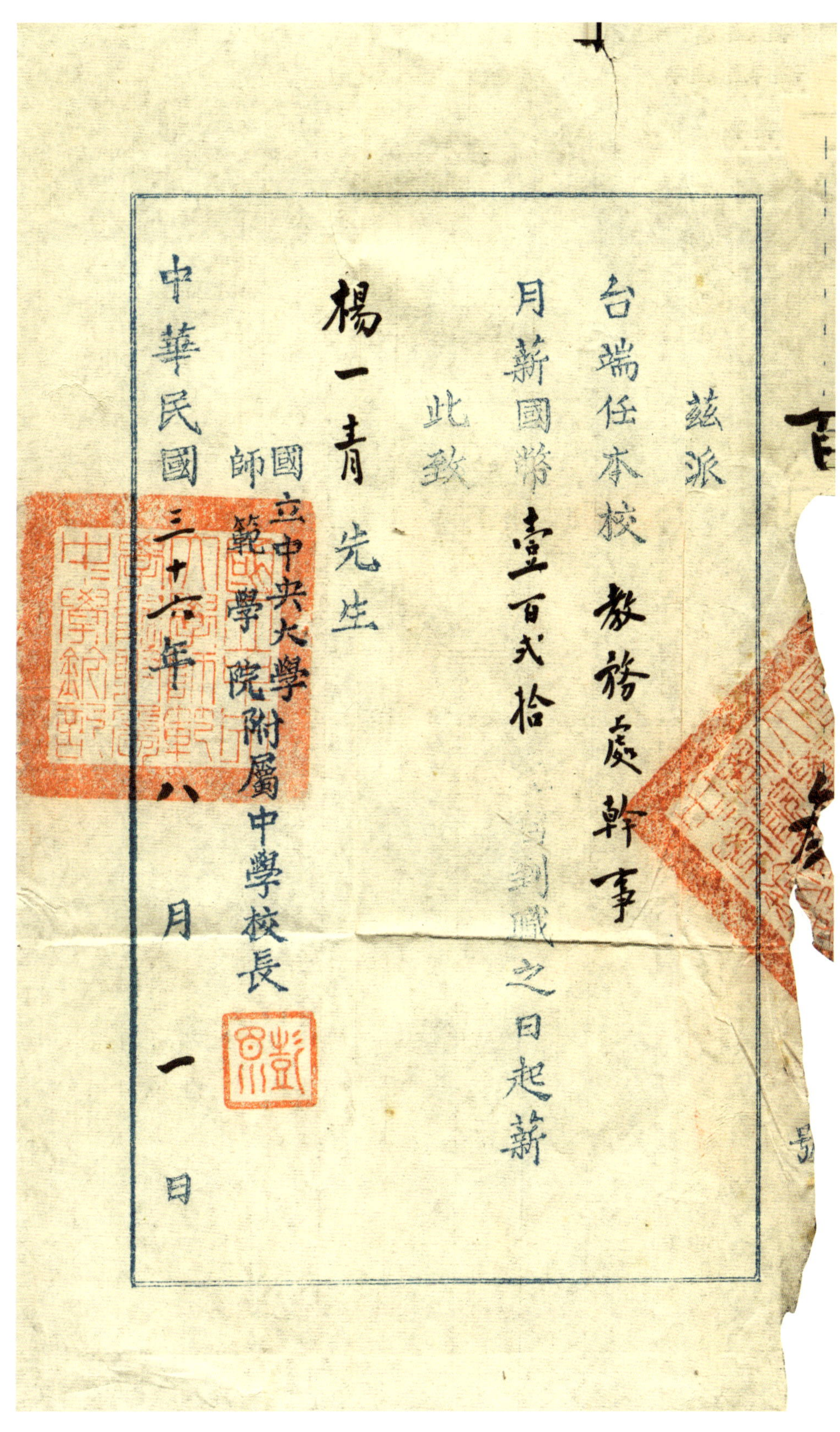

茲派
台端任本校教務處幹事
月薪國幣壹百弍拾元自到職之日起薪
此致
楊一青先生
國立中央大學師範學院附屬中學校長
中華民國三十六年八月一日

國立中央大學師範學院附屬中學給楊一青先生的任用書（一九四七年八月一日）

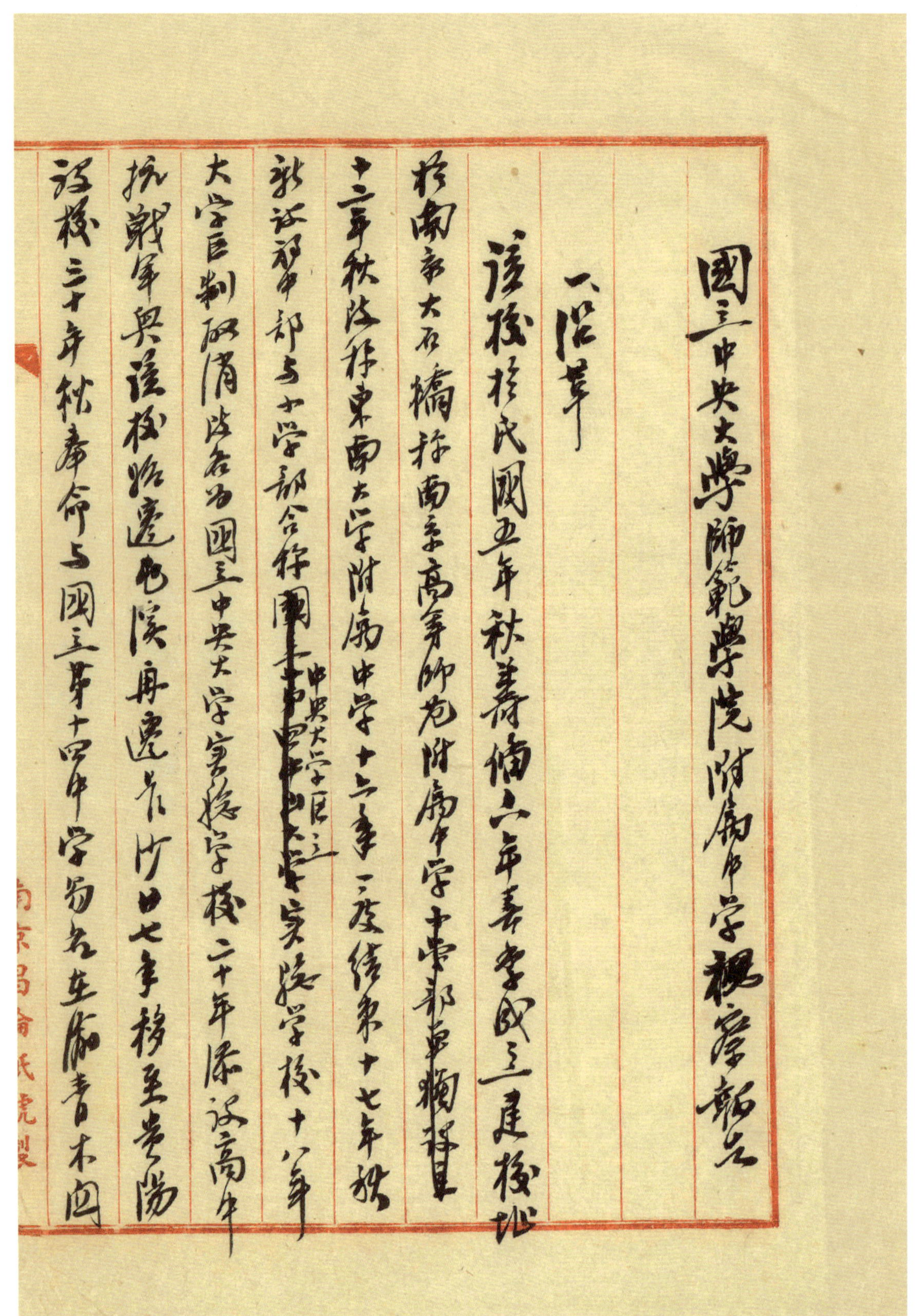

國立中央大學師範學院附屬中學視察報告

一、沿革

該校於民國五年秋籌備六年春季成立建校地於南京大石橋係南京高等師範附屬中學中學部單獨設置十二年秋改為東南大學附屬中學十六年一度改隸第十七年秋新設初中部與小學部合併為中央大學區立實驗學校十八年大學區制取消改名為國立中央大學實驗學校二十年添設高中抗戰軍興該校始遷屯溪再遷長沙廿七年移至貴陽該校三十年秋奉命與國立第十四中學易名並在青木關

國立中央大學師範學院附屬中學視察報告（一九四七年）

沙坪坝等两校三十五年秋复员来京，经中央大学指定三牌楼前中大农学院旧校址筹备开学，现有教职员一百二十余人，学生一千三百余人，共三十班。

二 学校环境

该校位于京市城内北部，校舍昔为中大农学院旧址，水木明瑟，风景幽美，校址距闹市既远，有交通之便利，而无市廛之嚣，诚属读书佳境。惟房舍不多，缺乏庭院，勉强敷学生食宿学习之用，按照目前情形，尚缺少大礼堂、体育馆、学生宿舍、风雨操场、图书馆、实验室及特殊教室等，将来如能收回福建路北部之军事机关所借用之房

尚再稍加修建可容學生三十六班為國立中學中規模最大者

三 教務概況

教師方面——該校教職員素質極佳其中在該校服務在十年以上者約有十餘人最久有任職服務至二十五年在教員中多知名之士富於教學經驗此種情形在東南數省中等學校中尚不多覯。

男女分班——該校此次復員來京學生經遵照部定辦法嚴格甄別後尚有八百餘人在本年招收新生以四百名編一部分春季班次任編整理性質外自本學期起新生完全男女分班舊生亦有之

初中女級亦儘量分班授課，惟年内可將男女生混合班級完全淘汰矣。

課程教材——該校課程完全遵照部頒標準，惟本學期因開學過遲，為補救計，主要科目教學時數間有增加，新生除高一將化學提前教授外，餘無變動。教材泰半採用國定教本，補充教材亦多，教程復甚調劑得宜。

訓育考核——該校對訓育之考核甚嚴，除對學生訓育必須部令已訂頒學則外，對教師訓育平素考查有方，且隨時通知補救，社會舉行各項集會，該校各級學生多人

詳加改削無缺錯情形足見教務所改處理得
宜而本市中等學校所僅允妥
作業處理一該校對學生課後作業習作極為嚴格除
教科書內練習題必須按時習作外有時且須增加課外練
習教員均能定時批改且改筆之精審詳細亦爲他校
所不及故能使學生孜孜矻矻蔚然造成良好之讀書風氣
教學設備一該校教學設備較前尚稱充實惟以該校大部
分設備已於事變中損毀由於經費不逮常之圖書儀器不多教學
設備極感缺乏雖有圖書若干冊理化生物儀器多借
自無房屋陳設而不敷利用殊屬可惜

四、训育概况

男女分训——该校已实行男女分训，在行政方面设有女子部，女生担任之导师均由女性教师担任，且聘有女生指导二人，专事辅导。又专司高初中女生管训之职，至男生部分则由训导处高初中分部主任、军训教官及童军团教练负责管理，秩序井然，有条不紊。

导师制度——该校实行级任导师制度，颇具成效。平素师生共同生活，起居作息，教师[illegible]参加，平素级任导师对学生之言行思想谆谆诱导，和蔼一如慈母，故校内融融泄泄，有如家庭焉。

學校風氣——該校迭遭風潮，該校對於校風力謀整飭，一年以來，以後力事整頓，違紀學生均尚不多見，年來因詳經嚴格，該校風氣極佳，宿舍內務整齊清潔，尤以女生部及初中部爲尤佳。學生制服尚未整齊劃一，禮貌亦尚須改進。

軍訓童訓——該校高中實施軍事訓練，初中實施童子軍訓練，辦理初中童軍課程僅有表面情形外，其餘均付缺如，故在訓練方面尚未大有成效。

訓練之

訓導概況——該校對於學生訓導之管理，似多缺乏積極訓練，因校舍不敷，高初中紀念週不能同時舉行，學生用膳分散教室、操场、膳厅、中级时宿舍亦各整齐，俾训练机会极为缺乏。

六、修缮概况

修建房舍：该校校舍既多且均系逊清时所建，损毁堪虞。此次将旧舍整理一新，新建宿舍一幢、厨房浴室各一幢、盥洗室四幢、平房四幢、并因活动学室二幢，共四十九大间，用费约四亿元之钜，乃鉴用地狭收容学生过多，校内极形拥挤，其回旋余地极为窄迫，尤其是逢雨时泥泞不堪，且无雨操场设备，阴雨时学生无法活动。

修置校具：该校校具不敷，另筹校具一半所有与新制之局量異氏侯鎮置校具，如雙人鐵床、課桌椅及飯桌櫈等，均堅實耐用，黑板製作尤為合理，惟其他應用物件尚不齊全。

文書事務——該校文書兼秘書室司其事，一年來對往來文件處理尚稱迅速，其繕發紀錄亦屬有條。事務組長黃成之在該校服務二十餘年，於事物整理、費用收支暨物價高昂之際，尚不撙節，潔心經手即（？）。

膳食處理——該校學生膳食由學生組織伙食委員會自理，學校派員監督協理。至由學生最近副食費增加後，每餐可有肉菜一碗，營養不虞缺乏。

六、改進意見

一、校内天雨時泥濘不堪，應速修建道路佈置校景

二、應速利用現有教學設備增建新屋佈置理化生物實驗室、圖書館及特殊教室

三、應速修建大禮堂及風雨操場體育館等增加學生集體訓練機會

四、軍訓與童訓尚須加緊

五、學生禮貌應切實注意

六、儘量實行男女分班

七、操場面積及設備須設法擴充

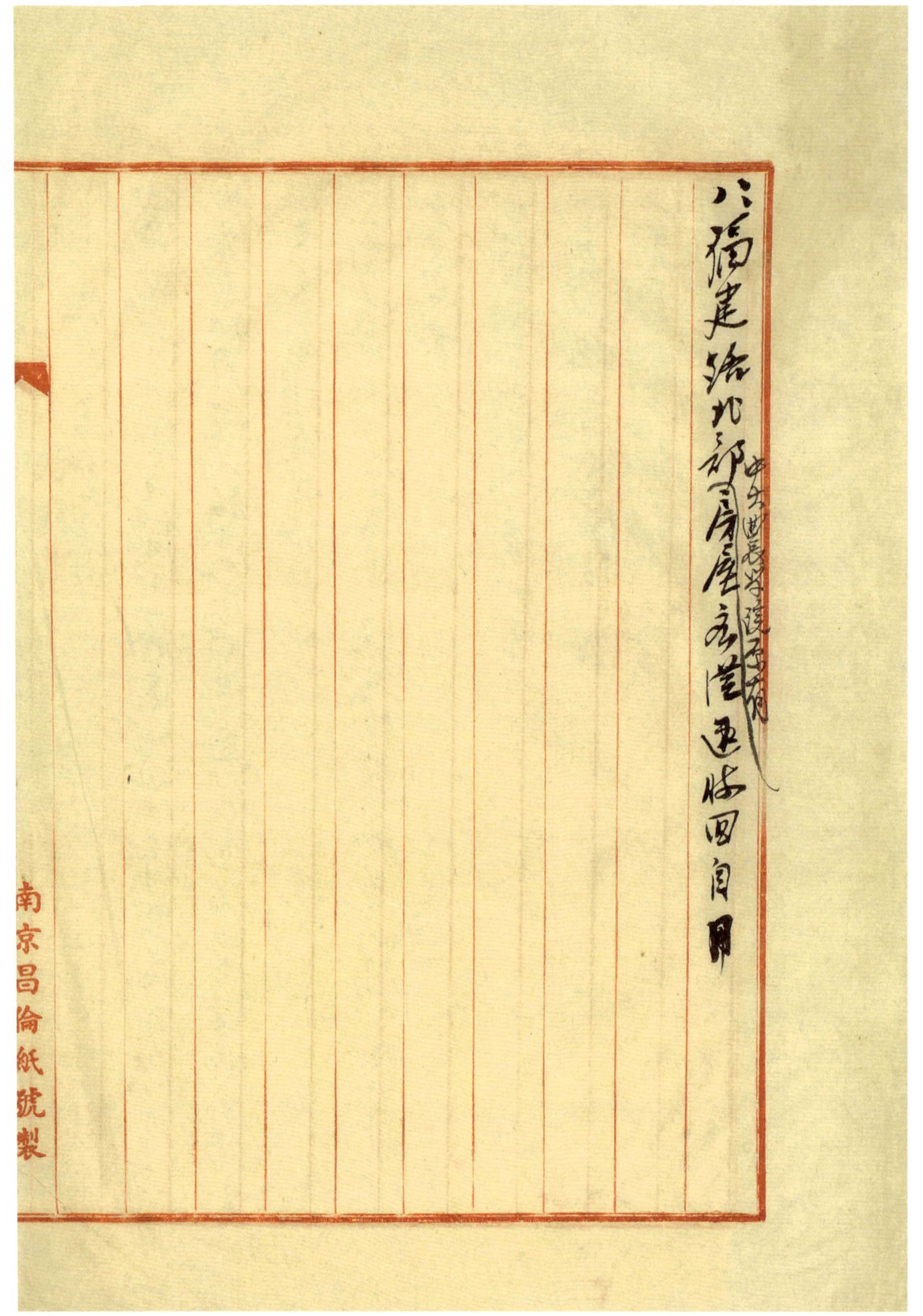

八、福建路北部房屋（中大附屬中學現借用）亟應速收回自用

南京昌倫紙號製

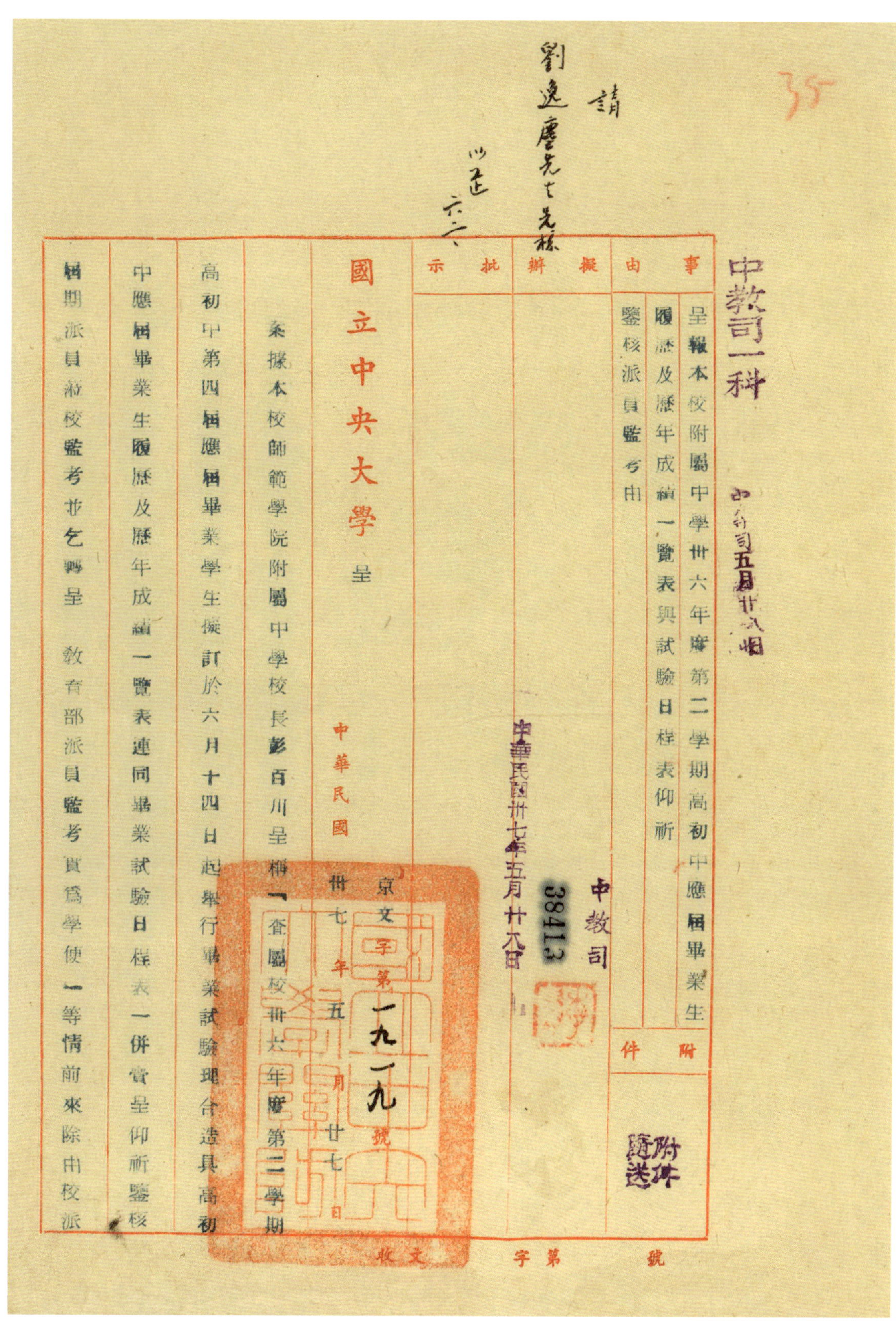
中教司一科

事由：呈報本校附屬中學卅六年度第二學期高初中應屆畢業生履歷及歷年成績一覽表與試驗日程表仰祈鑒核派員監考由

擬辦

批示

附件：附件隨送

國立中央大學 呈

中華民國卅七年五月廿七日 京文字第一九一九號

案據本校師範學院附屬中學校長彭百川呈稱「查屬校卅六年度第二學期高初中第四屆應屆畢業學生擬訂於六月十四日起舉行畢業試驗理合造具高初中應屆畢業生履歷及歷年成績一覽表連同畢業試驗日程表一併賫呈仰祈鑒核屆期派員蒞校監考并乞轉呈教育部派員監考實爲學便」等情前來除由校派

收文　字第　號

中教司 38413 中華民國卅七年五月廿八日

關于呈報一九四七年度第二學期高初中應屆畢業生履歷及歷年成績一覽表與試驗日程表并請派員監考的一組文件

國立中央大學校長吴有訓（戚壽南代）呈報本校附屬中學一九四七年度第二學期高初中應屆畢業生履歷及歷年成績一覽表與試驗日程表仰祈鑒核派員監考給教育部部長朱家驊的呈文及附件

（一九四八年五月二十七日）

員前往監考外理合檢同一覽表及試驗日程表據情轉呈仰祈

鑒核准予派員監考實爲公便

謹呈

教育部部長朱

計呈高（初）中第四屆應屆畢業生履歷及歷年成績一覽表一（一）本畢業試驗日程

表一紙

國立中央大學校長吳有訓　因公出國

嚴壽南　代拆代行

中大附中三十六年度第四屆畢業試驗日程表

上下午	日程／科別／時間	六月十四日 高中	六月十四日 初中	六月十五日 高中	六月十五日 初中	六月十六日 高中	六月十六日 初中
上午	8:00／9:50	國文	國文	英文	英文	數學	數學
上午	10:00／11:50	公民	公民	歷史	歷史	地理	地理
下午	2:00／3:50	物理	物理	化學	化學	生物	博物

附（一）中大附中一九四七年度第四届畢業試驗日程表

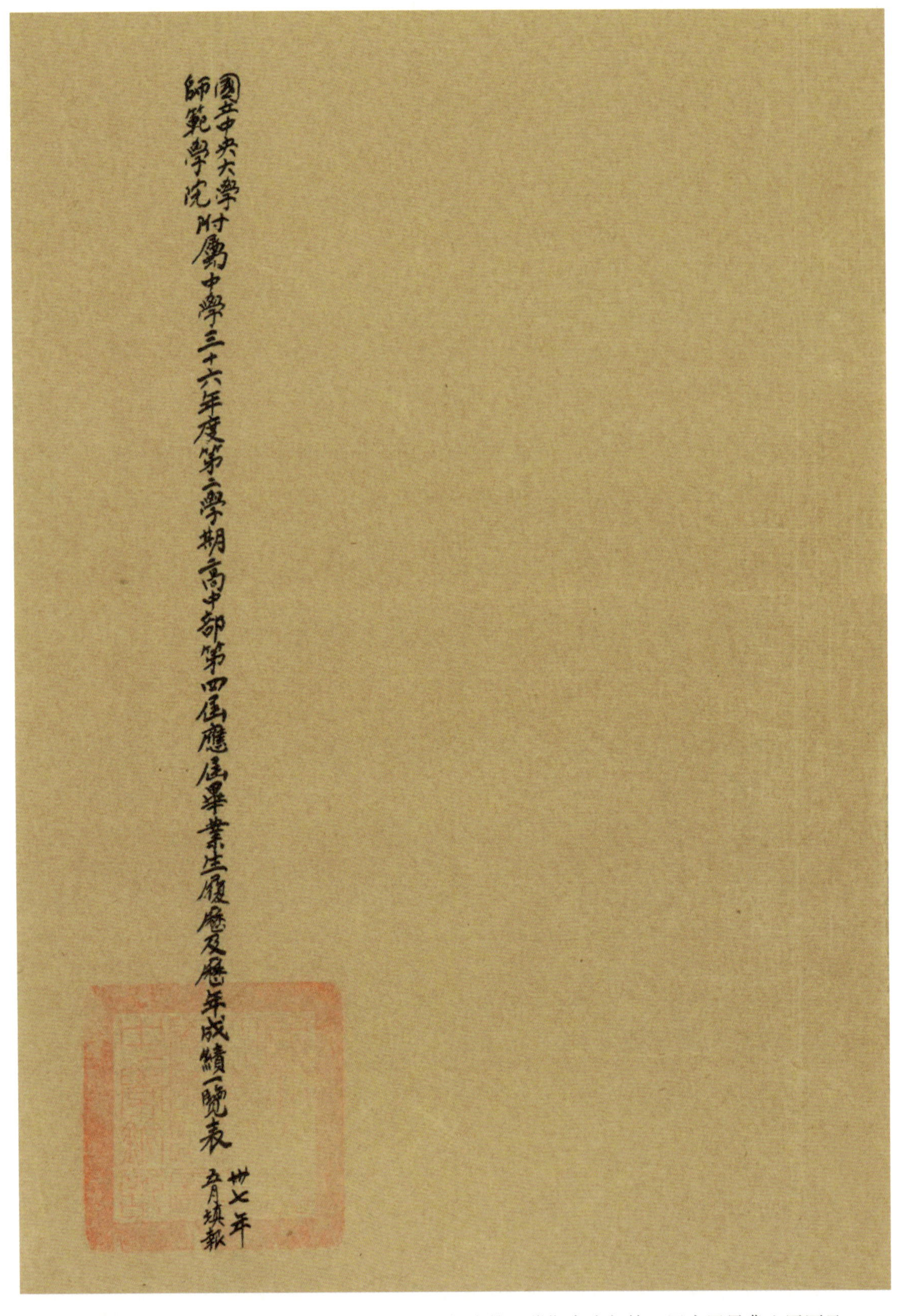
國立中央大學師範學院附屬中學三十六年度第二學期高中部第四屆應屆畢業生履歷及歷年成績一覽表

卅七年五月填報

附（二）國立中央大學師範學院附屬中學一九四七年度第二學期高中部第四屆應屆畢業生履歷及歷年成績一覽表

國立中央大學師範學院附屬中學高中部普通科第四屆應屆畢業學生履歷及歷年成績一覽表 三十七年五月填報

學號	姓名	年齡	性別	籍貫	入學資格	入學年月	第一年第一學期學業成績	第一年第二學期學業成績	第二年第一學期學業成績	操行成績	體育成績	校核定學籍年月日及文號	指令應屆畢業年月	備註
248	丁犂平	一九	男	江蘇蕭縣	國立第七中學初中畢業	三十四年九月	76.9	70.8	75.3	72.5	81	卅七年三月七日中字二三八二號（下同）	三十七年七月（下同）	
231	文大衛	一九	男	安徽全椒	青校初中畢業	仝右	72.9	71.6	77.1	74.6	75.8	〃	〃	
252	李祥秋	二〇	男	江蘇蕭縣	國立二十八中學初中畢業	仝右	77	64.6	71.1	73.1	71	〃	〃	
254	胡彝中	一七	男	江蘇寶應	國立中大教育心理實驗班四下肄業	仝右	73.5	82.6	81.7	83	65.8	〃	〃	
228	高爾森	一九	男	安徽巢縣	國立第八中學高一上肄業	三十四年三月	82.8	85.1	84.1	75.8	68.8	〃	〃	
229	唐世英	一九	男	江蘇碭山	青校初中畢業	三十四年九月	70.2	67.5	72.5	74.3	77	〃	〃	
262	賀演梅	二〇	男	浙江蕭山	仝右	仝右	88.3	66.3	72.3	81.9	71.6	〃	〃	
264	熊大文	一八	男	湖南湘陰	沙校初中畢業	仝右	68.7	79.3	80.5	73.5	69.5	〃	〃	
265	洪家馭	一九	男	安徽建水	國立中大教育心理實驗班四下肄業	仝右	75.8	75.1	78.2	76.6	75.8	〃	〃	
[illegible]	蘇寶琦	二一	男	湖北棗陽	國立第十二中學初中畢業	仝右	71.9	68.1	64.3	70.7	65	〃	〃	

學號	姓名	年齡	性別	籍貫	入學資格	入學年月	第一年第一學期學業成績	第一年第二學期學業成績	第二年第一學期學業成績	操行成績	體育成績	校核定學籍年月日及文號	指令應屆畢業年月	備註
298	孟長麟	一八	男	福建林森	廣西私立大同中學初中畢業	三十四年三月	77.6	81.1	85.9	75.8	80.8	卅五年八月六日中字四四〇八號	〃	
195	郭宗文	二〇	男	南京	青校演實驗班三年級肄業期滿	仝右	68	65.3	67.7	78.4	72.4	卅六年三月七日中字一三八〇號	〃	
741	劉祖德	一八	男	湖北廣濟	私立廣西上智中學高二下肄業	三十六年九月	85.9	86.3	80.3	77	78.2	卅六年十二月卅日中字七〇二九號（下同）	〃	
742	劉以仁	二八	男	安徽渦陽	安徽省立銅陵中學高二下肄業	仝右	69.9	79.8	77.1	70.2	70.2	〃	〃	
[illegible]	王雲	一七	女	江蘇泰縣	青校初中畢業	三十四年九月	88.7	89.6	81.8	81.8	76.2	卅六年三月六日中字一三二四號（下同）	〃	
269	王文光	二〇	女	山東壽光	山東省立十五聯中高一上肄業	三十五年八月	74	66	70.6	76.2	73.4	〃	〃	
270	王桂蘭	一七	女	北平	青校初中畢業	三十四年九月	84.5	81.1	81.8	81	65.2	〃	〃	
271	朱如璋	一九	女	浙江吳興	戰區中學高一下肄業	三十五年二月	70	70	67.5	80.5	72.4	〃	〃	
272	李愛華	一八	女	江西萍鄉	青校初中畢業	三十四年九月	65.2	86	86.9	79.8	66.6	〃	〃	
[illegible]	李華	一八	女	南[illegible]	仝右	仝右	[illegible]	[illegible]	[illegible]	[illegible]	71.4	〃	〃	

學號	姓名	年齡	性別	籍貫	入學資格	入學年月	第一年第一學期學業成績	第一年第二學期學業成績	第二年第一學期學業成績	操行成績	體育成績	校核定學籍年月日及文號	指令應屆畢業年月	備註
274	吳茂倩	一九	女	安徽婺源	國立社教學院附中高一上肄業	三十五年二月	66.9	72.4	77.3	80.5	62.4	〃	〃	
275	吳淑蕙	二〇	女	湖北宜昌	重慶合川國立二中初中畢業	三十四年九月	65.8	63.4	65.6	76.8	71.6	〃	〃	
276	杜小鳴	一九	女	安徽太平	青校初中畢業	仝右	67.5	76.7	75.9	69.5	65.7	〃	〃	
278	金鎖雲	一九	女	江蘇崑山	仝右	仝右	70.2	66.3	70.7	76.4	69.8	〃	〃	
279	武冠玉	一九	女	南京	仝右	三十三年九月	68.8	66.7	70.5	71	68.2	〃	〃	
[illegible]	宛懋蔚	一八	女	安徽廬江	仝右	三十四年九月	74.1	81.1	81.6	78.4	71.2	〃	〃	
262	殷芳紋	一七	女	安徽蕪湖	國立第九中學初中畢業	仝右	73.7	81.2	83.3	77.3	80.2	〃	〃	
283	徐守濂	一八	女	浙江杭縣	國立女子師範初中畢業	仝右	64.3	75.7	72.5	77.2	70.6	〃	〃	
284	徐麗麗	一九	女	江蘇寶應	沙校初中畢業	仝右	78.7	87.1	80.4	81.6	79.6	〃	〃	
285	孫若愚	二〇	女	浙江鄞縣	戰區高中進修班高一上肄業	仝右	69.4	73.3	75	76.1	68	〃	〃	

學號	姓名	年齡	性別	籍貫	入學資格	入學年月	第一年第一學期學業成績	第一年第二學期學業成績	第二年第一學期學業成績	操行成績	體育成績	校核定學籍年月日及文號	指令應屆畢業年月	備註
287	陳湘苑	一七	女	福建林森	私立振齊中學初中畢業	三十四年九月	72.9	71.2	76.3	79.6	72.4	〃	〃	
288	陳明仙	一八	女	湖北孝感	青校初中畢業	仝右	92.2	91.1	89	81.8	72.8	〃	〃	
289	陳攜和	一九	女	湖南醴陵	國立女子中學高一上肄業	三十五年二月	76.7	69	78.1	79.2	72	〃	〃	
290	許文儒	二〇	女	浙江杭州	沙校初中畢業	三十四年二月	69.1	81.9	83.7	84.5	68	〃	〃	
291	曹菽	一八	女	江蘇江都	青校初中畢業	三十四年九月	80.8	81.4	77	81	72.8	〃	〃	
293	都麗	二〇	女	浙江海寧	仝右	仝右	67.2	63.3	71.2	78.8	72	〃	〃	
297	劉筱珊	一七	女	江蘇海門	國立中大教育心理實驗班三下肄業	仝右	84.7	86.1	83.5	80.3	71.7	〃	〃	
298	閻葆瑞	一八	女	河北清苑	青校初中畢業	仝右	[illegible]	67.4	75.1	78.8	73.4	〃	〃	
300	丁衡高	一八	男	南京	仝右	仝右	74.5	72.5	78.2	75.4	75.2	〃	〃	
302	天開遇	一九	男	安徽懷寧	仝右	仝右	68.9	67.3	67.8	72.5	65.8	〃	〃	

學號	姓名	年齡	性別	籍貫	入學資格	入學年月	第一學年第一學期成績	第一學年第二學期成績	學年成績	操行成績	體育成績	核准學籍年月日及文號	應屆畢業年月	備註
303	王哲舒	一九	男	福建南安	重慶振濟委員會公教濟案校初中畢業	三十四年九月	75.8	77.8	83.25	75	69	〃	〃	
305	王顯煥	二〇	男	湖南湘潭	湖南私立東山中學初中畢業	仝右	77.9	77.3	77	74	74.4	〃	〃	
306	方大覺	一六	男	安徽桐城	國立中大教育心理實驗班四上肄業	仝右	80.3	77.9	78.3	74.1	71	〃	〃	
307	方天倪	一六	男	安徽桐城	仝右	仝右	85.7	82.5	80.1	72.5	65.7	〃	〃	
308	卢紹忠	二〇	男	安徽滁縣	本校初中畢業	仝右	76.4	71.6	75.5	71.6	81.6	〃	〃	
309	甘盛鏞	二〇	男	安徽懷寧	[illegible]林中正中學初中畢業	三十四年二月	71.3	71.5	72.5	73.5	72.4	〃	〃	
310	向恃思	二〇	男	湖北[illegible]	本校初中畢業	三十四年九月	72.5	74.7	76.7	75.7	75	〃	〃	
313	李廣涵	二〇	男	山東聊城	國立第十六中學高一下肄業	三十五年一月	76.1	71.1	70.2	74	72.8	〃	〃	
314	李萬濤	一九	男	湖北江陵	湖北松滋縣立中學初中畢業	三十四年九月	79.2	80	82.5	72.1	72.4	〃	〃	
315	李家祺	二一	男	安徽合肥	國立中大教育心理實驗班四下肄業	仝右	85.5	66.3	85.6	79.1	87.4	〃	〃	

學號	姓名	年齡	性別	籍貫	入學資格	入學年月	第一學年第一學期成績	第一學年第二學期成績	學年成績	操行成績	體育成績	核准學籍年月日及文號	應屆畢業年月	備註
316	李貞麟	一九	男	江蘇江寧	國立中大教育心理實驗班四下肄業	三十四年九月	83.2	77.6	76.1	74.9	69.4	〃	〃	
317	何友梅	一九	男	福建閩侯	私立求精中學初中畢業	仝右	83.2	76.5	78.2	73.8	79.2	〃	〃	
318	沈士燮	一九	男	湖北宜昌	本校初中畢業	仝右	74.5	76.1	76	72.5	63.4	〃	〃	
320	杜嘉蔭	一九	男	北平	渝市私立嘉陵中學高一上肄業	三十五年二月	76.8	67.9	69.8	66.8	70.7	〃	〃	
321	周蔭柏	一九	男	湖南湘陰	本校初中畢業	三十四年九月	72.6	66.3	69	71.1	81.2	〃	〃	
322	胡志誠	一九	男	湖南醴陵	湖南私立妙高峯中學高一上肄業	三十四年十月	78.4	72.2	77	72.2	75.2	〃	〃	
323	胡家棋	一九	男	南京	國立社教附中初中畢業	三十四年九月	76.2	70.7	77.3	70.2	75.4	〃	〃	
324	胡實業	一七	男	南京	本校初中畢業	仝右	78.1	74.4	76.9	69.8	66.6	〃	〃	
325	胡慈中	一九	男	江蘇宜興	本校初中畢業	三十四年九月	73.6	75.7	80.9	75.8	67.6	〃	〃	
326	胡慶昭	一八	男	湖南常德	重慶私立南開中學高一下肄業	三十五年六月	72.8	78	80.9	68.8	72.4	〃	〃	

學號	姓名	年齡	性別	籍貫	入學資格	入學年月	第一學年第一學期成績	第一學年第二學期成績	學年成績	操行成績	體育成績	核准學籍年月日及文號	應屆畢業年月	備註
327	施和良	二〇	男	江蘇無錫	私立虎童中學初中畢業	三十四年十月	70.5	65.9	77.9	68.9	77.6	〃	〃	
328	范志禹	二〇	男	山東諸城	私立志成中學高一上肄業	三十五年三月	72.5	66.2	72.9	69.2	76.7	〃	〃	
329	徐紹弘	一九	男	江蘇宜興	本校初中畢業	三十四年九月	75.1	75.6	76.3	72	70.2	〃	〃	
330	徐慶豪	一九	男	江蘇宜興	戰區指導處文藝班初中畢業	三十四年十月	75	69	66.7	77.6	[illegible]	〃	〃	
331	孫壽龍	二〇	男	浙江吳興	國立中央工業學校專科部一上肄業	三十五年二月	66	67.5	60	67.8	68.2	〃	〃	
332	高子曼	一八	男	浙江杭縣	本校初中畢業	三十四年九月	74.6	72.9	72.5	67.9	69	〃	〃	
333	夏博仁	一八	男	湖北蘄春	仝右	仝右	76.1	71.7	75	70.4	69	〃	〃	
334	殷士運	一九	男	浙江嘉興	仝右	仝右	70.6	67.7	78.2	69.5	73.8	〃	〃	
335	倫世儀	一九	男	山東諸城	國立第二十二中學初中畢業	仝右	83.5	85.8	84.5	81.6	70	〃	〃	
336	陳鴻九	一八	男	浙江餘姚	本校高一下肄業	三十五年三月	70.6	72.9	74.1	73.8	83	〃	〃	

學號	姓名	年齡	性別	籍貫	入學資格	入學年月	第一學年第一學期成績	第一學年第二學期成績	學年成績	操行成績	體育成績	核准學籍年月日及文號	應屆畢業年月	備註
337	陳貽群	一八	男	廣東瓊山	國立第二十二中學初中畢業	三十四年九月	83.2	78.5	79.3	78.5	70	〃	〃	
339	陳家馴	一九	男	江蘇武進	江蘇省立旅川中學初中畢業	仝右	82.6	68.5	77.4	67.5	70.4	〃	〃	
340	陳大德	一九	男	湖北應城	本校高一下肄業	三十五年二月	73.8	77.1	73.2	72.5	73.2	〃	〃	
341	張娛思	一九	男	湖北[illegible]山	國立第十五中學初中畢業	三十四年九月	81.6	75.4	77.6	71.9	71.6	〃	〃	
342	張春輝	二一	男	江西吉水	本校初中畢業	仝右	78.4	79	81.1	77.4	72.2	〃	〃	
343	張忠魁	二〇	男	山東單縣	省立第十四中學初中畢業	仝右	82.6	84.4	83.8	83.1	70.8	〃	〃	
344	張保昌	二〇	男	浙江東陽	私立中正中學初中畢業	仝右	78.5	80.8	81.1	75.8	73.6	〃	〃	
345	許翼雲	一九	男	江蘇無錫	國立中大教育心理實驗班四下肄業	仝右	84.6	84.7	88.7	81.8	73.3	〃	〃	
346	章鋼	二〇	男	安徽廬江	廬江四維中學初中畢業	三十四年十月	74.4	73.2	76.3	70	71.6	〃	〃	
347	崔百川	二〇	男	江蘇蕭縣	本校初中畢業	三十四年九月	82.5	64.6	75.1	69.1	70	〃	〃	

學號	姓名	年齡	性別	籍貫	入學資格	入學年月	第一學年第一學期成績	第一學年第二學期成績	第一學年學業成績	操行成績	體育成績	核准休學年月日及令文字號	肄業屆滿年月	備註
571	王三謙	一八	男	湖南武岡	南京私立樂群中學高二上肄業	三十六年四月	85.4	83.9	81.1	71.8	85.7	卅六年八月令中字第四四[illegible]號（下同）	〃	
572	孫命綱	一八	男	江蘇江陰	南京市立第五中學高二上肄業	仝右	75.9	77.1	70.7	69.8	75.3	〃	〃	
573	孫有謨	一九	男	江蘇鎮江	南京私立安徽中學高二上肄業	仝右	78.9	76.5	79.7	64.5	81	〃	〃	
575	吳鍊	一九	男	湖北蒲圻	武昌中華中學高二上肄業	仝右	75.6	81.7	81.4	66	77.6	〃	〃	
348	黃克東	一九	男	湖南溆浦	湖南省立九中高一下肄業	三十五年一月	78.1	68.3	71	66.9	65	卅六年十二月令中字第[illegible]號（下同）	〃	
349	錢肇麟	一九	男	安徽歙縣	沙校初中畢業	三十四年九月	84	84.9	80.1	75.7	72	〃	〃	
350	錢善治	二〇	男	安徽合肥	國立師範學院附中初中畢業	仝右	73.4	76	78.7	70.7	76.8	〃	〃	
351	錢凡	一八	男	江西新建	國立中大教育心理實驗班四下肄業	仝右	84.1	82.2	81.4	71.6	77.7	〃	〃	
352	彭漢身	一八	男	江西安福	青校初中畢業	仝右	78.9	74.7	79.5	69.7	71.6	〃	〃	
354	傅紹培	二〇	男	湖北漢陽	漢陽縣立中學初中畢業	仝右	84.7	79.5	80.9	77.2	66.8	〃	〃	

學號	姓名	年齡	性別	籍貫	入學資格	入學年月	第一學年第一學期成績	第一學年第二學期成績	第一學年學業成績	操行成績	體育成績	核准休學年月日及令文字號	肄業屆滿年月	備註
356	須登華	一八	男	江蘇無錫	南京私立東方中學高二下肄業	三十五年二月	83.7	80.2	73.9	73.4	67	〃	〃	
357	童驥	一九	男	江蘇江寧	青校初中畢業	三十四年九月	78.9	83.7	83.7	77.2	73.8	〃	〃	
358	鄒兆隆	一九	男	安徽宿縣	仝右	仝右	83.7	81.9	82.9	75.9	69.6	〃	〃	
359	趙頌華	一八	男	浙江杭州	沙校初中畢業	三十四年二月	60.5	72.9	70.7	66.1	67.8	〃	〃	
360	孫曉農	一七	男	湖南湘陰	仝右	三十四年九月	68.9	76.7	83.3	69.6	71	〃	〃	
362	劉瑞康	二〇	男	湖南湘陰	國立第十六中學高一上肄業	三十五年二月	78.1	71.9	77.2	71.8	70.7	〃	〃	
363	劉玄慶	二〇	男	湖北廣濟	青校初中畢業	三十四年九月	80.7	72.8	77	73.8	76.2	〃	〃	
364	劉復中	二一	男	安徽合肥	西安中正中學初中畢業	三十四年十月	73.7	71.6	74.9	72.7	66.8	〃	〃	
365	鄭肇慶	一七	男	南京	青校初中畢業	三十四年九月	83.3	73.3	72.9	72.7	69.4	〃	〃	
366	錢方毅	一九	男	江蘇無錫	私立常州中學高一上肄業	仝右	77	80.2	83.1	76.4	67.2	〃	〃	

學號	姓名	年齡	性別	籍貫	入學資格	入學年月	第一學年第一學期成績	第一學年第二學期成績	第一學年學業成績	操行成績	體育成績	核准休學年月日及令文字號	肄業屆滿年月	備註
367	閻振都	一九	男	山東招遠	沙校初中畢業	三十四年九月	75.5	75	76.3	75.5	77	〃	〃	
369	戴喜齡	一九	男	江西臨川	國立中大教育心理實驗班四下肄業	仝右	80.4	75.6	75.9	72.5	75.8	〃	〃	
370	簡新華	一九	男	河南開封	青校初中畢業	仝右	71.9	68.1	69.8	73.2	73.8	〃	〃	
371	韓允信	一八	男	河南光山	國立中大教育心理實驗班四下肄業	仝右	78.3	80.7	81.2	71.2	76.2	〃	〃	
373	譚朝義	一九	男	安徽舒城	青校初中畢業	仝右	75.8	68.5	75.6	70.8	77.4	〃	〃	
374	顧中騏	一九	男	上海	貴陽師範學院附中初中畢業	仝右	79.1	75.3	77	75.5	70	〃	〃	
375	龔志華	二〇	男	浙江義烏	青校初中畢業	仝右	82.5	77.2	78.5	75.9	71.8	〃	〃	
376	龔繼鵬	一九	男	湖南[illegible]	湖南私立[illegible]中學高一下肄業	三十五年十一月	66.2	69	75.2	67	82.8	〃	〃	
574	秦保明	一九	男	江蘇無錫	無錫私立匡村中學高二上肄業	三十六年四月	84.9	84	80.3	78.6	69.4	卅六年八月令中字第四四[illegible]號	〃	
228	徐鳳洪	一九	男	江蘇吳縣	上海民光中學高一上肄業	三十四年三月	66.9	70.9	69	63.1	77.4	卅六年十二月令中字第[illegible]號	〃	

學號	姓名	年齡	性別	籍貫	入學資格	入學年月	第一學年第一學期成績	第一學年第二學期成績	第一學年學業成績	操行成績	體育成績	核准休學年月日及令文字號	肄業屆滿年月	備註
739	張雲千	一八	男	山東菏澤	國立第六中學高二下肄業	三十五年九月	72.7	78.6	73.3	74.3	77	卅五年十二月[illegible]日中字第[illegible]號（下同）	〃	
740	田棋	一八	男	河南[illegible]	國立北平師範學院附中、高二下肄業	仝右	84	86.5	82.5	67.8	72.8	〃	〃	
377	王為璉	一八	女	山東濟南	[illegible]賑濟委員會[illegible]校初中畢業	三十四年十月	73.4	71.9	80.03	76.7	80.4	卅六年十二月[illegible]日中字第[illegible]號（下同）	〃	
379	方大端	一九	女	安徽桐城	國立第十五中學初中畢業	三十四年九月	85.5	76.4	79.2	81	72.4	〃	〃	
382	李天雲	一八	女	江蘇邳縣	青校初中畢業	仝右	85.1	80.6	81.4	76.1	66.6	〃	〃	
383	李其松	一九	女	安徽蕪湖	國立第九中學初中畢業	仝右	88.5	83.3	85.7	80.1	76.6	〃	〃	
384	吳慶生	一八	女	安徽廬江	青校初中畢業	仝右	88.6	81.9	81.3	80	82	〃	〃	
385	柯鳳生	一六	女	貴州貴定	國立中大教育心理實驗班三下肄業	仝右	87.6	86.2	88.4	85	80.6	〃	〃	
387	殷辛楣	一九	女	安徽合肥	青校初中畢業	仝右	76.5	74.9	79.1	74	71.8	〃	〃	
388	徐麗娜	一九	女	江蘇宜興	私立南開中學初中畢業	仝右	87.8	85.3	86.7	80.4	72.4	〃	〃	

以文
49564
補報

學號	姓名	年齡	性別	籍貫	入學資格	入學年月	第一學年成績	第二學年成績	入學後第一學期成績	操行成績	體育成績	核定學籍年月日及指令文號	應屆畢業年月	備註
389	殷士端	一八	女	浙江嘉興	青校初中畢業	三十四年九月	78.2	83.5	86.1	75.3	74.8	〃	〃	
391	陳玉琴	一九	女	浙江平湖	四川內江縣立女子中學高(三)肄業	三十五年二月	86.2	83.1	83	77	76.4	〃	〃	
392	張明先	一八	女	江蘇丹陽	汐校初中畢業	三十四年九月	84.8	84.1	83.7	81.1	73.2	〃	〃	
394	楊宏麗	一七	女	安徽懷遠	仝右	仝右	85.3	86	83.2	78.4	74.3	〃	〃	
395	楊士華	一八	女	河南南陽	私立南開中學高(一)下肄業	三十五年六月	81.2	79.2	81.1	74.3	66.2	〃	〃	
396	路長華	一八	女	安徽蚌埠	青校初中畢業	三十四年九月	82.8	75.5	78	76.5	67.6	〃	〃	
397	趙馥	一八	女	江蘇武進	仝右	仝右	86.7	79.3	82	77	70.4	〃	〃	
398	劉郁麗	一八	女	安徽太湖	私立中正中學高一下肄業	三十四年十月	82.9	84.7	81	74.1	72.4	〃	〃	
245	葛素中	一九	女	浙江杭州	國立女子中學高(一)下肄業	仝右	65.9	67.2	66.7	76.3	78.4	〃	〃	
304	王永濤	一九	男	南京市	青校初中畢業	卅四年九月	76.1	72.6	71.7	65.3	78	〃	〃	
312	李君亮	一九	男	湖南長沙	〃	〃	79	73	76.3	65	69.2	〃	〃	

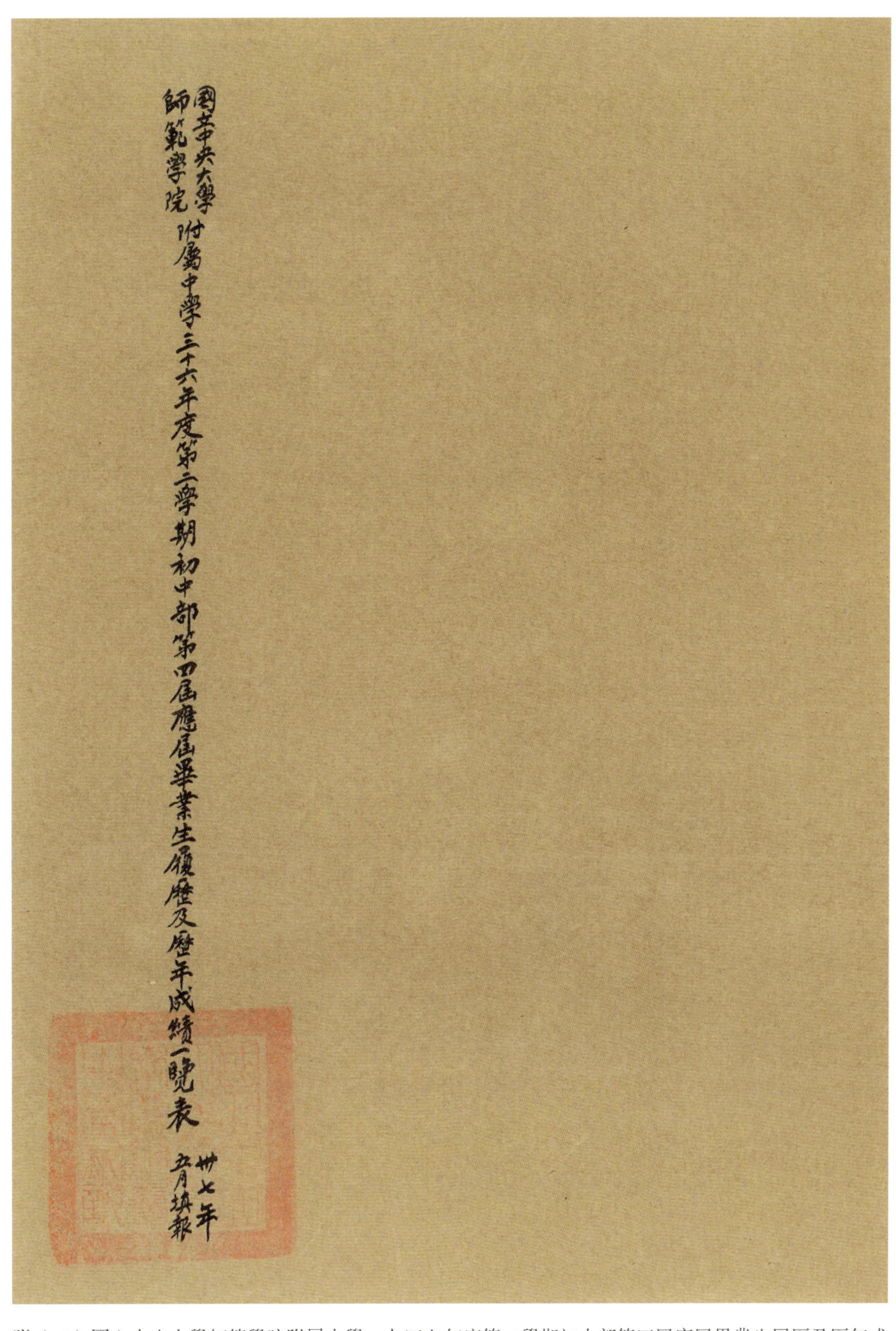

國立中央大學師範學院附屬中學三十六年度第二學期初中部第四屆應屆畢業生履歷及歷年成績一覽表

卅七年五月填報

附（三）國立中央大學師範學院附屬中學一九四七年度第二學期初中部第四屆應屆畢業生履歷及歷年成績一覽表

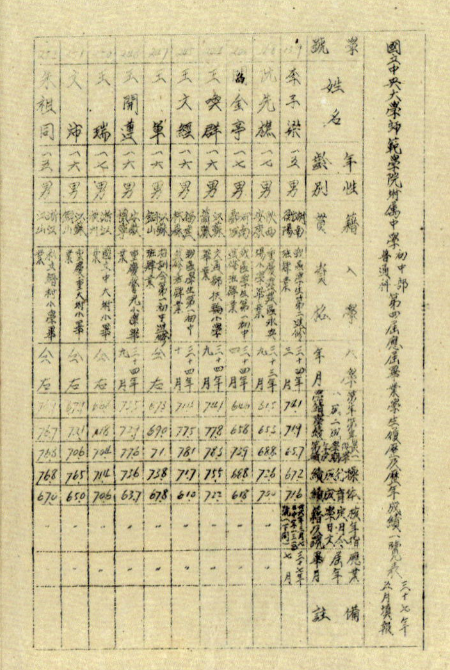

國立中央大學師範學院附屬中學初中部普通科第四屆應屆畢業學生履歷及歷年成績一覽表 三十七年六月填報

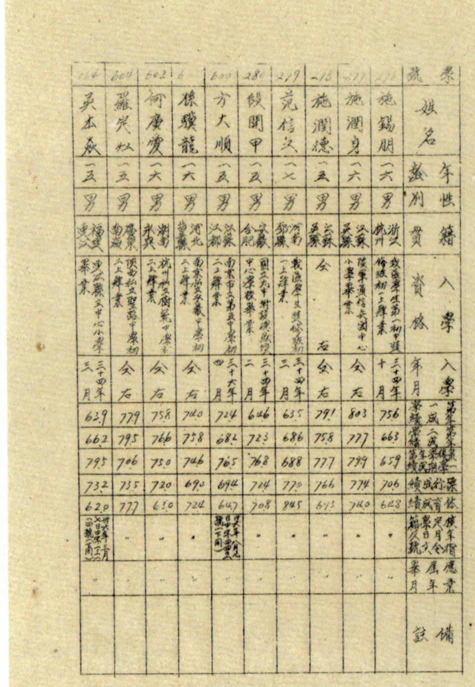

學號	姓名	年齡	性別	籍貫	入學資格	入學年月	第一學年第一學期學業成績	第一學年第二學期學業成績	第二學年第一學期學業成績	操行成績	體育成績	核准學籍年月日及文號	應屆畢業年月	備註
165	吴本寧	一六	男	福建漳汉	漳汉縣立中心小學畢業	三十四年三月	68.3	67.7	68.9	72.8	63.2	〃	〃	
167	杜和戎	一八	男	安徽太平	青木關小學畢業	三十二年十月	69.4	67.5	69.7	63.1	67.6	〃	〃	
180	陳培哲	一八	男	湖南常德	常德縣立初中初一肄業	三十四年十月	78.5	72.4	75.7	72.1	73.2	〃	〃	
196	鄭斯璨	一六	男	江蘇徐州	昆明中央航空學校附小畢業	三十四年二月	69.0	68.9	70.9	71.8	73.6	〃	〃	
281	柯治國	一四	男	湖北鄂城	青木關小學畢業	三十四年九月	65.2	71.5	76.8	70.0	67.8	〃	〃	
282	許張元	一七	男	南京	私立明德中學初一上肄業	仝右	70.4	72.5	73.4	75.7	66.2	〃	〃	
285	侯重箕	一七	男	山西平遙	戰區學生第二集訓班初一上肄業	三十四年十月	78.3	77.0	79.3	82.5	76.6	〃	〃	
286	杜慶春	一七	男	湖北廣濟	重慶私立高峯寺中心學校畢業	三十四年九月	80.3	79.5	78.8	76.4	74.8	〃	〃	
287	桑鍾林	一六	男	江蘇江都	國立女師附小畢業	仝右	70.2	70.5	71.3	75.2	68.5	〃	〃	
288	徐振	一七	男	浙江杭縣	國立中大附小畢業	三十四年二月	65.3	69.5	66.8	72.2	65.4	〃	〃	

學號	姓名	年齡	性別	籍貫	入學資格	入學年月	第一學年第一學期學業成績	第一學年第二學期學業成績	第二學年第一學期學業成績	操行成績	體育成績	核准學籍年月日及文號	應屆畢業年月	備註
289	徐澎聲	一四	男	浙江富陽	國立中大附小畢業	三十四年九月	68.8	72.7	70.4	66.7	74.2	〃	〃	
290	孫鍾陽	一四	男	浙江餘杭	國立中大附小畢業	仝右	70.4	74.9	68.9	71.5	72.6	〃	〃	
291	陳錫揚	一七	男	江蘇江都	國立中大附小畢業	三十四年二月	63.4	71.2	63.1	74.5	77.2	〃	〃	
294	張群華	一三	男	福建林森	私立南開中學初一上肄業	三十五年二月	75.7	84.0	81.1	73.2	61.3	〃	〃	
295	張振琳	一七	男	南京	重慶私立新村小學畢業	三十四年九月	80.4	77.1	76.9	77.2	67.4	〃	〃	
296	張汝樹	一六	男	北平	青木關小學畢業	三十三年九月	65.8	66.3	70.2	71.5	67.3	〃	〃	
29	郭保閩	一六	男	河南滎陽	私立南開中學初一下肄業	三十五年十月	67.9	76.1	74.8	62.0	73.2	〃	〃	
299	郭延芬	一五	男	江蘇興化	重慶聲光小學畢業	三十四年九月	66.9	70.2	67.9	69.9	66.4	〃	〃	
300	曾安	一六	男	江蘇江都	國立女師附小畢業	三十三年九月	73.7	70.5	77.6	72.1	72.6	〃	〃	
301	莊夔	一五	男	江蘇武進	兵工署第八子弟小學畢業	三十四年九月	69.9	71.9	74.4	76.7	74.6	〃	〃	

學號	姓名	年齡	性別	籍貫	入學資格	入學年月	第一學年第一學期學業成績	第一學年第二學期學業成績	第二學年第一學期學業成績	操行成績	體育成績	核准學籍年月日及文號	應屆畢業年月	備註
302	黃承宙	一六	男	江西九江	藍山縣立中學初一上肄業	三十四年三月	73.8	75.4	72.7	76.6	66.2	〃	〃	
303	華歐文	一五	男	江蘇無錫	青木關小學畢業	三十五年二月	67.8	73.1	77.5	76.5	61.3	〃	〃	
304	賀齡川	一七	男	浙江杭州	重慶中大附小畢業	三十四年九月	66.6	74.4	75.0	75.2	70.0	〃	〃	
307	雷重森	一五	男	湖南藍山	藍山縣立中學初一下肄業	三十五年十一月	71.5	78.4	80.8	75.7	76.0	〃	〃	
308	趙顯華	一五	男	浙江杭州	[illegible]小學畢業	三十四年三月	66.1	70.4	75.3	71.5	76.5	〃	〃	
311	劉欽明	一七	男	湖南湘潭	重慶[illegible]小學畢業	三十一年九月	63.2	66.9	69.0	64.7	66.2	〃	〃	
315	鍾兆文	一四	男	浙江濟江	青木關小學畢業	三十四年九月	69.5	68.0	71.7	72.2	66.2	〃	〃	
310	蔣通	一五	男	江蘇嘉定	國立重大附小畢業	仝右	76.2	79.1	80.3	71.6	69.4	〃	〃	
305	程孟喆	一七	男	南京	南京市立第四中學初二上肄業	三十六年四月	71.4	72.0	70.9	71.0	76.0	卅六年八月[illegible]二二號(下同)	〃	
306	沈世庚	一[illegible]	男	安徽合肥	合肥縣立初中初二上肄業	仝右	78.5	80.4	76.6	77.6	74.0	〃	〃	

學號	姓名	年齡	性別	籍貫	入學資格	入學年月	第一學年第一學期學業成績	第一學年第二學期學業成績	第二學年第一學期學業成績	操行成績	體育成績	核准學籍年月日及文號	應屆畢業年月	備註
607	劉德健	一五	男	江蘇銅山	國立社教學院附中初二上肄業	三十六年四月	71.5	74.0	72.0	63.6	72.5	〃	〃	
608	謝思誠	一六	男	貴州[illegible]	南京市立第三中學初二上肄業	仝右	72.9	72.7	73.2	72.1	70.0	〃	〃	
652	蕭孔鋼	一五	男	江西泰新	私立金大附中初二上肄業	仝右	71.5	69.4	66.4	72.4	65.3	〃	〃	
84	蔡小初	一四	男	廣東揭陽	私立金大附中初二下肄業	三十六年九月	74.3	72.2	76.4	72.5	74.3	卅六年十二月[illegible]號(下同)	〃	
803	甘宋中	一五	男	江西萍鄉	私立金大附中初三上肄業	仝右	72.3	75.0	71.7	73.1	72.0	〃	〃	
804	童林鳳	一五	男	遼寧瀋陽	私立復旦中學初二下肄業	仝右	68.4	67.0	69.8	70.0	78.0	〃	〃	
84	田婷	一六	男	河南襄城	國立北師大附中初二下肄業	仝右	86.5	85.5	85.9	66.2	79.7	〃	〃	
212	金一杭	一八	女	浙江諸暨	青木關小學畢業	三十三年九月	79.5	79.2	79.8	80.6	64.0	卅六年三月[illegible]號(下同)	〃	
228	鄒萬宜	一八	女	浙江海寧	仝右	三十三年十月	72.0	70.0	70.3	71.0	74.4	〃	〃	
317	王寧儀	一六	女	湖北羅田	安化小淹鄉中心學校畢業	三十四年五月	76.5	72.9	71.3	82.5	80.0	〃	〃	

學號	姓名	年齡	性別	籍貫	入學資格	入學年月	第一學年第一學期學業成績	第一學年第二學期學業成績	第二學年第一學期學業成績	操行成績	體育成績	核准入學年月日文號	應屆畢業年月	備註
318	王思聰	一七	女	安徽懷寧	重慶新橋中心小學畢業	三十四年十月	85.7	76.2	71.5	76.5	69.8	〃	〃	
319	王思明	一六	女	安徽懷寧	仝右	仝右	84.1	75.5	75.2	77.0	73.5	〃	〃	
320	尹心英	一六	女	河北平鄉	國立重慶師範附小畢業	三十四年九月	75.2	83.1	87.3	82.0	70.2	〃	〃	
321	甘維美	一七	女	福建林森	重慶德精小學畢業	三十三年十月	78.9	77.7	69.6	81.8	72.6	〃	〃	
322	吳慧英	一七	女	浙江吳興	吳縣私立景風中學初一上肄業	三十四年三月	64.5	79.3	77.3	71.8	75.0	〃	〃	
323	吳映霞	一四	女	安徽桐城	青木關小學畢業	三十四年十月	75.8	70.8	76.3	76.4	68.9	〃	〃	
324	李淑琴	一五	女	南京	仝右	仝右	88.0	83.3	83.6	77.2	73.3	〃	〃	
327	李光琦	一四	女	湖北沔陽	仝右	三十四年九月	78.9	84.2	86.1	80.0	68.0	〃	〃	
326	吳翔生	一四	女	安徽廬江	仝右	仝右	88.0	89.6	91.3	83.4	76.2	〃	〃	
331	吳又錚	一五	女	廣東萬寧	私立業勤小學畢業	仝右	72.1	67.1	69.6	77.0	67.2	〃	〃	

學號	姓名	年齡	性別	籍貫	入學資格	入學年月	第一學年第一學期學業成績	第一學年第二學期學業成績	第二學年第一學期學業成績	操行成績	體育成績	核准入學年月日文號	應屆畢業年月	備註
331	朱梅村	一六	女	浙江鎮海	江蘇省立旅川臨中初一上肄業	三十五年二月	69.6	73.5	79.5	76.0	73.0	〃	〃	
332	汐本文	一六	女	浙江鄞縣	重慶德精小學畢業	三十四年二月	82.9	87.1	87.5	82.5	70.8	[illegible]	〃	
334	汪時頌	一五	女	安徽舒城	國立第九中學附小畢業	三十四年九月	80.8	79.2	84.5	76.6	75.8	〃	〃	
335	金莉生	一六	女	河南開封	陝西南鄭縣私立漢英中學初一下肄業	三十五年十一月	77.3	82.2	79.5	75.0	74.0	〃	〃	
339	倪莊玫	一六	女	安徽合肥	國立九中附設德感壩中心小學畢業	三十四年九月	71.5	71.1	70.1	76.2	73.8	〃	〃	
340	徐守澤	一六	女	浙江杭縣	江北新村小學畢業	仝右	67.5	70.0	74.7	75.6	69.2	〃	〃	
342	孫世和	一五	女	江蘇吳江	國立中大附小畢業	仝右	76.0	79.4	80.7	80.4	71.6	〃	〃	
345	陳淡林	一四	女	安徽合肥	國立九中附設中心小學畢業	仝右	71.4	69.2	72.1	74.6	69.6	〃	〃	
346	陳兆豐	一六	女	江蘇江陰	太和鎮中心分校畢業	三十四年三月	70.0	72.4	65.4	69.0	73.4	〃	〃	
349	陳依萍	一五	女	江蘇江都	國立中大附小畢業	三十四年九月	73.1	79.5	79.1	75.8	65.2	〃	〃	

學號	姓名	年齡	性別	籍貫	入學資格	入學年月	第一學年第一學期學業成績	第一學年第二學期學業成績	第二學年第一學期學業成績	操行成績	體育成績	核准入學年月日文號	應屆畢業年月	備註
350	張木蘭	一六	女	江蘇銅山	國立中大附小畢業	三十四年三月	71.6	80.2	83.6	79.0	60.2	〃	〃	
352	許麗霓	一五	女	江蘇儀徵	仝右	三十四年九月	74.6	82.2	80.2	76.8	66.4	〃	〃	
353	陸珍	一五	女	南京	重慶市立磨灘中心學校畢業	仝右	85.1	89.0	89.9	81.8	70.2	〃	〃	
354	韋書苑	一五	女	安徽滁縣	私立南開中學初一上肄業	三十五年一月	81.3	83.8	85.1	73.1	71.8	〃	〃	
356	莊淑民	一七	女	南京	青木關小學畢業	三十四年九月	69.5	71.6	75.0	73.4	70.2	〃	〃	
357	睦文霖	一七	女	江蘇揚州	重慶私立中華小學畢業	仝右	80.0	81.1	78.3	75.5	67.0	〃	〃	
358	彭華	一四	女	江西寧都	青木關小學畢業	仝右	75.6	76.8	77.2	77.5	69.5	〃	〃	
359	黃惠鏤	一五	女	浙江海寧	衡陽兒童教養院	三十四年五月	78.0	75.0	77.9	79.5	74.2	〃	〃	
363	劉敘儀	一六	女	湖南新寧	國立中大附小畢業	三十四年九月	74.0	80.9	83.8	77.0	69.2	〃	〃	
364	鄭[illegible]玉	一八	女	浙江鄞縣	重慶師範附小畢業	三十三年三月	67.8	64.5	72.4	72.1	60.5	〃	〃	

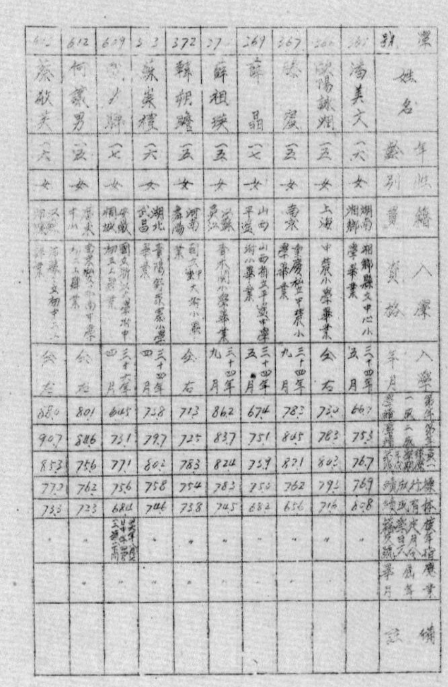

學號	姓名	年齡	性別	籍貫	入學資格	入學年月	第一學年第一學期學業成績	第一學年第二學期學業成績	第二學年第一學期學業成績	操行成績	體育成績	核准入學年月日文號	應屆畢業年月	備註
361	潘美文	一六	女	湖南湘鄉	湘鄉縣文中心小學畢業	三十四年五月	66.7	75.3	76.7	76.9	80.8	〃		
366	歐陽詠娟	一五	女	上海	中華小學畢業	仝右	73.0	78.3	80.3	79.5	71.6	〃		
367	滕霞	一五	女	南京	重慶私立中華小學畢業	三十四年九月	78.3	84.5	83.1	76.2	65.6	〃	〃	
369	薛晶	一七	女	山西平遙	山西省立平遙中學附小畢業	三十四年五月	67.4	75.1	75.9	75.0	68.2	〃	〃	
370	薛祖瑛	一五	女	江蘇吳江	青木關小學畢業	三十四年九月	86.2	83.7	82.4	78.3	74.5	〃	〃	
372	韓娓瓊	一五	女	河南壽陽	國立中大附小畢業	仝右	71.3	72.5	78.3	75.4	73.8	〃	〃	
373	蘇[illegible]	一六	女	湖北武昌	貴陽[illegible]小學畢業	三十四年四月	72.8	79.7	80.2	75.8	74.6	〃	〃	
609	[illegible]	一七	女	安徽桐城	國立浙江大學附中初三上肄業	三十六年四月	64.5	73.1	77.1	75.6	68.4	[illegible]	〃	
612	何識男	一五	女	廣東中山	南京[illegible]中學初二上肄業	仝右	80.1	88.6	75.6	76.2	72.3	〃	〃	
615	蔡敬英	一六	女	江蘇沛縣	沛縣[illegible]初中肄業	仝右	88.0	90.7	85.3	77.2	73.3	〃	〃	

學號	姓名	年齡	性別	籍貫	入學資格	入學年月	第一學年第一學期成績	第一學年第二學期成績	第一學年學業成績	操行成績	體育成績	核定學籍年月日及指令文號	應屆畢業年月	備註
654	方郁倫	一八	女	南京	國立九中初二下肄業	三十六年四月	743	735	681	768	732	〃	〃	
648	劉慶齊	一七	女	安徽合肥	合肥縣立女子初中初二下肄業	三十六年九月	880	876	771	793	685	卅六年十二月卅日中字第七〇二一九三號令	〃	
649	丁學生	一六	女	安徽阜陽	國立東北中山中學初二下肄業	仝右	818	857	779	790	690	〃	〃	

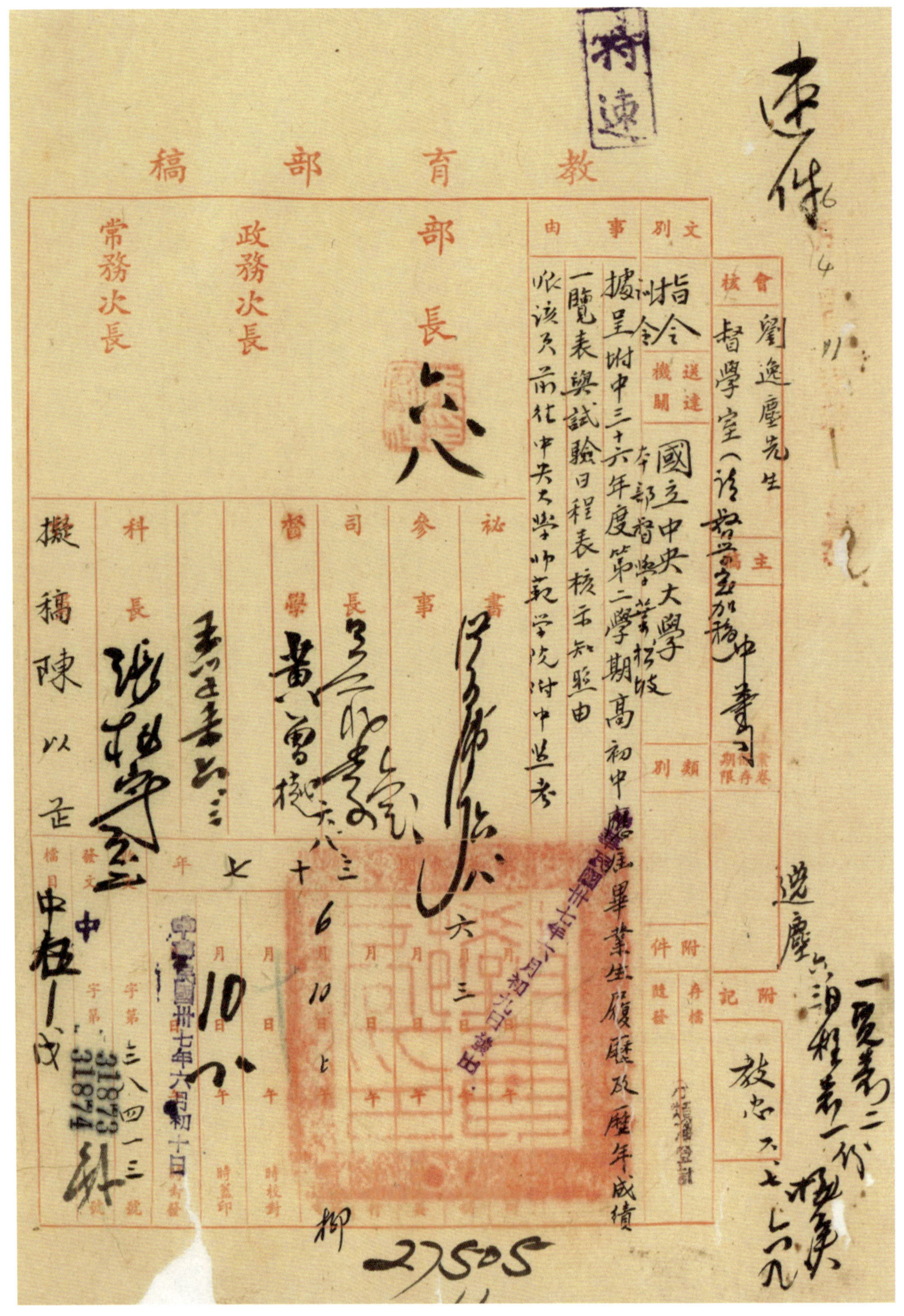
特速
教育部稿
部長
政務次長
常務次長
文別：指令 訓令
事由：據呈附中三十六年度第二學期高初中應屆畢業生履歷及歷年成績一覽表與試驗日程表核示知照由
送達機關：國立中央大學 本部督學葉松坡
會核：劉逸塵先生 督學室
秘書
參事
司長
督學
科長
擬稿 陳以莊
附件
附記
中華民國卅七年六月初十日

教育部據呈派本部督學葉松坡前來監試給國立中央大學的指令及給葉松坡的訓令

（一九四八年六月十日）

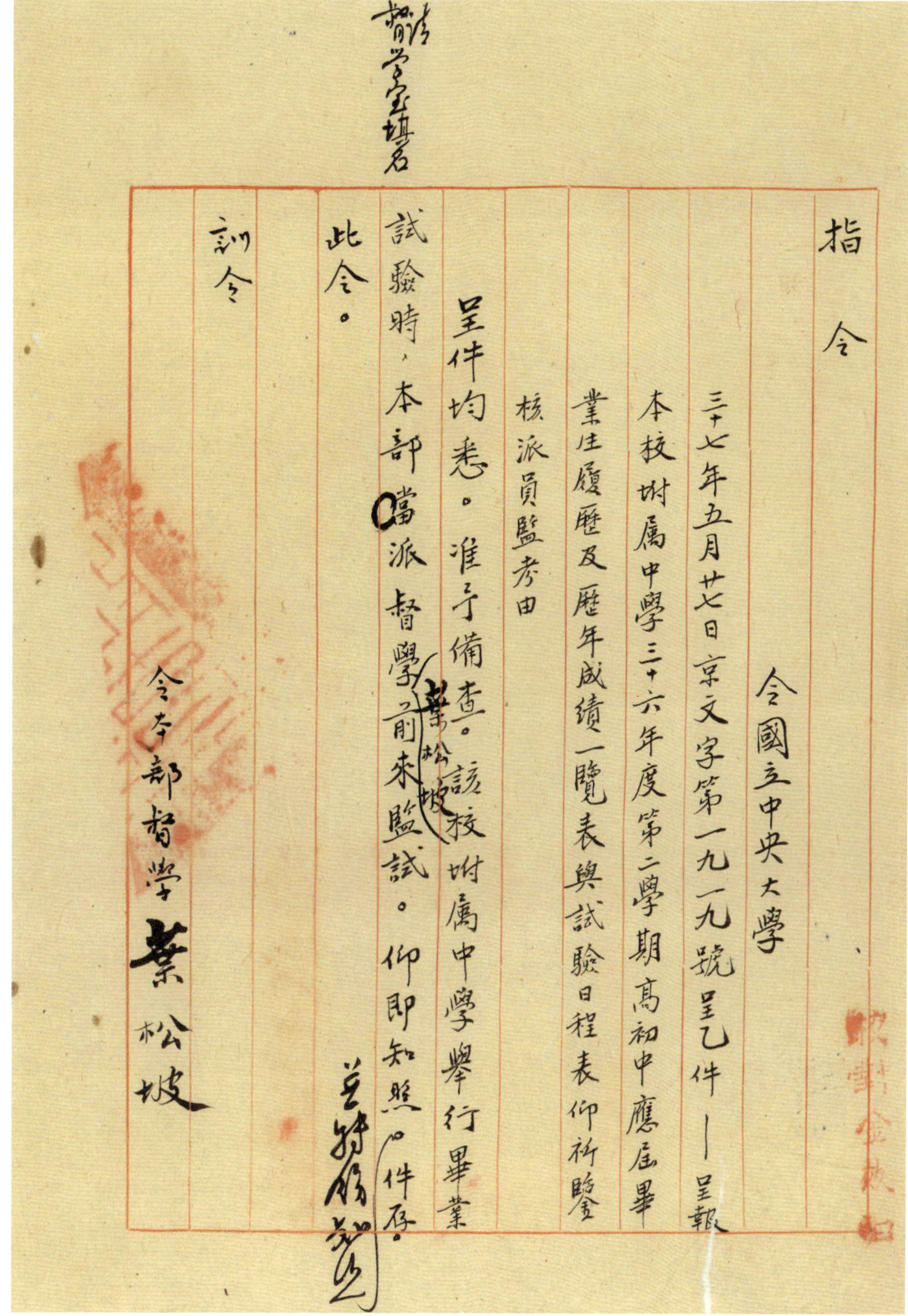

督學室填名

指令

令國立中央大學

三十七年五月廿七日京文字第一九一九號呈乙件——呈報本校附屬中學三十六年度第二學期高初中應屆畢業生履歷及歷年成績一覽表與試驗日程表仰祈鑒核派員監考由

呈件均悉。准予備查。該校附屬中學舉行畢業試驗時，本部當派督學葉松坡前來監試。仰即知照。件存。

此令。

訓令

令本部督學葉松坡

案據國立中央大學呈略以該校師範學院附屬中學卅六年度第二學期高初中第四屆應屆畢業生擬于六月十四日起舉行畢業試驗，請派員蒞校監考等情，茲派該員屆時前往監考，仰即遵照。此令。

一組國立中央大學師範學院附屬中學照片

國立中央大學師範學院附屬中學還都後高中第一屆畢業生全體攝影（一九四七年三月）

國立中央大學師範學院附屬中學還都後高中第二屆畢業生全體攝影（一九四七年七月）

國立中央大學師範學院附屬中學還都後高初中第三届畢業生全體攝影（一九四八年一月十日）

國立中央大學師範學院附屬中學還都後第四屆高初中畢業生全體攝影（一九四八年六月）

國立中央大學師範學院附屬中學京四屆高三乙組畢業同學留影（一九四八年六月）

國立中央大學師範學院附屬中學全體教職員攝影（一九四八年十月）

國立中央大學師範學院附屬中學高中第五屆初中第六屆畢業生全體攝影（一九四九年五月十一日）

國立中央大學師範學院附屬中學京五屆高中部畢業紀念留影（一九四九年五月十一日）

後記

一九〇二年，兩江總督張之洞提出『師範學堂爲教育造端之地』，『凡江蘇、安徽、江西三省士人皆得入堂受學』，奏請于南京北極閣前勘定地址創建三江師範學堂。一九〇六年五月易名兩江師範學堂（又稱兩江優級師範學堂），附設中學堂，李瑞清出任監督。一九一一年辛亥革命爆發後，校址被占用，校產遭掠蕩然無存，學堂被迫停辦。

一九一四年，江蘇各省立學校校長聯名要求在兩江師範學堂『設立高等師範學校』，兩江師範學堂得以改設續辦，一九一五年九月正式開課，定校名爲南京高等師範學校，一九一七年開辦中學，名爲南京高等師範學校附屬中學。一九二三年，南京高等師範學校并入國立東南大學，其附屬中學同時改名爲國立東南大學附屬中學。一九二八年設立中央大學區立實驗學校，一九二九年改名爲國立中央大學實驗學校（學校包含幼稚園、小學、初中和高中四部，初中部和高中部簡稱爲中大實中）。

抗日戰爭爆發後，一九三七年八月二十六日，中大實校被侵華日軍飛機轟炸，原校址變成一片廢墟。當時的國立中央大學校長羅家倫與中大實校主任許本震商討後，決定舉校遷往安徽屯溪，開始了抗戰時期中大實校的遷移。一九三七年九月前後，師生到達安徽屯溪。由于抗戰戰場的深入，安徽屯溪變得岌岌可危，中大實校又開始繼續遷移，并于十二月到達長沙岳麓山。此後，中大實校派人到貴州考察，選址貴陽馬鞍山築校辦學。由于中央大學學生從重慶到貴陽來實習路途較遠，一九四一年，中大實校與國立第十四中學（重慶）互換校名，直至一九四六年遷回南京。原國立第十四中學于一九四一年改稱國立中央大學師範學院附屬中學（簡稱中大附中），設在重慶青木關，并于一九四二年在沙坪壩增設中大附中分校。

一九四六年，國立第十四中學與國立中央大學師範學院附屬中學及其分校合并遷回南京，定校址于三牌樓，校名定爲國立中央大學師範學院附屬中學，一九四九年八月改稱國立南京大學附屬中學。此後，其先後改稱南京大學附屬中學、南京師範學院附屬中學、南京市魯迅中學。一九八四年改爲南京師範大學附屬中學（簡稱南師附中），校名沿用至今。

歷史上，南師附中在中國率先開展了道爾頓制實驗、『六三三』學制改革等實驗，奠定了其在近代中國基礎教育史上的地位。二〇二二年，南師附中將迎來建校一百二十周年，爲薪火相繼，傳承優秀文化，特彙編該校近代教育檔案。本書由南京市檔案館與中國第二歷史檔案館、南京師範大學附屬中學聯合編纂。南京師範大學附屬小學楊正華、孫權等同志給予大力支持，在此一并感謝！

編者